Zürcher Bibelkommentare NT 3.1

Walter Schmithals Das Evangelium nach Lukas

Zürcher Bibelkommentare

herausgegeben von
Georg Fohrer, Hans Heinrich Schmid und Siegfried Schulz

Walter Schmithals

Das Evangelium nach Lukas

TVZ Theologischer Verlag Zürich

CIP-Kurztitelaufnahme der Deutschen Bibliothek
Schmithals, Walter:
Das Evangelium nach Lukas / Walter Schmithals. – Zürich: Theologischer Verlag, 1980.
(Zürcher Bibelkommentare: Neues Testament; 3.1)
ISBN 3-290-14725-8

© 1980 by Theologischer Verlag Zürich
Alle Rechte, auch die des auszugsweisen Nachdrucks, der photographischen und audiovisuellen Wiedergabe sowie der Übersetzung bleiben vorbehalten.
Typographische Anordnung von Max Caflisch
Printed in Germany by Buch- und Offsetdruckerei Sommer, Feuchtwangen

Inhaltsverzeichnis

	Einleitung	9
	Quellen	9
	Aufbau	10
	Die vorlukanische Theologie	10
	Die lukanische Redaktion	11
	Die einzelnen redaktionellen Tendenzen	11
	Der Anlaß der lukanischen Redaktion	13
1,1–4	Prolog	17
1,5–2,52	Die Vorgeschichten	20
1,5–80	Bis zur Geburt des Johannes	20
1,5–25	Ankündigung der Geburt Johannes des Täufers	21
1,26–38	Ankündigung der Geburt Jesu	25
1,39–45	Begegnung zwischen Maria und Elisabeth	29
1,46–56	Der Lobgesang der Maria (Magnificat)	30
1,57–66	Geburt Johannes des Täufers	32
1,67–80	Lobgesang des Zacharias (Benedictus)	33
	Lukas und das Alte Testament (Exkurs)	35
2,1–52	Geburt und Kindheit Jesu	37
2,1–21	Die Geburt Jesu	37
2,22–40	Darbringung im Tempel	43
2,41–52	Der zwölfjährige Jesus im Tempel	46
3,1–22	Wirken Johannes des Täufers	48
3,1–6	Auftreten des Täufers	50
3,7–9	Bußpredigt des Johannes	51
3,10–14	Standespredigt des Johannes	52
3,15–18	Messianische Predigt des Johannes	52
3,19–20	Gefangennahme des Johannes	54
3,21–22	Taufe Jesu	54
3,23–38	Stammbaum Jesu	55
4,1–13	Versuchung Jesu	57
4,14–30	Antrittspredigt in Nazareth	60
4,31–43	Wirken in Kapernaum und Umgebung	63
5,1–11	Die Bekehrung des Petrus	66
5,12–16	Heilung des Aussätzigen	69
5,17–26	Vergebung der Sünden	70
5,27–35	Die Nachfolge des Levi und das Fasten	71
5,36–39	Alt und neu	73
6,1–5	Der Sabbat	74
6,6–11	Heilung am Sabbat	75
6,12–16	Berufung der Zwölf Apostel	76
6,17–49	Die Feldrede	77
6,17–20a	Überleitung zur Feldrede	77
6,20b–26	Seligpreisungen und Weherufe	79
6,27–38	Liebevolles Geben	82

6,39–45	Die Irrlehrer	86
6,46–49	Täter des Wortes	89
7,1–10	Der Hauptmann von Kapernaum	90
7,11–17	Der Jüngling von Nain	92
7,18–35	Johannes der Täufer und Jesus	93
7,18–23	Anfrage des Johannes	93
7,24–28	Jesu Urteil über Johannes	95
7,29–35	Johannes und Jesus werden abgelehnt	96
7,36–50	Die dankbare Sünderin	98
8,1–3	Dienende Frauen	100
8,4–18	Gleichnis vom vierfachen Acker	101
8,19–21	Wahre Verwandte	103
8,22–25	Der Seesturm	104
8,26–39	Der Besessene von Gerasa	105
8,40–56	Heilung der Tochter des Jairus und der blutflüssigen Frau	106
9,1–6	Aussendung der Zwölf Apostel	107
9,7–9	Das Urteil des Herodes	108
9,10–17	Speisung der Fünftausend	109
9,18–22	Petrusbekenntnis und erste Leidensansage	110
9,23–27	Nachfolgesprüche	112
9,28–36	Verklärung Jesu	113
9,37–43a	Heilung des Epileptischen	114
9,43b–45	Zweite Leidensansage	115
9,46–48	Wahre Größe	116
9,49–50	Der fremde Dämonenaustreiber	117
9,51–18,14	Reise nach Jerusalem	117
9,51–56	Ungastliche Samaritaner	117
9,57–62	Sprüche von der Nachfolge	119
10,1–16	Aussendung der Zweiundsiebzig	120
10,17–20	Rückkehr der Zweiundsiebzig	124
10,21–24	Geheime Epiphanie	125
10,25–37	Der barmherzige Samaritaner	126
10,38–42	Maria und Marta	129
11,1–13	Vom Gebet	130
11,14–23	Sieg über die Dämonen	133
11,24–26	Gefahr des Rückfalls	134
11,27–28	Seligpreisungen	135
11,29–32	Die Zeichenforderung dieses unbußfertigen Geschlechts	135
11,33–36	Worte vom Licht	136
11,37–54	Weherufe	137
12,1–12	Mutiges Bekennen	141
12,13–21	Vom irdischen Besitz	143
12,22–34	Noch vom irdischen Besitz	144
12,35–48	Gleichnisse von der Wachsamkeit	146
12,49–53	Streit um die Wahrheit	148
12,54–59	Zeit für die Buße	149
13,1–9	Von der Buße	150
13,10–17	Heilung am Sabbat	151
13,18–21	Gleichnisse von der Gottesherrschaft	152

13,22–30	Vom Ernst der Entscheidung	153
13,31–35	Vollendung in Jerusalem	155
14,1–6	Heilung am Sabbat	157
14,7–14	Gastmahlreden	158
14,15–24	Gleichnis vom großen Mahl	159
14,25–35	Vom Ernst der Nachfolge	160
15,1–32	Drei Gleichnisse von der Rückkehr (Vom verlorenen Schaf, vom verlorenen Groschen und vom zurückgekehrten Sohn)	162
16,1–13	Der betrügerische Haushalter	166
16,14–18	Von der Geltung des Gesetzes	168
16,19–31	Reicher Mann und armer Lazarus	170
17,1–10	Rede an die Jünger	171
17,11–19	Der gerettete Samaritaner	174
17,20–37	Eschatologische Rede	175
18,1–8	Die bittende Witwe	178
18,9–14	Pharisäer und Zöllner	179
18,15–17	Wie die Kinder	180
18,18–30	Vom Reichtum	181
18,31–34	Dritte Leidensansage	183
18,35–43	Heilung des blinden Bettlers	183
19,1–10	Zachäus	184
19,11–27	Gleichnis von den anvertrauten Geldern	185
19,28–40	Einzug in Jerusalem	188
19,41–44	Jesus weint über Jerusalem	189
19,45–48	Tempelreinigung	190
20,1–8	Die Frage nach Jesu Vollmacht	191
20,9–19	Die ungetreuen Weingärtner	192
20,20–46	Die beiden Regimente	194
20,27–40	Ewiges Leben	195
20,41–44	Ist der Messias der ‹Sohn Davids›?	197
20,45–47	Worte gegen die Schriftgelehrten	197
21,1–4	Die Gabe der armen Witwe	198
21,5–36	Der jüngste Tag	199
21,37–38	Jesu Wirken in Jerusalem	204
22,1–6	Todesanschlag und Verrat	204
22,7–14	Zurüstung zum Passamahl	205
22,15–20	Einsetzung des Abendmahls	206
22,21–38	Gespräch bei Tisch	209
22,39–46	Gebetskampf vor der Verhaftung	214
22,47–54	Verhaftung	215
22,54–62	Verleugnung des Petrus	216
22,63–65	Verspottung	217
22,66–23,1	Verhör vor dem Synedrium	218
23,2–7	Verhör vor Pilatus	219
23,8–12	Verhör vor Herodes	220
23,13–25	Die Entscheidung des Pilatus	221
23,26–32	Gang zur Richtstätte	223
23,33–43	Kreuzigung	225
23,44–49	Jesu Tod	227

23,50–56	Begräbnis	228
24,1–53	Jesu Auferstehung	229
24,1–12	Das leere Grab	230
24,13–35	Jesus erscheint zwei Jüngern auf dem Weg nach Emmaus	232
24,36–53	Erscheinung vor den Zwölfen und Himmelfahrt	235
	Register zu Tradition und Redaktion	239

Einleitung

Das «Evangelium nach Lukas» und die «Apostelgeschichte des Lukas» bilden, wie schon ihre Prologe zeigen (Luk. 1,1–4; Apg. 1,1f.), ein Doppelwerk, das in zwei gleich umfangreichen Schriften mehr als den vierten Teil des Neuen Testaments umfaßt. Beide Schriften, die gemeinsam gelesen und beurteilt werden wollen, stammen von demselben Verfasser, der uns jedoch seinen Namen nicht nennt; denn die Überschriften beider Bücher gehören einer späteren Zeit an. Durch den Kirchenvater Irenäus (um 180) erfahren wir zum erstenmal, daß Lukas, ein Begleiter des Paulus (vgl. Kol. 4,14; Philem. 24; 2. Tim. 4,11), der Autor unseres Doppelwerkes sei. Diese Angabe dürfte unzutreffend sein. Denn die bezeichnenden theologischen Ansichten und Begriffe des Verfassers stammen nicht aus der Schule des Paulus; auch zeigt der Autor der Apostelgeschichte sich über Leben und Denken des großen Heidenapostels verhältnismäßig schlecht informiert, sofern er nicht auf schriftliche Quellen zurückgreifen kann. Der Verfasser beider Bücher bleibt uns also unbekannt, doch nennen wir ihn weiterhin Lukas. Er war zweifellos ein Heidenchrist, und er schreibt für Heidenchristen. Er dürfte Lehrer an einer «Katechetenschule» gewesen sein und sein Doppelwerk als Lehrbuch bzw. als Handbuch für Gemeindeleiter verfaßt haben. Wann das Doppelwerk geschrieben wurde, läßt sich nicht sicher sagen. Man muß den Zeitraum von etwa 90–110 dafür offenhalten, doch dürfte es richtig sein, sich nicht zu weit von dem Jahr 100 zu entfernen. Der Ort, wo beide Bücher verfaßt wurden, ist ebenfalls unbekannt; am ehesten dürften die lukanischen Gemeinden im Nordwesten Kleinasiens gelebt haben.

Quellen

Lukas war kein Augenzeuge der Geschichte Jesu. Im Prolog seines Evangeliums (1,1–4) erklärt er, viele hätten schon vor ihm versucht, einen Bericht vom Leben, Sterben und Auferstehen Jesu zu geben; mündliche Überlieferung kennt Lukas offensichtlich nicht. Es läßt sich deutlich feststellen, daß er jene Werke seiner Vorgänger benutzt hat. Vor allem hat ihm unser Markusevangelium und eine später verlorengegangene Sammlung von Worten Jesu, die Spruchquelle Q, die auch Matthäus gekannt hat, vorgelegen. Außerdem verwertet er manche Überlieferungen, die nicht aus diesen beiden Quellen stammen, das Sondergut (S^{Lk}), zu dem ein Zyklus von drei zusammenhängenden Erzählungen gehört, die Lukas in Kap. 2 aufnimmt. Weitere Quellenschriften («Protolukas»; Sonderquelle der Passionsgeschichte) hat man zu Unrecht vermutet.

Da Markus seinerseits auf einer Grundschrift beruht, die Lukas gleichfalls gekannt zu haben scheint, und da der Spruchquelle Q eine in sich bereits komplexe Spruchüberlieferung Q^1 mit noch vorösterlichen Traditionen (ohne Passions- und Ostergeschichten, ohne Christologie und Ekklesiologie) apokalyptischer sowie weisheitlicher Herkunft zugrundeliegt (die apokalyptische Spruchüberlieferung hat auch Markus gekannt und benutzt), dürfte sich die Quellensituation des Lukasevangeliums folgendermaßen darstellen (nicht erhalten gebliebene Quellentexte in eckigen Klammern):

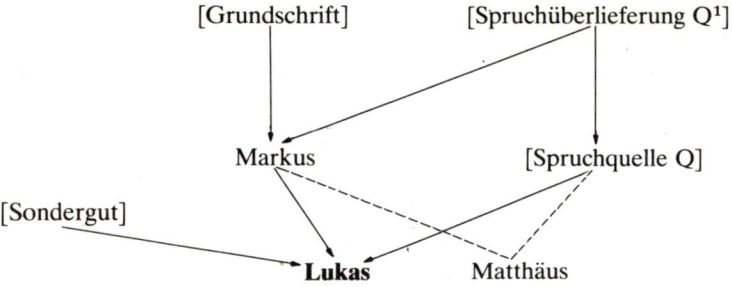

Aufbau

Dem Aufbau des Lukasevangeliums liegt der Aufriß des Markusevangeliums zugrunde. In zwei großen Abschnitten (3,1–9,50 und 19,28–24,53) bringt Lukas den meisten Stoff des Markusevangeliums, freilich bearbeitet und gelegentlich aus den anderen Quellen ergänzt. Der Prolog und die Vorgeschichten (1,1–2,52) sind Lukas eigentümlich, und in 6,20–8,3 (kleine Einschaltung) sowie in 9,51–19,27 (Bericht von Jesu Reise nach Jerusalem als große Einschaltung) bringt er das meiste Material aus der Spruchquelle Q und aus dem Sondergut unter.
Die folgende Auslegung des Evangeliums setzt in allen jenen Textabschnitten, die Lukas aus Markus übernimmt, die Erklärung der entsprechenden Stücke in einem Markuskommentar[1] voraus und konzentriert sich in diesem Fall jeweils auf die Bearbeitung, die Lukas seiner Vorlage hat angedeihen lassen.

Die vorlukanische Theologie

Die gegenüber seinen Quellen typische Theologie des Lukas ist in ihren Grundzügen eine schon vorlukanische Gemeindetheologie, und zwar eine stark an die Verkündigung einer («liberalen», nicht pharisäisch-gesetzlichen) hellenistisch-jüdischen Synagoge angeglichene, im Vergleich z.B. mit Paulus sehr einfache Gestalt frühkirchlicher Lehrbildung. Die Briefe des Paulus benutzt Lukas nicht, wohl aber übernimmt er Lehrstoff aus der Synagoge. Monotheismus und Schöpfungsglaube sind als selbstverständlich vorausgesetzt. Jesus, der Messias, ist der letzte bzw. der entscheidende Bote Gottes an die Welt. Er wirkt als vollmächtiger Prophet. Er verkündigt «Buße», das heißt Umkehr zu Gott, und bietet dem Büßer die Vergebung der Sünden an, die ihm im jüngsten Gericht zuteil werden wird.
Die im frühesten Christentum zeitweilig bedrängende Frage nach dem «Wann» des kommenden Gerichts über diese Welt (nach der Wiederkunft Christi; nach dem weltweiten Anbruch der Gottesherrschaft) bildet schon für die vorlukanische Gemeindetheologie kein Problem mehr; die Christen rechnen damit, durch den Tod bzw. durch die Auferstehung von den Toten hindurch vor dem Gericht zu erscheinen; vgl. z.B. 20,27–40; 16,19–31.
Der uneingeschränkte, alle Völker umfassende Universalismus dieser heilvollen Bußpredigt und die Gewißheit der zugesagten Vergebung im jüngsten Gericht für die Getauften geht über die Verkündigung der Synagoge hinaus. Außerdem weiß sich die christliche Gemeinde im Besitz der Gnadengabe des Heiligen Geistes, der

---

[1] W. Schmithals, Das Evangelium nach Markus, ÖTK 2 (GTB 503/504), 1979.

in Israel nur einzelnen gegeben war, in der gegenwärtigen Messiaszeit aber der ganzen Gemeinde der Glaubenden geschenkt wurde.

Grundlage dieser «frühkatholischen Gemeindetheologie» waren das Alte Testament, die Verkündigung der hellenistischen Synagoge und die christologische Bekenntnisbildung, nicht aber die Jesusüberlieferung der von Lukas verwendeten literarischen Quellen Markus und Spruchquelle Q, von denen sich die vorlukanische Gemeindetheologie vielmehr abhebt. Schon der freie Umgang mit seinen Quellen zeigt, daß erst Lukas seinen Gemeinden dieses Material, das bezeichnenderweise in der Lehre der Apostel (Apostelgeschichte) noch keine Rolle spielt, allgemein zugänglich gemacht hat.

Die lukanische Redaktion

Von der traditionellen Basis seiner Theologie ist das imponierende Gebäude der lukanischen Redaktion, also die original lukanische Auslegung bzw. Ausgestaltung sowohl seiner literarischen Quellen wie der ihm vertrauten Gemeindetheologie, zu unterscheiden.

Der Anlaß für das lukanische Doppelwerk als solches und der Anlaß für die einzelnen redaktionellen Tendenzen seines Doppelwerkes müssen einander entsprechen. Über diesen Anlaß wurden im Laufe der Auslegungsgeschichte zahlreiche unterschiedliche Aussagen gemacht. Eine Einmütigkeit der Ausleger ist nicht in Sicht, auch wenn der Weg des methodischen Vorgehens im Prinzip festliegt; denn die einzelnen redaktionellen Tendenzen lassen sich vor allem durch den Vergleich des lukanischen Werkes mit seinen Quellen relativ leicht erheben. Da Lukas den konkreten Anlaß für seine Schriftstellerei nicht ausdrücklich nennt, muß dieser Anlaß aus dem Gesamtbild der redaktionellen Tendenzen erschlossen werden.

Die einzelnen redaktionellen Tendenzen[2]

Die Auslegungen des Evangeliums und der Apostelgeschichte werden den Motiven der lukanischen Redaktion besondere Aufmerksamkeit widmen; siehe dazu auch das Register. Eine kurze Zusammenfassung der dabei gewonnenen Ergebnisse ergibt das folgende Bild, das Evangelium und Apostelgeschichte als *einheitliches* Doppelwerk sichtbar macht, so daß man das Evangelium nicht ohne die Apostelgeschichte (und umgekehrt) verstehen kann:

1. Die Zeit der Urkirche war eine Zeit völliger Eintracht und inneren Friedens. Erst in der Zeit des Paulus (Apg. 20,29f.) wird dieser innere Friede durch das Auftreten von Irrlehrern bedroht.

2.a) Das Evangelium wurzelt gänzlich im Alten Testament; das Christentum ist das wahre, nämlich das in das Universale entschränkte und alles Nationalen entkleidete Judentum. Johannes der Täufer bindet als jüdischer Prophet und christlicher Prediger die Zeit des Alten Testaments und die Jesuszeit unlösbar aneineinander. Der *eine* Gott, das Angebot der Buße und Vergebung, die Predigt des Gerichts und der leiblichen Auferstehung sind die Hauptinhalte der jüdischen wie der christlichen Predigt.

---

[2] W. Schmithals, Die Berichte der Apostelgeschichte über die Bekehrung des Paulus und die «Tendenz» des Lukas, in: Theologia Viatorum, XIV, 1979, S. 145–165.

b) Das Leiden Jesu hat keine fundamentale Heilsbedeutung. Es geschah (als Martyrium), damit die Schrift erfüllt wird, und erweist so die Kontinuität von Israel und Wirken Jesu.

c) Jerusalem ist Mitte und Ziel des Wirkens Jesu sowie Ausgangspunkt der Kirche. Jesus und die Urgemeinde lebten im Frieden mit den anderen Juden, hielten sich an die jüdischen (gesetzlichen) Bräuche und feierten ihre Gottesdienste im Tempel. Das Volk, im allgemeinen auch die Pharisäer, stand auf seiten Jesu; nur die Führer des Volkes bekämpften ihn. Die Zerstörung des Tempels im Jahre 70 bedeutete kein Gottesurteil über die vom Tempel repräsentierte jüdische Heilsgeschichte.

d) Auch die Predigt des Paulus steht in Übereinstimmung mit dem jüdischen Mutterboden der Christenheit. Auch Paulus kennt keine «theologia crucis». Er lehrt als christlicher Pharisäer, der keinen Bruch mit dem (liberal interpretierten) Gesetz kennt. Die jüdische Erwartung der Totenauferstehung und des jüngsten Gerichts ist Kernpunkt seiner Predigt. Auch die Heidenchristen unterwerfen sich den gesetzlichen Mindestanforderungen.

e) Die Heidenmission erfolgte erst auf ausdrückliche göttliche Weisung und keineswegs auf Initiative der Gemeinde, die eher Widerstand leistete. Sie ist aber schon im Alten Testament vorgesehen und wird von Jesus durch seine Predigt unter den Samaritanern vorbereitet. Der (faktische) Triumph des reinen Heidenchristentums zur Zeit des Lukas ist Schuld der Juden, die sich schließlich doch ihren Führern beugten und sich dem Evangelium versagten, obschon es ihnen zuerst angeboten wurde; sie treten damit aus ihrer eigenen Heilsgeschichte heraus. Die Juden sind nicht verworfen, aber sie haben ihren Messias verworfen.

3.a) Das rechte Evangelium hat *Jesus* gebracht, der vor und nach Ostern seine Jünger darin unterwies. Die Kirche bedarf deshalb der traditionsgerechten Verbindung mit diesem irdischen Jesus. Maßgebliche Traditionsträger sind (nur) die Zwölf Apostel, weil sie Jesus von der Taufe des Johannes an bis zu seiner Himmelfahrt begleiteten.

b) Die Gabe des Geistes an die Zwölf Apostel und über sie an die ganze Gemeinde ist das Gründungsdatum der Kirche und eine Besonderheit der Gemeinde gegenüber der Synagoge. Lukas ist «Evangelist des Geistes».

c) Paulus wird den Zwölf Aposteln untergeordnet. Er hat Jesus nicht – auch nicht bei seiner Berufung – gesehen. Sein Evangelium empfängt er aus der kirchlichen Tradition der Zwölf Apostel. Er selbst trägt den Titel «Apostel» konsequenterweise nicht.

4. Jesus ist leiblich auferstanden und leiblich zum Himmel aufgefahren. Er wird erst am Ende dieses Weltlaufs wieder (leiblich) auf die Erde kommen. Die Zeit der Kirche ist die Zeit des Heiligen Geistes und des ‹Namens› Jesu, nicht die Zeit der Gegenwart des Erhöhten.

5.a) Die Kirche des Lukas hat die Erfahrung harter Verfolgungen gemacht. Dem entspricht eine durchgehende und vielfältige politische Apologetik des Christentums gegenüber dem römischen Staat. Die Passion Jesu wird als vorbildliches Martyrium geschildert. Auch führte der Druck der Verfolgungen anscheinend bei einzelnen Gliedern der Gemeinde zu einem Aufleben der apokalyptischen Erwartung des nahen Endes dieser Welt.

b) Lukas ist «Evangelist der Armen».[3]
c) Lukas ist «Evangelist der Frauen».
d) Lukas ist «Evangelist des Gebets».

Dieses Bündel von Tendenzen im lukanischen Doppelwerk umschließt die Zeit Israels bis hin zu Johannes (Altes Testament), die Zeit des Wirkens Jesu (Evangelium) und die Zeit der frühen Kirche bis hin zur Weltmission des Paulus (Apostelgeschichte). Dadurch entsteht der Eindruck einer von Lukas gewollten Gliederung der Heilsgeschichte in die drei Epochen Israel – Jesuszeit – Kirche. Indessen sind diese Epochen Lukas vorgegeben. Er ist an ihnen als solchen nicht interessiert, das heißt, er treibt keine Geschichtstheologie, ist auch nicht «Schöpfer der Heilsgeschichte». Seine Eschatologie zeigt, daß jedes christliche «Heute» gleich unmittelbar zur Ewigkeit als dem Ziel der Geschichte ist. Allerdings rückt Lukas durch seine Redaktion jene Epochen in ihrer Gesamtheit und in ihrem Zusammenhang in den Blick des Lesers. Das ist originell, wie ein Vergleich mit Markus und Matthäus zeigt, und ein Schlüssel für das Verständnis der lukanischen Redaktion. Indessen ist es unbegründet, die Tatsache, daß Lukas als erster christlicher Schriftsteller die Epoche der Kirche beschreibt, damit zu erklären, daß er so das Problem der sich verzögernden Wiederkunft Christi, die im Urchristentum als nahe bevorstehend erwartet worden war, bewältigen wollte; denn dies Problem war schon für die vorlukanische Gemeindetheologie kein brennendes Problem mehr, welche die «Zeiterfahrung» der Kirche längst verarbeitet hatte.

Der Anlaß der lukanischen Redaktion

Versuche, das zunächst diffuse Konglomerat lukanischer Tendenzen einheitlich – aus einer bestimmten kirchlichen Situation – zu deuten, sind grundsätzlich berechtigt, wenn auch methodisch wie sachlich umstritten. Gelingt ein solcher Versuch, hat er schon deshalb viel für sich, weil er die Vielfalt der Tendenzen zu einer Einheit ordnet. Aus der folgenden Auslegung des Evangeliums (und der Apostelgeschichte) ergibt sich, versetzt man sich in die Zeit und die kirchliche Situation zur Zeit des Lukas, folgender im wesentlichen einheitliche Anlaß für sein Doppelwerk. Deutlich ist die Situation einer verfolgten Christenheit vorausgesetzt. Die Auslegung wird zeigen, daß und warum Lukas in dieser Verfolgungszeit zum Evangelisten der Armen, der Frauen und des Gebets wird. In vielfältiger Weise weist Lukas seine Gemeinden in das angemessene Ertragen der Verfolgung bis hin zum Martyrium ein, lehrt sie, die Verfolgungszeiten durchzustehen und ihre Folgen zu bewältigen sowie denen sachgemäß zu antworten, welche die Christen des politischen Aufruhrs anklagen.

Wenn wir auch von den frühesten Christenverfolgungen durch den römischen Staat nur wenig wissen, so steht doch fest, daß die Kirche als Tochter der weit größeren Synagoge zunächst vor allem unter den Repressalien zu leiden hatte, die das zum Teil aufrührerische Judentum im Zusammenhang mit dem jüdischen Aufstand 66–70 trafen. Aus dieser Situation erklären sich die im übrigen haltlosen politischen Vorwürfe gegen die relativ kleine Schar der (Heiden-)Christen, die den römischen Behörden als aktive, judaisierende Sondergruppe erscheinen mußte.

Die oft begegnende Vorstellung, die Christen hätten sich um ihrer Duldung durch

---

[3] W. Schmithals, Lukas – Evangelist der Armen, in: Theologia Viatorum, XII, 1975, S. 153–167.

die Römer willen unter den Schutz der Synagoge geflüchtet, geht an der historischen Wirklichkeit jener Zeit vorbei. Noch im 2.Jahrhundert war die Zahl der christlichen Märtyrer verschwindend gering, vergleicht man sie mit den Opfern, welche die Juden nicht nur in Palästina, sondern auch in der Diaspora zu beklagen hatten. Die Synagoge, obschon als Sondergruppe mehr oder weniger respektiert («religio licita»), war stets gefährdet, und diese virulente Gefährdung wurde im Gefolge von jüdischen Aufstandsbewegungen katastrophal.

In dieser Situation entstand eine kirchliche Richtung, die sich unter ausschließlicher Berufung auf Paulus und seine Gesetzeskritik gänzlich vom jüdischen Mutterboden der Kirche löste und auch das Alte Testament verwarf. Wie weit bei den Anfängen dieser Entwicklung innerkirchliche theologische Erwägungen im Rahmen eines radikalen Paulinismus bestimmend gewesen sind, der sich an der einigermaßen flachen Gemeindetheologie, wie sie das Lukasevangelium spiegelt, stieß, wie weit andererseits das Bestreben, sich durch grundsätzliche Distanzierung vom Judentum und der Synagoge den Verfolgungen zu entziehen, maßgeblich war, läßt sich im einzelnen nicht mehr ermitteln. Vermutlich dürften beide Motivationen von Anfang an verbunden gewesen sein. Historisch gesehen müssen wir im Blick auf diese Bewegung von einem *Prämarcionitismus* sprechen; denn die genannte kirchliche Richtung entwickelte sich bald nach 100 vor allem durch Marcion zu einer einflußreichen Strömung, die sich mit gnostisch-dualistischen Motiven verband und von der Kirche definitiv als Irrlehre ausgestoßen wurde.

Marcion war ein vermögender Reeder aus Sinope in der Provinz Pontus am Südufer des Schwarzen Meeres. Er stammte also aus jenem Teil Kleinasiens, in dessen Bereich oder Umfeld auch Lukas gewirkt haben dürfte.

Er vertritt einen überzogenen Paulinismus. Das Alte Testament lehnt er als Dokument des Gesetzes und der richtenden Gerechtigkeit zugunsten des neutestamentlichen Evangeliums der Liebe ab. Christus bringt die Erlösung von der Last und dem Fluch des Gesetzes. Paulus ist für Marcion der einzige Apostel, der Jesu Evangelium richtig verstanden und weitergegeben hat. Die Zwölf Urapostel sind dagegen nach Jesu Himmelfahrt wieder in den Judaismus zurückgefallen, den Jesus gerade überwunden hatte.

Um 140 kam Marcion nach Rom, wo er unter den Einfluß des Gnostikers Cerdon geriet und sich dem kirchlichen Christentum definitiv entfremdete; 144 wird er aus der römischen Gemeinde ausgestoßen. Er vertritt nun einen theologischen Dualismus und unterscheidet den Schöpfergott des Alten Testaments von dem Vater Jesu Christi, dem höchsten Gott, dem Gott der Liebe, der sich der Kreaturen des bloß gerechten alttestamentlichen Gottes erbarmt und Jesus als Erlöser der Menschenseelen sendet.

Wir kennen das Geburtsjahr des Marcion nicht. Da er aber schon um die Jahrhundertwende in Kleinasien mit seiner Missionstätigkeit begonnen haben kann, läßt sich nicht völlig ausschließen, daß Lukas sich gegen ihn persönlich wendet. Das ist indessen unwahrscheinlich, und der frühe, kleinasiatische «Marcionitismus» ist schwerlich Marcions Schöpfung. Vielmehr muß man (den frühen) Marcion als hervorragenden Vertreter einer schon vor Marcion im nördlichen Kleinasien entstandenen und verbreiteten ultrapaulinischen Theologie ansehen, die auch andere Vertreter wie z.B. Apelles hatte, der entgegen den schematisierenden Berichten der Kirchenväter kaum als Schüler des Marcion, sondern als selbständiger Vertreter jener Theologie beurteilt werden muß, von der auch Marcion ausging. Wenn Apelles z.B. die Zwei-Götter-Lehre ablehnt und den Erlösergott auch als den Schöpfer ansieht, so dürfte er nicht Marcions römische Position erweicht haben, sondern einer ursprünglicheren Schulrichtung gefolgt sein, die jener Position, gegen die Lukas sich wendet, relativ nahekommt.

Nach zuverlässigen Angaben wurde Marcion bereits mit Empfehlungsbriefen pontischer Brüder auf seine Reise in den Westen geschickt, die von vornherein als Missionsreise gedacht war; er begann seine Laufbahn also als Abgesandter einer bereits bestehenden Gemeinde. Und wenn Justin in seiner Apologie (I 26.58) um das Jahr 150 erklärt, die marcionitische Irrlehre habe sich bereits in aller Welt ausgebreitet, so setzt auch diese Feststellung voraus, daß Marcion nicht erst nach 144 mit der Gründung von Gemeinden begann, sondern exponierter Vertreter eines von ihm ins Extreme gesteigerten älteren Paulinismus war.

Die Bezeichnung «Prämarcionitismus» will also ein traditionsgeschichtliches Problem anzeigen, nicht eine besondere Traditionsgeschichte behaupten. In eine solche Traditionsgeschichte gehörten auch viele andere Namen gnostischer Irrlehrer oder gnostisierender Theologen wie – neben Apelles – z.B. Herakleon und Ptolemäus, aber in gewisser Weise auch kirchliche Schriften wie das Johannesevangelium und der Barnabasbrief, die sich zwar nicht vom Alten Testament, wohl aber entschieden von der Synagoge bzw. vom Judentum distanzieren.

Die lukanische Redaktion dient vor allem der Auseinandersetzung mit diesem «Prämarcionitismus», der in die Gemeinden des Evangelisten eindringt. Die Auslegung beider Bücher, die nur in strengem Bezug aufeinander den einheitlichen Anlaß der lukanischen Redaktion erkennen läßt, wird dies im einzelnen aufzeigen. Dabei tritt unter anderem eine oft beobachtete gegenläufige Tendenz innerhalb des lukanischen Doppelwerkes in den Blick: Aus den genannten innerkirchlich-theologischen Gründen bindet Lukas das Christentum auf das engste an seinen alttestamentlich-jüdischen Mutterboden; gleichzeitig muß er es aus Gründen der politischen Apologetik ebenso deutlich von dem (aufrührerischen) Judentum seiner Zeit distanzieren (s. oben S. 14). Diese gegenläufige Tendenz und die Versuche zu ihrem Ausgleich erwachsen notwendig aus Anlaß und Absicht der in sich einheitlichen lukanischen Redaktion.

Die intensive Behandlung der lukanischen Frage in der Zeit nach dem zweiten Weltkrieg hat die – meist kritische – *Wertung* der lukanischen Theologie ihrer *Erklärung* vorgezogen, und zwar durchweg aufgrund einer unzureichenden Beobachtung und historischen Beschreibung der lukanischen «Tendenz». Das führte zu einer ungeschichtlichen Wertung der lukanischen Theologie von Aspekten modernen theologischen Denkens aus. Die folgende Auslegung will demgegenüber das Werk des Lukas vor allem beschreiben und erklären. Eine Wertung müßte vor allem aus seiner historischen Situation erfolgen; sie ist in unserer Situation nur bedingt möglich und sinnvoll.

Möglich ist freilich eine Interpretation des lukanischen Doppelwerkes in unserer Zeit. Die Auslegung versucht solche Interpretation ansatzweise; es scheint, als sei unsere Zeit, nimmt man alles in allem, nicht «Zeit für Lukas».

1,1–4 Prolog

1 Weil bekanntlich viele den Versuch unternommen haben, einen Bericht über die unter uns geschehenen Ereignisse zu verfassen, 2 wie sie uns von denen überliefert wurden, die von Anfang an Augenzeugen und Diener am Wort gewesen sind, 3 hielt auch ich es für gut, allem von Anfang an genau nachzuforschen und es dir, ehrenwerter Theophilus, der Reihe nach aufzuschreiben, 4 damit du die Zuverlässigkeit der Worte, in denen du unterrichtet wurdest, erkennst.

Der Prolog des Evangeliums ist nicht nur sprachlich ganz griechisch empfonden, sondern er zeigt auch enge Verwandtschaft mit entsprechenden Vorworten der antiken Literatur, besonders mit den Werken der Geschichtsschreiber; auch die Widmung eines Buches an einen Freund oder Gönner war damals weit verbreitet. Etwa zur selben Zeit wie Lukas schrieb z. B. der Pharmazeut Dioscurides ein Buch über die ärztlichen Hilfsmittel, das mit den Worten beginnt:

«Obschon nicht nur in alter, sondern auch in neuer Zeit viele Aufzeichnungen über die Herstellung von Arzneimitteln gemacht wurden, ... will ich versuchen, ehrenwertester Areios, dich zu informieren, wobei der Entschluß zu solchem Unterfangen weder unnütz noch unvernünftig war, weil die einen von ihnen nicht fertig geworden sind, die anderen aber das meiste vom Hörensagen aufgeschrieben haben.»

Lukas ist also ein mit den Gepflogenheiten antiker Literatur wohlvertrauter Schriftsteller, und er möchte, daß sein Werk nicht geringer geachtet wird als die Werke sonstiger zeitgenössischer Autoren. Darin drückt sich ein gewichtiger Anspruch aus, den ein seiner selbst bewußter Glaube in der Welt und ihr gegenüber erhebt.

Allerdings will Lukas nicht mit der profanen Literatur konkurrieren. Er schreibt für solche, die im christlichen Glauben unterrichtet sind (V. 4); Christen sind seine Leser. Auch mit seiner apologetischen Tendenz richtet Lukas sich nicht unmittelbar an die heidnischen Behörden, sondern an die Christen, damit diese solche «Tendenz» öffentlich zu ihrer Verteidigung vertreten.

Es ist nicht völlig ausgeschlossen, daß Theophilus (V. 3) eine historische Persönlichkeit war und Lukas dem angesehenen Christen Theophilus sein Werk widmete, damit dieser, antikem Brauch entsprechend, für dessen Verbreitung sorge. Indessen ist mit Theophilus wahrscheinlich jeder Christ angesprochen, so daß das Doppelwerk des Lukas, wie sein Inhalt zeigt, der ganzen Gemeinde «gewidmet» wurde.

Was sagt unter solcher Voraussetzung der Prolog über die Absicht des Lukas aus? Lukas spricht von drei Stadien der Überlieferung. Am Anfang stehen die «Augenzeugen» und «Diener am Wort» (V. 2); dann kommen die «Vielen», die schriftlich berichtet haben (V. 1): schließlich nennt Lukas sein eigenes Werk (V. 3) und dessen Absicht. Bei den Augenzeugen, die zugleich Diener am Wort wurden, handelt es sich um die Zwölf Apostel (6,12ff.), die für Lukas eine hervorragende Rolle «am Anfang» spielen (vgl. Apg. 1,8.21f.; 10,41; 13,31) und oft «Zeugen» heißen. Die «unter uns geschehenen Ereignisse» (V. 1) sind einerseits jene Ereignisse, deren Augenzeugen die Apostel von der Taufe Jesu an bis zu seiner Himmelfahrt wurden (Apg. 1,21f.), andererseits jenes Geschehnis, dessen Träger sie als «Diener am Wort» selbst waren: die Gründung der weltweiten Kirche (Apg. 1,8) durch die apostolische Tradition in der Kraft des Heiligen Geistes. Lukas spricht von «geschehenen Ereignissen» insofern, als sie, wie der griechische Ausdruck besagt, definitiv vollendet sind und so ein für allemal zum Grund der Kirche wurden. Er selbst beschreibt diese beiden Komplexe einerseits im Evangelium, andererseits in der Apostelgeschichte; der Prolog ist also *beiden* Büchern vorangestellt.

Viele haben schon vor ihm einen entsprechenden Bericht versucht. Dabei denkt Lukas an die Verfasser seiner Quellen: das Markusevangelium, die Spruchquelle, die Vorlage(n) seines Sondergutes, die der Apostelgeschichte zugrundeliegenden schriftlichen Überlieferungen.

Lukas kritisiert zwar die Arbeiten seiner Vorgänger, ohne die er gar nicht schreiben könnte, nicht, aber er hält sie im Blick auf seine Absichten nicht für ausreichend. «Alles», und zwar alles «von Anfang an» und «der Reihe nach» (d.h. lückenlos und in sachlicher Kontinuität) aufzuzeichnen, fällt *ihm* als Aufgabe zu. Dabei schwebt ihm keine Vollständigkeit des zu Berichtenden im summarischen Sinn vor; Lukas will kein quantitativ abschließendes Werk schaffen. Vielmehr löst er erstmalig und einmalig die Aufgabe, die evangelischen Berichte über Jesus und den Bericht über die kirchengründende Wirksamkeit der Zwölf Apostel in einem nicht nur zeitlichen, sondern vor allem sachlichen Zusammenhang als den einmaligen und zuverlässigen Grund der Kirche darzustellen – woraus sich übrigens mit Sicherheit ergibt, daß Lukas sein Doppelwerk als solches einheitlich konzipiert und vermutlich beide Bücher zum selben Zeitpunkt veröffentlicht hat.

Lukas wäre mißverstanden, wollte man ihm unterstellen, er setze die Kirche (Apostelgeschichte) gleichgewichtig neben Jesus (Evangelium). Aber ihm liegt alles daran, Jesus und die apostolische Tradition des Jesusgeschehens, unlösbar miteinander verknüpft, als das *eine* Fundament des christlichen Glaubens literarisch zu entfalten. Die Augenzeugen waren *auch* zuverlässige «Diener am Wort»; ohne ihren authentischen Dienst gibt es kein zuverlässiges Zeugnis.

Daß Lukas dabei keine bloß literarischen Ambitionen hat, zeigt V.4; es geht ihm um die Zuverlässigkeit der Überlieferung.

Diese Angabe darf man indessen nicht im Sinn moderner Geschichtsschreibung mißverstehen. Auch die antiken Historiker, unter die Lukas sich mit seinem Prolog einordnet, fragten nicht «objektiv» nach den puren Fakten des wirklich Geschehenen, sondern vor allem nach der Wahrheit, nach der Bedeutung, die in allen überlieferten oder erfahrenen Ereignissen steckt; Wahrheit ist mehr als die Summe objektiver Tatsachen. Erst recht erzählt Lukas die «Fakten» von dem Sinn aus, den er in seinen Überlieferungen entdeckt bzw. wiederfindet, und dieser «Glaubenssinn» kann noch bei Lukas durchaus neue Fakten schaffen. Man kann leicht (besonders im Vergleich mit Markus) beobachten, wie wenig historisierend Lukas mit seinen Quellen verfährt; und daß Lukas in dem Reisebericht 9,51–18,14 die Masse des Q-Stoffes und seines Sondergutes unterbringt, hat an diesen Überlieferungen selbst keinerlei Anhalt. Lukas will also nicht wie ein moderner Geschichtsschreiber in eigener historischer Rückfrage die Tatsachen als solche erheben.

Erst recht liegt ihm fern, eine auf diesem Wege gewonnene historische Gewißheit der Glaubensgewißheit vorzuordnen und die letztere auf der ersteren zu gründen, wie es ein modernes Mißverständnis von Glauben auch Lukas zutrauen möchte. Die «Zuverlässigkeit der Worte», in denen die Leser unterrichtet wurden, bedeutet nicht Tatsachentreue, sondern Zuverlässigkeit der Lehre, der Wahrheit der überkommenen christlichen Verkündigung. Schon die Augenzeugen gelten in diesem kerygmatischen Sinn als zuverlässige Zeugen; sie haben richtig verstanden und angemessen weitergegeben, was sie gehört und gesehen haben.

Warum Lukas sein Doppelwerk schreiben muß, um die Zuverlässigkeit der überkommenen Lehre zu begründen, wird definitiv die Auslegung seiner beiden Schriften selbst zeigen. Eine vorläufige Antwort auf diese Frage gibt ein Blick auf verwandte Aussagen z. B. in Apg. 20,17–38; 1. Tim. 1,3ff.; 6,20; 2. Tim. 2,2.19; Tit. 1,9: Die Kirche des Lukas befindet sich in einem Streit um die rechte Lehre. Falsche Lehre verwirrt die Gemeinde; Irrlehrer dringen in sie ein oder stehen in ihr auf.

Im Zusammenhang mit dieser Beobachtung genügt es nicht, allgemein auf die kritische Situation und die Lehrunsicherheit des ausgehenden apostolischen Zeitalters zu verweisen und zu vermuten, Lukas sei durch diese Situation bestimmt worden, eine reflektierte Systematisierung der sonst unreflektierten Durchschnittstheologie seiner Zeit vorzutragen. Vielmehr zeigt das lukanische Doppelwerk, wie schon die Einleitung feststellte, profilierte theologische Anschauungen, die sich gegen ebenso profilierte Irrlehren wenden.

Den zentralen und umfassendsten Gedanken, mit dem Lukas sich gegen die Irrlehrer wendet, gibt der Prolog selbst deutlich zu erkennen: Die Einheit von Jesuszeit und apostolischer Tradition – Jesus im Zeugnis der Zwölf Apostel – als zuverlässiger Grund der Kirche. Die Augenzeugen sind zugleich die verläßlichen Diener am Wort; die Apostelgeschichte ist die authentische Fortsetzung des Evangeliums. Das «der Reihe nach» (V. 3) weist auf diese sachliche Kontinuität hin.

Mit einem nur scheinbar formalen Prinzip, nämlich mit seinem Doppelwerk als solchem, begegnet Lukas der in der Einleitung beschriebenen Irrlehre (siehe S. 13), welche die sachliche Kontinuität von Jesuszeit und Lehre der Zwölf Apostel durchbricht und einen anderen Jesus verkündigt als den im Zeugnis der zwölf «Augenzeugen und Diener am Wort» bezeugten, nämlich einen offensichtlich erst durch Paulus definitiv bekannt gewordenen Jesus.

Lukas will nichts Neues sagen (V. 4!), sondern am Alten, Überlieferten gegen die Neuerer festhalten. Dazu aber muß das Alte in neuer Situation neu gesagt werden, damit die Gemeinde die Zuverlässigkeit der Lehre, in welcher sie unterwiesen wurde, in der Verführung durch die falsche Lehre neu erkennt.

Trifft diese Interpretation des Prologs zu, so bestätigt sie, daß der Prolog beiden Teilen des Doppelwerks vorgesetzt ist. Die verbreitete These, Lukas habe bei der Abfassung des Evangeliums noch gar nicht im Sinn gehabt, auch die Apostelgeschichte zu schreiben, widerspricht freilich in jedem Fall der geschlossenen, beide Teile von Anfang an aufeinander beziehenden Konzeptionen des Doppelwerkes.

Bei alledem ist zu berücksichtigen, daß die «Worte», in denen Theophilus unterrichtet wurde (V. 4), nicht etwa mit dem wesentlichen Inhalt des lukanischen Doppelwerkes zusammenfallen, wie denn auch zwischen dem in V. 2 genannten «Wort» und den in V. 1 genannten «Ereignissen» unterschieden werden muß. Daß es sich so verhält, ergibt sich schon daraus, daß die apostolische Predigt in der Apostelgeschichte keineswegs auf den Stoff des Evangeliums zurückgreift. Erst Lukas dürfte seinen Gemeinden überhaupt den wesentlichen Überlieferungsstoff seines Doppelwerkes vermittelt haben. Bei den in V. 4 genannten «Worten» handelt es sich vielmehr um die christliche *Lehre* («Katechismus»), in welcher die Gemeinde unterwiesen wurde und die, folgt man der Apostelgeschichte, wesentlich auf dem Alten Testament und auf der christlichen Bekenntnisbildung beruht. Vgl. Apg. 5,30ff.: «Der Gott unserer Väter hat Jesus auferweckt, den ihr ans Kreuz gehängt und getötet habt. Gott hat ihn als Herrscher und Heiland zu seiner Rechten erhöht, um Isra-

el Buße und Vergebung der Sünden anzubieten. Und wir sind Zeugen für diese Ereignisse.»
Lukas will mit seinem erzählenden Doppelwerk die Zuverlässigkeit dieser überkommenen Lehre in der Weise dokumentieren, daß er ihre umstrittenen Elemente in einen authentischen und lückenlosen Traditionsprozeß hineinstellt. Die eigentliche Leistung seiner Redaktion besteht also darin, die entscheidenden Lehrstücke seiner traditionellen Gemeindetheologie bzw. des «Katechismus», soweit sie angefochten wurden, in dem anderswoher aufgenommenen Überlieferungsgut von Evangelium und Apostelgeschichte so zur Geltung gebracht zu haben, daß ihr «orthodoxer» Charakter und ihre Heilsnotwendigkeit sichtbar werden.

1,5–2,52 Die Vorgeschichten

Die Vorgeschichten in Kap. 1 und 2 gehören zum Sondergut des Lukas. Die Bezeichnung «Vorgeschichten» orientiert sich am Aufriß des Markusevangeliums, das erst mit dem Auftreten des Täufers beginnt; tatsächlich ist Lukas in Kap. 1 und 2 allerdings schon gänzlich bei seiner Sache, die er «von Anfang an» darlegt. Zu den Vorgeschichten des Matthäusevangeliums bestehen keine literarischen Beziehungen.
Kap. 2 enthält einen geschlossenen Zyklus von 3 Erzählungen (Geburt Jesu; Darstellung im Tempel; der zwölfjährige Jesus im Tempel), der Lukas bereits vorgelegen hat, wie sich aus der deutlichen lukanischen Bearbeitung unzweifelhaft ergibt.

1,5–80 Bis zur Geburt des Johannes

1,5–80 weist demgegenüber keine deutlichen Spuren einer Bearbeitung auf; dieser Abschnitt ist vielmehr sachlich und stilistisch einheitlich erzählt. Der Stil, geprägt vor allem durch eine auffallende Imitation der Sprache des griechischen Alten Testaments, ist durchgehend lukanisch, wie sich Satz für Satz und oft Wort für Wort zeigen läßt. Die Erzählungen können nicht einer abgeschlossenen Quelle angehört haben, da dieser die entscheidende Erzählung, die Geburt Jesu, gefehlt hätte. Da 1,5–80 auch sachlich durchgehend von der lukanischen Theologie bestimmt ist, wie die Auslegung zeigen wird, hat man davon auszugehen, daß Lukas selbst diesen Abschnitt erzählt und dem überlieferten Zyklus in Kap. 2, der neu einsetzt, vorangestellt hat.
Dabei benutzt er Gemeindeüberlieferungen, vielleicht auch Überlieferungen aus der Täufergemeinde, Bekenntnisaussagen, manche Motive aus seiner Vorlage zu Kap. 2 und vor allem in reichlichem Maß das Alte Testament. Die einzelnen Erzählungen sind nicht als historisch, sondern als legendenhaft, und nicht als unterhaltend, sondern als erbaulich bzw. theologisch zu bezeichnen.
Die These, die von Johannes handelnden Abschnitte habe Lukas unmittelbar aus einer Quelle der Täufergemeinde übernommen, scheitert an der sachlichen und stilistischen Einheit der ganzen Erzählreihe 1,5–80; das Argument, die entsprechenden Abschnitte seien nicht spezifisch christlich, übersieht die theologische Intention, die Lukas mit ihnen verbindet und die oft auch den falschen Eindruck eines jüdischen oder dezidiert judenchristlichen Ursprungs der Erzählungen von Johannes hervorgerufen hat.

Es geht Lukas darum, mit Hilfe der Gestalt des Täufers die Jesusgeschichte – sein Evangelium – unlösbar im Alten Testament zu verwurzeln. Deshalb wird Johannes gänzlich als Repräsentant Israels dargestellt; *so* ist er der Wegbereiter Jesu. Dementsprechend wird auch der Ursprung Jesu selbst ganz in der alttestamentlich-jüdischen Gemeinde verankert. Die durchgehende Imitation der griechischen Bibelsprache des Alten Testaments – Lukas ist, wie schon der Prolog zeigte, ein glänzender Stilist – und das beherrschende jüdische Kolorit im ganzen wie im einzelnen von 1,5–80 unterstreichen diese redaktionelle Intention, sind also nicht Hinweis auf eine absichtslos erzählende palästinische Quelle.

Zugleich werden die Erzählungen vom Täufer, dem letzten Propheten des Israel-Bundes, und die Erzählung von Jesus, dem Messias der Völker, so eng miteinander verschlungen, daß es unmöglich ist, die Zeit Israels und die Zeit Jesu (mitsamt der Zeit der Kirche) voneinander zu lösen. Dazu dient die Betonung der verwandtschaftlichen Beziehungen zwischen den Müttern des Johannes und Jesu und die damit begründete szenische Verschränkung der Berichte über den Täufer und Jesus:

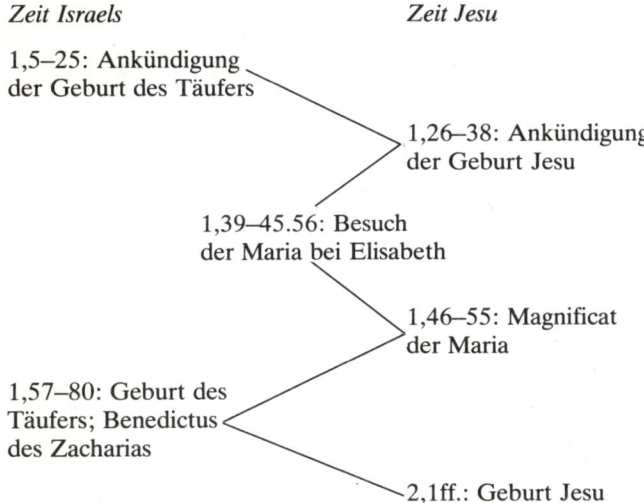

Zeit Israels   *Zeit Jesu*

1,5–25: Ankündigung
der Geburt des Täufers

1,26–38: Ankündigung
der Geburt Jesu

1,39–45.56: Besuch
der Maria bei Elisabeth

1,46–55: Magnificat
der Maria

1,57–80: Geburt des
Täufers; Benedictus
des Zacharias

2,1ff.: Geburt Jesu

Diese Verschränkung setzt sich in den Berichten vom Auftreten des Täufers und Jesu fort (3,1ff.).

Auch die parallele Darstellungsweise (bei einer gewissen Bevorzugung Jesu; vgl. z.B. 1,15 mit 1,32.35) in den beiden Ankündigungserzählungen und in den beiden Lobgesängen sowie Angleichungen der Geburtsgeschichte des Täufers an die Geburtsgeschichte Jesu – die Auslegung wird darauf verweisen – dienen dieser untrennbaren Verbindung von Zeit Israels und Zeit der Kirche.

1,5–25   Ankündigung der Geburt Johannes des Täufers

5 Zur Zeit des jüdischen Königs Herodes lebte ein Priester mit Namen Zacharias aus der Abteilung Abia; er hatte eine Frau aus den Töchtern Aarons mit Namen Elisabeth. 6 Sie waren beide rechtschaffen vor Gott und wandelten untadelig in al-

len Geboten und Satzungen des Herrn. 7 Aber sie hatten kein Kind, weil Elisabeth unfruchtbar war, und beide waren in vorgeschrittenem Alter.
8 Eines Tages versah er den Priesterdienst vor Gott in seiner Abteilung, die an der Reihe war, 9 und nach der Ordnung des Priesteramtes traf ihn das Los, in den Tempel des Herrn zu gehen und das Weihrauchopfer darzubringen; 10 die ganze Menge des Volkes aber betete draußen zur Stunde des Rauchopfers. 11 Da erschien ihm ein Engel des Herrn, der an der rechten Seite des Rauchopferaltars stand. 12 Zacharias geriet in Bestürzung, als er ihn sah, und fürchtete sich. 13 Aber der Engel sprach zu ihm:
>Fürchte dich nicht, Zacharias,
>denn dein Gebet wurde erhört;
>deine Frau Elisabeth wird dir einen Sohn gebären,
>den du Johannes nennen sollst.
>14 Er wird deine Freude und Wonne sein,
>und viele werden sich über seine Geburt freuen.
>15 Denn er wird groß sein vor dem Herrn;
>Wein und anderen Rauschtrank wird er nicht trinken,
>aber noch im Mutterleibe mit dem Heiligen Geist erfüllt werden,
>16 und er wird viele der Kinder Israels zu dem Herrn, ihrem Gott, hinwenden.
>17 Er wird ihm vorangehen in Geist und Kraft Elias,
>hinzuwenden Väterherzen zu Kindern
>– nämlich Ungehorsame zu der Gesinnung Gerechter –,
>um dem Herrn ein zugerüstetes Volk zu bereiten.

18 Da sagte Zacharias zu dem Engel: Woran soll ich das erkennen? Denn ich bin ein Greis, und meine Frau ist in vorgerücktem Alter. 19 Der Engel antwortete ihm: Ich bin Gabriel, der vor Gott steht, und wurde gesandt, mit dir zu sprechen und dir dies zu verkünden. 20 Siehe, du wirst verstummen und nicht reden können bis zu dem Tag, an dem dies geschieht, weil du meinen Worten nicht geglaubt hast, die sich zu ihrer Zeit erfüllen werden. 21 Währenddessen wartete das Volk auf Zacharias und wunderte sich, daß er so lange im Tempel verweilte. 22 Aber als er herauskam und nicht mit ihnen sprechen konnte, merkten sie, daß er im Tempel ein Gesicht gesehen hatte. Er winkte ihnen zu und blieb stumm, 23 und als die Tage seines Priesterdienstes zu Ende waren, kehrte er nach Hause zurück. 24 Nach diesen Tagen wurde seine Frau Elisabeth schwanger und zog sich fünf Monate lang zurück. Sie sprach: 25 So hat der Herr an mir gehandelt, als er freundlich auf mich sah, um meine Schmach unter den Menschen zu tilgen.

Die Empfängnis des Johannes stellt ähnlich wie die Empfängnis Jesu ein wundersames Geschehen dar, weil Elisabeth nach der natürlichen Erfahrung kein Kind mehr erwarten kann. In der Erzählung dieses ungewöhnlichen Umstandes soll nicht eine biologische Absonderlichkeit mitgeteilt werden; vielmehr spricht sich auf diese Weise das Bekenntnis aus, daß Johannes von Anfang an in Gottes umgreifenden Heilsplan hineingenommen wurde und die Bedeutung seiner irdischen Gestalt sich nicht in den objektiv feststellbaren Fakten seines Lebens erschöpft. In ähnlicher Form wird auch die Geburt anderer Gottesmänner angekündigt und berichtet: Isaak (1. Mose 17,15–17; 18,10–15), Simson, der ein Nasiräer auf Lebenszeit war (Richt. 13) und Samuel (1. Sam. 1,1–2,11); aber auch in außerbiblischer Überlieferung ist das Motiv der göttlichen Fruchtbarmachung der Unfruchtbaren weit verbreitet. Lukas schließt sich also an ein vertrautes Erzählschema an; den entsprechenden alttestamentlichen Berichten entnimmt er auch viele Einzelzüge seiner eigenen Erzählung.

Die Erzählung beginnt **(V. 5)** in typisch legendarischem Stil; Lukas imitiert die Vorlage 2,1. Die historische Datierung nennt den jüdischen König Herodes den Großen (37–4 v. Chr.) und verweist das im folgenden erzählte Geschehen damit in die Geschichte Israels. Zacharias ist Priester, seine Frau Elisabeth stammt aus priesterlichem Geschlecht (vgl. 2. Mose 28,1–3). Wir begegnen in ihnen also Vertretern des offiziellen jüdischen Kultes und zugleich zwei frommen Menschen im Sinne des verbreiteten Frömmigkeitsideals des zeitgenössischen Judentums auch und gerade in der Diaspora (**V. 6**; vgl. 2,25; 23,59; 1. Mose 7,1; 17,1; 26,5; 5. Mose 4,40).

Nachdem die Eltern des Johannes in solcher Weise vorgestellt worden sind, beginnt die Erzählung im Tempel zu Jerusalem, dem Heiligtum Israels **(V. 8ff.)**. Der jüdische Tempel steht also am Anfang des Evangeliums, und zwar als der Ort, zu dem Gott seinen gnadenvollen Boten sendet. Damit tritt Lukas jenen Stimmen, die zu seiner Zeit aus der Zerstörung des Tempels schließen, Gott habe Israel niemals erwählt, entgegen.

42 Abteilungen von Priestern versahen in wöchentlichem Turnus den Tempeldienst, so daß jeder Priester zweimal im Jahr eine Woche lang in Jerusalem weilen mußte. Die Klasse Abia war die achte Abteilung; vgl. 2. Mose 6,23; Neh. 12,4.17. Die einzelnen priesterlichen Dienste wurden frühmorgens durch das Los auf die diensthabenden Priester verteilt. Die Darbringung des Weihrauchopfers im Inneren des Tempelhauses galt dabei als eine bevorzugte Dienstverrichtung. Die Bestimmungen, nach denen das Rauchopfer vollzogen wurde, findet man 2. Mose 30,1–10 (vgl. auch 4. Mose 16,5f.16–35; 17,1–13).

Der Hinweis auf das Gebet des Volkes während des Opfers **(V. 10)**, das in dieser Weise sonst nicht bezeugt ist, weist Lukas als den «Evangelisten des Gebets» aus; das Rauchopfer wird so zu einem Zeichen der Selbsthingabe im Gebet (vgl. Ps. 141,2).

Der jüdische Schriftsteller Josephus, dessen Werke Lukas vermutlich kannte, berichtet (Ant. 13,10,3) von dem Hohenpriester Johannes Hyrkanus I (135–104 v. Chr.), zu ihm habe während eines Rauchopfers eine Himmelsstimme gesprochen. Vielleicht diente dieser Bericht Lukas als Modell für die Erzählung der Vorgänge im Tempelhaus **(V. 11ff.)**.

Die rechte Seite (V. 11) ist stets die «gute» Seite (vgl. Apg. 7,55f.); Furcht angesichts der Erscheinung des Göttlichen geziemt dem sündigen und sterblichen Menschen, der Gott als seinen *Richter* erwarten muß. Die Ansprache des Boten Gottes nimmt dem Zacharias die Furcht; er kommt als Freudenbote, unerwartet, unverdient **(V. 13)**. Der Name «Johannes» bedeutet «Gott ist gnädig», doch ist diese nur im Hebräischen verständliche Anspielung von Lukas kaum beabsichtigt. Indem er den Namen gibt, erhebt Gott Anspruch auf den so benannten Menschen (vgl. 1. Mose 17,19; eine Analogie ist der christliche Taufname), und zwar will Gott durch Johannes vielen Menschen Freude bereiten (V. 14; wie durch Jesus, vgl. 2,10), sagt Johannes doch das Heil Gottes an (V. 76f.).

Johannes wird (wie Jesus, V. 32) «groß» (= bedeutend) sein (V. 15) und soll sich (vgl. 7,33) entsprechend den Ordnungen der Nasiräer verhalten **(V. 15)**, die in 4. Mose 6 (vgl. Richt. 13,4ff.; 1. Sam. 1,11) aufgezeichnet sind; er wird sich also in hervorragendem Maße mit den heiligen Traditionen Israels identifizieren. Die Nasiräer mußten vor allem auf jeden Weingenuß, meist aber auch auf das Scheren der Haare und jede Verunreinigung durch einen Leichnam verzichten. Das gewöhnliche Nasiräat dauerte 30 Tage; vgl. dazu Apg. 18,18 und 21,23ff. Daneben gab es das lebenslängliche Nasiräat; von ihm ist an unserer Stelle die Rede. Das Nasiräatsgelübde sollte Ausdruck eines in besonderer Intensität Gott geweihten Lebens sein, was Lukas in einer für ihn bezeichnenden Weise durch den Hinweis auf den Heiligen Geist (vgl. V. 35) unterstreicht.

Der Auftrag an Johannes wird in durchaus jüdischer Manier beschrieben: Er wird zu den Kindern Israels gesandt **(V.16)** und begegnet nicht als Vorläufer des Messias bzw. Jesu, sondern unmittelbar als Wegbereiter Gottes oder der Gottesherrschaft. Daraus darf allerdings nicht der jüdische Ursprung unserer Erzählung (etwa in Täuferkreisen) erschlossen werden. Vielmehr stellt Lukas den Täufer mit Bedacht ins Judentum, um auf diese Weise auch Jesus unlösbar in Israel zu verwurzeln. Der Übergang vom «Judentum» zum «Christentum» erfolgt für Lukas bruchlos. Johannes bereitet Gottes Kommen vor, das mit Jesu Kommen Ereignis wird. Johannes wird als christlicher Prediger auftreten wie Jesus als der jüdische Messias; die heilsgeschichtliche Kontinuität von Israel und Kirche tendiert bei Lukas auf Identität, um jede Diskontinuität – die Irrlehre seiner Zeit – zu vermeiden.

Nicht leicht verständlich ist **V. 17**. In Mal. 3,23f. (vgl. Sir. 48,10) heißt es von Elia, er sei bestimmt gewesen, das Herz der Väter zu den Kindern und das der Kinder zu den Vätern zu kehren. Die erste Feststellung überträgt der Engel auf Johannes, der wie Elia handeln soll, und erläutert sie durch seine weitere Bemerkung vielleicht im Sinne von Mat. 18,2f. (vgl. Luk. 18,17): Die Herzen der (ungerechten) Erwachsenen werden umgewandelt in die Einfalt (gerechten) kindlichen Sinns; «... laß uns einfältig werden und vor dir hier auf Erden wie Kinder fromm und fröhlich sein» (M. Claudius). Denkbar ist aber auch, daß die Zeile «Ungehorsame zu der Gesinnung Gerechter» die vorangehende Zeile chiastisch aufnimmt: Die Väter nehmen die ungehorsamen Kinder an, die Kinder aber wenden sich wieder der (väterlichen) Gerechtigkeit (= Frömmigkeit) zu. So oder so wird der eschatologische Friede hergestellt (vgl. 2,14.29).

Anders als Maria (V. 38) erbittet Zacharias **(V. 18)** zweifelnd ein Zeichen (vgl. 1. Mose 15,8). Er erhält dies Zeichen, mit dem er zugleich bestraft wird: er verstummt (**V. 19f.**; vgl. Apg. 13,11). Die Erfüllung göttlicher Verheißungen kann man nicht anzweifeln, sondern nur erwarten; Gott braucht sein Wort nicht zu beweisen. Die Nachfrage des Zacharias gibt dem Engel Gelegenheit, sich nachträglich als Gabriel vorzustellen. Engel begegnen in den älteren Schichten des Alten Testaments kaum; Engelnamen sind in den biblischen Schriften auch später noch sehr selten. Nur Michael, Gabriel und Rafael werden einigemal genannt. Gabriel begegnet außer an unserer Stelle und in V. 26 nur noch Dan. 8,16; 9,21, hier gleichfalls als Bote Gottes. Da er «vor Gott steht», gehört er zu den vier oder (Off. 1,4) sieben Thronengeln.

Nach Beendigung seines Bereitschaftsdienstes als Priester kehrt Zacharias nach Hause zurück **(V. 23)**. Aus V. 39 geht hervor, daß er in einer (ungenannten) Stadt des judäischen Berglandes zu Hause ist.

Die Bemerkung **V. 24**, Elisabeth habe sich fünf Monate verborgen gehalten, hat literarische Funktion; sie verknüpft die Ankündigung der Geburt Johannes des Täufers mit der Ansage der Geburt Jesu, die im sechsten Monat der Schwangerschaft Elisabeths an Maria ergeht (V. 26). Ein kurzer Lobpreis der Elisabeth schließt die Erzählung ab **(V. 25)**; Kinderlosigkeit verheirateter Frauen wird in allen Gesellschaften als Schmach empfunden, in denen die soziale Größe «Haus» um seiner Lebensfähigkeit willen des Erben bedarf.

1,26–38 Ankündigung der Geburt Jesu

26 Im sechsten Monat wurde der Engel Gabriel von Gott in eine Stadt Galiläas mit Namen Nazareth gesandt 27 zu einer Jungfrau, die mit einem Mann namens Joseph verlobt war, aus dem Hause Davids; diese Jungfrau hieß Maria. 28 Als der Engel bei ihr eintrat, sagte er: Sei gegrüßt, Begnadete; der Herr sei mit dir. 29 Sie geriet durch solche Anrede in Verwirrung und überlegte, was dieser Gruß bedeute. 30 Da sprach der Engel zu ihr:
 Fürchte dich nicht, Maria;
 denn du hast Gnade bei Gott gefunden.
31 Siehe, du wirst schwanger werden und einen Sohn gebären,
 dem du den Namen «Jesus» geben sollst.
32 Er wird groß sein und «Sohn des Höchsten» genannt werden,
 und Gott der Herr wird ihm den Thron seines Vaters David geben.
33 Er wird über das Haus Jakobs ewiglich regieren,
 und seine Königsherrschaft wird kein Ende haben.
34 Maria aber sagte zu dem Engel: Wie soll dies geschehen, da ich doch keinen Mann habe? 35 Da antwortete ihr der Engel: Heiliger Geist wird über dich kommen, und die Kraft des Höchsten wird dich beschatten; darum wird auch das Kind heilig genannt werden und Gottes Sohn heißen. 36 Du sollst auch wissen, daß Elisabeth, deine Verwandte, einen Sohn empfangen hat in ihrem Alter und sich schon im sechsten Monat ihrer Schwangerschaft befindet, obschon sie als unfruchtbar galt; 37 denn bei Gott ist nichts unmöglich. 38 Da sprach Maria: Siehe, ich bin des Herrn Magd; es geschehe mit mir, wie du gesagt hast. Und der Engel verließ sie.

Die Ankündigung der Geburt Jesu erfolgt nach demselben aus dem Alten Testament bekannten Schema und teilweise mit denselben Worten wie die Ankündigung der Geburt des Johannes, freilich dieser gegenüber mit deutlichen Steigerungen. Gerade weil Johannes und Jesus *gleicherweise* in das alttestamentliche Gottesvolk eingegliedert werden, muß Lukas die Besonderheit Jesu hervorheben. Johannes sagt das Kommen Gottes in Israel an; in dem Messias Jesus kommt Gott endgültig zu seinem Volk.

Die auffälligste Steigerung ist die jungfräuliche Zeugung Jesu. Während Johannes nach der Empfängnis im Mutterleib mit dem Heiligen Geist erfüllt wird (V. 15), wird Jesus ohne Zutun eines Mannes aus der Kraft des Heiligen Geistes gezeugt und von einer Jungfrau geboren. Durch diese ungewöhnliche Art der Zeugung soll noch stärker als bei Johannes die Bedeutung dieses Kindes herausgestellt werden: Man muß Jesus von Gott her verstehen, will man ihn recht verstehen.

In der Bibel wird nur von Jesus die Jungfrauengeburt behauptet. Das Judentum erwartet sie nicht vom Messias, doch konnte die frühe Christenheit Jes. 7,14 in der Fassung der griechischen Übersetzung des alten Testaments (Septuaginta) als messianische Weissagung und als Hinweis auf die Geburt des Messias durch eine Jungfrau deuten. Auch läßt sich aus Gal. 4,21–31 erschließen, daß gewisse Kreise des hellenistischen Judentums annahmen, Isaak sei in Sara «auf geistliche Weise» gezeugt worden, und wir haben nicht wenige sonstige Nachrichten, besonders durch den alexandrinischen Theologen Philo, denen zufolge die Erzeugung bedeutender Männer vom hellenistischen Judentum auf die Einwirkung des schöpferischen Heiligen Geistes unter Ausschaltung des Ehemannes zurückgeführt wird; bei Philo begegnet in solchem Zusammenhang auch der Begriff «beschatten».

Die Anschauung von der Jungfrauengeburt Jesu dürfte demnach in Kreisen eines hellenistischen Judenchristentums zuhause sein. Sie findet sich im Neuen Testament nur noch bei Matthäus, der sie in 1,18–25 ausführlich entfaltet. Lukas übernimmt die Vorstellung also aus der Gemeindeüberlieferung, wo sie möglicherweise bereits in Gestalt von Bekenntnissätzen begegnete («geboren von der Jungfrau Maria»), und greift dabei deutlich (V.27.31) auf Jes.7,14 und auf Ps.2,7 zurück. Sonst begegnen im Neuen Testament andere Vorstellungen über den Ursprung der Messianität bzw. der Gottessohnschaft Jesu, neben denen für den Gedanken der jungfräulichen Zeugung, schaut man auf deren Vorstellungscharakter, schlecht Platz ist: Nach Röm.1,4 wurde Jesus durch seine Auferstehung von den Toten als «Sohn Gottes» eingesetzt, nach Mark.1,10f. bei seiner Taufe von Gott als Sohn adoptiert, nach der Luk.2,1ff. zugrunde liegenden Vorlage bei seiner Geburt von Gott erwählt, während er schon bei Paulus und dann bei Johannes ein präexistenter Gottessohn ist, der auf die Erde gesandt wird (vgl. Röm.8,3; 2.Kor.5,21; Joh.1,1ff.).

Diese zuletzt genannte Vorstellung – die Präexistenzchristologie – kann Lukas nicht unbekannt gewesen sein. Daß er sie selbst nicht vertritt, könnte damit zusammenhängen, daß sie auch der vor-lukanischen Gemeindetheologie nicht entsprach. Indessen dürfte das dezidierte Verschweigen aller präexistenzchristologischen Vorstellungen zugleich einen bedachten Widerspruch des Lukas gegen die Präexistenzchristologie seiner hyperpaulinischen Kontrahenten umschließen (vgl. S.14f. und zu Apg.9,1ff.).

Jedenfalls ist die Anschauung von der Jungfrauengeburt im Neuen Testament verhältnismäßig wenig bezeugt und zudem nur eine Vorstellung vom Ursprung der Gottessohnschaft Jesu unter mehreren. Man darf sie so wenig wie die anderen Vorstellungen als solche zu einem Glaubensartikel erheben, sondern muß sie als einen für bestimmte frühchristliche Kreise besonders eindrücklichen Hinweis auf den eigentlichen Gegenstand des Glaubens, auf Jesus selbst als «Sohn Gottes», verstehen; sie will also wie die anderen Vorstellungen theologisch bzw. funktional, nicht biologisch verstanden werden.

Die vorliegende Erzählung ist aus einem Guß. Daß sie ursprünglich (in einer Überlieferung der Täufergemeinde) eine Ankündigung der Geburt des Johannes an Elisabeth berichtet habe, ist eine haltlose Vermutung. Manche Forscher nehmen indessen an, V.34–35 oder V.34–37, in denen die Jungfrauengeburt eingeführt wird, seien im Zusammenhang sekundär. Sie weisen darauf hin, daß die Weihnachtsgeschichte die Vorstellung von der Jungfrauengeburt nicht kenne (2,1–20), und erklären, es passe nicht gut, wenn eine Verlobte der Kunde des Engels mit dem erstaunten Einwand entgegentrete, sie habe noch keinen Mann **(V.34)**. Aber die erstaunte Frage der Maria – geschlechtlicher Verkehr vor der Eheschließung war verpönt – läßt nur erkennen, daß Lukas die Vorstellung hat, die wunderbare Empfängnis erfolge im Vollzug der Ankündigung, so daß Maria mit dem «Es geschehe mit mir, wie du gesagt hast» **(V.38)** das Angesagte *jetzt* geschehen *läßt*; und die Weihnachtsgeschichte entstammt ohnedies einer anderen Tradition.

Die Ankündigung der Geburt Jesu erfolgt, während Elisabeth sich im sechsten Monat ihrer Schwangerschaft befindet; damit wird das Geschehen während der Begegnung beider Frauen (V.39–45) vorbereitet **(V.26)**. Aus der Angabe der sechs Mo-

nate folgerte die alte Kirche im Zusammenhang mit einer allegorischen Deutung von Joh. 3,30, Johannes sei am 24.6. (Johannistag), Jesus am 24.12. geboren.
Wieder wird Gabriel von Gott gesandt (vgl. V. 19), und zwar nach Nazareth (V. 26), der Heimat der Eltern Jesu (Mark. 1,9).
Die Davidssohnschaft des Messias Jesus gewährleistet trotz der Jungfrauengeburt Joseph (**V. 27**), der aus dem Hause Davids stammt (vgl. 2,4). Auch in dieser Hinsicht denkt Lukas also nicht «biologisch»; Jesus hat irdische Eltern (vgl. 3,23).
Gabriel tritt als Besucher ein und begegnet Maria mit Gruß, Anrede und Segenswunsch; spätere Handschriften erweitern den Gruß des Engels aus V. 42 um das «Gesegnet bist du unter den Frauen» zum «Ave Maria». Die besondere Begrüßung zeichnet Maria gegenüber Zacharias aus; die Bevorzugung der Frau ist hellenistisch, nicht jüdisch-palästinisch gedacht. Die Anrede «Begnadete» erklärt Gabriel selbst in **V. 30**: Gott wählt sich Menschen für seinen Dienst aus, und dies geschieht in seiner freien Gnade; vgl. Apg. 13,48.
In der Verwirrung Marias über die erstaunliche Anrede durch den Engel drückt sich bereits ihre Demut aus (**V. 29**). Der Bericht darüber ermöglicht dem Erzähler, mit der Botschaft des Engels neu einzusetzen (**V. 30–33**).
Gabriel sagt an, der Sohn der Maria werde «groß» (vgl. V. 15; Jes. 9,5f.), nämlich der «Sohn des Höchsten» sein – eine deutliche Steigerung gegenüber V. 15. «Sohn Gottes» (**V. 35**) oder – mit Umschreibung des Gottesnamens nach jüdischem Brauch – «Sohn des Höchsten» lautet eine zur Zeit Jesu überall in der jüdischen (vgl. schon Ps. 2,7) und hellenistischen Welt verbreitete Bezeichnung von Menschen, die Gott auszeichnet, wie die Frommen (Mat. 5,9), die Könige, die Propheten oder große Wundertäter; natürlich dient der Ausdruck auch zur Beschreibung der physischen Sohnschaft einer himmlischen oder irdischen Sohnesgottheit. Das Judentum scheint in neutestamentlicher Zeit den erwarteten Messias noch nicht «Sohn Gottes» genannt zu haben. Die Christen aber haben recht früh, wie die bereits von Paulus übernommene Formulierung Röm. 1,4 zeigt, dieses geläufige Prädikat auf den Christus Jesus übertragen. Mit diesem Hoheitstitel, der ursprünglich Jesus einfach als den messianischen Herrscher charakterisieren sollte, verband sich in hellenistischen Christengemeinden die Vorstellung von einem göttlichen «Wesen» Jesu aufgrund seiner himmlischen Herkunft oder seines himmlischen Ursprungs aus dem Geist. Die Beziehung des Titels zu dieser letzteren Deutung wird durch das «darum» in V. 35 ausdrücklich hergestellt.
Der Engel wählt zuerst den christlichen Titel «Sohn Gottes», und zwar in der jüdischen Form «Sohn des Höchsten». Damit steht für den Leser fest, daß Jesus der Christus des christlichen Bekenntnisses ist. Diese christliche Titulatur wird sodann noch fester in das Alte Testament zurückgebunden (vgl. Jes. 9,5f.; 2. Sam. 7,12ff.): Er wird auf dem Thron seines Vaters David sitzen und ewiglich über das Haus Jakobs regieren (**V. 32f.**). Das «Haus Jakobs» umfaßt alle Nachkommen Jakobs, also das ganze «Volk Israel». David war ein gottbegnadeter König dieses Volkes, und der erhoffte Endzeitkönig, der Messias, dessen Herrschaft nicht enden wird, wurde schon zur Zeit des Alten Testaments aus dem Geschlecht Davids bzw. als «Sohn Davids» erwartet; vgl. 2. Sam. 7,12–16; Jes. 9,6; Dan. 7,14; Micha 4,7.
Die Vorstellung einer politisch begründeten irdischen Vollendung, die mit solcher Erwartung im Alten Testament verbunden war, darf man natürlich nicht auch für Lukas voraussetzen. Es liegt aber auch kein Grund vor, eine jüdische oder judaisierende Quelle des Lukas anzunehmen. Vielmehr greift Lukas selbst direkt auf die Sprache und Vorstellungswelt des Alten Testaments zurück, um zu belegen, daß

das christliche Bekenntnis zu Jesus als dem Sohn Gottes die Erfüllung der alttestamentlichen Messiaserwartung bedeutet, so daß man das Christentum nicht vom alttestamentlichen Judentum trennen kann. Ob Lukas dabei unter «Haus Jakobs» direkt das wahre Gottesvolk seiner Zeit aus allen Völkern versteht, muß dahingestellt bleiben.

V. 34 ist keine zweifelnde Frage, sondern literarisches Mittel, die neue Engelrede (V. 35–37) zu ermöglichen: *Wie* soll Maria *jetzt* empfangen? Erst in der neuen Engelrede werden ausdrücklich die Jungfrauengeburt angesagt und die Bezeichnungen «heilig» (Richt. 13,7) und «Sohn Gottes» für Jesus begründet **(V. 35)**. Die Sprache (vgl. 1. Mose 1,2; 2. Mose 40,35; Jes. 32,15) ist dezent gewählt und lädt nicht zu besonderen Vorstellungen ein. Gott erschafft sich in seiner Allmacht den Sohn, den Heiland der Welt, aus Maria; nun ist Gott nicht, ohne «Gott in Christo» zu sein, und Jesus kann nicht ohne Gott verstanden werden.

Der Hinweis Gabriels auf die Schwangerschaft der Elisabeth **(V. 36f.)** soll keinen Zweifel der Maria dämpfen, sondern hat wiederum literarische Funktion: Zum erstenmal wird die Schwangerschaft Elisabeths jemandem bekannt (vgl. V. 24), und sogleich macht sich Maria auf den Weg zu ihrer Verwandten (V. 39). Zugleich werden mögliche Zweifel des Lesers zurückgewiesen: Bei Gott ist nichts unmöglich (1. Mose 18,14 und öfter); diese Feststellung, auf die Jungfrauengeburt bezogen, bekommt ihren eigentlichen Sinn durch den in diesem wundersamen Bild angesprochenen Offenbarungswillen Gottes und seine Liebe zu den sündigen Menschen.

Von Marias Verwandtschaft mit Elisabeth wird nur hier gesprochen (V. 36). Eine entsprechende verwandtschaftliche Beziehung findet sich im Alten Testament, wo Aaron eine Schwester Maria und eine Frau Elisabeth besitzt (2. Mose 6,23; 15,20). Beruht die vorliegende Angabe auf dieser Grundlage, wäre Maria als Schwägerin der Elisabeth gedacht, und sie stammte aus dem Stamm Levi. Jedenfalls will der Hinweis auf das Verwandtschaftsverhältnis den folgenden Besuch Marias bei Elisabeth vorbereiten und motivieren, der für Lukas wichtig ist, weil er in besonders eindrücklicher Weise die Berichte über den Täufer und über Jesus, also Israel und Christengemeinde, unlösbar verbindet.

Die Bereitschaft der Maria, Gottes Willen an sich geschehen zu lassen, sticht – eine weitere Steigerung in unserer Erzählung – von dem bestraften Zweifel des Zacharias (V. 18) spürbar ab. Vielleicht liegt diesem Marienbild bereits eine vorlukanische Marienfrömmigkeit zugrunde. Jedenfalls aber zeigt Lukas sich im vorliegenden Zusammenhang zum erstenmal als «Evangelist der Frauen», der mit größter Hochachtung von den christlichen Frauen, den Stützen der verfolgten Gemeinden seiner Zeit, spricht. Maria ist für Lukas offensichtlich Urbild der glaubenden Frau (vgl. V. 45), nicht speziell die Mutter des Messias, die «Gottesgebärerin».

So ist sie freilich zugleich Urbild der Glaubenden überhaupt bzw. Mutter des Glaubens gemäß dem, wie Lukas «Glauben» versteht. Glaube ist vertrauende Ergebung in Gottes Willen und insofern in einem höchste Passivität und höchste Aktivität; denn die Passivität dem eigenen Wollen gegenüber vor Gott macht dem Willen Gottes im Menschen und durch ihn Raum. Das demütige «Ja» der Maria ist ein Ja zu der großen Freude, die allem Volk widerfahren soll. Mit der (orientalischen) Demutsformel «Ich bin des Herrn Magd (= Sklavin)» geht die Herrlichkeit Gottes über den Menschen auf. Denn «dem Demütigen gibt er Gnade» (1. Petr. 5,5).

Maria glaubt im Sinne vorbildlicher alttestamentlicher Frömmigkeit.

1,39–45 Begegnung zwischen Maria und Elisabeth

39 Maria machte sich in jenen Tagen unverzüglich auf den Weg und wanderte in das Gebirge zu einer Stadt Judas. 40 Sie betrat das Haus des Zacharias und begrüßte Elisabeth. 41 Als Elisabeth den Gruß der Maria hörte, bewegte sich das Kind in ihrem Leibe; sie wurde mit dem Heiligen Geist erfüllt 42 und rief mit lauter Stimme:
    Gesegnet bist du unter den Frauen,
    und gesegnet ist die Frucht deines Leibes.
43 Aber wieso widerfährt mir,
    daß die Mutter meines Herrn zu mir kommt?
44 Denn siehe, als die Stimme deines Grußes mein Ohr traf,
    da bewegte sich das Kind vor Freude in meinem Leibe.
45 Und selig ist, die geglaubt hat;
    denn was der Herr ihr sagen ließ, wird in Erfüllung gehen.

Die nur scheinbar idyllische Erzählung vom Besuch Marias bei Elisabeth, die durch V. 24.26.36 vorbereitet wurde, ist in sich fugenlos und verbindet in besonders auffälliger Weise die Täufererzählung und die Jesuserzählung miteinander. Bei der Geburt von Johannes und Jesus haben wir es nach der Überzeugung des Lukas mit einem in sich zusammenhängenden Ereignis zu tun. Der theologische Gedanke des Lukas ist: Unmöglich kann man die Jesuszeit von der Zeit Israels, die Johannes repräsentiert, ablösen. Was neu ist, ist neu nur in der Kontinuität mit dem Alten. Dies demonstriert Maria auch dadurch, daß sie monatelang bei Elisabeth bleibt, bis die Geburt des Johannes bevorsteht oder erfolgt ist (V. 56).
Der genaue Wohnort der Eltern des Johannes war Lukas offenbar unbekannt; indessen liegt der Wohnort im judäischen Bergland **(V. 39)**, also im Kernland des jüdischen Gebiets – darauf kommt es Lukas an. Maria macht sich auf, ihre so überraschend schwanger gewordene Verwandte zu besuchen, um an ihrem Glück teilzuhaben, das ihr selbst zugleich als Zeichen gilt (V. 36).
Als Maria ihre Verwandte begrüßt, geschieht ein kleines Wunder: Der noch ungeborene Johannes gerät in freudige Erregung über den Besuch dessen, dem er den Weg bereiten soll **(V. 40f.)**, und Elisabeth vermag, vom Heiligen Geist erfüllt **(V. 41b)**, diese Reaktion ihres Kindes in einem prophetischen Ausruf, der als ein solcher von ihrer lauten Stimme angezeigt wird **(V. 42a)**, richtig zu deuten **(V. 42–45)** – von der Begegnung Gabriels mit Maria konnte sie ja natürlicherweise noch nichts wissen.
Die geistgewirkten Worte der Elisabeth (vgl. 2,27ff.) tendieren insgesamt dahin, die Überlegenheit des Kindes der Maria über ihr eigenes Kind herauszustellen: gerade dort, wo die Kontinuität von Israel und Jesuszeit betont wird, muß die messianische Würde Jesu deutlich hervorgehoben werden, um das Christliche nicht in das Jüdische hinein aufzulösen. Dem dient auch der christologische Hoheitstitel «Herr» **(V. 43)**, ein Titel erst des hellenistischen Christentums und im Munde der Elisabeth ein auffälliger Anachronismus.
So ist Maria die Gesegnetste unter allen Frauen, weil sie den messianischen Herrn gebären wird **(V. 42)**. Elisabeth erkennt in Maria aufgrund des Zeichens, welches das Kind in ihrem Leibe gab, nicht zuerst die Verwandte, sondern die «Mutter ihres

Herrn» und wundert sich über den Besuch dieser so ausgezeichneten Frau (V. 43f.). Sie preist Maria wegen ihres demütigen Glaubens (vgl. V. 38), zumal der Vater ihres eigenen Kindes den Worten des Engels nicht geglaubt hatte (V. 20). Ihre Seligpreisung der Maria (V. 45; vgl. 11,27) ist dabei so allgemein formuliert, daß sie zur Seligpreisung von Glaubenden überhaupt wird.

Zugleich begegnen wir erneut der hochachtungsvollen Rede über Maria, an welche die Marienverehrung anknüpfen konnte. Für Lukas stand solche Verehrung der «Gottesmutter» vermutlich noch nicht im Blick. Er stellt Maria als Beispiel der demütig glaubenden Frau heraus, und zwar ohne Frage mit einem deutlichen Blick auf die Tatsache, daß sich gerade die Frauen in den christlichen Gemeinden seiner Zeit – vor allem auch in den Verfolgungen – als die Stütze der Gemeinde erweisen.

1,46–56   Der Lobgesang der Maria (Magnificat)

46 Da sprach Maria:

**Meine Seele erhebt den Herrn,
47 und mein Geist jubelt über Gott, meinen Heiland,
48 weil er nach der Niedrigkeit seiner Magd gesehen hat;
denn von jetzt an werden mich alle Geschlechter selig preisen,
49 weil der Mächtige Großes an mir getan hat.
Heilig ist sein Name,
50 und sein Erbarmen waltet von Geschlecht zu Geschlecht
über denen, die ihn fürchten.**

**51 Er übt Macht aus mit seinem Arm;
er zerstreut, die überheblich sind in ihres Herzens Sinn;
52 er stürzt Herrscher von Thronen und erhöht Niedrige.
53 Hungernde sättigt er mit Gütern, und Reiche schickt er mit leeren Händen fort.
54 Er hat sich Israels, seines Knechtes, angenommen,
um seiner Barmherzigkeit zu gedenken,
55 wie er unseren Vätern versprochen hat,
Abraham und seinem Samen ewiglich.**

56 Und Maria blieb etwa drei Monate bei ihr und kehrte dann in ihr Haus zurück.

Der Lobgesang der Maria läßt sich zwar nahtlos aus dem Zusammenhang entfernen, ist aber dennoch kein späterer Zusatz zur Erzählung. Seine Selbständigkeit weist vielmehr (im Zusammenhang mit dem Benedictus V. 67–79) auf eine eigenständige Funktion im Rahmen der lukanischen Gedankenführung hin.

Wenn man den Begriff «Niedrigkeit» **(V. 48)** im Sinne von «Schmach» (V. 25; vgl. 1. Sam. 1,11; 1. Mose 29,32) versteht, paßt das Magnificat nicht in den Mund der Jungfrau Maria; einige Handschriften und viele moderne Forscher halten den Lobgesang deshalb auch für ein Lied, das – wenigstens in einer Vorlage des Lukas – von Elisabeth gesungen wurde. Indessen meint «Niedrigkeit» in V. 48 die in V. 38. 45. 50 angesprochene Demut der Maria (vgl. V. 52); als Lied der Elisabeth gehörte das Magnificat ja auch an die Stelle von V. 25.

Absichtsvoll setzt Lukas das Loblied der erst später gebärenden Maria vor das des Zacharias: eine erneute unlösbare Verzahnung von Jesuszeit und Zeit Israels.

Das Magnificat ist – zweifellos bewußt – durchgehend aus alttestamentlichen Zitaten und Anspielungen zusammengesetzt. Man vergleiche z. B.

zu V. 46f.:	Ps. 35,9; 1. Sam. 1,11; 2,1; Hab. 3,18;
zu V. 48:	1. Mose 29,32; 30,13; Ps. 31,8;
zu V. 49:	5. Mose 10,21; Ps. 45,4.6; 111,9; 120,4;
zu V. 50:	Ps. 103,17;
zu V. 51:	Ps. 89,11; 118,15;
zu V. 52f.:	1. Sam. 2,7f.; Hiob 5,11; 12,19; Sir. 10,14; Ez. 21,31; Ps. 107,9;
zu V. 54:	Jes. 41,8f.; Ps. 98,3;
zu V. 55:	Micha 7,20; 2. Sam. 22,51.

Fast jede Aussage des Magnificat läßt sich also annähernd wörtlich aus dem Alten Testament belegen; die wenigen selbständigen Passagen und Überleitungen weisen durchgehend lukanischen Stil auf. Dieses Phänomen wiederholt sich beim Benedictus (siehe dort). Es ist in dieser Gestalt ohne Analogie, entspricht aber ganz der lukanischen Intention, die Jesuszeit ursprunghaft in der Geschichte Israels zu verankern. Das Magnificat dürfte also – analog zu den Reden in der Apostelgeschichte – ganz von Lukas stammen; seine Eigenart weist dabei nicht auf eine Unselbständigkeit, sondern auf die theologische Absicht des Verfassers hin. Die Annahme eines (von Lukas vielleicht erweiterten) jüdischen Psalms als Grundlage des Magnificat (Siegeslied aus der Makkabäerzeit; Lied aus Täuferkreisen; eschatologischer Hymnus und anderes wurde genannt) ist demgegenüber durch nichts begründet, und auch die Annahme eines palästinischen Ursprungs des Liedes ist angesichts der durchgehenden Verwendung des griechischen Alten Testaments gänzlich abwegig.

Das Lied hat zwei Strophen zu je vier Doppelzeilen (vgl. Mat. 5,3–10).

Die erste Strophe **(V. 46b–50)** hat die Form eines persönlichen Dankliedes: Die ihr, der demütigen Magd Gottes widerfahrene besondere Gnade, den Messias Gottes zu gebären, gilt als beispielhaft für die Barmherzigkeit Gottes, die allen zugesagt wird, die «Gott fürchten», ihn als Gott ehren. Die Erwartung von V. 48 beginnt sich schon in 11,27 zu erfüllen. Die Mutter Maria ist die um ihrer Gottesfurcht willen *beispielhaft* Gesegnete; Lukas erweist sich erneut als «Evangelist der Frauen».

Die zweite Strophe **(V. 51–55)**, die an ein eschatologisches Danklied (Lobgesang der Erlösten) erinnert, malt zunächst die in der Erzählung Marias sichtbar werdende göttliche «Umwertung aller Werte» in alttestamentlichen Farben aus (V. 51–53; vgl. 6,20f.; 16,25). Ganz verfehlt wäre es anzunehmen, Lukas denke dabei an eine politische Revolution mit entsprechendem Herrschaftswechsel oder an einen sozialen Umbruch; er spricht von Gottes Heilshandeln. Allerdings klingt in V. 53 bereits ein Grundmotiv der lukanischen «Armenfrömmigkeit» an. Sodann wird das ganze christliche Heilsgeschehen als eschatologisches Geschehen gedeutet, nämlich als die Vollendung der mit Abraham beginnenden Geschichte Israels (V. 54f.): Das Heil Israels wird jetzt zum ewigen und universalen Heil. Was von der Imitation der alttestamentlichen Aussagen angezeigt wurde, wird somit auch ausdrücklich gesagt: Das christliche Heil ist identisch mit dem Abraham und seinem Samen ewiglich verheißenen Heil; dabei denkt Lukas natürlich an die Abraham gegebene Verheißung für alle Völker (1. Mose 18,18; 22,17f.). Aber er redet bewußt ganz in den Begriffen des Alten Testaments.

Während die schon in der ersten Strophe gewählte Vergangenheitsform auf das durch die Geburtsankündigung an Maria in Gang gekommene christliche Heilsgeschehen zurückblickt, verwurzelt die zweite Strophe dies Heilsgeschehen fest in die mit Abraham beginnende Geschichte des Israelbundes.

1,57–66   Geburt Johannes des Täufers

57 Für Elisabeth aber kam die Zeit ihrer Niederkunft, und sie gebar einen Sohn. **58** Ihre Nachbarn und Verwandten hörten, daß ihr der Herr reiches Erbarmen erwiesen hatte, und freuten sich mit ihr. **59** Am achten Tag kamen sie, das Kind zu beschneiden, und nannten es mit dem Namen seines Vaters Zacharias. **60** Aber seine Mutter sprach: Nein, er soll Johannes heißen. **61** Da sagten sie zu ihr: Unter deinen Verwandten ist niemand, der diesen Namen trägt. **62** Und sie fragten durch Zeichen seinen Vater, wie er wolle, daß er genannt werde. **63** Der bat um ein Schreibtäfelchen und schrieb: Er heißt Johannes. Da wunderten sich alle. **64** Im selben Augenblick aber wurden sein Mund geöffnet und seine Zunge gelöst, und er sprach und lobte Gott. **65** Darüber erschraken alle Nachbarn, und in dem ganzen judäischen Bergland sprach man über diese ganzen Ereignisse. **66** Jeder, der davon hörte, nahm sie zu Herzen und dachte: Was mag wohl aus diesem Kind werden? Denn die Hand des Herrn war mit ihm.

Die bedeutungsvolle Parallelisierung der Berichte von den beiden Geburtsankündigungen wiederholt Lukas bei den Geburtserzählungen, obschon dies schwieriger war, weil die ihm vorgegebene Weihnachtsgeschichte 2,1–20 seine erzählerische Gestaltungsfreiheit einengte. Indessen zeigt ein Vergleich von 1,57 mit 2,6; 1,59 mit 2,21; 1,65 mit 2,9.18 und 1,66 mit 2,19 die Intention des Lukas an, ein paralleles Geschehen zu berichten und so weiterhin die Zeit Israels und die Zeit der Kirche zu verzahnen. Auch der durchgehend alttestamentlich-jüdische Klang der vorliegenden Geburtserzählung dient dieser Intention.
Die Beschneidung galt nach 1.Mose 17 als Zeichen des Bundes Gottes mit seinem Volk. Jeder Vater war verpflichtet, sie am achten Tage nach der Geburt an seinem Sohne zu vollziehen. Johannes gilt also wie später Jesus (2,21) ganz als Glied des Volkes Israel – eine absichtsvolle Parallelisierung, wie besonders daraus ersichtlich wird, daß die Quelle des Lukas die Beschneidung Jesu noch nicht berichtet hatte. Unsere Stelle ist übrigens der älteste Beleg für die Sitte, die Beschneidung mit der Namensgebung zu verbinden; diese Sitte war vermutlich zur Zeit des Lukas in der jüdischen Diaspora verbreitet und fand später eine Analogie im christlichen Taufnamen, der übertretenden Heiden gegeben wurde.
Mit der Namensgebung durch Zacharias, der an die Stelle seines Zweifels jetzt den Gehorsam setzt – er schreibt den von Gabriel genannten Namen auf ein mit Wachs überzogenes Täfelchen, das Notizbuch der Antike –, erfüllt sich definitiv die ihm vom Engel gegebene Verheißung (vgl. V.20); damit löst sich der Bann, der Zunge und (wie wir jetzt erst in V.62 erfahren) Ohr des Zacharias band.
Die unerwartete Geburt und das wunderbare Geschehen bei der Beschneidung erhält vom Erzähler nach dem Vorbild ähnlicher Berichte (vgl. 2,18) einen «Chorschluß» **(V.65f.)**: Alle Bewohner des judäischen Berglandes zeigen sich beeindruckt. Bei dem berichteten Geschehen handelt es sich also nicht um ein Winkelereignis am Rande oder jenseits des Volkes Israel, sondern um eine Sache des ganzen jüdischen Volkes.

1,67–80   Lobgesang des Zacharias (Benedictus)

67 Zacharias, sein Vater, sprach durch den Heiligen Geist, der ihn erfüllte:

68 Gepriesen sei der Herr, der Gott Israels;
 denn er hat aufgesucht und erlöst sein Volk
69 und für uns aufgerichtet ein «Horn der Rettung»
 im Hause Davids, seines Knechtes,
70 wie er gesprochen hat von altersher durch den Mund seiner heiligen Propheten:
71 Rettung von unseren Feinden und aus der Hand aller, die uns hassen,
72 um unsern Vätern Barmherzigkeit zu erweisen
 und seines heiligen Bundes zu gedenken,
73 des Eides, welchen er Abraham, unserm Vater, geschworen hat,
 uns zu verleihen, 74 daß wir, aus der Hand der Feinde befreit, ohne Furcht seien
75 und in Frömmigkeit und Gerechtigkeit ihm zu Diensten stehen
 an allen unseren Tagen vor seinem Angesicht.

76 Und du, Kindlein, wirst ein Prophet des Höchsten heißen;
 denn du wirst vor dem Herrn hergehen, seine Wege zu bereiten
77 und seinem Volk Erkenntnis des Heils zu geben
 in der Vergebung ihrer Sünden, –
78 um der innigen Barmherzigkeit unseres Gottes willen,
 durch welche er uns besucht als ein Lichtglanz aus der Höhe,
79 zu erscheinen denen, die in Finsternis und Schatten des Todes sitzen,
 und unsere Füße hinzulenken auf den Weg des Friedens.

80 Der Knabe aber wuchs heran und wurde stark am Geist. Und er weilte an einsamen Orten bis zum Tage seiner öffentlichen Sendung zu Israel.

Der Lobgesang des Zacharias stellt vor ähnliche Probleme wie das Magnificat der Maria.
Das Lied ist stilistisch einheitlich. Es läßt sich nahtlos aus dem Zusammenhang entfernen. Es kommt nach V. 66 (statt nach V. 64) deutlich zu spät; es will also offensichtlich auch für sich selbst beurteilt werden. Auch im Benedictus lassen sich die meisten Aussagen fast wörtlich aus dem Alten Testament belegen, während die unabhängigen Passagen sich deutlich als lukanisch zu erkennen geben. Man vergleiche vor allem:

zu V. 68:   Ps. 41,14; 72,18; 89,53; 106,48; 111,9;
zu V. 69:   Ps. 132,17; Ez. 29,21; 1. Sam. 2,10 – Luk. 3,6; 7,16; Apg. 15,14;
zu V. 70:   Luk. 24,25; Apg. 3,18.21;
zu V. 71:   Ps. 106,10;
zu V. 72:   Micha 7,20; Ps. 105,8f.; 106,45; 2. Mose 2,24;
zu V. 73:   Jer. 11,5; Micha 7,20; Ps. 105,9;
zu V. 74:   Ps. 105,11; 1. Mose 22,16ff.; 26,3; Jer. 11,5; Ps. Sal. 17,45f.;
zu V. 75:   Jos. 24,14; Sap. 9,3; Ps. 16,11 – Luk. 2,25;
zu V. 76:   Mal. 3,1; Jes. 40,3;
zu V. 77:   Ps. 111,9; Jer. 31,34 – Apg. 7,25; 16,17; Luk. 3.3.6;

zu V. 78: Jes. 9,1f.; TestSeb 7,3; 8,2; TestNaft 4,5 – Luk. 7,16; 19,44;
zu V. 79: Ps. 107,10; Jes. 9,5f.; 42,7; 59,8.

Wie beim Magnificat sind überzeugende Anzeichen für eine von Lukas bloß ergänzte jüdische Vorlage nicht vorhanden. Das Lied stammt einheitlich aus der Hand des Evangelisten, der dem Lobgesang des Zacharias mit Bedacht nur andeutungsweise christologische Lichter aufsetzt (siehe gleich). Der Stil des Psalms ist archaisierend-feierlich und so gehalten, daß eine deutliche logische Zuordnung der Zeilen oft im Dunkeln bleibt. Das ist Absicht; Lukas geht es nicht vor allem um einzelne sachliche Aussagen des Liedes, sondern um die alttestamentliche Diktion als solche, und der Sinn dieser Imitation des Alten Testaments ist wie bei dem Magnificat die Verankerung von Person und Geschehen in der Tradition Israels.

Das Lied hat zwei Strophen, die sich zu den beiden Strophen des Magnificat chiastisch verhalten (Schema a/b/b/a). Die erste Strophe (mit sechs Doppelzeilen) ist wie ein eschatologisches Danklied gestaltet (**V. 68–75**; vgl. V. 51–55), die zweite (mit vier Doppelzeilen) als ein individueller Hymnus (**V. 76–79**; vgl. V. 46–50). Magnificat und Benedictus sind also förmlich aufeinander bezogen: Die beiden äußeren, auf das christologische Geschehen bezogenen Strophen rahmen die «alttestamentlichen» Hymnen ein.

Die Einführungsformel **V. 67** lautet wörtlich: «Und Zacharias, sein Vater, wurde mit dem Heiligen Geist erfüllt und prophezeite.» Während aber der Begriff «Prophetie» in unserem Sprachgebrauch im wesentlichen auf Aussagen über die Zukunft eingeengt wurde, meint er in der Bibel die aus der Eingebung durch den Geist Gottes ergehende Rede überhaupt. Offensichtlich will Lukas den «prophezeienden» Zacharias als solchen der Zeit Israels einordnen (vgl. V. 70; 2,27ff.).

Die erste Strophe spricht dementsprechend auch dezidiert vom Volk Israel **(V. 68)**, von dem Heil für das Haus Davids (V. 69) und von dem Abrahamsbund **(V. 72)**. Nicht zufällig endet die erste Strophe wie die entsprechende Strophe des Magnificat mit dem Hinweis auf den Stammvater Israels, der zugleich und als solcher der Empfänger der universalen Verheißung, der «Vater vieler Völker» (1. Mose 17,5; Röm. 4,17) ist.

Das «Horn» **(V. 69)** gilt als Träger der Kraft eines Tieres und wird im Alten Testament oft bildlich für «Kraft» überhaupt verwendet; V. 69 spricht also von einer «kraftvollen Rettung», die – eine messianische Anspielung, die der Leser in Verbindung mit V. 27 natürlich christlich verstehen muß – aus dem Hause Davids kommt. Die Auskunft, daß diese Rettung bereits «aufgerichtet» ist, nämlich mit der Geburt des «Vorläufers» **(V. 76)** Johannes und der Ankündigung der Geburt Jesu, läßt das christliche Heilsgeschehen besonders stark im Bund mit Israel wurzeln. Das von den heiligen (das heißt den «klassischen»; vgl. 9,19) Propheten Angesagte **(V. 70)**, nicht ein ganz Neues ereignet sich mit dem Kommen Jesu; deshalb wird dies kommende Heil in so auffälliger Weise in alttestamentlicher Sprache beschrieben **(V. 71.74f.)**, mit der Lukas zweifellos nicht die ursprünglichen Vorstellungen eines politischen, von Menschen bewirkten, sondern des christlichen Heils verbindet.

Die zweite Strophe beantwortet «prophetisch» (V. 67) die Frage von V. 66. Sie hat die Form eines Glückwunschgedichtes.

Johannes ist «Prophet des Höchsten» und bereitet als solcher dem «Sohn des Höchsten» (V. 32) den Weg (vgl. 7,27; Mark. 1,3; Apg. 13,24). Johannes und Jesus, Israel und Christentum, sind somit einander fest zugeordnet. Auch der *Stand* des Propheten verbindet Israel und Jesuszeit bzw. die Zeit der Kirche miteinander, wie die christlichen Propheten zeigen (11,49; Apg. 11,27; 13,1; 15,32; 21,10). Ferner weist die Doppeldeutigkeit von «Herr» (V. 76) – alttestamentlich auf Gott, hier auf Jesus (vgl. V. 43) zu beziehen – auf eine Verbindung beider Zeiten hin.

Aufgabe des Wegbereiters ist nicht, selbst das Heil zu bringen, sondern die (freilich praktische) Erkenntnis zu vermitteln, daß das Heil (V. 69) in der (jetzt angebotenen) Vergebung der Sünden besteht (V. 77). Mit diesem Auftrag ist Johannes zu seinem Volk – dem Volk Israel – gesandt.

In diesem Zusammenhang erfahren wir beiläufig, daß Lukas die «Vergebung der Sünden» als den Inbegriff des christlichen Heils versteht (vgl. 3,3; Apg. 2,38). Lukas gebraucht neunmal den Begriff «Vergebung der Sünden» (3,3; 4,18 zweimal; 24,47; Apg. 2,38; 5,31; 10,43; 13,38; 26,18) – mehr als das ganze übrige Neue Testament zusammen –, und zwar stets an hervorgehobenen Stellen. So sendet der Auferstandene die Jünger aus, allen Völkern um Jesu willen Buße zu predigen und ihnen die Vergebung der Sünden anzubieten (24,47). Dabei ist die Vorstellung des Lukas nicht, daß die Taufe die Sünde abwäscht; vielmehr werden Taufe und *Buße* verbunden – die Taufe versetzt in die Gemeinschaft der bußfertigen Sünder und verleiht den Geist –, während die Sündenvergebung im jüngsten Gericht erfolgt (3,3; Apg. 2,38). Die Taufe erfolgt also auf die zukünftige Sündenvergebung hin, eine theologische Anschauung, mit der Lukas der sonst in der Kirche virulenten Problematik entgeht, zu klären, wie es mit den Sünden nach der Taufe steht.

Lukas bleibt mit seinem Verständnis von der «Vergebung der Sünden» im Rahmen der zeitgenössischen synagogalen Heilserwartung, wenn er auch «im Namen Christi» dem Glaubenden die feste Zusage der Sündenvergebung macht. Allerdings stoßen wir hier kaum auf eine spezifisch lukanische Tendenz; Lukas dürfte das Verständnis der Sündenvergebung als eines durch Jesus gewährleisteten Angebots im Blick auf das jüngste Gericht für eine gemeinchristliche Anschauung angesehen und auch in der Gemeindetheologie schon vorgefunden haben.

Das von Johannes angesagte Heil ist also das eschatologische, zukünftige Heil, das **V. 78f.** in bildreicher Sprache hymnisch als solches preisen. Der «Lichtglanz aus der Höhe» (V. 78) erinnert an den Stern von Bethlehem (Mat. 2,9). Er leuchtet (V. 78) und erleuchtet (V. 79) diejenigen, die sich im Dunkeln wissen, so daß sie den «Weg des Friedens», das heißt den heilvollen Weg auf die göttliche Vergebung hin finden und gehen können.

V. 80a ist eine selbständige Abschlußwendung, dem Vorbild von 1. Sam. 2,21 nachgebildet; vgl. 2,40.52. **V. 80b** blickt auf 3,2 voraus. Daß Johannes sich der klösterlichen Gemeinschaft der Essener angeschlossen habe, ist eine phantasievolle Behauptung moderner Schriftsteller.

Lukas und das Alte Testament

Das beherrschende Merkmal der durchgehend von Lukas gestalteten Vorgeschichten 1,5–80 und ein wesentliches redaktionelles Motiv im gesamten Doppelwerk des Lukas ist die unlösbare Anbindung des Christentums an die alttestamentliche Tradition, die Lukas in reflektierter Antithese zu innerkirchlichen Strömungen vornimmt, welche das Christentum von seinem alttestamentlich-jüdischen Mutterboden ablösen wollen.

Die Gründe für die Treue des Lukas zum Alten Testament darf man nicht im Lichte moderner Probleme wie Holokaust, Antisemitismus oder Staatwerdung Israels erfragen; denn diese Probleme gab es für Lukas nicht.

Das Interesse des Lukas an den Traditionen Israels gilt auch keineswegs dem Volk (der Nation) Israel; denn dieses Volk hat sich zur Zeit des Lukas durch – wie er unermüdlich betont – eigene Schuld vom Heilsvolk Gottes gelöst und seinen eigenen Grund, seine Gottesgeschichte, verleugnet. Die Gemeinden des Lukas sind heidenchristliche Gemeinden, die als solche in der Kontinuität mit Israel stehen bzw. festgehalten werden sollen.

Es gibt aber anscheinend auch keine im engeren Sinne theologischen Gründe, die Lukas zu seiner «konservativen» Einstellung bewegen. Jedenfalls trägt er keine Argumente für die bleibende Verwurzelung des Christentums in der Tradition Israels vor, sondern er insistiert auf dieser Verwurzelung – wie ähnlich die Pastoralbriefe etwa zur selben Zeit einfach auf der Treue gegenüber der überkommenen Lehre beharren. Lukas tritt also anscheinend vor allem der Neuerungssucht als solcher entgegen (vgl. 5,39; Apg. 17,21); denn ohne Zweifel ist die christliche Kirche aus Israel herausgewachsen, die vorlukanische Gemeindetheologie unterscheidet sich nur graduell von der Theologie der «liberalen» hellenistischen Synagoge, und auch die heidenchristliche Kirche hat sich seit der Zeit des Paulus als die Erfüllung der Abraham gegebenen universalen Verheißung verstanden.

Man wird für Lukas deshalb auch keine «heilsgeschichtliche» Konzeption in Anschlag bringen dürfen, jedenfalls dann nicht, wenn «Heilsgeschichte» besagt, das Heil sei aus dem geschichtlichen Prozeß als Heil erkennbar oder es verwirkliche sich im geschichtlichen Ablauf. Dies sind moderne Kategorien. Für Lukas steht alle Geschichte gleichermaßen vor dem Forum des göttlichen Gerichtes, und Heil ist das unberechenbare Angebot der Vergebung der Sünden, das, wie sich vor jenem Forum erweisen wird, definitiv durch Jesus Christus ergeht.

Lukas denkt auch keineswegs im Schema «Verheißung – Erfüllung» («Schriftbeweis»), das ihm natürlich bekannt ist (V. 70), das aber doch hinter den Gedanken einer durchgehenden Kontinuität oder gar Konstanz von Israel und Zeit Jesu bzw. Zeit der Kirche zurücktritt. Möglicherweise hatte Lukas bei alledem das nicht unbegründete Empfinden, daß die Christenheit aus den Heiden das geistige und kulturelle Erbe Israels nicht preisgeben dürfe, wenn es sich nicht selbst in die hellenistische Welt hinein auflösen wollte. Vielleicht fürchtete er auch, daß eine Kirche, die das Alte Testament abstößt, ihre zahlreichen aus der Synagoge stammenden und von Hause aus heidnischen Glieder verlieren werde, die sich vor allem nach der jüdischen Katastrophe des Jahres 70 von der Synagoge, der sie als «Gottesfürchtige» angehört hatten, abwandten und sich der heidenchristlichen Kirche anschlossen. Gewiß war ihm auch klar, daß eine Preisgabe der alttestamentlich-jüdischen Tradition eine tiefgreifende Spaltung innerhalb der Christenheit zur Folge haben müsse, wie sie durch den Siegeszug des Marcionitismus dann auch eintrat.

Darüberhinaus ist zu bedenken, daß das Alte Testament die (noch) einzige Bibel auch der Christen war, auf welcher die spezifisch christliche Überlieferung (christologische Bekenntnisse; Evangelientradition) nur aufbaute. Lukas gibt nicht zu erkennen, ob er befürchtete, daß ein Christentum, welches sich von seiner Wurzel abschnitt, früher oder später auch seinen Grund verlieren und sich selbst verleugnen müsse. Tatsächlich wurde indessen in der Geschichte der Kirche der prinzipielle Verzicht auf das Alte Testament stets mit dem Verlust wesentlicher Dimensionen der christlichen Verkündigung, vor allem im Bereich der Schöpfungslehre, erkauft; Preisgabe des Alten Testaments tendiert zum

Dualismus bzw. Idealismus: Dem Bereich des Geschichtlichen, Konkreten, Leiblichen, Natürlichen droht die Verflüchtigung zugunsten des Geistigen. Es ist nicht auszuschließen, daß Lukas derartige enthusiastische Tendenzen bereits im «Prä-Marcionitismus» seiner Zeit wahrnahm (siehe Einleitung S.14). Darum bindet er den Geist an das biblische Wort (siehe zu Apg. 2,1ff.).
Obwohl er darüber nicht reflektiert, verhilft sein Doppelwerk als Teil des Neuen Testaments der Christenheit bis heute dazu, die schöpfungstheologischen Grundlagen des eigenen Denkens nicht zu verlieren.

2,1–52   Geburt und Kindheit Jesu

Die drei Geschichten, die Kap. 2 enthält, stehen in keiner ursprünglichen Verbindung mit Kap. 1, hängen aber untereinander eng zusammen.
Jede dieser Geschichten ist in sich wiederum dreifach gegliedert. Sie beginnen stets mit einer Reiseszene; die Eltern Jesu sind unterwegs. In der zweiten Szene wird der Blick auf einen anderen Ort und zu anderen Personen gelenkt. Die dritte Szene führt die beiden ersten zusammen. Eine Art «Chorschluß» schließt jede der drei Erzählungen ab.
Die erste Szene, der Weg der Eltern mit dem Kind, kommt jeweils zu seinem Ziel: Das Kind wird geboren, im Tempel dargebracht, zum Passafest geführt. Als alles geschehen zu sein scheint, beginnt das eigentliche Geschehen: Auf das Kind fällt von außen her ein wundersames Licht: Auf dem Hirtenfeld, auf den Armen des Simeon, inmitten des Heiligtums. Ein historisches Geschehen wird zur Epiphanie des Göttlichen, das Menschenkind Jesus zum Sohn Gottes.
Verschiedene Bearbeitungen von der Hand des Lukas sind deutlich zu erkennen; der ursprüngliche Zyklus der drei Erzählungen muß dem Evangelisten also bereits vorgelegen haben. Er ist in sich abgerundet und stellt ein selbständiges, von Anfang an literarisches Erzählgut legendarischer Art dar. Die betonte Sprache der griechischen Bibel, wie sie in 1,5–80 begegnete, findet sich nicht mehr. Die Eltern Jesu und die Leute erkennen, daß Gott seine Hand auf dies Kind gelegt hat; sein messianischer Rang ist ihnen indessen noch nicht bekannt. Der Leser dagegen erfährt ihn, weil ihm in den drei Erzählungen die Herrlichkeit Jesu im Zusammenhang mit dem christologischen Bekenntnis der Gemeinde aufleuchtet.

2,1–21   Die Geburt Jesu

**1 In jenen Tagen ging ein Gebot vom Kaiser Augustus aus, daß sich der ganze Erdkreis in Steuerlisten eintragen lassen müsse. 2 Es war die erste Eintragung, und sie geschah, als Quirinius Statthalter von Syrien war. 3 Da machten sich alle zur Eintragung auf den Weg, jeder in seine Vaterstadt. 4 Auch Joseph zog von Galiläa aus der Stadt Nazareth hinauf nach Judäa in die Stadt Davids, nach Bethlehem, weil er aus der Familie und der Sippe Davids stammte, um sich eintragen zu lassen, 5 und zwar zusammen mit seiner Braut Maria, die schwanger war. 6 Als sie dort weilten, kam die Zeit ihrer Niederkunft, 7 und sie gebar ihren ersten Sohn. Sie wickelte ihn in Windeln und legte ihn in eine Krippe, weil sie sonst keinen Platz in der Unterkunft hatten.
8 In jener Gegend befanden sich Hirten auf dem Felde; die bewachten in der Nacht ihre Herde. 9 Ein Engel des Herrn trat zu ihnen, und der Lichtglanz des Herrn um-**

leuchtete sie; da fürchteten sie sich sehr. 10 Der Engel aber sprach zu ihnen: Fürchtet euch nicht; denn ich verkündige euch eine große Freude, die dem ganzen Volk widerfahren wird: 11 Heute wurde euch in der Stadt Davids ein Retter geboren, nämlich Christus, der Herr. 12 Dies sei euer Zeichen: Ihr werdet das Kind finden in Windeln gewickelt und in einer Krippe liegen. 13 Und plötzlich stand bei dem Engel eine Menge des himmlischen Heeres, die Gott lobten und sprachen:
14 Ehre sei Gott in Himmelshöhen,
    und Friede sei auf Erden
    unter den Menschen des Wohlgefallens.
15 Nachdem die Engel von ihnen in den Himmel zurückgekehrt waren, sprachen die Hirten zueinander: Laßt uns also nach Betlehem gehen und nach dem schauen, was geschehen ist und was uns der Herr kundgetan hat. 16 Sie machten sich eilends auf den Weg und fanden Maria und Josef und das Kind, das in der Krippe lag. 17 Als sie es sahen, berichteten sie, was zu ihnen über dies Kind gesagt worden war. 18 Und alle, die zuhörten, wunderten sich über das, was ihnen die Hirten sagten. 19 Maria aber behielt alle diese Worte und bedachte sie in ihrem Herzen.
20 Und die Hirten kehrten wieder um und priesen und lobten Gott für alles, was sie gehört und gesehen hatten, wie es zu ihnen gesagt worden war.
21 Nach acht Tagen, als er beschnitten wurde, erhielt er den Namen «Jesus», der von dem Engel noch vor seiner Empfängnis im Mutterleibe genannt worden war.

Die großartige erzählerische Gestaltung der Weihnachtsgeschichte liegt vor Augen. Die drei Szenen sind etwa gleich lang.
In der ersten Szene **(V. 1–7)** wird der Blick des Lesers von dem mächtigen Kaiser Augustus, dem Beherrscher des Weltkreises (37 v. Chr.–14 n. Chr.), sogleich auf die intimen, menschlich nahen Probleme eines jungen Paares gelenkt, das sich auf den Befehl des allgewaltigen Herrschers auf einen beschwerlichen Weg machen muß, obschon die letzten Tage der Schwangerschaft Marias angebrochen sind und die junge Frau dann auch zwar in der Stadt der Väter, aber unter nicht eben bequemen Umständen ihr Kind zur Welt bringt.
Die zweite Szene **(V. 8–14)** wechselt den Schauplatz, von der Stadt auf das Land, von der Herberge auf das freie Feld, vom Tag in die Nacht. Auch diese Szene lebt vom Kontrast, nicht von dem erträglichen Gegenüber des Herrschers und des gehorsamen Bürgers freilich, sondern von der erschütternden Begegnung der Hirten mit den Boten Gottes, der irdischen Nacht mit dem himmlischen Licht.
In der dritten Szene **(V. 15–19)** finden sodann die beiden ersten zusammen. Die Hirten suchen das Kind in der Krippe und erzählen, was ihnen die himmlischen Gesandten über das Neugeborene gesagt haben; eine Kunde, über die sich alle wundern, die sie hören.
V. 20 trägt den Charakter eines Chorschlusses und weist damit darauf hin, daß wir es bei der Weihnachtsgeschichte des Lukas mit einer Erscheinungsgeschichte zu tun haben: Gott läßt unter den Menschen seine Herrlichkeit erscheinen, so daß die Menschen loben können. Der Chorschluß öffnet die Geschichte zugleich zum Leser hin, der gefragt wird, ob er in das Lob der Hirten einstimmen will:
    «Des ewgen Vaters einig Kind
    jetzt man in der Krippen findt.»

Unter historischem Aspekt macht der Anfang unserer Geschichte eine Reihe von Schwierigkeiten.

1. Einen Census, das heißt eine Erhebung des Personen- und Besitzstandes zu Steuerzwecken, der das ganze römische Reich umfaßte, hat es unter Kaiser Augustus nicht gegeben; allerdings hat Augustus im ganzen Reich das Steuerwesen reformiert.
2. Quirinius (12 v. Chr. Konsul; gest. 21 n. Chr.) wurde nach der Absetzung des jüdischen Königs Archelaus (6 n. Chr.) nach Judäa gesandt, dort 6/7 n. Chr. den ersten römischen Census durchzuführen; der von Lukas berichtete müßte indessen wegen 1,5 spätestens 4/3 v. Chr. stattgefunden haben.
3. Daß man zum Census in den Ursprungsort seines eigenen Geschlechts gehen mußte, überrascht; gewöhnlich mußte man sich an seinem Wohnort einschreiben lassen.
4. Erst recht erscheint verwunderlich, daß Josef dabei seine Verlobte mitnehmen muß.

Eine Legende nimmt es indessen mit der Geschichte nicht so genau. Der weltweite Census weist einfach auf die weltweite Macht des zur Zeit des Lukas selbst schon legendären Kaisers Augustus hin. Und daß Josef mit seiner schwangeren Braut nach Bethlehem zieht, liegt weniger in geschichtlicher als in heilsgeschichtlicher Notwendigkeit begründet: Micha 5,1 sagt die Geburt des Messias in Bethlehem an (vgl. Mat. 2,5f.), einer Ortschaft etwa 7 km südlich von Jerusalem, dem Geburtsort Davids (1. Sam. 16,1). **V. 2** schließlich ist ein Zusatz erst des Lukas, der nach Art eines antiken Historikers das weihnachtliche Geschehen in den Lauf der Weltbegebenheiten einfügt (vgl. 1,1ff.; 3,1f.); die Legende hat an solcher historisierenden Bemerkung, ob sie nun zutrifft oder nicht, kein Interesse (vgl. Apg. 5,37).

Lukas hat auch an einigen anderen Stellen in den Gang der Erzählung eingegriffen. Vor allem stellt er durch die Angabe «... mit seiner Braut Maria» (**V. 5**) die Verbindung mit 1,26–38 her. Diese Verbindung war ursprünglich nicht gegeben; denn in der Geschichte begegnen im übrigen Maria und Josef als ein Ehepaar, nichts deutet auf eine wunderbare Empfängnis hin, eine gemeinsame Reise von Verlobten hätte der Sitte widersprochen und Maria erfährt aus dem Munde der Hirten offensichtlich zum erstenmal, zu welcher Aufgabe ihr Kind von Gott ausgewählt wurde. Dementsprechend lesen einige Handschriften auch «... mit seiner Frau Maria», während andere einen Mischtext bieten, aus dem das uns durch Luthers Übersetzung geläufige «... mit Maria, seinem vertrauten Weibe» (eigentlich «... mit Maria, seiner mit ihm verlobten Frau») stammt.

Als lukanisch hat man auch die Erläuterung «nämlich Christus, der Herr» (**V. 11**) anzusehen. Diese Glossierung ist ein Stilbruch, und die unverbundene Zusammenstellung der beiden Hoheitstitel «Christus» und «Herr» ist zumindest ungewöhnlich. In V. 9 und 15 wird «Herr» zudem als Bezeichnung Gottes verwendet, so daß die Verwendung des gleichen Titels für Jesus in V. 11 überrascht, weshalb manche Forscher in V. 11 ein ursprüngliches «nämlich der Christus des Herrn» vermutet haben, wie wir in V. 26 lesen. Aber die drei Geschichten in Kap. 2 vermeiden in ihrer ursprünglichen Fassung überhaupt noch, das Jesuskind öffentlich mit einem der klassischen christologischen Titel zu benennen. Lukas dagegen trägt die christologischen Titel, die er schon in 1,32f.35.43.76 verwendete, nach.

Vermutlich geht auch **V. 19** (vgl. V. 51b) auf Lukas zurück; die Spannung dieses Verses zu V. 50 ist offenkundig, die Sprache lukanisch. Der «Evangelist der Frauen» trägt mit V. 19 analog zu Kap. 1 ein Stück marianischer Frömmigkeit ein: Maria ist das Vorbild der christlichen Frau. Der Erzählzyklus in Kap. 2 kennt dieses Motiv ursprünglich nicht, rückt auch Maria gegenüber Josef nicht in den Vordergrund.

Schließlich hat Lukas mit Sicherheit die Notiz über Jesu Beschneidung **(V.21)** zugesetzt, eine deutliche Parallele zu 1,59 mit ausdrücklicher Bezugnahme auf 1,31. Das Motiv für diesen Zusatz liegt am Tage: Jesus ist Jude; seine Eltern erfüllen korrekt die Bestimmungen des Gesetzes; das Christentum erwächst also aus dem Judentum. Lukas bemüht sich, Täufergeschichte und Jesusgeschichte in diesem Sinn zu parallelisieren.

Die «Unterkunft» **(V. 7)** ist der große Wohnraum des orientalischen Bauernhauses, in dem die Menschen auf einer um einige Stufen erhöhten Terrasse, die Tiere zu ebener Erde Platz finden. In ihm sind Futtertröge angebracht. Man legte das Kind, nachdem es in Windeln gewickelt war, in eine Krippe, womit die Hirten zugleich ein gutes Erkennungszeichen hatten; denn als solches Erkennungszeichen dient die Krippe, nicht als Hinweis auf die Armut der Eltern.

Vielleicht gehören Hirten und Krippe zusammen: Die Hirten suchen zuerst in den Krippen ihrer eigenen Herden. Weil die Hirten mit ihren eigenen Tieren draußen sind, bieten Haus und Krippe Platz für die unerwarteten Gäste.

Von der Hirtenszene auf dem Felde ist jedes bukolische Idyll ebenso fernzuhalten wie sozialkritisches Mitleid. Wir sollen uns daran erinnern, daß Gott einst Samuel nach Bethlehem sandte, um David zu salben, der die Schafe hütete (1. Sam. 16,11f.; Ps. 78,70f.). Die Hirten sind also keine «ausgestoßenen» Leute, sondern die normalen Bewohner und Besitzer jener Gegend, und wir treffen sie des Nachts auf dem freien Felde an, weil allein dort der Glanz des Himmels sie allseits umstrahlen und das Himmelsheer ihnen begegnen kann.

Ein alter Ausleger schreibt zu der Engelszene: «Des Kaisers Augustus Gebot war, daß alle Welt geschätzt würde, daß folglich alle Welt noch mehr bedrückt werden und also Geld und wiederum Geld hergeben sollte für des Kaisers und Roms Gelüste. Da kam ihm Gott mit seinem eigenen Gebot in die Quere, und wo den Armen nun auch Haut und Leben sollte genommen werden, da machte Gott ein Gebot daraus, daß alle Welt errettet würde von Sünde, Tod, Teufel und Hölle.» Dieser Ausleger hat die Struktur der Erzählung im Prinzip richtig erfaßt und begriffen, daß der Kaiser Augustus nicht nur bemüht wird, Maria und Josef auf den Weg zu bringen, sondern daß die Weihnachtsgeschichte als ganze lebt aus dem Gegenüber von Gebot des Kaisers und Botschaft des Engels.

Sowohl von dem drückenden Gebot des Kaisers wie von der freudigen Botschaft aus Himmelshöhen gilt die Universalität: Das Gebot des Kaisers betrifft den ganzen Erdkreis, die Ökumene **(V.1)**; die große Freude ist für alles Volk bestimmt **(V.10)**. Diese Parallelität ist beabsichtigt, kaiserliches Gebot und Engelbotschaft interpretieren sich gegenseitig. Diese Erkenntnis erlaubt, die antithetische Interpretation des Gebotes und der Botschaft weiterzuführen und im Lobgesang der himmlischen Scharen, welche die Freudenbotschaft des Engels mit der Verheißung des Friedens auf Erden unterstützen, eine Reaktion auf das Lob des «römischen Friedens», des Friedens des Augustus, zu vernehmen, das weithin im ersten Jahrhundert gesungen wurde.

Als Augustus 29 v. Chr. nach beendigtem Bürgerkrieg nach Rom zurückkehrte, war seine erste Handlung, auf Anordnung des Senats den Janustempel, den Tempel des Kriegsgottes, schließen zu lassen. Im Jahre 17 weckte er einen vergessenen Brauch auf und veranstaltete eine Säcularfeier, mit der das alte «saeculum» begraben und ein Zeitalter des Heils heraufgeführt werden sollte. Im Jahre 13 wurde der «Friedensaltar» gestiftet und im Jahre 9 zu Ehren des Augustus geweiht. Der Dank für den Frieden des Augustus war allgemein.

Aber dieser Friede war teuer, und er war ständig bedroht – zur Zeit des Augustus und zu der Zeit, da etwa zwei Generationen nach dem Tode des Augustus unsere Erzählung aufgezeichnet wurde. Ringsum an den Grenzen standen die römischen Heere in ständiger Wachsamkeit und in hier und dort stets neu aufflammenden Kämpfen. Der Erzähler blickt vermutlich auch bereits auf den blutigen jüdischen Krieg und die Zerstörung Jerusalems zurück. Der Friede beruhte auf der Macht der römischen Waffen; er stand im Zeichen des Census, der Eskalation der Rüstung und des Drucks auf Minderheiten.

Doch ist es nicht vor allem die Fragwürdigkeit des augusteischen Friedens, die unseren Erzähler veranlaßt, den durch das Kind in der Krippe schon geschenkten wahren Frieden auszurufen. Das verrät der folgende Text, der aus einem Beschluß des «Landtags» der (klein)asiatischen Griechenstädte stammt, welcher – vermutlich im Jahre 9 v.Chr. – beschloß, den Jahresanfang auf den Geburtstag des Augustus, den 23. September, zu legen. In der entsprechenden Urkunde heißt es:

Wäre dieser Tag nicht gekommen, welcher «der ganzen Welt» ein neues Aussehen gegeben hat, so wäre die Welt dem Untergang verfallen. «Denn richtig urteilt, wer in diesem Geburtstag den Anfang des Lebens und aller Lebenskräfte für sich erkennt; nun endlich ist die Zeit vorbei, da man es bereuen mußte, geboren zu sein. Von keinem anderen Tag empfangen der einzelne und die Gesamtheit so viel Gutes wie von diesem allen gleich glücklichen Geburtstag ... Unmöglich ist es, in gebührender Weise Dank zu sagen für die so großen Wohltaten, welche dieser Tag gebracht hat ... Die Vorsehung, die über allem Leben waltet, hat den göttlichen Augustus zum Heil der Menschen mit solchen Gaben geschmückt, daß sie ihn uns und den kommenden Geschlechtern als Retter (Heiland) gesandt hat. Allem Krieg wird er ein Ende machen und alles herrlich ausgestalten. In der Erscheinung des Cäsars sind die Hoffnungen der Vorfahren erfüllt. Er hat nicht nur die früheren Wohltäter der Menschheit sämtlich übertroffen, sondern es ist auch unmöglich, daß je ein größerer käme. Der Geburtstag des Gottes hat für die Welt die an ihn sich knüpfenden Freudenbotschaften (‹Evangelien›) heraufgeführt ...»

Schon aus dem Jahre 48 stammt ein verwandter Beschluß der Hellenen, der auf einer Steintafel in Ephesus erhalten blieb und Cäsar «den von Ares und Aphrodite stammenden Gott» nennt, der auf Erden erschien, «den allgemeinen Heiland des menschlichen Lebens». Diese Inschriften enthalten alle wesentlichen Inhalte der Engelbotschaft: Mit dem Geburtstag des göttlichen Kaisers beginnt für alle Welt die Erfüllung der verheißenen Freudenbotschaften, die Wende zum Äon des ewigen Friedens, das Ende der Lebensfurcht. Augustus ist der Weltheiland, der die Hoffnungen der Väter und die Weissagungen erfüllt; er bringt das eschatologische Heil.

Welch feine Ironie liegt darin, daß der vergöttlichte Weltheiland Augustus in der Weihnachtsgeschichte als derjenige vorgestellt wird, der für alle Welt den drückenden Census befiehlt, und daß dieser großmächtige Befehl des Kaisers von Gott benutzt wird, in der Stadt Davids die Geburt des wahren Weltheilands zu veranstalten.

Die zentrale, die Ökumene verbindende politische Idee der frühen Kaiserzeit war der Gedanke des Weltfriedens, der durch die Vergöttlichung des Kaisers theologisch überhöht wurde. Für diese politische Theologie fielen das Heil der Welt und der römische Friede zusammen. Damit wurde die kaiserliche Politik zur unmittelbar sinngebenden Macht des menschlichen Daseins, das angemessene politische

Verhalten zum eschatologischen Tun, der Mensch, durch die Gestalt des Kaisers repräsentiert, zu seinem eigenen Erlöser. Wo immer der Friede scheiterte, ging das Heil verloren und verschwand der Sinn aus dem Dasein für Menschen, die politische Weisheit vergöttlichen.

Dagegen setzt die Weihnachtsgeschichte die Botschaft, daß der wirkliche Heiland, der «allem Volk» das Heil bringt, in der Stadt Davids geboren wurde und in einer Krippe liegt. Eine Winkelgeburt wird erzählt, mit der zwar – wir sind in Bethlehem – die Verheißungen der Propheten erfüllt werden (Micha 5,1), die im übrigen aber allen göttlichen Glanzes entbehrt und niemand verleitet, von der irdischen Macht dieses Kindes Heil zu erwarten. Bringt dies Kind das Heil in die Welt, so gehören das heilvolle «Fürchtet euch nicht» **(V.10)** und die Ohnmacht des Menschen zusammen.

Derart ist das Kind in der Krippe der Heiland der Welt, daß die Hirten um seinetwillen, das heißt um der gnädigen Zuwendung Gottes zu dem ohnmächtigen Menschen willen, dem Gott in der Höhe die Ehre geben können. Die Worte des himmlischen Chores **(V.14)** sind die entscheidenden Worte der Engelsbotschaft überhaupt. Sie sprechen keinen frommen Wunsch aus, sondern treffen eine Feststellung: Die Ehre gebührt dem Gott in der Höhe. Der Friede auf Erden kann nicht dort erwartet werden, wo dem Menschen göttliche Ehre dargebracht wird, sondern wo der Gott in der Höhe zu Ehren kommt. Das Heil für die Welt bleibt aus, wo sich der Mensch, und sei es der Kaiser, als Heiland auf den Thron Gottes setzt; aber es stellt sich ein, wo er im Wissen um seine eigene Ohnmacht dem Gott in der Höhe die Ehre gibt.

Politischer Friede auch in der seither nicht wieder erreichten Vollkommenheit des «römischen Friedens» ist eines, «Heil» ein anderes. Der Friede Gottes macht sich gerade nicht von den politischen Möglichkeiten und Unmöglichkeiten der Menschen abhängig. Er ist Friede inmitten des irdischen Unfriedens. Der von den Engeln ausgerufene und durch das Kind in der Krippe gebrachte Friede macht die politischen Heilande zunichte, profaniert die Politik und verbietet, von unseren noch so moralischen und noch so erfolgreichen politischen Anstrengungen Heil zu erwarten.

Es ist sicher, daß die Engel vom Frieden «unter den Menschen des (göttlichen) Wohlgefallens» sprechen, daß also Luthers (auf einer abweichenden Lesart des griechischen Textes beruhende) Übersetzung «... und den Menschen ein Wohlgefallen» ebenso unzutreffend ist wie die Übertragung der Vulgata, die von «den Menschen guten Willens» spricht. Die «Menschen seines Wohlgefallens» sind die Frommen, auf denen Gottes Wohlgefallen ruht, weil sie Gott die Ehre geben. Die Bedingung des wahren Friedens ist also, daß der Mensch Gott die Ehre gibt. Ja, es ist dieser Friede selbst, daß der Mensch Gott die Ehre gibt, weil er dadurch aus dem tödlichen Zwang befreit wird, in allem, was er tut, letztlich sich selbst bestätigen, seine Gerechtigkeit aufrichten, seine Ehre suchen zu müssen.

Der «römische Friede» war auch der Wunsch der Christen. Maria und Joseph geben dem Kaiser, was des Kaisers ist; sie machen sich auf den Weg nach Bethlehem, wie der Kaiser befiehlt. Aber sie wußten den kaiserlichen Frieden zu unterscheiden von dem «Frieden Gottes, welcher höher ist als alle Vernunft» (Phil.4,7), und der sich dort auf Erden zeigt, wo der Mensch dem Gott in der Höhe die Ehre gibt.

Die Hirten, die Bewohner jener Gegend, machen sich, als sie die himmlische Botschaft empfangen haben, eilends auf den Weg, um zu erkunden, ob es sich so verhielte, wie zu ihnen gesagt war, und sie finden die Verkündigung des Engels und seines himmlischen Hofstaates bestätigt: dem Kind zu huldigen bringt wahren Frieden, weil diese Huldigung Absage bedeutet an den verzweifelten Wahn des Menschen, er sei der Heilbringer. So kehren die Hirten mit dem erfahrenen Frieden als Menschen des Wohlgefallens in ihre Welt zurück – Friede auf Erden –, indem sie Gott loben und preisen für alles, was sie gesehen und gehört hatten – wie es zu ihnen gesagt worden war **(V.20)**.

Wenn diese abschließenden Worte etwas «hinterherhinken», dann jedenfalls als ein geschickter, für den Leser bestimmter abschließender Hinweis auf den Kern der Geschichte, die himmlische Botschaft. Der Leser soll mit den Hirten gehen, – die alltäglichen Menschen heute mit den alltäglichen Menschen von damals –, das Gehörte auf die ihm innewohnende Wahrheit zu erproben, um, wenn sie sich dabei selbst als Menschen des göttlichen Wohlgefallens erfahren, in ihren Alltag zurückzukehren als Boten und Zeugen des Friedens.

2,22–40   Darbringung im Tempel

**22 Als die Zeit ihrer Reinigung nach den Vorschriften des mosaischen Gesetzes gekommen war, brachten sie ihn nach Jerusalem, um ihn vor dem Herrn darzustellen, 23 wie im Gesetz des Herrn geschrieben steht, daß alle männliche Erstgeburt dem Herrn geheiligt heißen soll, 24 und um das im Gesetz des Herrn vorgeschriebene Opfer darzubringen, nämlich ein Paar Turteltauben oder zwei junge Tauben.
25 Damals lebte in Jerusalem ein Mann mit Namen Simeon. Dieser Mann war rechtschaffen und fromm. Er wartete auf den Trost Israels, und Heiliger Geist lag auf ihm. 26 Ihm war durch den Heiligen Geist offenbart worden, er werde nicht sterben, ohne den Christus des Herrn gesehen zu haben.
27 Er ging im Geist in den Tempel, und als die Eltern das Kindlein Jesus hineintrugen, um mit ihm nach dem vom Gesetz vorgeschriebenen Brauch zu verfahren, 28 da nahm auch er es in die Arme und lobte Gott und sprach:
29 Nun läßt du deinen Knecht, Herr,
   wie du gesagt hast, in Frieden sterben;
30 denn meine Augen haben dein Heil gesehen,
31 das du bereitet hast vor allen Völkern,
32 ein Licht zur Erleuchtung der Heiden
   und ein herrlicher Glanz für dein Volk Israel.
33 Sein Vater und seine Mutter wunderten sich über das, was von ihm gesagt wurde.
34 Simeon segnete sie und sprach zu seiner Mutter Maria: Siehe, dieser ist bestimmt zu Fall und Aufrichtung vieler in Israel und zu einem Wahrzeichen, das Widerspruch hervorruft 35 – selbst durch deine Seele wird ein Schwert dringen –, damit aus vielen Herzen die Gedanken ans Licht treten.

36 Auch lebte damals eine Prophetin mit Namen Hanna, eine Tochter Penuels, aus dem Stamm Asser, eine Frau in hohem Alter. Sie hatte nach ihrer Jungfrauenschaft sieben Jahre mit ihrem Mann gelebt, 37 danach als Witwe für sich allein bis zum Alter von 84 Jahren. Sie wich nicht vom Tempel, wo sie mit Fasten und Beten bei Tag und Nacht Gott diente. 38 Sie trat in dieser Stunde hinzu, lobte Gott und sprach über ihn zu allen, welche die Erlösung Jerusalems erwarteten.**

39 Nachdem sie alles, was das Gesetz des Herrn vorschreibt, vollbracht hatten, kehrten sie nach Galiläa in ihre Stadt Nazareth zurück. 40 Das Kindlein aber wuchs und erstarkte, voll von Weisheit, und Gottes Gnade lag auf ihm.

Das Lukas überlieferte, in sich einheitliche Stück umfaßt V. 22–33 in drei Teilen und einem abschließenden «Chorschluß» (V. 33). Die erste Szene (V. 22–24) beschreibt den Weg der Heiligen Familie nach Jerusalem und gibt die Absicht der Reise an. In der zweiten Szene (V. 25–26) wird Simeon vorgestellt. Die dritte Szene (V. 27–32), die im Lobgesang des Simeon gipfelt, führt Simeon und die Heilige Familie im Tempel zusammen.

Der historischen Unklarheit zu Beginn der Geburtsgeschichte entspricht in der ersten Szene eine durchgehende Unklarheit über die kultischen Bestimmungen. Drei alttestamentliche Motive vermischen sich, um die Szene **V. 22–24** zu ermöglichen: Das Reinigungsopfer der Wöchnerin (V. 22a.24), der Loskauf der männlichen Erstgeburt (V. 23) und die Darbringung eines zu Gottes Dienst Geweihten (V. 22b). Man kann fragen, ob die Hand des Lukas in V. 22–24 nicht zu dieser Konfusion beigetragen hat, und dann liegt es nahe, V. 23 (mitsamt V. 27b), der die größte Verwirrung stiftet, und damit die Auslösung der Erstgeburt auf das Konto des Evangelisten zu setzen (vgl. 1,35; 4.Mose 6,8.10; V. 39); jedenfalls entspricht die Treue der Heiligen Familie zu den Überlieferungen Israels ganz der Intention des Lukas.

Die Wöchnerin – nicht die Eltern und nicht auch das Kind, wie der Erzähler in V. 22 offenbar annimmt – mußte sich nach jeder Geburt durch ein Opfer reinigen, und zwar bei einem Knaben frühestens 33 Tage nach dessen Beschneidung; vgl. 3. Mose 12. Das Reinigungsopfer wurde am Nikanortor des Frauenvorhofs im Tempel einem Priester übergeben. Nach Vollzug der Opferhandlung galt die Mutter wieder als rein und konnte in ihr gewohntes Leben zurückkehren. Bei den in V. 24 genannten Tauben handelt es sich um das Reinigungsopfer der armen Leute (vgl. 3. Mose 12,6–8); sonst war ein einjähriges Lamm zu opfern.

Alle männliche Erstgeburt bei Mensch und Tier gehörte Gott und war zu seinem Eigentum oder Dienst zu weihen bzw. zu opfern. Sie konnte mit Geld aus solcher Opferpflicht gelöst werden, wie in 2.Mose 13,2.11–16; 4.Mose 18,15f. dargelegt wird. Dazu brauchte das Kind allerdings nicht in den Tempel gebracht zu werden; die Eltern konnten das Lösegeld im ganzen Land an jeden Priester zahlen.

Unser Erzähler verbindet das Reinigungsopfer der Mutter anscheinend mit dem Loskauf der Erstgeburt, versteht aber die «Darstellung» im Tempel nicht als Auslösung aus der Opferpflicht, sondern geradezu als Zueignung an Gott (vgl. V. 27). Dabei dürfte die «Darbringung» Samuels durch seine Mutter Hanna 1.Sam. 1,21–28 (vgl. 3.Mose 12,6–8) als Vorbild gedient haben, und man denkt auch an die christliche Taufe als Zueignung des Täuflings an Jesus.

In der zweiten Szene wird Simeon als ein frommer Mensch vorgestellt, der als ein solcher die Erfüllung der Israel gegebenen Heilsverheißung – den Christus des Herrn – erwartete und der den (prophetischen) Geist besaß **(V. 25)**, wie die **V. 26f.**, weiter ausführen. Dieser Zug machte die Erzählung dem Evangelisten besonders wertvoll, weil der prophetische Geist Israel mit dem hervorragenden Geistträger Jesus und mit der christlichen Pfingst-Gemeinde verbindet (vgl. 3,22; Apg. 2,1ff.). Daß Simeon in Frieden sterben kann, weil er Gottes Heil bzw. den Heiland gesehen hat **(V. 29f.**; vgl. 1.Mose 46,30; Tob. 11,9), bildet nur den trostvollen Rahmen für die hymnische Vorstellung des Kindes auf seinen Armen, freilich einen gewichtigen

Rahmen: Für den, der im Angesicht des den Menschen bereiteten Heils Gottes stirbt, ist auch der Tod ein Tor zu Gottes Frieden.

Der Lobgesang des demütigen (vgl. 1,38) Simeon nimmt mit den Begriffen «Friede» **(V. 29)**, «Heil» **(V. 30)** und «alle Völker» **(V. 31)** mit Bedacht wesentliche Begriffe der Engelbotschaft (V. 10–14) auf, führt diese aber – darauf liegt der Ton – universalistisch weiter. Konnte das «dem ganzen Volk» (V. 10) noch auf Israel beschränkt gedacht werden, umschließt das «allen Völkern» (V. 31; vgl. Jes. 40,5; 52,10) Juden und Heiden, wie **V. 32**, die Heiden voranstellend, ausdrücklich sagt. Das von Israel erwartete Heil kommt, als es kam, zu allen Völkern: Kein partielles Heil, keine (kulturell gebundene) Wahrheit unter vielen Wahrheiten, sondern die eine umfassende Wahrheit für alle Rassen, Völker, Stände, Kulturen, Zeiten und damit und darum eine einfache, überall und allezeit verständliche Wahrheit, nämlich die Wahrheit des Kindes auf den Armen des Simeon: Vor Gott in der Einfalt des Kindes leben, getragen auf den Armen göttlicher Gnade: das ist das Heil für alle Völker und Kulturen, in allen geschichtlichen Erfahrungen (vgl. 18,17).

Die Verwunderung der Eltern Jesu über die «prophetischen» Worte des Simeon **(V. 33)** zeigen, daß ihnen die messianische Funktion ihres Kindes noch nicht bekannt ist – ein Zug der Vorlage, der innerhalb der lukanischen Darstellung wegen 1,26–56; 2,19 freilich überrascht.

In **V. 34f.** wendet Simeon sich segnend (derselbe Begriff wie in V. 28 für das Gotteslob!) den Kindeseltern zu. Die für Lukas bezeichnende, der Vorlage fremde Auszeichnung der Maria fällt sofort ins Auge. Auch die Worte des Simeon an Maria greifen ein wichtiges Problem der lukanischen Redaktion auf. Lukas war sich darüber im Klaren, daß die von ihm betonte Verwurzelung des Christlichen in Israel in Spannung zu der Tatsache steht, daß die christlichen Gemeinden zu seiner Zeit durchaus heidenchristliche Gemeinden sind, von der Synagoge strikt getrennt, die sich ihrerseits schroff von den christlichen Gemeinden absetzt. Lukas erklärt diesen Sachverhalt in seinem Doppelwerk stereotyp damit, daß sich das «Israel nach dem Fleisch», dem das universale Heil des Messias Jesus stets zuerst angeboten wurde, schuldhaft diesem Heil verschloß. Diese Auskunft, durch das in der Vorlage des Lukas unproblematische Nebeneinander von Heiden und Volk Israel in V. 32 provoziert, lesen wir auch in V. 34f.; denn der Ton liegt auf dem «Fall vieler» (wie Jes. 8,14f.), auf dem «Widerspruch», den das Kind hervorruft, und auf den «Gedanken», die ans Licht treten, ein Ausdruck, der stets bei Lukas kritische und zweifelnde Gedanken meint (5,22; 9,46f.; 24,38). Selbst Maria wird, wie Simeon in einem bekannten Bild sagt, von Zweifeln wie von einem durchbohrenden Schwert geplagt werden (vgl. Mark. 3,20f.31–35par; 6,1–6par) oder, wie andere kaum zu Recht verstehen, als «mater dolorosa» (Schmerzensmutter) Schmerz über die Ablehnung Jesu durch Israel ertragen müssen; offenbar hat Lukas «gottesfürchtige» Frauen seiner Zeit im Blick, die zwischen Synagoge und Gemeinde hin und her gerissen waren (vgl. Apg. 13,50; 17,4). Daß auch von der «Aufrichtung» vieler in Israel gesprochen wird, bezeichnet angesichts der beherrschenden Tendenz von V. 34f. weniger die Wirkung als vielmehr die Bestimmung Jesu gegenüber seinem Volk.

Im Unterschied zu Simeon hat Hanna **(V. 36–38)** wenig zu sagen, was bei einer Prophetin überrascht; um so mehr wird *von* ihr gesagt: Sie ist eine Prophetin, die Tochter Penuels, aus dem Stamm Asser (vgl. 1,5), hohen Alters (vgl. 1,7). 7 Jahre lebte sie in der Ehe, 84 (= 7 mal 12) Jahre ist sie alt: heilige Zahlen, die auf den heiligen Lebenswandel hinweisen, der in V. 37b näher beschrieben wird. Sie ist eine vorbildliche Witwe sowohl im jüdischen Sinn (Judith 8,4ff.) als auch im Sinn der Kirchenordnung (1. Tim. 5,5f.). Als sie das Kind sieht, lobt sie wie Simeon Gott und spricht über das Kind zu allen, die, wie es ganz judaisierend heißt, die Erlösung Jerusalems (vgl. Jes. 40,2) erwarten (vgl. 1,68 ; 2,25; Apg. 1,6).

Die ganze Szene scheint von Lukas der Simeon-Erzählung nachgebildet zu sein, nur bezeugt sie nicht Jesus als das Heil für alle Völker, sondern stellt – Lukas ist der Evangelist der Frauen – neben den frommen Mann die fromme Frau, der alle Aufmerksamkeit gilt. Sie ist gleichwertige Zeugin neben dem Mann und zugleich eine getreue Israelitin, indem sie Jesus ehrt – Israel und Kirche gehören also zusammen.

V. 39f. schließt den vorausgehenden Szenenkomplex ab. Daß schon die Vorlage des Lukas ausdrücklich von der Rückkehr der Heiligen Familie nach Nazareth (vgl. V. 4) gesprochen hat, kann man nicht ausschließen, muß man aber auch nicht annehmen. Der nachdrückliche Hinweis auf die Treue der Eltern Jesu zum jüdischen Gesetz entspricht jedenfalls der Tendenz des Evangelisten; vgl. das zu V. 23.27b Gesagte.

Die zusammenfassende Abschlußwendung hat in 1,80 (vgl. 1. Sam. 3,19) eine Parallele und nimmt V. 52 vorweg; erneut parallelisiert und verschränkt Lukas die Täufergeschichte mit der Jesusgeschichte, Israel mit der Gemeinde Jesu Christi.

Weisheit (V. 40) ist das gottgegebene, «herzliche» Wissen um die Wahrheit des menschlichen Daseins.

2,41–52 Der zwölfjährige Jesus im Tempel

41 Seine Eltern zogen jedes Jahr nach Jerusalem zum Passafest. 42 Auch als er zwölf Jahre alt war, reisten sie, wie es üblich war, zum Fest hinauf. 43 Doch als die Tage vorüber waren und sie umkehrten, blieb der Knabe Jesus in Jerusalem zurück, ohne daß seine Eltern davon wußten. 44 In der Meinung, er befinde sich in der Reisegesellschaft, legten sie eine Tagesreise zurück. 45 Dann suchten sie ihn unter den Verwandten und Bekannten, und als sie ihn nicht fanden, kehrten sie nach Jerusalem zurück, ihn zu suchen.

46 Nach drei Tagen fanden sie ihn im Tempel, wo er mitten unter den Schriftgelehrten saß, auf sie hörte und sie befragte. 47 Alle aber, die ihn hörten, waren außer sich über sein Verständnis und seine Antworten.

48 Als sie ihn fanden, waren sie sehr entsetzt, und seine Mutter sprach zu ihm: Kind, warum hast du uns das angetan? Denn dein Vater und ich suchen dich mit Schmerzen. 49 Da sprach er zu ihnen: Wie kommt es, daß ihr mich gesucht habt? Wußtet ihr nicht, daß ich in dem sein muß, was meines Vaters ist? 50 Aber sie verstanden nicht, was er damit meinte.

51 Er zog mit ihnen hinab und kam nach Nazareth, und er gehorchte ihnen; seine Mutter behielt alles in ihrem Herzen. 52 Jesus nahm zu an Weisheit und Wuchs und an Gnade bei Gott und den Menschen.

Die Erzählung vom zwölfjährigen Jesus im Tempel ist die einzige Jugendgeschichte Jesu, die sich im Neuen Testament findet. Das bedeutungsvolle Alter von zwölf Jahren weist darauf hin, daß wir es nicht mit einer biographischen Momentaufnahme zu tun haben; vielmehr wird eine umfassende Aussage über Jesus gemacht. Die vorliegende Erzählung hebt sich in ihrer Zurückhaltung dem mirakulösen Element gegenüber wohltuend von späteren Kindheitslegenden ab. Jesus wird nicht einmal lehrend, sondern nur hörend und fragend dargestellt. In einem apokryphen Kindheitsevangelium (vom Ende des 2. Jahrhunderts?) reinigt das Kind durch sein Wort ein Rinnsal, läßt aus Lehm geformte Spatzen fliegen, verlängert mit einem Ruck ein Brett usw. Ja, er zeigt seine Macht dadurch, daß er einen Mitschüler, der ihn versehentlich anstößt, zur Strafe durch sein bloßes Wort tötet.

Wieder stoßen wir auf drei Szenen. Zuerst die Reise zum Passafest und zurück. Daß Jesus in Jerusalem zurückbleibt, darf man nicht psychologisch beurteilen (Ungehorsam des Kindes; mangelnde Aufsicht der Eltern); es geht vielmehr einfach darum, den Gang der folgenden Erzählung zu ermöglichen. Von der Treue gegenüber jüdischer Sitte und alttestamentlichem Gesetz, welche dieser Exposition zugrunde liegt (**V. 41f.**), hat Lukas zweifellos gerne berichtet; sie entspricht seiner Tendenz. Die zweite Szene wird in **V. 46f.** ausgeführt: Jesus im Tempel, hörend, fragend und von den Anwesenden bestaunt. Diese Schilderung paßt besser in ein Lehrhaus oder in eine Synagoge als in den Tempel, ein Hinweis auf den hellenistischen Ursprung der Geschichte.

In der dritten Szene (**V. 48–50**), die nach drei Tagen des Suchens (V. 46; drei Tage meint: eine kurze Zeit) den Höhepunkt der Erzählung bringt, werden die beiden ersten zusammengeführt. Das Muttergefühl gibt Maria, die auch die Sorgen des Vaters ausdrücklich nennt, die Worte liebevollen Vorwurfs ein (V. 48).

Offensichtlich haben wir es erneut mit einer Epiphaniegeschichte zu tun, in der Jesu Bedeutung proklamiert wird. Der Erzähler verwendet das bekannte und weit verbreitete Motiv, dem zufolge sich bereits in der Jugendzeit die spätere Größe eines bedeutenden Menschen zeigt. Wie verwendet er dies Motiv? Natürlich denkt er nicht an eine psychologische Besonderheit Jesu. Jesu Wort in V. 49, sein erstes Wort im Lukasevangelium überhaupt, meint: Wenn ihr mich kenntet, hättet ihr mich nicht suchen müssen, sondern gewußt, daß ich im Tempel zu finden bin – in dem, «was meines Vaters ist».

Würde Jesus Gott nur im allgemeinen Sinn «Vater» (der Menschen, der Frommen) nennen, wäre das Unverständnis der Eltern (V. 50) nicht verständlich; denn die Gottesanrede «Vater» (Abba) war dem frommen Israeliten geläufig. Aber die Erzählung will Jesus nicht als vorbildlich Frommen, sondern als den designierten Messias zeichnen. Das Unverständnis der Eltern wird deshalb durch den Gegensatz zur ausdrücklich betonten Vaterschaft des Josef (V. 48), das heißt durch den Gegensatz zur irdischen Herkunft Jesu charakterisiert: Jesus, der Sohn des Josef und der Maria, nennt sich in V. 49 indirekt zugleich «Sohn Gottes». Diese Hoheit ihres Sohnes wurde den Eltern Jesu in den vorhergehenden Epiphaniegeschichten noch nicht offenbart, zumal diesen ja die Vorstellung der Jungfrauengeburt fern liegt; darum verstehen Josef und Maria die Rede ihres Sohnes nicht, der selbst aber seine Sendung (unbewußt?) benennt. Und der Leser, um den es vor allem geht, erfährt definitiv, daß Jesus der von seiner Geburt an auserwählte «Sohn» Gottes ist, nicht aber jemand, der diese messianische Würde willkürlich usurpiert hat. Diese Aussage bildet eine Parallele zu analogen Aussagen, die sich in anderen theologischen Entwürfen des Urchristentums finden, so zur Anschauung von Jesu göttlicher Berufung durch seine Auferweckung oder bei der Taufe, von seiner göttlichen Zeugung (Jungfrauengeburt) oder von der Sendung des Präexistenten in die Welt.

Als der von Gott erwählte Sohn ist Jesus natürlich der «eingeborene» – der einzig geborene, der einzige – Sohn, in dem Gott aller Welt ein für allemal sein Heil zuwendet. Zu seiner Zeit wird er als solcher auch offenbar werden.

Noch ist diese Zeit nicht gekommen. Jesus kehrt mit den Eltern nach Nazareth zurück und lebt als Kind seiner Eltern – «er gehorchte ihnen» **(V.51)** –, wirkt aber nicht als «Sohn Gottes». Falls V.51b das Nichtverstehen der Eltern (V.50) abschwächen soll, dürfte dieser «marianische» Satz (wie V.19) von Lukas stammen; Maria gehörte später zur Gemeinde (Apg.1,14).

Mit **V.52** hatte die Vorlage, die Lukas in Kap.2 verwendet, vermutlich geschlossen; sie setzte offensichtlich ein Evangelium voraus, das wie das Markusevangelium mit dem öffentlichen Auftreten des erwachsenen Jesus begann. Nach «Kind» (V.16) und «Knabe» (V.43) wird jetzt von «Jesus» gesprochen – eine deutliche Stufung. Für Lukas ist die Parallele zu Johannes dem Täufer (1,80) und die alttestamentliche Vorlage (1.Sam.2,21.26) von V.52 wichtig, so daß am Ende noch einmal die beherrschende lukanische Tendenz sämtlicher Vorgeschichten sichtbar wird: Das Christentum wächst aus dem alttestamentlich-jüdischen Mutterboden; die Jesuszeit steht in Kontinuität mit der Zeit Israels.

3,1–22 Wirken Johannes des Täufers

1 Im fünfzehnten Regierungsjahr des Kaisers Tiberius, als Pontius Pilatus Statthalter in Judäa war und Herodes Vierfürst in Galiläa, sein Bruder Philippus aber Vierfürst von Ituräa und Trachonitis und Lysanias Vierfürst von Abilene, **2** unter der Oberpriesterschaft des Hannas und des Kajaphas, empfing Johannes, der Sohn des Zacharias, in der Einöde Gottes Auftrag. **3** Er ging in das ganze Gebiet um den Jordan und verkündigte eine Bußtaufe zur Vergebung der Sünden, **4** wie geschrieben steht im Buch der Worte des Propheten Jesaia:
 In der Wüste ruft eine Stimme:
 Bereitet den Weg des Herrn;
 macht seine Pfade gerade.
5 Jede Schlucht soll aufgefüllt
 und jeder Berg und Hügel soll abgetragen werden.
 Das Krumme soll gerade
 und die unebenen Wege sollen zu guten Wegen werden.
6 Und alles Fleisch wird das Heil Gottes sehen.

7 Zu dem Volk, das herauskam, um sich von ihm taufen zu lassen, sagte er: Schlangenbrut, wer hat euch eingeredet, ihr würdet dem kommenden Zorn entfliehen? **8** Bringt Früchte, die der Umkehr würdig sind! Und wagt nicht, bei euch zu sprechen: Wir haben Abraham zum Vater. Denn ich sage euch, daß Gott aus diesen Steinen dem Abraham Kinder erwecken kann. **9** Ja, schon ist die Axt an die Wurzel der Bäume gelegt, und jeder Baum, der keine gute Frucht bringt, wird abgehauen und in das Feuer geworfen.

10 Da fragte ihn das Volk: Was sollen wir denn tun? **11** Er antwortete ihnen: Wer zwei Kleider hat, gebe dem, der keines hat, und wer Speise hat, handle ebenso. **12** Es ließen sich aber auch Zöllner taufen und sagten zu ihm: Meister, was sollen wir tun? **13** Er sprach zu ihnen: Treibt auf keinen Fall mehr ein, als euch befohlen wurde. **14** Auch Soldaten fragten ihn und sprachen: Und was sollen wir tun? Zu ihnen sagte er: Ihr sollt niemand mißhandeln und erpressen, sondern begnügt euch mit eurem Sold.

15 Als aber das Volk die Erwartung hegte und alle in ihrem Herzen überlegten, ob etwa Johannes selbst der Messias sei, **16** da erklärte Johannes öffentlich: Ich taufe euch mit Wasser. Es kommt aber der, welcher stärker ist als ich, für den ich nicht einmal würdig bin, die Riemen seiner Sandalen zu lösen. Er wird euch mit dem Heiligen Geist und mit Feuer taufen. **17** Er hat die Wurfschaufel in seiner Hand, um den Ausdrusch zu reinigen und das Korn in seinen Fruchtspeicher zu sammeln; die Spreu aber wird er mit unlöschbarem Feuer verbrennen.
18 Auch vieles andere verkündigte er dem Volk, das er ermahnte.

19 Der Vierfürst Herodes aber, der von ihm wegen Herodias, der Frau seines Bruders, und wegen alles Bösen, das Herodes getan hatte, getadelt worden war, **20** fügte dem allen noch dies hinzu, daß er Johannes ins Gefängnis warf.

21 Als aber mit allem Volk auch Jesus getauft wurde und betete, öffnete sich der Himmel, **22** und der Heilige Geist senkte sich in leibhafter Gestalt wie eine Taube auf ihn, und aus dem Himmel erklang eine Stimme: Du bist mein geliebter Sohn; an dir habe ich Wohlgefallen.

Seinem Bericht über Johannes den Täufer legt Lukas sowohl Mark. 1,1–11 als auch einen entsprechenden Einleitungsabschnitt aus der Spruchquelle Q zugrunde; insofern haben wir es bei unserem Abschnitt mit einer «Dublette» zu tun.
Dabei berichtete die Spruchquelle Q umfangreicher als Markus, wie sich aus den über Markus hinausgehenden parallelen Stücken in Luk. 3,1–22 und Mat. 3,1–17 ergibt. Der Anfang des Q-Berichtes kann aus Luk. 3,2bf. und Mat. 3,1f.5 nur mit einigen Unsicherheiten rekonstruiert werden; dann folgte in Q das Zitat (≈ Luk. 3,4), die Bußpredigt (≈ Luk. 3,7–9) und die Ankündigung des Kommenden (≈ Luk. 3,16b–17).
Der Bericht der Spruchquelle Q hängt seinerseits bereits von Markus bzw. von dessen Grundschrift ab; denn die Fassung und Stellung des Zitats (Luk. 3,4–6/Mat. 3,3) ist sekundär gegenüber Markus, und das singuläre Bild von der Feuertaufe (Luk. 3,16/Mat. 3,11) als Bezeichnung des Gerichts kann nur aus dem Bild von der Taufe mit dem Heiligen Geist, das schon die Grundschrift des Markus bot, entwickelt worden sein. Markus schildert Johannes als Wüstenprediger und Jordantäufer, der das Volk auf Jesu Kommen vorbereitet. Die Spruchquelle legt demgegenüber alles Gewicht auf die Bußpredigt des Täufers, der das kommende Gericht – die Feuertaufe – und Jesus als den Weltenrichter ansagt. Solche Gerichtsansage gehörte vermutlich zum historischen Auftreten des Täufers, welcher der apokalyptischen Bewegung angehörte; sie entspricht indessen zugleich der theologischen Intention der Spruchquelle Q.
Lukas schließt sich vor allem an seine umfangreichere Vorlage, die Spruchquelle Q, an. Dementsprechend versteht er im Rahmen seiner redaktionellen Verschränkung von Zeit Israels und Zeit Jesu und seiner Gemeinde Johannes als «christlichen» Bußprediger. Die christliche Sache begann mit dem Auftreten des Täufers (16,16; Apg. 1,22; 10,36ff.), weshalb die genaue Zeitangabe in V. 1f. schon vor dem Wirken des Täufers steht. Das überlieferte Vorläufermotiv tritt demgegenüber zurück (vgl. 16,16), aber nicht zugunsten einer Trennung der Perioden Israel und Zeit Jesu, sondern zugunsten einer Verschränkung und Parallelisierung von Johannes, der Israel repräsentiert, und Jesus, dem christlichen Messias.
Diese Beobachtung eröffnet Einsicht in eine wesentliche Dimension lukanischer

Theologie: Christliche Verkündigung ist vor allem Verkündigung der Buße, der Umkehr zu Gott, mit dem Angebot der Sündenvergebung im (wann auch immer kommenden) zukünftigen Gericht; die christliche Gemeinde ist die Gemeinschaft der auf solche Erwartung hin getauften Büßer. Bei dieser Dimension lukanischer Theologie haben wir es freilich im wesentlichen mit charakteristischen Zügen vorlukanischer Gemeindetheologie zu tun, mit denen sich die Gemeinde in die Erbfolge der hellenistischen Synagoge stellte.

3,1–6   Auftreten des Täufers

Die genauen Zeitangaben in **V. 1f.**, ein gelehrter «Synchronismus» nach Art antiker Geschichtsschreibung, stammen (vgl. 2,2) vom Evangelisten selbst. Er will damit dem gebildeten Leser zeigen, daß sein Werk auf der Höhe der Wissenschaft seiner Zeit steht und daß der Inhalt des folgenden Buches jeden Anspruch auf Beachtung auch durch das kritische Urteil gelehrter Leute verdient. Wenn Lukas diese Zeitbestimmung, die doch den Beginn der Epoche des mit Jesus gekommenen Evangeliums markieren soll, vor das Auftreten des Täufers setzt, so wird daraus das genannte Bemühen des Evangelisten deutlich, Täuferpredigt und christliche Verkündigung bzw. das wahre Israel und die Gemeinde Jesu eng aneinander zu koppeln: Der in Israel stehende Täufer wird in die Jesuszeit hineingenommen, Jesus und seine Gemeinde in die Zeit Israels eingebunden.
Tiberius trat sein Regierungsamt nach dem Tode des Augustus am 9. 8. 14 n. Chr. an und regierte bis zum Jahre 37. Das führt für den vorliegenden Synchronismus auf das Jahr 28 (vielleicht auch 27 oder 29); in dieser Zeit traten Johannes und bald darauf auch Jesus nach Auffassung des Lukas öffentlich auf. Die Richtigkeit dieser Angaben können wir nicht überprüfen, da uns vergleichbare Daten nicht zur Verfügung stehen.
Pilatus war von 26–36 n. Chr. römischer Statthalter von Judäa und Samaria mit Sitz in Cäsarea am Meer.
Vierfürst (= Viertelsfürst) oder Tetrarch war zur Zeit Jesu die Bezeichnung eines nicht sehr mächtigen, von Rom abhängigen Fürsten. Herodes Antipas, Sohn des in 1,5 genannten Herodes des Großen, regierte von 4 v. Chr. bis 39 n. Chr. in Galiläa und Peräa mit Sitz in Tiberias am See Gennesaret; er war also Jesu Landesherr.
Philippus war ein Halbbruder des Herodes Antipas. Er regierte 4 v. Chr. bis 34 n. Chr. über die Landschaften zwischen Damaskus und dem See Gennesaret, in denen nur verhältnismäßig wenig Juden wohnten. Abilene war ein kleines Herrschaftsgebiet nordwestlich von Damaskus. Von Lysanias ist wenig bekannt; er starb wahrscheinlich 37 n. Chr.
Der Oberpriester Hannas war von 6–15 n. Chr. Vorsitzender der jüdischen Ratsversammlung, des Synedriums. Er besaß noch großen Einfluß, als von 18 bis 36 sein Schwiegersohn Kajaphas das Amt des Oberpriesters bekleidete.
Mit der Nachricht, Johannes habe Gottes Auftrag erhalten, begann vermutlich die Spruchquelle; Lukas gestaltet die überkommene Angabe in **V. 2b** im Rückblick auf 1,8ff. und 1,80 und ähnlich wie Jer. 1,1ff. Bis zu seinem Auftreten weilte Johannes in der Wüste; jetzt aber predigt er in dem Kulturland am Jordan eine Bußtaufe zur Vergebung der Sünden; das heißt: er predigt Buße und «versiegelt» die Büßer in der Taufe für die kommende Sündenvergebung **(V. 3)**. Damit ist er, wie das folgende Zitat aus Jes. 40,3 zeigt, Wegbereiter des Herrn, sei es Gottes (so Jes. 40,3–5),

sei es Jesu, in dem alle Menschen das Heil Gottes (**V. 6**), nämlich die Zusage der Sündenvergebung, definitiv sehen werden (vgl. 1,77).
Mit ähnlichen Worten beschreibt Lukas in 24,47 (vgl. Apg. 2,38; 20,22) den Inhalt der christlichen Missionspredigt, die unter Berufung auf den Namen Jesu an alle Völker ergeht. Er stellt also mit Bedacht den Inhalt der universalen, an alle Völker und Menschen gerichteten christlichen Botschaft als eine nicht neue, sondern durch den Propheten Johannes (1,76) in Kontinuität mit Israel stehende Verkündigung vor. Dementsprechend berichtet Lukas auch nichts Näheres von der besonderen Tauftätigkeit des Johannes – er streicht Mark. 1,5f.! –; Johannes ist vor allem Wanderprediger, der die (christliche) Bußtaufe verkündigt, und er tut dies wie Jesus, von dem Lukas auch nicht berichtet, daß er getauft habe. Lukas berichtet von keinem (christlichen) Taufbefehl (vgl. 24,47); mit der Johannestaufe ist die Geschichte der christlichen Taufe eröffnet.
Um V. 5f. hat erst Lukas gegenüber seinen Vorlagen Mark. und Q das Zitat aus Jes. 40 nach der griechischen Bibel erweitert; er verstärkt damit bewußt das alttestamentlich-jüdische Element und verankert zugleich den christlichen Universalismus (V. 6; vgl. 2,31f.) in der Geschichte und den Traditionen Israels.

3,7–9   Bußpredigt des Johannes

Die Bußrede in V. 7–9 stammt, wie die Parallele Mat. 3,7–10 zeigt, aus der Spruchquelle Q. Ursprünglich handelt es sich bei dieser Überlieferung offensichtlich um eine Bußrede speziell an das jüdische Volk, in welchem sich anscheinend viele auf die äußere Abrahamskindschaft beriefen und verließen, die Nicht-Juden als die von Gott verworfenen Feinde ansehend. Noch um 150 hält der Christ Justin dem Juden Tryphon vor: «Eure Lehrer meinen, daß denen, die aus dem Samen Abrahams nach dem Fleisch sind, auch wenn sie Sünder sind und ungläubig und gegen Gott ungehorsam, das ewige Reich werde gegeben werden» (Dial. 140). Johannes erklärt diese Sicherheit für falsch; im bevorstehenden Gericht rettet nur persönliche Frömmigkeit; also ist Buße geboten (vgl. Amos 9,7). Solche Aussage entspricht der apokalyptischen Grundstimmung der alten Spruchüberlieferung Q^1, aus der die Spruchquelle die kleine Bußpredigt übernommen haben dürfte.
Lukas las und überlieferte diese Bußpredigt wie schon die Spruchquelle Q im Licht des inzwischen über Israel bereits ergangenen Gerichts: Die Axt hatte zugeschlagen; Jerusalem war zerstört, und Gott hatte sich zwar nicht aus Steinen, wohl aber aus den Heiden «Kinder Abrahams» erweckt, nämlich die christliche Gemeinde. Durch eigene Schuld ist Gottes Gericht über Israel ergangen – ein für Lukas wichtiger Gedanke.
Durch eine kleine Änderung seiner Vorlage bereitet Lukas die Bußpredigt des Johannes freilich zugleich als Bußpredigt an die christliche Gemeinde zu: Statt von «Frucht der Buße» (so Mat. 3,8) spricht Johannes bei Lukas von «Früchten der Buße» (V. 8). Es geht ihm also nicht mehr um die eine Umkehr angesichts des bevorstehenden Gerichts, sondern um die Bewährung der Erwählten bzw. der bereits Umgekehrten in ihrer Buße (wie Apg. 26,20) – ein allezeit aktuelles Problem der christlichen Gemeinde, mit dem zur folgenden Standespredigt übergeleitet wird.

3,10–14　Standespredigt des Johannes

Die «Standespredigt» in V. 10–14 gehört zum lukanischen Sondergut. Auch in diesem Stück geht es nicht mehr um den Bußruf in der letzten Stunde der alten Welt, sondern um exemplarisch gemeinte, konkrete Mahnungen an die in der Welt lebende Kirche.

Die Anweisung an alle (**V. 10f.**), abzugeben und mitzuteilen, muß als Ausdruck der spezifischen Armenfrömmigkeit des Lukas verstanden und dementsprechend speziell im Zusammenhang mit der Verfolgungssituation gesehen werden, in der viele Christen um des Bekenntnisses willen Hab und Gut verloren und auf die Unterstützung durch ihre Mitchristen angewiesen waren.

Auf diesem konkreten Hintergrund ist der Übergang zu den beiden folgenden Beispielen sachlich wohl begründet. Denn wenn in **V. 12–14** die politisch exponierten Stände des Steuereinziehers und des Soldaten als beispielhafte Vertreter der Gesellschaft auftreten, so wird damit von kirchlicher Seite bewußt zugestanden, daß der Staat auf diese Stände angewiesen ist, gleichgültig ob es zur Zeit des Lukas christliche Soldaten und Steuerpächter gab oder, was wahrscheinlicher ist, nicht gab. Lukas ordnet die Gemeinde jedenfalls den loyalen Kräften bei, ein apologetischer Zug, der sein ganzes Werk durchzieht und der aus der bedrängten Situation einer vom Staat bereits verfolgten Gemeinde ohne weiteres verständlich wird. Christen geben dem Kaiser, was des Kaisers ist (20,25). In ihrer konkreten Ausführung machen beide Beispiele freilich zugleich klar, daß Lukas an keine unkritische «Staatsfrömmigkeit» denkt, sondern an ein vorbildliches Verhalten innerhalb der irdischen Ordnung, bei dem man, falls diese Ordnung ihre sittlichen Prinzipien selbst verleugnen sollte – dies setzt Lukas allerdings nicht voraus –, Gott mehr gehorchen muß als den Menschen (Apg. 5,29).

Die sachlich und sprachlich durchgehend lukanische Ausrichtung der «Standespredigt» läßt als wahrscheinlich erscheinen, daß Lukas die drei Beispiele selbst gewählt und formuliert hat. Zugleich belegt und bestätigt der Zusammenhang von «Armenfrömmigkeit» und «Apologetik» in V. 10–14, daß die lukanische Armenfrömmigkeit nur im Rahmen der Verfolgungssituation verstanden werden darf.

3,15–18　Messianische Predigt des Johannes

Nach seiner redaktionellen Einfügung V. 10–14 lenkt Lukas mit V. 15ff. wieder in die Vorlagen Mark. und Q zurück.

Die Annahme, er wolle mit **V. 15** Täuferjüngern entgegentreten, die zu seiner Zeit und in seiner Umgebung Johannes selbst für den Christus hielten, ist zumindest in der Darstellung des Lukas, wahrscheinlich aber auch in der Historie, nicht begründet. Die in der redaktionellen Überleitung V. 15 geäußerte falsche Erwartung des Volkes ergibt sich vielmehr aus der unseren Abschnitt beherrschenden lukanischen Tendenz, die Täuferpredigt und die christliche Verkündigung zu parallelisieren; dem so von ihm selbst provozierten Mißverständnis (der Leser!) muß Lukas (wie in Kap. 1) durch eine steigernde Unterscheidung von «Prophet» und «Messias» entgegentreten: Der bloßen Wassertaufe, die Johannes vollzieht, steht die Taufe mit dem Heiligen Geist (vgl. Apg. 19,1ff.) und mit dem Feuer des Gerichts gegenüber.

Apg. 13,24f. zufolge handelt es sich bei dieser «messianischen» Ansage um ein Vermächtnis des scheidenden Johannes. Das in diesem Zusammenhang begegnende Bild von dem Knecht Johannes, der nicht würdig ist, Jesus die Sandalen zu lösen, behält Lukas aus seinen Vorlagen Mark. und Q bei, obschon es angesichts der vorherrschenden Parallelisierung von Johannes und Jesus nun als Übertreibung wirkt. Markus hatte (1,8) nur von der Taufe mit dem Heiligen Geist gesprochen. Lukas denkt dabei in **V. 16** an den Pfingstgeist (Apg. 1,5.8; 2,1ff.; 11,15); er versteht die christliche Gemeinde als den ausgezeichneten Träger des Geistes Gottes und die Taufe als den Akt, der in die Gemeinde eingliedert und so Anteil am Geist gibt (Apg. 2,38). Der allgemeine Geistbesitz unterscheidet im lukanischen Verständnis die christliche Gemeinde von Israel, das nur einzelne ausgezeichnete Geistträger (Propheten) kannte (vgl. 1,76; 2,25ff. 36).

Bereits der Redaktor der Spruchquelle Q hatte den apokalyptischen Gerichtsgedanken der Spruchüberlieferung Q[1], wie er nach V. 7–9 nun in V. 17 begegnet, mit der Ankündigung des Heiligen Geistes durch das Markusevangelium (V. 16/ Mark. 1,7f.) verbunden. **V. 17** spricht in einem dem Judentum vertrauten Bild von dem bevorstehenden Gericht und der Scheidung zwischen Gerechten und Ungerechten. Das Subjekt des Logions V. 17 dürfte in der Spruchüberlieferung Q[1] der Menschensohn gewesen sein; der Sprecher war wie bei V. 7–9 möglicherweise Jesus selbst oder ein «Prophet» aus dem Kreis der Jünger, welche die Spruchüberlieferung weitergaben.

Der Redaktor der Spruchquelle vollzieht die Verbindung zwischen dem apokalyptischen Logion V. 17 und der Evangelien-Überlieferung V. 16 (= Mark. 1,7f.), indem er nach Analogie des Bildes von der «Geisttaufe» (Mark. 1,8), das schon in der Grundschrift des Markusevangeliums stand, das seltsame und singuläre Bild von der «Taufe mit Feuer» als Metapher für das jüngste Gericht formt. Daß nun die «Taufe» sowohl das Heil wie das Gericht in einem Atemzug symbolisiert, hat ihn offenbar weniger gestört als viele spätere Ausleger.

Das Bild vom Gerichtsfeuer ist traditionell (Jes. 66,15f.; Mal. 3,2f.), die Rede von der «Taufe» mit dem Gerichtsfeuer ganz neu, doch durch die Vorstellung von dem in der Taufe erfolgenden Tod des «alten Menschen» (Röm. 6,1ff.) ermöglicht. Auf diese Weise wird Jesus (im Unterschied zu Johannes) als der Weltrichter vorgestellt, der die endgültige Scheidung vollzieht (V. 17); diese Auffassung entspricht durchaus auch der lukanischen Theologie (21,36; Apg. 10,42; 17,31). Wie das ausgedroschene Getreide mit einer Schaufel in den Wind geworfen wird, um das schwere Korn von der leichten Spreu zu trennen, so wird Christus im letzten Gericht Gerechte und Ungerechte scheiden (V. 17).

Folgt man V. 15, so besteht für Lukas das messianische Amt Jesu darin, daß er (als der Erhöhte; Apg. 2,1ff.) der Gemeinde den Geist gibt und daß er der Richter im jüngsten Gericht sein wird, von dessen Urteil die Vergebung abhängt. Das lukanische Doppelwerk bestätigt durchgehend diese «Messianologie», die im wesentlichen auch der bereits vorlukanischen Gemeindetheologie entsprechen dürfte.

Mit **V. 18** weist Lukas auf den exemplarischen Charakter der Täuferpredigt V. 7–17 hin; mit Bedacht wählt er dabei Begriffe, die für die christliche Predigt kennzeichnend sind. Johannes ist «Vorläufer» insofern, als er bereits die christliche Botschaft bringt.

3,19–20 Gefangennahme des Johannes

Die kurze Notiz über die Gefangennahme des Täufers beruht auf Mark. 6,17–29. Mit ihrer Hilfe gewinnt Lukas ein leidlich geschlossenes «Lebensbild» des Täufers, ohne freilich dessen Tod zu berichten (vgl. 9,9); er spart zugleich (neben der «großen Auslassung» von Mark. 6,45–8,26) die umfangreiche Erzählung Mark. 6,17–29 ein.
Keinesfalls will Lukas, wenn er schon in **V. 19f.** von der Gefangennahme des Johannes berichtet, das öffentliche Auftreten Jesu und des Täufers voneinander scheiden. Vielmehr streicht er sogar die dem entsprechende Notiz Mark. 1,14 sowie das «nach mir» in der Rede des Johannes Mark. 1,7, und er zeigt mit **V. 21f.** und 7,18.23, daß Johannes noch tätig ist, während Jesus schon wirkt, ein Motiv, das vom Verfasser des Johannesevangeliums in Kenntnis des lukanischen Werkes markant ausgearbeitet wird (Joh. 1,19ff.; 3,22ff.). Lukas setzt seine Tendenz der Parallelisierung und Verschränkung von Täufer und Jesus, das heißt von Israel und christlicher Gemeinde, also konsequent fort.
Bei Herodes (V. 19f.) handelt es sich um Herodes Antipas (V. 1), der im Ehebruch mit der Frau seines Halbbruders Herodes Boethus (nicht des Philippus, wie Mark. 6,17 irrtümlich berichtet) lebte.

3,21–22 Taufe Jesu

Die Taufe Jesu berichtet Lukas als Nachtrag zu seiner Täufererzählung in engem Anschluß an Mark. 1,9–11. Er läßt mit der Taufe Jesu keinen neuen Abschnitt seiner Darstellung beginnen – ein solcher Neuansatz findet sich erst in 3,23ff. –, sondern ordnet sie den von Johannes berichteten Ereignissen bei.
Auch die Spruchquelle Q dürfte die Taufperikope gehabt haben. Zwar gibt es nur zwei wenig bemerkenswerte Übereinstimmungen von Lukas und Matthäus gegen ihre Markus-Vorlage, die auf Q zurückgehen könnten, und ein Verzicht der Spruchquelle auf die Taufperikope wäre erklärlich, weil die Vorstellung, daß der Messias sich einer Bußtaufe zur Vergebung der Sünden unterzog, theologische Schwierigkeiten macht. Aber die Versuchungsgeschichte in Q setzt, wie Luk. 4,3.9 zeigt, voraus, daß dem Leser von Q Jesus zuvor als «Sohn Gottes» vorgestellt worden war. Die Spruchquelle dürfte die Tauferzählung ohne große Modifikationen aus Mark. 1,9–11 oder aus der Grundschrift des Markusevangeliums übernommen haben.
Im Markusevangelium beginnt mit der Tauferzählung die Jesusgeschichte; die Taufe selbst ist dabei nur der äußere Rahmen für die Berufung Jesu zum Messias bzw. für seine Adoption zum «Sohn Gottes». Lukas kann diese Sinngebung des Geschehens nicht übernehmen, weil Jesus für ihn schon seit der wunderbaren Empfängnis «Sohn Gottes» ist (1,32.35).
Matthäus (3,13ff.) hat die Schwierigkeit, welche die Bußtaufe des Gottessohnes bereitet, damit erklärt, daß Jesus sich der Taufe beispielgebend als der allen (Christen) gebotenen Frömmigkeitsübung unterzieht. Als solch «solidarisches» Handeln will vermutlich auch Lukas die Taufe Jesu verstanden wissen, wenn er berichtet, daß Jesus sich «mit allem Volk» taufen läßt. Der vom Evangelisten stammende

Hinweis, Jesus habe nach seiner Taufe gebetet (vgl. 9,28ff.), weist Lukas als den Evangelisten des Gebets aus und gibt der Taufe Jesu einen christlich-liturgischen Rahmen; auf den «christlichen» Charakter der Taufe deutet möglicherweise auch hin, daß Johannes, der nur mit Wasser tauft, gar nicht mehr ausdrücklich als der Taufende genannt wird.

Die Nachricht, *alles Volk* habe sich von Johannes taufen lassen, ist Lukas wichtig, wie V. 7.18 und 7,29; Apg. 13,24 zeigen; sie hat ihre Parallele in der wiederholten Feststellung im Evangelium und in der Apostelgeschichte, Jesus bzw. die christliche Gemeinde in Jerusalem seien vom Wohlwollen des ganzen – jüdischen! – Volkes getragen worden (Apg. 2,47). Die christliche Verkündigung (schon durch Johannes) entspricht also dem volkstümlichen jüdischen Glauben; das Christentum erwächst in bruchloser Kontinuität aus dem wahren Israel.

Die Nachricht über Jesu Taufe findet sich freilich bei Lukas nur in einem einleitenden Nebensatz, der auf die eigentlich wichtige Messiasproklamation hinführt. Indem nämlich Lukas nicht mehr wie Markus berichtet, (nur) Jesus habe den geöffneten Himmel und das nachfolgende Geschehen beobachtet und die Stimme gehört, wird aus der bei Markus vorliegenden Messias*berufung* die erste *öffentliche Vorstellung* Jesu als des Sohnes Gottes, vor aller Ohren und Augen erfolgend.

Die Himmelsstimme verbindet dabei (wie in Mark. 1,11) Jes. 42,1 mit Ps. 2,7 (vgl. Luk. 9,35; einige Handschriften bringen die Stimme ganz nach Ps. 2,7: «Du bist mein Sohn; ich habe dich heute gezeugt», ein nach 1,35 für Lukas nicht denkbarer Text).

Sein Interesse am Wirken des Geistes verrät Lukas in seiner Darstellung damit, daß er über Markus hinaus ausdrücklich von dem Heiligen Geist spricht, der in leibhafter Gestalt auf Jesus kommt. Der Zufluß des Geistes Gottes «von oben», der Israel und die Christenheit verbindet (vgl. 1,15.35.41.67; Apg. 4,25), setzt also nicht aus, sondern erreicht Jesus, den Geber des Geistes (V. 16; Apg. 1,8), in besonderem Maße: Vor seinem Auftreten als Messias salbt Gott ihn «mit heiligem Geist und Kraft» (Apg. 10,38 = Jes. 11,1f.; 61,1), so daß er, der schon aus dem Heiligen Geist gezeugt wurde (1,35), «voll des Heiligen Geistes» wirken kann (4,1.14.18f.).

Da sich offensichtlich auf das Gebet Jesu hin der Himmel öffnet und der Geist auf Jesus kommt, ist eine enge Beziehung der lukanischen Taufperikope zu der Aussage von 11,13 unverkennbar, Gott werde jedem den Heiligen Geist geben, der ihn darum bittet – für Lukas ein Kennzeichen des spezifisch Christlichen.

3,23–38 Stammbaum Jesu

23 Jesus war etwa dreissig Jahre alt, als er auftrat, und galt als ein Sohn des Joseph, des Eli, 24 des Matthat, des Levi, des Melchi, des Jannai,

des Joseph, 25 des Mattathias, des Amos, des Nahum, des Hesli, des Naggai, 26 des Maath,

des Mattathias, des Semein, des Josech, des Joda, 27 des Johanan, des Resa, des Serubbabel,

des Sealthiel, des Neri, 28 des Melchi, des Addi, des Kosam, des Elmadam, des Er, 29 des Jesus, des Elieser, des Jorim, des Matthat, des Levi, 30 des Simeon, des Juda,

des Joseph, des Jonam, des Eljakim, 31 des Melea, des Menna, des Mattatha, des Nathan,

des David, 32 des Isai, des Jobed, des Boas, des Sala, des Nahason, 33 des Amminadab,
des Admin, des Arni, des Hezron, des Perez, des Juda, 34 des Jakob, des Isaak, des Abraham, des Tharah, des Nahor, 35 des Serug, des Regu, des Peleg, des Heber,
des Selah, 36 des Kainam, des Arpachsad, des Sem, des Noah, des Lamech, 37 des Methusalah,
des Henoch, des Jared, des Mahalaleel, des Kenan, 38 des Enos, des Seth, des Adam,
– Gottes.

Mit **V. 23** beginnt die Geschichte vom Wirken Jesu. Der Stammbaum, der in den Vorgeschichten nicht leicht unterzubringen war, markiert den Neuansatz, wie auch ein Vergleich mit Mat. 1,1ff. zeigt.
Der Stammbaum Jesu nach Lukas ist ebenso wie der von Matthäus (1,1–17) gebotene eine schriftgelehrte Arbeit. Der fromme Jude legte Wert auf seine Abstammung aus dem Samen Abrahams (Phil. 3,4f.; 2. Kor. 11,22). Der Verfasser des vorliegenden Stammbaums griff, nachdem zunächst lauter unbekannte Namen begegnen, vor allem auf das Alte Testament zurück, in welchem sich mehrere größere Geschlechtsregister finden, z. B. 1. Mose 5,1–32; 11,10–26; Ruth 4,18–22; 1. Chr. 1,1–34; 2,1–15.
Der lukanische Stammbaum ist von dem matthäischen unabhängig. Matthäus führt die Linie von Abraham abwärts bis Jesus, Lukas von Jesus aufwärts bis zu Adam bzw. Gott. Die Zahl der Glieder – Matthäus: von Abraham bis Jesus 41, von David bis Jesus 28; Lukas: von Jesus bis Abraham 56, bis David 42 – und viele der Namen gehen bei Matthäus und Lukas auseinander. Nur in den Generationen zwischen David und Abraham besteht aufgrund der alttestamentlichen Listen eine relativ große Übereinstimmung. Manche Handschriften versuchen eine Harmonie beider Listen – ein vergebliches Unterfangen. Erst recht ist abwegig, einen der Stammbäume als Stammbaum der Maria anzusehen. Wenn der Großvater Jesu nach Matthäus Jakob, nach Lukas aber Eli heißt, so erkennt man, daß den Verfassern keine Familienüberlieferung zur Verfügung stand. Von David abwärts bis Serubbabel führt Matthäus die legitime, regierende Königslinie auf, Lukas eine unbedeutende, an Salomo vorbeiführende Seitenlinie. Soll damit der Vorstellung eines politischen Messias gewehrt werden? Eher galt dem Verfasser des lukanischen Stammbaumes die Seitenlinie nicht als ähnlich sündig wie die königliche Linie. Zwischen Serubbabel und Jesus finden sich weder bei Matthäus noch bei Lukas berühmte Namen.
Matthäus nennt ohne Jesus 40, Lukas bei Einschluß von Jesus 77 Namen; es scheint demnach, als sei der lukanische Stammbaum nach der Siebenzahl aufgebaut; mit David und mit Abraham beginnt jeweils eine Siebenerreihe.
Der Stammbaum bei Lukas will nicht die Davidssohnschaft Jesu nachweisen – er setzt sie voraus – und erst recht nicht Familienforschung treiben, sondern er will einerseits Jesus als Erben und Erfüller der Geschichte Gottes mit Israel vorstellen: Jesus soll als Ziel der Heilsgeschichte verstanden werden; er ist der Messias, mit dem die natürliche Geschlechterfolge des Stammes David sich vollendet, so daß man die Geschichte Jesu nicht von der Geschichte des jüdischen Volkes lösen kann. Wenn Lukas im Unterschied von Matthäus den Stammbaum von Abraham, dem Stammvater des jüdischen Volkes, bis zu Adam, dem Stammvater aller Menschen, hinaufführt, so will er anderseits als heidenchristlicher Evangelist zeigen, daß der

Messias Jesus nicht eine jüdische Volksgeschichte, sondern die weltweite göttliche Heilsgeschichte zum Ziel führt. Beide Tendenzen sind so sehr lukanisch, daß man geneigt ist, dem Evangelisten selbst die schriftgelehrte Arbeit zuzutrauen, den Stammbaum mit Hilfe des Alten Testaments aufzustellen.

Da die aufgeführten leiblichen Vorfahren Jesu nach Ausweis des Alten Testaments nicht immer Beispiele vorbildlicher Frömmigkeit waren, hat man mit dem vorliegenden Stammbaum auch die theologische Interpretation verbunden, Gott habe seinen Sohn in das «sündige Fleisch» gesandt (Röm. 8,3), um so zu dokumentieren, daß er sich des Sünders annehme.

Mit der einleitenden Bemerkung **V. 23**, Jesus sei (fälschlicherweise) für den Sohn des Joseph gehalten worden, trägt Lukas seiner Anschauung von der jungfräulichen Zeugung Rechnung. Die gesetzliche Vaterschaft des Joseph gewährleistet indessen (wie in 1,27) Jesu legitime Abstammung aus dem Geschlecht Davids (vgl. 2,4).

Nennt Lukas am Ende der Liste Gott selbst, so vielleicht im Blick auf die Erschaffung Adams, vielleicht aber auch (nach einer langatmigen Parenthese) als Hinweis auf Jesu Gottessohnschaft; er will dagegen Jesus kaum als «zweiten Adam» (Röm. 5,14) vorstellen.

Jesu Alter von dreißig Jahren (V. 23) muß eher theologisch als biographisch verstanden werden; denn die Zahl 30 hat zeichenhafte Bedeutung: Mit 30 Jahren wurde Joseph von Pharao erhöht, empfing David das Königtum usw.; vgl. 1. Mose 41,46; 4. Mose 4,3; 2. Sam. 5,3f.; Ez. 1,1.

4,1–13   Versuchung Jesu

1 Mit dem Heiligen Geist erfüllt, verließ Jesus die Jordangegend. Er wurde vom Geist in der Wüste umhergeführt 2 vierzig Tage lang und vom Teufel versucht. In diesen Tagen aß er nichts, und als sie vorüber waren, hatte er Hunger. 3 Da sagte der Teufel zu ihm: Wenn du Gottes Sohn bist, so sage zu diesem Stein, er solle Brot werden. 4 Jesus antwortete ihm: Es steht geschrieben «Der Mensch lebt nicht vom Brot allein» (5. Mose 8,3).
5 Darauf führte er ihn in die Höhe und zeigte ihm alle Reiche des Erdkreises in einem Augenblick. 6 Der Teufel sagte zu ihm: Dir will ich alle diese Macht und ihre Herrlichkeit geben; denn sie wurde mir übertragen, und ich gebe sie, wem ich will. 7 Wenn du also vor mir niederfällst, wird alles dir gehören. 8 Da antwortete Jesus ihm: Es steht geschrieben «Du sollst vor dem Herrn, deinem Gott, niederfallen und ihm allein dienen» (5. Mose 6,13).
9 Danach führte er ihn nach Jerusalem, stellte ihn auf das Tempeldach und sagte zu ihm: Wenn du Gottes Sohn bist, so laß dich von hier aus hinabfallen; 10 denn es steht geschrieben «Er wird seinen Engeln deinetwegen Befehl geben, so daß sie dich behüten», 11 und «Sie werden dich auf Händen tragen, damit du mit dem Fuß an keinen Stein stößt» (Ps. 91,11f.). **12 Aber Jesus antwortete ihm: Es ist gesagt «Du sollst den Herrn, deinen Gott, nicht versuchen»** (5. Mose 6,16).
13 Als er mit seinen Versuchungen zuende war, ließ der Teufel bis zu einer gelegenen Zeit von ihm ab.

Mit der Versuchungsgeschichte bleibt Lukas im Aufriß des Markusevangeliums (vgl. Mark. 1,12f.); er bringt sie aber nach der Spruchquelle Q (vgl. Mat. 4,1–11), wo sie wie bei Markus unmittelbar auf die Taufperikope (= Berufung Jesu) folgte.

Der Übergang in Q von der Taufperikope zu der Versuchungserzählung läßt sich aus Mat. 4,1f. und Luk. 4,1f. einigermaßen sicher rekonstruieren: Der Geist, den Jesus bei der Taufe empfing, führt ihn in die Wüste, wo er nach 40 Tagen Fasten vom Teufel versucht wird.

Matthäus bringt die beiden letzten Versuchungen in einer gegenüber Lukas umgekehrten Reihenfolge. Da Gründe, aus denen Lukas umgestellt haben sollte, nicht ersichtlich sind und Lukas im allgemeinen Q genauer überliefert als Matthäus, dürfte er auch im vorliegenden Fall die ursprüngliche Reihenfolge haben. Sie bietet eine gute Szenenfolge: Nach der Versuchung in der Wüste führt der Teufel Jesus in die Höhe und dann hinunter auf das Tempeldach. Auch eine erzählerische Steigerung ist unverkennbar: Nachdem Jesus zweimal der Versuchung mit Hilfe eines Bibelwortes widerstand, versucht der Teufel es schließlich selbst mit einem Wort der Schrift. Ferner liegt insofern eine Ringkomposition vor, als in V. 1f. und in V. 12 von «Versuchung» die Rede ist; Jesu letzte Antwort beschämt den «Versucher» doppelt, weil sie ihm indirekt sein Tun überhaupt verweist. Die zweite Versuchung gehört auch deshalb in die Mitte, damit sie von dem ‹wenn du Gottes Sohn bist› (V. 3.9) eingerahmt wird, das neben dem ‹wenn du also vor mir niederfällst› (V. 7) nicht stehen konnte. Matthäus hat anscheinend die zweite Versuchung an das Ende gestellt, weil er sie fälschlicherweise für den Höhepunkt der Versuchung hielt. Indessen ist das Angebot der Herrschaft über den vergehenden Weltlauf keine besondere Versuchung für den ‹Sohn Gottes›, den Herrscher im ‹Reich Gottes›.

Oft erklärt man Mark. 1,12f. als Exzerpt aus der vorliegenden Versuchungserzählung. Diese Ansicht ist indessen nicht haltbar. Bei Mark. 1,12f. handelt es sich um gar keine Versuchungsgeschichte, sondern um eine vorlaufende Charakteristik des eschatologischen Wirkens Jesu. Daß Jesus vom Satan versucht wurde, ist nur ein Nebenzug des markinischen Berichtes, der darauf hinweist, daß es das Heil nie ohne Anfechtung gibt («eschatologischer Vorbehalt»). Es verhält sich umgekehrt: Die Versuchungsgeschichte in Q ist eine Ausführung der kurzen Notiz Mark. 1,13, Jesus sei während seines Wüstenaufenthaltes auch vom Satan versucht worden.

Die Suche nach unserem Bericht zugrunde liegenden psychologischen Erfahrungen Jesu bringt für sein Verständnis nichts ein, auch wenn sie erfolgreich sein sollte. Theologisch wesentlich ist das Interesse des Erzählers. Dieser stand in der schriftgelehrten Tradition des hellenistischen Judenchristentums, und seine Erzählung gehört der christologischen Redaktion der Spruchquelle Q an. Zwar berichtet er keine spezifisch messianischen Versuchungen, auch wenn das Angebot der Weltherrschaft Tendenzen jüdischer Messianologie enthält (Ps. 2,8; Mat. 28,18), wohl aber geht es, wie die erste und die letzte Versuchung ausdrücklich sagen, entschieden um die Versuchung des Messias bzw. des Sohnes Gottes, der dieser *als solcher* widersteht. Mit seinem zweimaligen «Wenn du Gottes Sohn bist» (V. 3.9), das sich wegen der messianischen Tendenz der mittleren Versuchung bei dieser erübrigt, äußert der Teufel keinen Zweifel an der Gottessohnschaft Jesu, sondern behaftet er Jesus bei dessen Würde. Der Titel »Sohn Gottes» wird ohne spezielle Füllung im schon traditionellen Sinn der christlich-christologischen Titulatur verwendet.

Im Rahmen der Spruchquelle dient die Versuchungsgeschichte der Vorstellung Jesu als des (bewährten) Gottessohnes; als dessen Äußerungen sind die in Q folgenden Reden und Sprüche zu verstehen. Sie nimmt also eine wichtige Funktion im Rahmen der christologischen Redaktion wahr. Die Darstellung wahrt dabei das Messiasgeheimnis, wie es vor allem bei Markus begegnet: Der *Leser* erfährt von dem Geschehen; der damaligen Öffentlichkeit bleibt Jesu Gottessohnschaft verbor-

gen. Wie in Mark. 1,23f.; 5,6f. zeigt sich die dämonische Welt über Jesus informiert; sie hat Anteil am Numinosen.
Die häufig begegnende Behauptung, unsere Erzählung übe vor allem Kritik an einer Wundertäter-Christologie, ist abwegig. In keiner der drei Versuchungen wird Jesus ein öffentliches Wunder abgefordert, und in der ersten Versuchung, die als einzige von Jesus selbst ein Wunder verlangt, wird als selbstverständlich vorausgesetzt, daß er Wunder tut, aber erklärt, daß er nicht für sich selbst ein Wunder tun will, statt aus Gottes Hand zu leben.
Alle drei Versuchungen – die Dreizahl ist bezeichnend – sind einheitlich konzipiert und einheitlich aufgebaut. Jedesmal greift der Versucher auf Ps. 2 zurück, der schon in der Taufgeschichte zitiert wurde (Ps. 2,7/V. 3.9; Ps. 2,8/V. 7); Jesus antwortet jedesmal mit einem Zitat aus 5. Mose 6–8. Die Form ist an die Form synoptischer Streitgespräche angeglichen. Jesus reagiert «in hoher Gelassenheit».
Wie es scheint, hat Lukas die dreifache Erzählung, von einer möglichen Ausnahme abgesehen, ohne wichtige Veränderung übernommen. Die mögliche Ausnahme ist V. 6b. Die ausdrückliche Bemerkung, die Herrschaft über die Reiche dieser Welt – Lukas spricht wie in 2,1 von den Reichen der (römischen) Ökumene – sei dem Satan übertragen, fehlt bei Matthäus und zwingt im lukanischen Text dazu, in V. 7 den Hauptgedanken zu wiederholen. Der Gedanke entstammt der Apokalyptik: Gott hat diesen alten, der Sünde verfallenen, vergehenden Äon dem Satan und damit dem Gericht preisgegeben (vgl. 1. Kor. 2,8; 2. Kor. 4,4; Joh. 12,31; 14,30); die Frommen warten auf den neuen Äon, auf die wunderbar kommende Gottesherrschaft. Der politische Klang ist deutlich: Das römische Weltreich ist in der Hand des Teufels (vgl. Off. 13). Damit wird, wie in der Weihnachtsgeschichte (2,1ff.), jeder «Politik» abgestritten, mit ihrer «Macht und Herrlichkeit» eine Sinn und Heil gebende Instanz sein zu können. Für Lukas ist dieser Gedanke, ob er nun schon in Q stand oder von ihm selbst eingebracht wurde, naheliegend und nicht unwichtig. Die Christenverfolgungen haben die Christen erfahren lassen, daß die Macht der römischen Ökumene (auch) «vom Teufel» ist; in seiner durchgehenden «politischen Apologetik» mahnt Lukas die Christen also zwar zur Loyalität gegenüber einer vergehenden Ordnung, nicht aber zur Staatsfrömmigkeit, zum kritischen Gehorsam, nicht aber zur Vergottung des Kaisers (vgl. Apg. 5,29).
Mit Sicherheit geht auf Lukas die für ihn typische Bemerkung zu Anfang von V. 1 zurück, Jesus habe «mit dem heiligen Geist erfüllt» die Jordangegend verlassen. Diese Bemerkung beschreibt Jesus erneut als ausgezeichneten Träger des Geistes und der Kraft Gottes. Lukanisch ist auch der Zusatz im Schlußrahmen V. 13, der Teufel habe von Jesus bis zu einer gelegenen Zeit abgelassen, womit anscheinend auf 22,3 (Verrat des Judas) vorausgeblickt wird. Jesu öffentliches Wirken steht bis dahin also ganz und ungetrübt im Zeichen der Kraft des Geistes.

Da die Versuchungen als solche keine typisch bzw. spezifisch und exklusiv messianischen Versuchungen sind, hat spätestens Lukas sie (auch) exemplarisch auf die ganze Gemeinde bezogen, die in der Kraft des ihr verliehenen Geistes den Versuchungen widerstehen kann. Der «Sohn Gottes» handelt als beispielhaftes «Kind Gottes».
Die erste Versuchung kommt dabei der Armenfrömmigkeit des Lukas sehr entgegen, und der Gedanke, daß das Leben mehr ist als die Nahrung (12,23), gehört zu dem gemeinsamen jüdischen wie christlichen Gedankengut (vgl. auch 12,15–21). Das wahre Leben liegt nicht in dem, was den Menschen verfügbar ist und damit

dem Tod unterliegt; das Leben liegt in Gott, der dem, der sich auf ihn verläßt, Leben auch in der Wüste und im Tod schenkt (vgl. Joh. 6,35).
Die (zweite) Versuchung durch politische Macht war für die verfolgte christliche Gemeinde zur Zeit des Lukas vermutlich nicht sehr groß. Indessen handelt es sich um eine grundsätzliche Versuchung, durch die Veränderung politischer Machtverhältnisse der Welt das Heil bringen zu wollen. Jesu Antwort geht davon aus, daß die Ehrfurcht vor Gott, nicht die Vergöttlichung des Menschen die beste Voraussetzung ist, die – vorletzten – irdischen Dinge so gut wie möglich zu gestalten (2,14). Indessen ist sein Reich nicht von dieser Welt; die Apotheose des Politischen belegt nur, daß die Reiche dieser Welt dem Satan verfallen sind.
Die Allgemeinheit der dritten Versuchung wird an jener alttestamentlichen Stelle, auf die sich Jesu abwehrendes Wort bezieht, deutlich ausgesprochen: «... daß sie den Herrn versucht und gesagt hatten: Ist der Herr unter uns oder nicht»? (2.Mose 17,7). Man darf die Gegenwart Gottes nicht zweifelnd erproben, um sich erst danach auf ihn einzulassen.
Der Verfasser des Hebräerbriefes tröstet mit Hinweis auf Jesu Versuchungen – er denkt dabei freilich an die Passionsgeschichte – die angefochtene Gemeinde: «Denn worin er selbst versucht ist und gelitten hat, kann er denen helfen, die in Versuchung stehen» (2,17f.; 4,15f.). Diese Verbindung von Versuchung des Gottessohnes und der Kinder Gottes dürfte auch bei unserer Erzählung von Anfang an mit im Blick gestanden haben.

4,14–30   Antrittspredigt in Nazareth

14 Jesus kehrte mit der Kraft des Geistes nach Galiläa zurück, und sein Gerücht verbreitete sich in dem ganzen umliegenden Gebiet. 15 Er lehrte in ihren Synagogen und wurde von allen gepriesen.
16 Er kam auch nach Nazareth, wo er aufgewachsen war, und ging nach seiner Gewohnheit am Sabbat in die Synagoge. Er stand auf, um vorzulesen. 17 Da reichte man ihm das Buch des Propheten Jesaia. Als er es aufrollte, fand er die Stelle, wo geschrieben steht:
18 «Der Geist des Herrn ruht auf mir; denn er hat mich gesalbt.
  Armen frohe Botschaft zu bringen, hat er mich gesandt:
  Gefangenen Vergebung zu verkündigen, Blinden das Augenlicht,
  Zerbrochene in die Vergebung zu führen,
19 ein Gnadenjahr des Herrn zu verkündigen» (Jes. 61,1f.; 58,6).
20 Damit rollte er das Buch zu, übergab es dem Diener und setzte sich. Alle Besucher der Synagoge schauten ihn mit gespannter Aufmerksamkeit an. 21 Da ergriff er das Wort und sagte zu ihnen: Heute ist dieses Schriftwort vor euren Ohren erfüllt. 22 Alle gaben ihm Beifall und wunderten sich über die gnadenvollen Worte, die er redete, und sie sagten: Ist er nicht Josephs Sohn?
23 Darauf sagte er zu ihnen: Gewiß werdet ihr mir das Sprichwort vorhalten: Arzt, heile dich selbst. Was, wie wir gehört haben, in Kapernaum geschehen ist, das tue auch hier in deiner Heimat. 24 Er sagte aber: Wahrlich, ich sage euch! Kein Prophet ist in seiner Heimat willkommen. 25 Wahrhaftig, ich sage euch! In den Tagen des Elia gab es viele Witwen in Israel, als der Himmel drei Jahre und sechs Monate verschlossen war und eine große Hungersnot über das ganze Land kam; 26 zu keiner von ihnen wurde Elia gesandt, sondern zu einer Witwe aus Sarepta im Gebiet

**von Sidon! 27 Und viele Aussätzige gab es in Israel zur Zeit des Propheten Elia; niemand von ihnen wurde geheilt, sondern der Syrer Naaman!
28 Als sie das hörten, wurden alle Besucher der Synagoge sehr zornig. 29 Sie sprangen auf, trieben ihn aus der Stadt hinaus, stellten ihn an den Abhang des Berges, auf dem ihre Stadt erbaut war, und wollten ihn hinabstürzen. 30 Er aber schritt mitten durch sie hindurch und ging davon.**

Lukas folgt weiterhin dem Faden des Markusevangeliums. V. 14f. entsprechen Mark. 1,14f., doch gestaltet Lukas den ihm überkommenen summarischen Bericht vom öffentlichen Auftreten Jesu durchaus eigenwillig.
Die Bemerkung, Jesus sei erst nach der Verhaftung des Täufers aufgetreten (Mark. 1,14a), streicht er und gibt dem Leser damit die Möglichkeit, sich eine zeitweilig parallele Wirksamkeit beider Boten Gottes vorzustellen (vgl. 3,18–20).
Erneut betont er, daß Jesus in der Kraft des (bei der Taufe empfangenen) Heiligen Geistes nach Galiläa geht. Wirksamkeit und Wirkung Jesu beschreibt er in V. 14bf. im Vorgriff auf Mark. 1,18.39. Wenn er aus eigenem hinzufügt, Jesus sei von allen gepriesen worden, weist er, wie er immerfort tut, auf das Einvernehmen zwischen dem Lehrer Jesus und dem jüdischen Volk hin. V. 15a bereitet unmittelbar das Beispiel einer Synagogenpredigt Jesu in V. 16–30 vor.
Über den Inhalt der Verkündigung Jesu, den Markus in 1,14bf. zusammenfassend angibt, sagt Lukas nichts; diesen Teil seiner Vorlage ersetzt er durch einen eigentümlichen Abschnitt, die Antrittspredigt in V. 16ff. Diesem Abschnitt liegt im übrigen die Perikope Mark. 6,1–6 zugrunde, die Lukas konsequenterweise später ausläßt. Die Szene V. 16–30 ist sachlich wie stilistisch so völlig lukanisch gestaltet, daß die Annahme weiterer Vorlagen nicht nur unnötig, sondern auch ausgeschlossen ist – das deutlichste Beispiel für die redaktionelle Neugestaltung einer Markus-Vorlage durch Lukas. Offensichtlich geht es Lukas darum, wichtige, für Jesu Wirken typische Aussagen – ähnlich wie in Mark. 1,14f. – an den Anfang seines Evangeliums zu stellen. Er nimmt dabei in Kauf, im Anschluß an Mark. 6,2.5 in V. 23 von Taten Jesu in Kapernaum zu sprechen, die dem Leser noch gar nicht bekannt sein können.
Die Problematik der Darstellung liegt in dem schroffen Umschwung von der harmonischen Szene in V. 16–22 zu der Disharmonie zwischen Jesus und seinen Hörern in V. 23–30. Um diesen Umschwung zu verstehen, empfiehlt es sich, beide Teile der Perikope zunächst für sich und danach in ihrem Zusammenhang zu betrachten.

In **V. 16–22** werden wir in einen Synagogengottesdienst geführt. Die Feststellung V. 16, Jesus sei regelmäßig am Sabbat in die Synagoge gegangen (vgl. V. 15), ist nicht nur eine Rahmennotiz; sie stellt Jesus zugleich als frommen Juden dar. Dies und die Tatsache, daß Jesus seine öffentliche Wirksamkeit mit einer (christlichen!) Lehrtätigkeit in der Synagoge – wie später Paulus (Apg. 9,20; 13,5.14 usw.) – beginnt (und fortführt: V. 31 usw.), wo er zudem stets prinzipielle und breite Zustimmung findet (V. 15.20.22a.36f. usw.), weist nachdrücklich auf die Verwurzelung Jesu in seinem Volk und damit auf die unlösbare Verbindung von Israel und Christentum hin. Schon deshalb muß sich die Zustimmung der Synagogengemeinde trotz V. 23ff. auf den Inhalt der Worte Jesu, nicht bloß auf eine anmutige Rhetorik beziehen, ob man nun in V. 22 «gnadenvolle», «geistvolle», «glanzvolle» oder «liebliche Worte» liest.

Jesus erhebt sich zur Schriftlektion. Die vorausgehende Lesung des Gesetzes war schon erfolgt; deshalb erhält Jesus eine Prophetenrolle gereicht (vgl. Apg. 14,14f.27). Lukas zitiert den von Jesus verlesenen Abschnitt aus der in der hellenistischen Synagoge benutzten griechischen Übersetzung des Alten Testaments, der Septuaginta; in Palästina wurde der hebräische Urtext gelesen und in der aramäischen Umgangssprache paraphrasiert.
Die anschließende Predigt Jesu (V. 20f.) bezieht den prophetischen Ausspruch auf seine eigene Person und auf sein Wirken. Eine nähere Auslegung teilt Lukas nicht mit; das stark bildhafte Zitat aus dem Alten Testament spricht seiner Meinung nach also offensichtlich für sich.
Es stammt im wesentlichen aus Jes. 61,1–2a und wurde von Lukas einerseits gekürzt, andererseits (am Ende von V. 18) durch einen kurzen Absatz aus Jes. 58,6 ergänzt. Dadurch erhält der Abschnitt eine typisch lukanische Konsistenz. In der ersten Zeile wird Jesus erneut als der hervorragende Träger und Bringer des Heiligen Geistes vorgestellt (vgl. Apg. 10,38). Die zweite Zeile betont, daß er das Evangelium zu bringen von Gott gesandt wurde. Die drei folgenden Zeilen bestimmen das Evangelium näher als die Botschaft von der Vergebung (siehe zu 1,77), wie es in der dritten und vierten Zeile ausdrücklich heißt und in der letzten Zeile durch das Bild von dem die Schuld erlassenden «Gnadenjahr» des Herrn (vgl. 3. Mose 25,10) umschrieben wird. Die Vergebung wird den in ihrer Schuld Gefangenen und in ihrem Stolz zerbrochenen zuteil (vgl. 1,48.50ff.; Ps. 34,19), den Blinden (vgl. Joh. 9,39–41), die demütig um ihre Blindheit für das Göttliche wissen (vgl. S. 35).
Damit haben wir bereits im Text der «Antrittspredigt» Jesu – ähnlich wie in der entsprechenden Pfingstpredigt des Petrus Apg. 2,38 – wesentliche Elemente der lukanischen (und schon vorlukanischen Gemeinde-)Theologie beisammen, und zwar, für Lukas selbst bezeichnend, in einem alttestamentlichen Zitat – ein erneuter redaktioneller Hinweis auf die Verwurzelung des christlichen Evangeliums in der Geschichte Israels.
Worin liegt für Lukas die Erfüllung (V. 21) der in dem Zitat angesagten Vergebung? Nicht in einer «Kreuzestheologie», die sich bei Lukas nicht findet; auch nicht in einer aktuellen Vergebung, da diese sich nach der durchgehenden Meinung des Lukas erst im letzten Gericht vollzieht; sondern offenbar darin, daß der «Sohn Gottes» das göttliche Angebot der Vergebung (und Buße) definitiv macht.

An die verwunderte, aber eher anerkennende als kritische oder gar bösartige Feststellung der Nazarener anknüpfend, Jesus sei doch (bloß) Josephs Sohn (V. 22b), provoziert überraschenderweise Jesus selbst in V. 23–30 den Ärger seiner Landsleute mit der Behauptung, auch an ihm werde sich noch das (auch sonst überlieferte) Sprichwort bewahrheiten, daß ein Prophet in seiner Heimat nicht willkommen sei. Was damit genau gemeint ist, zeigen die beiden alttestamentlichen Beispiele, die Lukas, über Mark. 6,1–6 weit hinausgehend, in **V. 25–27** beibringt (1. Kön. 17f.; 2. Kön. 5): Das Volk Israel wird das Evangelium ablehnen; die Heiden werden es annehmen.
Die Leute aus Nazareth werden so zum Exempel für alle Juden, die Mitbürger Jesu zum Beispiel für seine Volksgenossen überhaupt, die Vaterstadt zum Symbol des Vaterlandes. Das Urteil, das zu Lebzeiten Jesu, als das jüdische Volk insgesamt noch durchaus auf seiner Seite stand, von seiner Heimatstadt schon über ihn gesprochen wurde (V. 28f.), sprichwörtliche Weisheit bestätigend, wird schließlich das Urteil aller Juden sein: Synagoge und Kirche sind zur Zeit des Lukas getrennt. Auf

diese spätere Zeit bezieht sich letzten Endes das auffällige, aber in diesem Sinn prägnant zu nehmende Futur in V. 23: «... ihr *werdet* sagen».
Der Protest der Synagogenbesucher ist vehement; sie schreien – wie später aus gleichem Anlaß die Jerusalemer Juden gegen Paulus (Apg. 22,21ff.; vgl. auch 7,54) – zur Lynchjustiz, der Jesus indessen wunderbar entkommt **(V. 28–30)**.
Diese zweite Szene reflektiert also die Situation zur Zeit des Lukas: Israel bzw. die Synagoge hält sich von der (heiden)christlichen Gemeinde fern. Die christliche Gemeinde hat die gottesfürchtigen Heiden, die bis zum jüdischen Aufstand im Bereich der Synagoge lebten, an sich gezogen; die Synagoge zieht sich unter pharisäischer Leitung auf sich selbst zurück.
Lukas sagt mit V. 25–27 (und diese Aussage wiederholt er vielfältig in seinem Doppelwerk): Auch diese Entwicklung war nicht nur von Jesus, sondern sie war vor allem auch schon im Alten Testament vorausgesehen; sie kann also kein «unjüdisches», von seinem alttestamentlichen Mutterboden gelöstes Christentum begründen. Aber Lukas sagt auch: Diese Entwicklung lag nicht in der Absicht Jesu und, wie die Apostelgeschichte immerzu zeigen wird, nicht in der Absicht der Urgemeinde, sondern erfolgte entgegen der christlichen Intention ausschließlich durch das schuldhafte «Nein» der Juden zu ihrem Messias Jesus (vgl. Apg. 7,51ff.; 28,15–28).

Die scharfe sachliche Spannung innerhalb unserer Perikope und der schroffe Übergang von V. 16–22 zu V. 23–30, der durch V. 22b nicht einleuchtend gemacht werden kann, sondern von Jesus – in der konkreten Situation unmotiviert – provoziert wird, ist erzählerisch bzw. psychologisch gesehen höchst ungeschickt, entspricht aber gänzlich der objektiven Spannung zwischen der theologischen Intention des Lukas, das Christentum gänzlich im Judentum zu verwurzeln (siehe den Exkurs S. 35ff.), und der faktischen Situation zur Zeit des Lukas, die christliche Gemeinde und Synagoge in schroffer Trennung zeigt. Unter diesem redaktionellen Gesichtspunkt erscheint die Perikope also durchaus als eine Einheit; literarkritische Operationen, die ohnedies nichts erklären könnten, sind deshalb unnötig.
Man muß schließen, daß die tatsächliche Selbständigkeit der (heiden)christlichen Gemeinde einerseits und das «Nein» der Synagoge zum Weg der Kirche andererseits jenen Kräften in der Gemeinde Argumente geliefert hat, die zur Zeit des Lukas auch den theologischen Bruch mit dem «Alten Bund» propagieren. Lukas verschleiert das damit gegebene Problem nicht. Er widerspricht aber jenen aus dem «Nein» Israels zum Weg der Christenheit gezogenen Konsequenzen bestimmter hyperpaulinischer Glaubensgenossen (siehe oben S. 13ff.), und zwar in seinem Doppelwerk durchgehend und in der vorliegenden, durch V. 15 als typisch ausgewiesenen Szene auch prinzipiell und grundlegend. Das Nein der Synagoge zur christlichen Gemeinde und ihrer Botschaft darf die Christen nicht veranlassen, ein Nein zu ihrem eigenen Ursprung in Israel zu sprechen.
Auch im Aushalten ihrer inneren Spannung hat die vorliegende Szene also programmatische Bedeutung für die lukanische Theologie; die unerwartete «Provokation» Jesu in V. 23 und der plötzliche Übergang von den Nazarenern zu den Juden überhaupt in V. 24ff. ist im Rahmen der lukanischen Redaktion einsichtig motiviert.

4,31–41   Wirken in Kapernaum und Umgebung

31 Er ging hinab nach Kapernaum, einer Stadt in Galiläa, und lehrte die Menschen am Sabbat. 32 Sie gerieten außer sich über seine Lehre; denn er sprach mit Voll-

macht. **33** In der Synagoge war auch ein Mensch, der von einem Geist, einem unreinen Dämon, besessen war und mit lauter Stimme schrie: **34** Oho, was haben wir mit dir zu tun, Jesus von Nazareth? Bist du gekommen, uns zu verderben? Ich weiß, wer du bist: Der Heilige Gottes! **35** Da bedrohte Jesus ihn mit den Worten: Schweig und fahre von ihm aus! Da warf ihn der Dämon mitten unter die Leute auf den Boden und fuhr von ihm aus, ohne ihm Schaden zuzufügen. **36** Alle wunderten sich und sagten untereinander: Was ist das für eine Sache! In Vollmacht und Kraft gebietet er den unreinen Geistern und sie fahren aus! **37** Und in der ganzen Umgegend sprach man von ihm.
38 Als er die Synagoge verließ, ging er in das Haus Simons. Die Schwiegermutter des Simon lag mit heftigem Fieber nieder, und man bat ihn, ihr zu helfen. **39** Er stellte sich vor sie und bedrohte das Fieber, und es verließ sie, so daß sie sofort aufstehen konnte und ihnen zu Tisch diente.
40 Bei Sonnenuntergang brachten alle ihre Kranken mit den verschiedensten Leiden zu ihm. Er legte jedem einzelnen von ihnen seine Hände auf und heilte sie. **41** Von vielen fuhren auch Dämonen aus. Sie schrieen: Du bist der Sohn Gottes. Er drohte ihnen und ließ sie nicht reden, weil sie wußten, daß er der Christus sei.
42 Am nächsten Tag ging er aus der Stadt in eine Einöde. Die Leute suchten und fanden ihn und wollten ihn bei sich zurückhalten. **43** Aber er sagte zu ihnen: Ich muß auch in den anderen Städten die frohe Botschaft von der Herrschaft Gottes verkündigen, denn dazu bin ich gesandt. **44** Und er predigte in den Synagogen des jüdischen Landes.

Lukas folgt weiter, und zwar diesmal ausschließlich und ganz eng, dem Markusevangelium. Er läßt freilich Mark. 1,16–20, die Berufung der ersten Jünger, aus, aber nur zugunsten von 5,1–11. Darum kommt bei ihm Jesus noch alleine nach Kapernaum; er geht (im Unterschied zu Mark. 1,29) ohne Jüngerbegleitung in das Haus des Simon, der nun trotz der erst in 5,1–11 folgenden Berufung schon als bekannt vorausgesetzt wird **(V. 38)**; und nicht die Jünger wie bei Markus, sondern die Leute suchen ihn und möchten ihn in Kapernaum behalten **(V. 42f.)**. Durch diese letzte Modifikation, die in deutlichem Gegensatz zu dem schließlichen Verhalten der Nazarener steht, bezeugt Lukas, daß Jesus in seinem – dem jüdischen! – Volk Anklang findet.
Markus berichtet in 1,21–34, der Vorlage von V. 31–41, von dem «Tag in Kapernaum», der Jesu Wirken insgesamt exemplarisch darstellt, wie Mark. 1,35–39 (/V. 42–44) verdeutlichen: Wort und Tat Jesu sind eine Einheit; Jesus wirkt durch sein Wort, und sein Wort ist machtvoll wirksam. Der Besessene in der Synagoge repräsentiert die Wirklichkeit des sündigen Menschen, der nicht mehr bei sich ist, weil er mit Gott nichts zu tun haben will; Jesus führt diesen «entfremdeten» Menschen zu Gott und damit zu sich selbst zurück. Daß solche erlösende Hilfe eine «alltägliche» Angelegenheit ist und allen Menschen, weil sie alle «Sünder» sind, widerfahren muß, wollen die Heilung der Frau im Hause des Simon und – nach Ende der Sabbatruhe – die Heilungsversammlung vor der Tür des Hauses deutlich machen (vgl. Apg. 10,38).
Lukas hat die exemplarische Einheit des Abschnittes Mark. 1,21–39 erkannt und festgehalten. Die diffizilen theologischen Gedankengänge des ursprünglichen Erzählers hat er freilich zugunsten der redaktionellen Lichter, die er dem Text aufsteckt, zurückgedrängt. Wir betrachten die charakteristischsten dieser redaktionellen Züge.

Daß Jesus (nach 4,16 weiterhin) am Sabbat in der Synagoge predigt (**V. 31**), übernimmt Lukas gerne aus Markus. Er streicht aber in **V. 32** die Bemerkung, Jesus habe «nicht wie die Schriftgelehrten» (Mark. 1,22) gepredigt, und dementsprechend in V. 36 auch das Urteil der Leute, Jesus habe eine «neue Lehre» (Mark. 1,27) verkündigt. Diese von Lukas getilgten Angaben konnten von den Irrlehrern, gegen die Lukas sich wendet, für ihre Behauptung benutzt werden, mit Jesus käme eine neue, nicht mehr schriftgelehrte, das heißt am Alten Testament orientierte Offenbarung, während Lukas unbedingt an der Kontinuität der christlichen Botschaft mit der Heiligen Schrift Israels festhalten will. Es gibt nur einen Bund Gottes. Die Auskunft, Jesus habe in den «Synagogen des *jüdischen* Landes» gepredigt (V. 44; vgl. 1,5) – Markus spricht (1,39) in diesem Zusammenhang von Galiläa, welche Angabe Lukas nach V. 31 vorzieht –, tendiert vermutlich in dieselbe Richtung.

Über dem Tag von Kapernaum liegt das Messiasgeheimnis (V. 34f.41). Es versammelt schon bei Markus verschiedene Motive in sich. Theologisch gesehen gehört das Messiasgeheimnis unüberholbar zur Verkündigung des Messias Jesus: Seine Würde bleibt dem objektivierenden, zuschauenden Blick stets ein Geheimnis; sie erschließt sich nur dem Gehorsam des Glaubens. Traditionsgeschichtlich gesehen löst es die Diskrepanz zwischen der Überlieferung von einem nicht sichtbar messianischen Wirken des irdischen Jesus und dem österlichen Messiasbekenntnis der Gemeinde. Die markinische und – ihm folgend – die lukanische Redaktion betrachtet das Messiasgeheimnis zudem als einen vorübergehenden Selbstschutz Jesu: Er muß seinen messianischen Rang verborgen halten, um wirken zu können; das öffentliche Messiasbekenntnis führt nämlich zum sofortigen Todesurteil (22,70). In diesem Sinne verstärkt Lukas in V. 41 das Geheimnismotiv gegenüber Markus (1,34; vgl. 3,11f.) noch.

In **V. 43** trägt Lukas den Begriff «Herrschaft Gottes» (= Gottesreich) aus Mark. 1,15 (und aus Q? vgl. Mat. 4,23) nach, den er zuvor übergangen hatte. Er verbindet ihn mit dem theologischen Gedanken von V. 18f., Jesus sei «gesandt», die «froheBotschaft zu verkündigen», nämlich die Botschaft von der Vergebung der Sünden. Das Angebot von Buße und Vergebung und die frohe Botschaft von der Gottesherrschaft fallen für Lukas also zusammen – ein wichtiger Aspekt der lukanischen (und schon vorlukanischen Gemeinde-)Theologie.

In diesem Zusammenhang kann der auffallende Tatbestand erwähnt werden, daß Lukas die z. B. bei Paulus geläufige Bezeichnung «das Evangelium» gänzlich vermeidet, obschon er sie bei Markus siebenmal vorfand; er spricht nur verbal von (eine gute Botschaft) verkündigen. Offenbar diente das Hauptwort «Evangelium» seinen Kontrahenten als charakteristische Bezeichnung für die gegenüber den Traditionen Israels total neue Botschaft Jesu (bzw. des Paulus) – Evangelium statt Gesetz –, und diesem Urteil will Lukas begegnen. Für Lukas erfüllt sich dagegen mit der Botschaft, die Jesus überall verkündigen *muß*, gerade die «Schrift» (V. 17–21; 24,26f.). Vgl. auch zu Apg. 15,7; 20,24.

Der Hellenist Lukas liebt Wundererzählungen und gestaltet sie nicht selten stilvoll aus; vgl. im vorliegenden Text z. B. V. 33 mit Mark. 1,23, V. 39 mit Mark. 1,31, V. 40b mit Mark. 1,34a: Heiliger Geist kämpft gegen dämonischen Geist, hoheitsvoll stellt Jesus sich ans Bett der Kranken, bedroht das Fieber usw. Vor allem fügt er in die Dämonenaustreibung in V. 35b das kleine Wunder ein, daß der böse Geist den Besessenen mitten unter die Menge hinwirft, ohne ihm damit Schaden zufügen zu können: Jesus befreit von der Macht und bewahrt zugleich vor dem Zorn des

Bösen; er ist also unbedingter Herr über die Mächte des Bösen. Auch die Handauflegung, ein stilvoller Zug in Wundergeschichten (vgl. 13,13), fügt erst Lukas in V. 40 ein; daß Jesus jedem einzelnen die Hände auflegt, besagt: Gott gibt sein Heil nicht massenhaft, sondern persönlich.

5,1–11 Die Bekehrung des Petrus

**1 Es geschah, als ihn das Volk bedrängte, um das Wort Gottes zu hören, und er am See Gennesaret stand: 2 Da sah er zwei Schiffe, die am See lagen. Die Fischer waren ausgestiegen und wuschen die Netze aus. 3 Er stieg in eines der Schiffe, das Simon gehörte, und bat ihn, ein wenig vom Land weg hinauszufahren. Dort setzte er sich nieder und lehrte das Volk vom Schiff aus.
4 Als er zu reden aufgehört hatte, sagte er zu Simon: Fahre hinaus auf das tiefe Wasser und werft eure Netze zum Fang aus. 5 Simon antwortete: Meister, die ganze Nacht hindurch haben wir uns gemüht und nichts gefangen; aber auf dein Wort hin will ich die Netze auswerfen. 6 Und als sie das taten, fingen sie eine große Menge Fische, und ihre Netze drohten zu zerreißen. 7 Da winkten sie ihren Gefährten in dem anderen Schiff, zu kommen und ihnen zu helfen. Die kamen, und sie füllten beide Schiffe bis zum Sinken.
8 Als Simon Petrus das sah, warf er sich vor Jesus auf die Knie und sagte: Gehe von mir weg; ich bin ein sündiger Mensch, Herr. 9 Denn ein Schrecken hatte ihn erfaßt mit allen seinen Begleitern angesichts des Fischfangs, den sie getan hatten. 10 Ebenso aber auch Jakobus und Johannes, die Söhne des Zebedäus, die Berufskollegen Simons. Aber Jesus sagte zu Simon: Fürchte dich nicht; du wirst von nun an Menschen fangen. 11 Da führten sie die Schiffe an Land, verließen alles und folgten ihm nach.**

Mark. 1,16ff., die Berufung der ersten Jünger, hatte Lukas übergangen. Vielleicht erschien es ihm wenig einleuchtend, auf den Mißerfolg in Nazareth (4,16–30; S^{Lk}) sogleich den Erfolg der Jüngerberufung zu berichten. Deshalb bringt er erst den Bericht vom erfolgreichen Auftreten in Kapernaum und Umgebung (4,31–44) und trägt nun die Berufungserzählung nach.
Dabei legt er freilich nicht Mark. 1,16–20 zugrunde, sondern ein Stück Sondergut, das ursprünglich nur von der Berufung des Simon sprach. Erst Lukas selbst fügt in V. 10a die Zebedäussöhne aus Mark. 1,19f. hinzu, und dementsprechend geht auch der Plural in V. 11 auf das Konto des Evangelisten.
Das Menschenfischerwort in **V. 10b** hat Lukas dagegen als ein bloß an Simon gerichtetes Wort bewahrt. Markus bringt dies Wort im Plural (Mark. 1,17); die lukanische Vorlage von V. 1–11 repräsentiert also eine gegenüber Mark. 1,16–20 ältere Stufe der Erzählung. Genauere Analysen zeigen, daß Markus die «lukanische» Erzählung als Teil seiner Grundschrift vorgefunden und – aus redaktionellen Gründen – durch 1,16–20 ersetzt hat, während Lukas in Kenntnis der Grundschrift des Markus auf deren Fassung zurückgriff und sie, von wenigen Eingriffen abgesehen, im wesentlichen getreu überliefert.
Der Beiname «Petrus» in V. 8 kommt vor 6,14 zu früh; einige Handschriften lassen ihn deshalb aus, zumal unsere Erzählung im übrigen nur von Simon spricht. Daß die Jünger «alles verlassen», ist wie in 5,28 ein Zusatz des Lukas (vgl. Mark. 1,18.20) und wie dort im Sinne der lukanischen Armenfrömmigkeit zu deuten.

In der Grundschrift des Markus schloß die Erzählung an Mark. 1,14f. an; mit dem «es geschah» (V. 1) setzte der Bericht von der öffentlichen Wirksamkeit Jesu ein. Im lukanischen Zusammenhang wird (nach 4,44) der See Gennesaret, den Lukas bisher noch nicht erwähnte und der bei Lukas auffälligerweise nie wieder Ort der öffentlichen Wirksamkeit Jesu wird, einigermaßen überraschend eingeführt.

Die Erzählung ist deutlich dreifach gegliedert: Predigt Jesu V. 1–3; der wunderbare Fischzug V. 4–7; die Berufung des Simon V. 8–11. Vermutungen, der wunderbaren Berufung Simons sei das Motiv der Seepredigt erst sekundär vorangestellt, sind unbegründet. Vielmehr will der Erzähler von vornherein die Einheit von Lehre und Wunder im Wirken Jesu herausstellen; auch setzt das Wunder, wie V. 5b zeigt, die vorhergehende Verkündigung Jesu voraus. Wir haben es also mit einer einheitlichen Erzählung zu tun, einer legendarischen Geschichtserzählung.

Der anschauliche Zug, Jesus sei angesichts der großen Volksmenge auf das Wasser gefahren und habe, sich zum Vortrag niedersetzend, vom Schiff aus wie von einer mächtigen Kanzel zu dem Volk geredet, zeigt Jesus in hellenistischer Manier als großen Prediger und soll auf den gewaltigen Eindruck hinweisen, den Jesu Verkündigung von Anfang an machte. Von einer «Entwicklung» der «Bewegung» Jesu wird nichts angedeutet; mit dem Evangelium ist von Anfang an alles da, und die Wiederholung kennzeichnet die Geschichte Jesu bis in unsere Tage.

Die Szenerie am See ermöglicht das folgende Wunder mit dem berufenden Menschenfischerwort. Zugleich ist die Predigt Jesu die Voraussetzung für den Entschluß des Simon, auf Jesu Aufforderung den am Tage erfahrungsgemäß ganz aussichtslosen Fischzug zu tun. Simon muß in der Verkündigung Jesu der göttlichen Hoheit des Verkündigers begegnet sein; darum wirft er «auf sein Wort hin» die Netze aus. Das zeigt, wie sich der Erzähler die Verkündigung Jesu vorstellt: als ein von der Person des Verkündigers nicht lösbares Wort. Das heißt nicht, daß Jesus mit der einzigartigen Eloquenz eines begnadeten Rhetors beeindruckte. Vielmehr führt Jesu Verkündigung zu ihm selbst als dem «Sohn Gottes» und so zu Gott hin, weshalb auch ein Inhalt der Verkündigung Jesu nicht angegeben zu werden braucht; er selbst ist Gottes Wort.

Weil er diese Predigt versteht («Gott ist gegenwärtig»), stellt Petrus das, worauf er sich versteht – seine alltäglichen Erfahrungen, sein Wissen und sein Können –, zurück. Es führt doch zu nichts. Mit ihrem selbsteigenen Tun bleiben die Menschen der «Nacht» (V. 5a) des alten Äons verhaftet, ihren Nöten und dem Tod, der Finsternis fern der Gottesherrschaft, was auch immer sie einbringen mögen. Am Ende zerrinnt jeder Fang; denn der Mensch schafft mit seinen Händen, mit seinem Denken und Planen nichts, worauf er sein Leben gründen könnte. Er kommt nicht aus der Nacht ans Licht (vgl. 1. Thess. 5,1ff.).

Das Wort Jesu aber **(V. 1–3)** eröffnet Simon die Möglichkeit wahren Lebens: Gott ist gegenwärtig! Ist dies Wort wahr? Diese Frage läßt sich nicht theoretisch, gedanklich, logisch beantworten, sondern nur im Wagnis des Glaubens. Simon wagt zu glauben und wirft die Netze aus. Sein Wagnis wird belohnt; er fängt die Fülle des Lebens ein. So wird jeder, der sich auf Jesu Wort einläßt, die Fülle des Lebens haben; denn dies Wort selbst ist das Leben.

Unsere Geschichte ist also eine Epiphaniegeschichte. Sie offenbart die Herrlichkeit Jesu dem, der sich auf sein Wort einläßt. Sie hat adventlichen Klang. Der geplagte Mensch, der die ganze Nacht redlich, mühselig und vergeblich gefischt hat, erfährt (vgl. Röm. 13,11–14):

«Die Nacht ist vorgedrungen, der Tag ist nicht mehr fern.
So sei nun Lob gesungen dem hellen Morgenstern!
Auch wer zur Nacht geweinet, der stimme froh mit ein.
Der Morgenstern bescheinet auch deine Angst und Pein» (J. Klepper).

«Tag» und «Nacht» haben in unserer Erzählung in der Tat zeichenhaften Sinn. Es gehört zum Stil der Wundergeschichten nicht nur, daß immer wieder die Erfolglosigkeit der eigenen Bemühungen um Heil und Hilfe konstatiert wird, sondern auch, daß die Wirklichkeit der durch Jesus vollbrachten Hilfe öffentlich erkannt und bestätigt wird («Demonstration»). Dazu dienen in unserem Fall die Gefährten in dem anderen Schiff, das bereits in V. 2 genannt und das in V. 7 zur Hilfe gerufen wird.
Einerseits wird damit unterstrichen, daß das Heil, das mit Jesus kommt, nicht einigen etwas, sondern allen alles bringt; alle verfügbaren Schiffe werden bis zum Rand gefüllt. Keiner bleibt unbedacht, und jeder erhält die unübertreffbare Fülle. Dabei geht es nicht um eine größere Quantität der Gaben (etwa: Wir bringen es mit unseren eigenen Mühen nur zu wenig; mit Gott bringen wir es zu weit mehr), sondern um eine neue Qualität. Das Wunder, das alle menschlichen Maßstäbe sprengt, weist auf die Gabe hin, die Gott gibt: Sich selbst, seine Gegenwart in dieser Welt der Frustation und des Todes, und damit das Heil.
Zum anderen läßt sich daraus entnehmen, daß Gottes Heil, mag es den Menschen auch unverdient und unverfügbar zukommen, doch nicht jeder Öffentlichkeit ermangelt. Wo menschliches Dasein sich im Glauben vom Tode ins Leben kehrt, kommt es auch bei denen zu einem großen Staunen, die selbst eher als Zuschauer denn als Überwältigte betroffen sind (**V. 9**) und die den Weg in die Nachfolge noch nicht mit vollziehen: Die Gemeinde Jesu Christi ist Zeichen Gottes in der Welt.
Simon tritt auf den Weg der Nachfolge, und zwar mit dem rückhaltlosen Bekenntnis zu sich selbst als dem «sündigen Menschen» (vgl. Ps. 130,4); so bekennt er angesichts des überwältigenden Fischzugs.
Damit wird gesagt, daß der Mensch sich selbst als Sünder nur im Angesicht des gnädigen Gottes erkennt und anerkennt. Nur angesichts des Heils ist er imstande, sein Unheil zu begreifen. Nur wer mit dem Leben beschenkt ist, hat den Mut, die Tiefe des Todes auszumessen. Nur wer im Licht steht, braucht die Finsternis nicht zu fürchten. «Sünde» ist in unserer Erzählung so radikal verstanden, daß die Verfallenheit an die Sünde auch und gerade die Einsicht in den sündhaften Zustand verhindert. «Sünde» ist also nicht die Summe einzelner Übertretungen, die man allerdings von sich aus einsehen kann. Aber Simon klagt sich mit seinem Bekenntnis nicht irgendwelcher moralischer Verfehlungen an. Sein sündiges Dasein ist vielmehr das Dasein dessen, der des Nachts die Netze auswirft, wo nichts zu fangen ist, der also sein Leben auf das eigene Tun zu bauen unternimmt, statt sich dem anzuvertrauen, der denen hilft, die wissen, daß die mühsame Nacht nur endet, wo man sich die leeren Hände füllen läßt.
Dann freilich, wenn der Mensch aufhört, sein eigener Gott zu sein, wenn er seine Selbstherrlichkeit preisgibt in der Begegnung mit dem göttlichen Herrn, wird endlich die heilsame Kluft zwischen Mensch und Gott aufgerissen, die den sündigen Menschen sprechen läßt: «Gehe von mir weg». Das heißt nicht: Ich will mit dir nichts zu tun haben; es heißt (wie in 8,37): Du kannst mit mir nichts zu tun haben wollen. Das Erschrecken, von dem in V. 9 berichtet wird, ist zugleich und in gleicher Weise ein Erschrecken über die Majestät Gottes und die eigene Nichtigkeit, über das Heil Gottes und das eigene Unheil (vgl. 8,35.37).

Wo in dieser Weise die Kluft zwischen Mensch und Gott aufgerissen wird, wo also der wirkliche Mensch dem wirklichen Gott begegnet, da ist diese Kluft zugleich überwunden: «Fürchte dich nicht» (V.10b). Zu fürchten ist Gott nur von denen, die in Absage wahrer Gottesfurcht den Götzen dienen. Die Ehrfurcht vor Gott treibt die Furcht vor ihm aus. Denn wer sich vor Gott als Sünder erkennt, erfährt eben damit die Gnade Gottes: Gott bleibt bei ihm, Gott will mit ihm zu tun haben. Gott braucht ihn. Wer vor Gott seine Gottlosigkeit begreift, hat sie zugleich überwunden, und weil Gott die Kluft zum sündigen Menschen überbrückt hat, erfährt sich der Sünder als Gerechtfertigter, als Zurechtgebrachter.

Die bisherige Auslegung hat gezeigt, daß die Geschichte keineswegs ausschließlich auf das Menschenfischerwort zuläuft; vielmehr ist die abschließende Indienstnahme des Simon nur das Siegel auf seine Annahme. Unsere Erzählung berichtet also nicht die Berufung eines Apostels, sondern die Berufung eines Jüngers bzw. die Bekehrung eines Menschen überhaupt, die Berufung in die Nachfolge des Glaubens. Auch die abschließende Feststellung, daß Simon sein Schiff verließ und Jesus nachfolgte, muß primär im Rahmen einer *Jünger*berufung verstanden werden. Der in V.11 begegnende Begriff «nachfolgen» ist ein aus dem Judentum stammender «technischer» Begriff, der das Verhältnis des Schülers zu seinem Lehrer beschreibt und in den Evangelien auf die Zugehörigkeit des Jüngers zu Jesus übertragen wird, derart, daß der Nachfolger als solcher zum Teilhaber an dem durch Jesus eröffneten Heil wird. Mit solchem Verständnis ist das Motiv von V.11 ein angemessener Schluß der ganzen Erzählung.
Nur Uneinsichtigkeit in die zeichenhafte Funktion und theologische Hintergründigkeit der Erzählung kann Anstoß daran nehmen, daß Simon den soeben eingebrachten Fang achtlos zurückläßt. In Wahrheit ist es gerade die Nachfolge Jesu, die ihm bleibend die wundersame Fülle des Lebens gewährt, als deren Spender er in dem Fischzug Jesus erfuhr; der Nachfolger nimmt als solcher also alles Gewonnene mit. Daß solche Teilhabe am christlichen Heil in der Zeit der frühen Christenheit bei jedem Christen mit dem Missionsauftrag verbunden war, wie das wichtige Menschenfischerwort besagt, verwundert nicht und entspricht der Situation missionierender Gemeinden, auch wenn natürlich die direkten missionarischen Aktivitäten der einzelnen sehr unterschiedlich waren. Aber an der missionarischen Existenz der Gemeinde als solcher – und darin lag die eigentliche missionarische Potenz der frühen Gemeinden – hatte jedes Glied der Gemeinde gleichermaßen Anteil.

5,12–16 Heilung des Aussätzigen

12 In einer der Städte, in denen Jesus sich aufhielt, lebte ein Mann, der voller Aussatz war. Als er Jesus sah, warf er sich zu Boden und bat: Herr, wenn du willst, kannst du mich reinigen. 13 Da streckte er seine Hand aus, rührte ihn an und sagte: Ich will. Sei rein. Sogleich verließ ihn der Aussatz. 14 Er befahl ihm: Sprich mit niemandem, sondern gehe hin, zeige dich dem Priester und bringe für deine Reinigung das Opfer dar, das Mose vorgeschrieben hat – ihnen zum Zeugnis. 15 Daraufhin verbreitete sich sein Ruf noch viel mehr, und man kam in großen Scharen zusammen, ihn zu hören und von Leiden geheilt zu werden. 16 Er aber zog sich in die Einöde zurück, um zu beten.

Mit V. 12–16 nimmt Lukas unmittelbar den durch V. 1–11 unterbrochenen Faden des Markusevangeliums wieder auf: Jesus wandert durch das jüdische Land (4,44) und sucht die Leute auf.
Wir haben es bei der Vorlage (Mark. 1,40–45) mit einer kunstvoll aufgebauten und theologisch sehr gefüllten Erzählung zu tun, in welcher im Anschluß an 3. Mose 13f. der Aussätzige, der von der Gottesgemeinschaft ausgeschlossen war, als Beispiel des dem Tode verfallenen «Sünders» vorgestellt und durch Jesus zu Gott und damit zu sich selbst bzw. ins Leben zurückgebracht wird.
Dabei dürfte erst von Markus die Notiz (Mark. 1,45) stammen, daß der Geheilte trotz Schweigegebot die Kunde von Jesu Tat ausbreitet: Jesus kann nicht verborgen bleiben, selbst wenn er will. Lukas vermeidet in V. 15 den Eindruck, der Geheilte habe dem Wort Jesu zuwidergehandelt; er berichtet passivisch, daß Jesu Ruf sich immer mehr ausbreitet und von allen Seiten die Leute kommen, Jesus zu hören und sich von ihm heilen zu lassen – ein Vorgriff auf Mark. 3,7–12 (vgl. Luk. 6,17–19). Auch erzählt Lukas nicht, Jesus habe sich vor dem Drängen der Menge in die Einsamkeit zurückgezogen, sondern er motiviert diesen Rückzug mit Jesu Wunsch, in Ruhe beten zu können – ein Gedanke, den Lukas in 4,42 (zu Mark. 1,35) übergangen und hierher versetzt hat. Das Gebet ist ebenso wichtig wie Lehren und Heilen; für Lukas, den Evangelisten des Gebets, ist es die einzige und zugleich die unbedingt bewahrende Waffe der verfolgten Christen seiner Zeit (22,39ff.).
Einige Bemerkungen seiner Vorlage, die Lukas als Äußerungen einer inneren Gemütsbewegung Jesu (miß)verstanden haben dürfte, läßt er aus. Im übrigen folgt er Markus ziemlich eng. Die Erzählung war ihm, wie auch die «Dublette» 17,11–14 zeigt, vor allem deshalb wichtig, weil sie Jesu Wirken in engstem Bezug zur alttestamentlichen Gesetzgebung darstellt: Jesus selbst schickt den Geheilten zum Tempel, wo der israelische Priester die Reinigung feststellt und durch ein Opfer die erneuerte Gottesgemeinschaft bestätigt; erst wenn dies geschehen ist, darf der Geheilte sein Schweigen brechen. Das heißt für Lukas: Jesus selbst ist ein «rechter Israelit»; seine Gemeinde kann diesen ihren Ursprung nicht preisgeben, ohne sich selbst preiszugeben.

5,17–26   Vergebung der Sünden

**17 Eines Tages, als er lehrte und die Heilungskraft des Herrn mit ihm war, saßen Pharisäer und Gesetzeslehrer um ihn, die aus allen Ortschaften Galiläas und Judäas und aus Jerusalem gekommen waren.
18 Da brachten Männer auf einem Bett einen Gelähmten herzu und versuchten, ihn hineinzutragen und vor ihm hinzulegen. 19 Als es ihnen aber wegen der Menge nicht gelang, ihn hineinzutragen, stiegen sie auf das Dach und ließen ihn auf dem Bett durch die Ziegel mitten hinunter, genau vor Jesus hin. 20 Als der ihren Glauben sah, sagte er: Du Mensch, deine Sünden sind dir vergeben.
21 Da dachten die Schriftgelehrten und die Pharisäer bei sich: Wer ist er? Er lästert Gott! Wer kann Sünden vergeben außer Gott allein? 22 Jesus aber merkte, was sie dachten, und antwortete ihnen: Was denkt ihr da in euren Herzen? 23 Was ist leichter? – zu sagen: Deine Sünden sind dir vergeben, oder zu sagen: Stehe auf und geh umher? 24 Damit ihr aber seht, daß der Menschensohn Vollmacht hat, auf der Erde Sünden zu vergeben – sagte er zu dem Gelähmten: Ich sage dir, stehe auf und**

nimm dein Bett und geh nach Haus. 25 Sofort stand er vor ihren Augen auf, nahm das Bett, auf dem er gelegen hatte, und ging, Gott lobend, nach Hause. 26 Da gerieten alle außer sich, priesen Gott und sagten voller Ehrfurcht: Heute haben wir ein Wunder gesehen.

Lukas folgt weiterhin dem Markusevangelium (Mark. 2,1–12), läßt allerdings die Lokalisierung in Kapernaum weg.
Der Bericht von der Heilung des Gelähmten kommt seiner und seiner Gemeinden Theologie entgegen, deren zentrales dogmatisches Thema die Sündenvergebung ist (1,77; 3,3; 4,18f.); Lukas greift deshalb auch relativ wenig in seine Vorlage ein. Die göttliche Vergebung der Sündenschuld ist kein Phantom, wenn der «Menschensohn», der kommende Weltenrichter (Apg. 10,42), schon auf der Erde Sünden vergibt bzw. die Vergebung im Auftrag Gottes verbindlich zusagt, so daß der Sünder das Gericht nicht mehr scheuen muß. Die jüdischen Lehrer, die Jesus zuhören, haben Recht: Gott allein kann Sünden vergeben. Gott allein kann aber auch Wunder tun. Tut Jesus das eine in der Kraft Gottes, kann er in der Kraft desselben Gottes auch das andere tun. In ihm handelt Gott selbst, und die von Jesus in V. 20.23 gewählte Formulierung besagt darum auch, daß *Gott* dem Gelähmten die Sünden vergeben habe. Und was dem einen geschieht, können alle, die Buße tun, erwarten, wenn er, der Menschensohn, am jüngsten Tag im Namen Gottes Gericht hält (3,16f.). Wie hier einer Gott lobt, sollen dann alle Gott loben dürfen.
Eine kleine erzählerische Variante zu Markus ist interessant: Die Träger graben nicht das Lehmdach aus (Mark. 2,4), sondern decken die Dachziegel ab, ein Zeichen außerpalästinischer Kultur.
Lukas stellt in **V. 17** ausdrücklich fest, Jesus habe gelehrt, und fügt, gleichfalls über Markus hinausgehend, hinzu, die Heilungskraft Gottes sei bei ihm gewesen. Das erstere ist Jesu ständiger Auftrag und Dienst, das letztere offenbar eine von Mal zu Mal hinzutretende Gabe Gottes, weswegen die Leute auch am Ende ganz außer sich geraten und konstatieren, daß sie heute (auch) ein Wunder erlebt haben.
Ein auffälliger Unterschied zu Markus besteht darin, daß Lukas bereits zu Beginn der Erzählung die Pharisäer (Mark. 2,16/V. 30) und Gesetzeslehrer (vgl. Apg. 5,34) einführt und bemerkt, sie seien aus allen jüdischen Provinzen (vgl. Mark. 3,7f./ Luk. 6,17) gekommen und hätten hörend in Jesu Nähe gesessen, während das Volk sich bis zur Türe hinaus drängte. Jesus ist also für Lukas der beachtete, anerkannte, respektheischende, wenn auch nicht unkritisch angesehene jüdische Lehrer, von dem auch die Lehrer Israels mitsamt dem ganzen jüdischen Volk lernen! Folglich kann niemand Jesus und seine Gemeinde von der Kontinuität mit Israel abschneiden wollen.

5,27–35   Die Nachfolge des Levi und das Fasten

**27 Als er das Haus verließ, sah er einen Zöllner mit Namen Levi, der an der Zollstätte saß, und sagte zu ihm: Folge mir! 28 Er stand auf, verließ alles und folgte ihm nach.
29 Darauf bereitete Levi ihm in seinem Haus ein großes Festmahl, und viele Zolleinnehmer und andere Gäste lagen mit ihnen zu Tisch. 30 Da murrten die Pharisäer und ihre Schriftgelehrten mit seinen Jüngern: Wie kommt ihr dazu, mit den Zolleinnehmern und Sündern zu essen und zu trinken? 31 Jesus selbst gab ihnen die**

Antwort: Die Gesunden brauchen den Arzt nicht, sondern die Kranken. 32 Ich bin nicht gekommen, Gerechte zu rufen, sondern Sünder zur Buße zu rufen. 33 Darauf sagten sie zu ihm: Die Jünger des Johannes fasten oft und beten, ebenso die Jünger der Pharisäer; deine Jünger aber essen und trinken. 34 Jesus erwiderte ihnen: Könnt ihr denn die Hochzeitsgäste veranlassen zu fasten, solange der Bräutigam bei ihnen ist? 35 Es werden aber (andere) Tage kommen, und wenn der Bräutigam von ihnen genommen ist, dann werden sie in jenen Tagen fasten.

Lukas folgt weiterhin dem Stoff und der Abfolge des Markusevangeliums, verlegt aber die vorliegende Szene vom See weg in das Innere des (jüdischen! 4,44) Landes **(V. 27)**. Dabei entschwindet auch die Menge, die Mark. 2,13 zufolge Jesus zuhört. Alles spielt sich um Levi bzw. in Levis Haus zwischen Jesus und den Jüngern einerseits, den Pharisäern mit ihren Schriftgelehrten andererseits ab.
Die Berufung des Levi (V. 27f.) bildet die Voraussetzung für die folgende Doppelszene; denn Lukas verbindet die beiden Streitgespräche über das Zöllnergastmahl (Mark. 2,13–17) und über das Fasten (Mark. 2,18–20) zu einer zusammenhängenden Geschichte.
Die souveräne Art Jesu, Menschen in seine Nachfolge zu berufen, wirkt überraschender als bei Markus, weil von der vorausgehenden Predigt nichts gesagt wird. Aber für Lukas dürfte weniger der Akt der Berufung als vielmehr der Akt der Nachfolge bzw. Umkehr betont sein (siehe gleich), den er durch die Angabe ergänzt, Levi habe alles verlassen. Nach dieser Angabe verwundert freilich zunächst, daß Levi dennoch in seinem Haus ein Mahl ausrichtet, und zwar, wie Lukas über Markus hinausgehend, ausdrücklich berichtet, ein für sehr viele Gäste bereitetes opulentes Festmahl. Genaueres Zusehen lehrt indessen verstehen, daß «alles verlassen» konkret gerade darin besteht, seinen Besitz nicht für sich zu reservieren, sondern anderen Anteil daran zu geben: wer zu essen hat, gebe dem ab, der nichts hat (3,11). Daß wir Lukas in diesem Sinn verstehen müssen, bestätigt eine dritte, äußerlich geringfügige, in der Sache aber überaus gewichtige Änderung: Sitzen bei Markus Zöllner und *Sünder* mit Jesus und seinen Jüngern zu Tisch, sind es bei Lukas eine große Schar Zöllner *und andere Leute* aus seiner (oder Jesu) Begleitung, die mit Jesus *und Levi* zu Tisch liegen. An die Stelle des Sündermahls Jesu tritt also (zunächst) das Liebesmahl des Levi, so daß die Szene zu einem Exempel der lukanischen Armenfrömmigkeit wird: Der Nachfolger, der seine irdischen Güter noch besitzt, teilt sie mit den Nachfolgern, die sie verloren haben, nämlich – das ist der konkrete Hintergrund der lukanischen Armenfrömmigkeit – als um ihres Bekenntnisses willen Verfolgte verloren haben. Wer arm wird, weil er die Bruderschaft nicht verläßt, ist dennoch in der Bruderschaft nicht arm (18,28–30).
Nach diesem redaktionellen Szenenaufbau lenkt Lukas ganz in die markinische Tradition ein; gegenüber den kritischen Anfragen der jüdischen Theologen rechtfertigt Jesus seine Tischgemeinschaft mit den Sündern **(V. 30–32)**. Eben dazu wurde er von Gott gesandt, um Sünder zur Buße zu rufen. Das «zur Buße» fügt Lukas seiner Vorlage ausdrücklich hinzu. Jesus macht sich nicht mit den Sündern «gemein», sondern ruft sie aus ihrer Sünde zurück zu Gott – ein Weg, der den Selbstgerechten erst noch bevorsteht. So lädt Jesus wie Johannes (3,3) zur Buße im Blick auf die Sündenvergebung ein, die definitiv im jüngsten Gericht erfolgt und auf die hin der Büßer getauft wird.
In 15,1ff. greift Lukas auf unsere Szene zurück und macht deutlich, daß das Angebot der Buße auch die «zweite Buße» der in der Verfolgung Abgefallenen und reu-

mütig Zurückkehrenden einschließt. Vermutlich müssen wir diesen Gedanken auch in unserer Perikope mitdenken, und dann ist es sinnvoll, daß in **V. 27** nicht mehr die unmittelbar vorausgehende Predigt Jesu Grundlage der Nachfolge des Levi ist; Jesus ruft ihn, wie der gute Hirte in 15,4ff. das verlorene Schaf sucht. Dann gewinnt unsere Perikope auch ihre innere Einheit – auf der redaktionellen Ebene – zurück: Dem Abgefallenen, der als solcher seinen Besitz in der Verfolgung behalten hat, legt Lukas die tätige Bruderliebe als «Bußpflicht» auf.

Die solcherart abgewiesenen Schriftgelehrten fragen weiter, auf die schmausende Festversammlung verweisend: Deine Jünger tun sich gütlich mit Essen und Trinken – wie du selbst; vgl. 7,34 –, statt oft zu fasten und zu beten, wie die Johannesjünger und die Anhänger der Pharisäer zu tun pflegen.

In der ursprünglichen Fassung der Erzählung war die Fastenfrage nur der Anlaß, eine umfassendere Frage zu beantworten und die «Zeit» der Christen zu bestimmen: Die Zeit des Glaubens ist Heilszeit, Freudenzeit, eschatologische Zeit, Zeit wiederhergestellter Gottesgemeinschaft.

Schon Markus hatte allerdings im Blick auf die Sitte in seinen Gemeinden das Fasten selbst zum Thema gemacht: Nach Jesu Tod werden auch die Christen wieder fasten, nämlich an «jenem Tag» der Kreuzigung (Mark. 2,20) in bleibender Buße und im Gedächtnis ihrer Sünden.

Diesen «Trend» des Textes verstärkt Lukas. Schon die kritische Frage in **V. 33** bezieht ein, was ihm am Herzen liegt: Das oftmalige Fasten als Vorbereitung zum Gebet (vgl. 11,1; Apg. 13,3; 14,23). Dies Fasten entfällt zwar, solange Jesus auf Erden bei seinen Jüngern weilt; nach dieser Ausnahmesituation aber werden auch die Jünger fasten, um sich auf diese Weise recht auf das Gebet vorzubereiten. Lukas denkt offenbar anders als Markus nicht an eine feste Fastenregel (Freitagsfasten), sondern an ein aus der jeweiligen Nötigung geborenes, auf Gebet ausgerichtetes Fasten, das den Ernst des Gebets und die Abwendung des Beters von den Dingen der vergänglichen Welt unterstreicht.

Deutlich wird dabei die Erdenzeit Jesu von der Zeit seines Abschieds, der Zeit der Kirche, abgehoben, eine Einteilung in Epochen, die Lukas nicht schafft, sondern voraussetzt und im vorliegenden Fall von Markus übernimmt und – vornehmlich in der Apostelgeschichte – vor dem Mißverständnis einer Diskontinuität der Zeiten zu bewahren sucht. Es sind dieselben Jünger, die jetzt nicht fasten und dann fasten werden, wenn Jesus von ihnen genommen wurde (Apg. 1,9–11; 3,21).

5,36–39 Alt und neu

36 Folgendes Gleichnis erzählte er ihnen: Niemand reißt ein Stück aus einem neuen Kleid und näht es auf ein altes Kleid; sonst hätte er das neue zerschnitten, und der Flicken von dem neuen würde zu dem alten nicht passen. 37 Und niemand füllt neuen Wein in alte Schläuche; sonst sprengte der neue Wein die Schläuche und läuft aus, und die Schläuche würden zerstört. 38 Vielmehr füllt man neuen Wein in neue Schläuche. 39 Indessen begehrt niemand, der alten Wein trinkt, nach neuem; denn er sagt: Der alte ist besser.

Markus schließt an die «Fastenfrage» in 2,21f. zwei Bildworte an, welche die Unvereinbarkeit des Alten mit dem Neuen verdeutlichen. Im Blick auf die vorausge-

hende «Fastenfrage» sagen diese Bildworte schon in der Vorlage (Grundschrift) des Markus, daß zur Heils- und Freudenzeit, die Gott durch Christus heraufführt, das «alte» Fasten, nämlich das Trauern, nicht paßt. Im Blick auf die folgende Sabbatszene sagen sie dementsprechend, daß Christus die Freiheit von dem (pharisäisch verstandenen) «alten Gesetz» bringt.
Lukas hat die beiden Bildworte (**V. 36** und **V. 37f.**) von ihrem Kontext isoliert. Er führt sie mit V. 36a als selbständige Belehrung ein und erzählt sie in strenger Parallelität: Wenn neu und alt verbunden werden, verdirbt beides. Jedes hat für sich zu bleiben. Dabei lassen die Bilder erkennen, daß sich das Neue offensichtlich dem Alten aufdrängt.
Den beiden überlieferten und von ihm neu gestalteten Bildworten fügt Lukas mit **V. 39** ein drittes hinzu: Jeder Verständige wird – wie beim Wein – das Alte und Bewährte dem Neuen vorziehen.
Die Anwendung der drei Bilder kann aus der Situation des Lukas unschwer gewonnen werden. Man darf nur nicht, wie viele Ausleger tun, in ganz unlukanischer Manier das Neue des Christlichen dem Alten entgegensetzen. Vielmehr stehen sich neu und alt im Christentum gegenüber. Neue Lehren dringen in die «alte» Kirche ein. Beides paßt nicht zueinander, verträgt sich nicht miteinander. Neu und alt, der bewährte Glaube und die «modernen», offenbar schon in einer eigenen Gemeinde organisierten Ideen müssen ihren Weg je für sich gehen. Lukas versucht deutlich, den Einfluß der Irrlehre abzuwehren und seine «alte» Gemeinde von ihr frei zu halten.
Im übrigen zweifelt er nicht daran, daß, wenn das Entweder-Oder zwischen überkommener und neuer Lehre erhalten bleibt, die Entscheidung nur für das Gewohnte und Bewährte fallen kann, nämlich für den einen, in Israel geborenen «alten» Gottesdienst, der durch Jesus Christus alle Völker umfaßt.
Weil unser Text so deutlich Lehre und Irrlehre gegeneinandersetzt, ist er für die im Hintergrund des lukanischen Doppelwerkes stehende kirchliche Situation besonders aufschlußreich.

6,1–5 Der Sabbat

1 An einem Sabbat ging er durch die Felder. Seine Jünger rauften Ähren aus, zerrieben sie zwischen den Händen und aßen sie. 2 Da sagten einige Pharisäer: Wieso tut ihr, was man am Sabbat nicht tun darf? 3 Da antwortete Jesus ihnen: Habt ihr denn nicht gelesen, was David tat, als er und seine Begleiter Hunger hatten? 4 Wie er in das Haus Gottes ging, die Schaubrote nahm, sie aß und auch seinen Begleitern gab, obschon nur die Priester sie essen dürfen? 5 Und er sagte ihnen: Der Menschensohn ist Herr über den Sabbat.

Das Streitgespräch mit den Pharisäern über das vom Gesetz verbotene Ährenausraufen am Sabbat (Mark. 2,23–28) wendet sich in seiner ursprünglichen Fassung und Intention am Beispiel des Sabbatgebotes gegen das kasuistische jüdische Gesetzesverständnis überhaupt und stellt das Wohl des lebendigen Menschen über einen formalistischen Gesetzesgehorsam, die Liebe über die Gesetzlichkeit und den damit verbundenen Verdienstgedanken.
Lukas streicht die in solchem Sinn zentrale Sentenz seiner Vorlage: «Der Sabbat ist um des Menschen willen da, nicht der Mensch um des Sabbats willen» (Mark. 2,27).

Er will damit allerdings nicht zur pharisäischen Gesetzlichkeit zurückkehren, die ihm ganz fern liegt; er hält an der christlichen Liebesethik ungebrochen fest. Aber er fürchtet offenbar, daß dieser Grundsatz dazu führen kann, mit Berufung auf Jesus das «Gesetz», nämlich die alttestamentlich-jüdische Wurzel der christlichen Gemeinde überhaupt zu eliminieren und das Evangelium gegen die Kontinuität mit Israel zu setzen, wie es die hyperpaulinischen Irrlehrer seiner Zeit tun. Durch diese Amputation der Vorlage tritt freilich der grundsätzliche Charakter des Disputs zurück und der Sabbat selbst wird zum Thema.
Die (heiden)christliche Gemeinde des Lukas dürfte die jüdische Sabbatordnung längst nicht mehr beachtet haben und – wie schon Paulus – zur Sonntagsfeier übergegangen sein. Widerspricht dieser ursprünglich demonstrativ gemeinte Absprung von jüdischer Sitte und jüdischem Gesetz aber nicht dem lukanischen Grundsatz der ungebrochenen Kontinuität von Israel und Kirche? Lukas verneint diese Frage mit der vorliegenden Erzählung. Schon David konnte nach dem Zeugnis des Alten Testaments (1.Sam.21,1ff.) von einem bestimmten Gebot befreien. Erst recht kann dies dann der «Sohn Davids», der Messias-Menschensohn und Weltenrichter. Er hat für seine Jünger (= die Gemeinde) die Verbindlichkeit des Sabbatgebots aufgehoben, und zwar, wie Davids Beispiel zeigt, durchaus im Rahmen des «Gesetzes», der jüdischen Tora (vgl. 13,10–17; 14,1–6)!
Es bestätigt sich (siehe Exkurs S. 35ff.), daß es Lukas nicht darum geht zu «judaisieren», wenn er die heilsgeschichtliche Kontinuität zu Israel wahrt und gewahrt wissen will.

6,6–11 Heilung am Sabbat

6 An einem anderen Sabbat ging er in die Synagoge und lehrte. Dort war ein Mann, dessen rechte Hand verkrümmt war. 7 Die Schriftgelehrten und die Pharisäer beobachteten ihn genau, ob er am Sabbat heilen werde, so daß sie eine Anklage gegen ihn hätten; 8 er aber merkte ihre Absicht. Er sagte zu dem Mann mit der verkrümmten Hand: Steh auf und stell dich in die Mitte. Da stand er auf und stellte sich hin. 9 Darauf wandte sich Jesus an sie: Ich frage euch, darf man am Sabbat Gutes tun oder Böses tun, Leben retten oder verderben? 10 Er blickte umher, sah sie alle an und sagte zu ihm: Strecke deine Hand aus. Er tat es, und seine Hand war wieder gesund. 11 Da wurden sie ganz wütend und beredeten miteinander, was sie Jesus antun könnten.

Die vorliegende Heilungsgeschichte, die schon Markus (3,1–6) spürbar bearbeitete, legte in ihrer ursprünglichen Fassung dar, in welcher Weise «Gesetzlichkeit» den Menschen gefangennehmen und gefangenhalten kann, so daß der Blick für das, was die Liebe gebietet, verlorengeht, und sie erläuterte in der Grundschrift des Markus, wie Jesus die Glaubenden aus der Knechtschaft des Gesetzes in die Freiheit der Kinder Gottes führt.
Lukas dürfte die Erzählung als unmittelbare Parallele zu dem vorangehenden Streitgespräch verstanden haben: Jesus ist Herr über eine falsch verstandene jüdische Sabbatordnung und befreit seine Gemeinde von deren Zwang (vgl. 13,10–17; 14,1–6).
Er führt in **V.6** Jesus ausdrücklich als Lehrer ein. Sodann nennt er in **V.7** die Schriftgelehrten und die Pharisäer als Gegner Jesu, deren böse Absichten Jesus so-

fort durchschaut, während das (durch das Gesetz verstockte) Volk von Mark. 3,4f. bei Lukas keine Rolle mehr spielt. Das ist ein für Lukas bezeichnender Zug: Das jüdische Volk steht auf Seiten Jesu (wie später laut Auskunft der Apostelgeschichte auf Seiten der Urgemeinde), solange es nicht von seinen Führern verführt wird; nur diese Führer verneinen Jesu Vollmacht. Der «demokratische» Beifall, der Jesus zuteil wird, weist Jesus als treues Glied des jüdischen Volkes aus. Die Ablehnung durch die selbsternannten Mächtigen dieses Volkes ist keine Ablehnung durch die Juden bzw. durch das wahre Judentum. Dieses bestätigt vielmehr entgegen seinen Führern den Weg Jesu als seinen eigenen wahren Weg.
Die Führer dagegen sinnen auf Beseitigung Jesu (**V. 11**), wie Lukas in leichter Abschwächung des von Markus bereits an dieser Stelle berichteten Todesanschlags mitteilt. Daß Lukas die römerfreundlichen Herodianer, die sich Mark. 3;6 zufolge an dem Todesanschlag beteiligen, (wie in 20,20) nicht mehr nennt, dürfte mit seiner «apologetischen Tendenz» zusammenhängen.

6,12–16   Berufung der Zwölf Apostel

In diesen Tagen geschah es, daß er zum Beten hinausging auf einen Berg, und während der ganzen Nacht betete er zu Gott. 13 Als es Tag geworden war, rief er seine Jünger herbei und erwählte zwölf von ihnen, die er auch «Apostel» nannte: 14 Simon, den er auch Petrus nannte, und Andreas, seinen Bruder, und Jakobus und Johannes, und Philippus und Bartholomäus, 15 und Matthäus und Thomas, und Jakobus, den Sohn des Alphäus, und Simon, den sogenannten Zeloten, 16 und Judas, den Sohn des Jakobus, und Judas Ischarioth, der zum Verräter wurde.

Mit der Berufung der Zwölf Apostel bleibt Lukas weiterhin in der Abfolge des Markusevangeliums.
Wir haben eine ursprünglich österliche Erzählung vor uns, die bereits Markus in das Leben Jesu vordatierte, damit die Zwölf, fundamentale Osterzeugen (1. Kor. 15,5), zugleich als die authentischen Zeugen des irdischen Jesus (an)erkannt werden.
Lukas verstärkt diese Tendenz. Zum Verständnis seines redaktionellen Interesses muß man Apg. 1,21ff. (vgl. Apg. 1,7f; 10,39; 13,31) beachten. Danach sind die Apostel sowohl «Augenzeugen» als auch «Diener am Wort» (1,2); sie garantieren die Kontinuität von Wirken Jesu, das seinerseits in den Traditionen Israels wurzelt, und Handeln der Kirche. Die zwölf Apostel sind also die authentischen und zuverlässigen Zeugen Jesu (1,4), neben denen es keine von ihm unabhängigen Zeugen geben kann – eine Tendenz, die sich, wie aus der Apostelgeschichte hervorgeht, zweifellos gegen Kreise richtet, die (einen zurechtgestutzten) Paulus für den einzigen authentischen Zeugen Jesu ansehen und ausgeben.
Unter diesem Aspekt werden die gegenüber Markus besonderen Aspekte der lukanischen Darstellung verständlich.
Der (ursprünglich österliche) Berg (der Erhöhung) wird bei Lukas, dem Evangelisten des Gebetes, wie in 9,28 zur Stätte einsamen Betens. Jesus bereitet sich im nächtlichen Gebet auf den Akt der Erwählung seiner authentischen Zeugen vor. Das ist eine Exposition der Erzählung, die (wie z.B. 3,21f.) nachdrücklich auf die Bedeutung des folgenden Geschehens hinweist und die Versicherung einschließt, auch der Verräter Judas sei nicht ohne Gottes Willen in den Kreis der Zwölf Apostel (vorübergehend) aufgenommen worden.

Am folgenden Tage erfolgt die Berufung der Zwölf, und zwar auf dem Berg des Gebets (vgl. V. 17). Ausdrücklich hebt Lukas hervor, die Zwölf seien aus dem Kreis der Jünger auserwählt worden. Damit ist gewährleitstet, daß alle Zwölf von Anfang an, wie nach 1,2; Apg. 1,21f. geboten ist, in der Begleitung Jesu waren.
Diese Zwölf erhalten den Titel «Apostel». Diese Bezeichnung fand Lukas bereits vor (Mark. 6,30; ggf. auch 3,14; vgl. Mat. 10,2), und zwar als Funktionsbezeichnung für die Zwölf bei ihrer Aussendung als Missionare. «Apostel» ist nämlich ein urchristlicher Titel für den vornehmsten Dienst in der Gemeinde, und zwar für die von dem Auferstandenen selbst berufenen Boten seiner weltweiten Mission (1. Kor. 12,28f.; 15,7ff.). Lukas reserviert diesen Titel für die Zwölf und wird damit zum Schöpfer des exklusiven Zwölfer-Apostolats. Auch und vor allem Paulus enthält er diesen Titel vor, obschon Paulus ihn ständig als Selbstbezeichnung verwendete. Für Lukas hat Paulus seine (im übrigen unbestrittene) Autorität nicht als selbständiger, von Jesus selbst berufener Apostel, sondern nur durch die Vermittlung der Zwölf Apostel; er besitzt also eine vom Apostolat der Zwölf abgeleitete, indirekte und vermittelte Autorität. Unzweifelhaft dient dieser lukanische Apostelbegriff der Auseinandersetzung mit den Vertretern des eingangs skizzierten Paulusbildes, das einen von allem Jüdischen gereinigten Heidenapostel in den Rang des einzigen maßgeblichen Apostels erhebt.
Was Markus in 3,14f. über die Aufgaben der Apostel sagt, läßt Lukas aus (vgl. aber 9,1f.); es war angesichts der fundamentalen und umfassenden Funktion der Zwölf Apostel für das Kirchenverständnis des Lukas (vgl. 1,2) zu wenig, und jene umfassende Funktion ließ sich an dieser Stelle schwerlich schon einsichtig formulieren.
Die folgende Apostelliste begegnet auch in Apg. 1,13, und zwar mit einigen Umstellungen. Sie differiert von der Vorlage bei Markus in einem Namen: Judas, der Sohn des Jakobus, tritt an die Stelle von Thaddäus (Mark. 3,18). Ein redaktioneller Grund für diese Abweichung ist nicht zu erkennen. Hatte Lukas eine Sondertradition (vgl. Joh. 14,22)? Sind beide Personen identisch? Wir wissen über beide nichts Näheres. Lukas weiß, daß «Simon der Kananäer» (so Mark. 3,18) bedeutet: «Simon der Zelot» (V. 15), ein (ehemaliger?) Anhänger der jüdischen Kriegspartei, die den Aufstand gegen Rom vorbereitet.
Erhält Simon den Beinamen «Petrus», den er schon in 5,8 trug? Eher behält er ihn; ein Ehrenname scheint «Petrus» für Lukas jedenfalls nicht zu sein. Den (ehrenvollen?) Beinamen von Johannes und Jakobus, die Mark. 3,17 «Donnersöhne» genannt werden, streicht Lukas. Offenbar will er keinen der Apostel auszeichnen; ihre Gesamtheit besitzt die fundamentale Autorität, nicht ein einzelner wie der «Apostel Paulus» im Verständnis der Gegner des Lukas.
Daß Judas Ischarioth zum Verräter wird, als der Satan ihn zu seinem Werkzeug macht (22,3), kann Lukas freilich nicht verschweigen.

6,17–49   Die Feldrede

6,17–20a   Überleitung zur Feldrede

17 Als er mit ihnen hinabgestiegen war, befand er sich auf einem ebenen Platz. Eine große Schar seiner Jünger stand dort und viele andere Leute, die vom ganzen jüdischen Land und aus Jerusalem und von dem Küstengebiet um Tyrus und Sidon 18

gekommen waren, ihn zu hören und von ihren Leiden geheilt zu werden. 19 Alle Leute versuchten, ihn zu berühren; denn es ging von ihm eine Kraft aus, die alle gesund machte. 20a Da schaute er seine Jünger an und sagte:

Der vorliegende Abschnitt leitet zur «Feldrede» über. Die Feldrede bei Lukas (6,20–49) entspricht der Bergpredigt bei Matthäus (5–7); eine entsprechende Rede stand also bereits in der Spruchquelle Q. Sie dürfte folgende Gliederung besessen haben:
a) Einleitung (Seligpreisungen), Luk. 6,20b–26 entsprechend;
b) Korpus (Ermahnungen zur Liebe), Luk. 6,27–42 entsprechend;
c) Ausleitung (Wesen und Werk; Hören und Tun), Luk. 6,43–49 entsprechend.
Lukas hat den Bestand der Spruchquelle im wesentlichen belassen, Matthäus füllt ihn zu der großen Bergpredigt auf. Allerdings hat Lukas in der Rede stellenweise erhebliche redaktionelle Akzente neu gesetzt.
Zwischen der Versuchungsgeschichte (4,1–13/Mat. 4,1–11) und dem Beginn der Feldrede bzw. der Bergpredigt gibt es bei Lukas und Matthäus keine parallelen Abschnitte, die eindeutig Q zuzuschreiben wären. Vermutlich stand also in Q nach der Versuchungsgeschichte nur eine kurze Übergangsnotiz zur Rede ähnlich wie in Mark. 1,14f.par, von der sich vielleicht in Luk. 4,43f./Mat. 4,23 die Feststellung erhalten hat, Jesus sei nach seiner Versuchung nach Galiläa gegangen und habe dort hin und her das Evangelium von der Gottesherrschaft verkündigt. Eine ausdrückliche Jüngerberufung scheint Q nicht berichtet zu haben.
Die Überleitung zur Feldrede gestaltet Lukas mit Hilfe des Sammelberichtes Mark. 3,7–12; durch die Umstellung von Mark. 3,13–19 (= Luk. 6,12–16, Berufung der Zwölf) *vor* diesen Sammelbericht gewinnt er einen sinnvollen Übergang – ähnlich wie Matthäus, der die Berufung der Zwölf allerdings einfach ausläßt (und erst in 10,1–4 bringt; nur der Berg als solcher stammt in 5,1 noch aus Mark. 3,13). Diese auffallende Parallelität zwischen Lukas und Matthäus erlaubt die Vermutung, daß auch in Q zur Einleitung der Feldrede/Bergpredigt eine Mark. 3,7–12 entsprechende, freilich kürzere Sammelnotiz über den Erfolg des Wirkens Jesu und das Zusammenströmen der Leute gestanden hat (vgl. auch Mat. 7,28/Luk. 7,1).
Lukas berichtet, Jesus sei nach der Auswahl der Zwölf Apostel mit ihnen vom Berg hinuntergestiegen auf das «Feld»; die Szenerie der Feldrede dürfte also ebenso redaktionell sein wie die Bergszene des Matthäus (nach Mark. 3,13). Unten befinden sich viele sonstige Jünger sowie zahlreiche Menschen aus dem – wie Lukas, Markus verändernd, bewußt formuliert – ganzen jüdischen Land und dessen Metropole Jerusalem, aber auch aus dem eher heidnischen Gebiet um Tyrus und Sidon. Der Weg des Evangeliums von den Juden zu den Heiden deutet sich im Wirken Jesu also bereits an (vgl. 4,26). Sie kommen, um Jesus zu hören, wie Lukas gegenüber Markus hinzufügt, die folgende Feldrede vorbereitend, und um sich heilen zu lassen. Daß sie Jesus anrühren, um geheilt zu werden, wirkt bei Lukas wie ein magischer Zug, der aber, eigentlich verstanden, darauf hinweisen will, daß Jesus da ist, um in Anspruch genommen zu werden. Man soll ihn nicht bestaunen, sondern «belästigen». Der Glaubende greift nach der Hilfe, die Jesus ihm bietet.
Wie in der Bergpredigt des Matthäus (5,1f.) redet Jesus auch in der Feldrede des Lukas direkt die Jünger (und in ihnen die christliche Gemeinde) an (V. 20), doch erfolgt diese Rede öffentlich (Mat. 7,28/Luk. 7,1) vor den Ohren des Volkes. Es geht in der Feldrede also um ein Jüngerverhalten, das die Gemeinde öffentlich demonstrieren soll – wie Matthäus sagt: als Licht für die Welt (Mat. 5,14f.). Die öf-

fentlich gelebte christliche Existenz ist die jedem Christen mögliche Demonstration der christlichen Botschaft, wie sie in der Feldrede vorliegt.

6,20b–26 Seligpreisungen und Weherufe

20b Wohl euch, ihr Armen;
  denn euch gehört die Gottesherrschaft.
21 Wohl euch, die ihr jetzt hungert;
  denn ihr werdet satt werden.
  Wohl euch, die ihr jetzt weint;
  denn ihr werdet lachen.
22 Wohl euch, wenn euch die Menschen hassen
  und wenn sie euch ausstoßen und schmähen
  und verleumden wegen des Menschensohns.
23 An jenem Tag sollt ihr euch freuen und vor Freude springen;
  denn seht, ihr bekommt großen Lohn im Himmel.
  Ebenso sind ihre Väter nämlich mit den Propheten verfahren.

24 Aber wehe euch, ihr Reichen;
  denn ihr habt das Gute schon bekommen.
25 Wehe euch, die ihr jetzt rundum satt seid;
  denn ihr werdet hungern.
  Wehe euch, die ihr jetzt lacht;
  denn ihr werdet klagen und weinen.
26 Wehe, wenn alle Menschen euch loben.
  Ebenso sind ihre Väter nämlich mit den falschen Propheten verfahren.

Mit den Seligpreisungen, dem Beginn der Feldrede, verläßt Lukas den Faden des Markusevangeliums, um ihn erst in 8,4 (nach der «kleinen Einschaltung» also) wieder aufzunehmen.
Statt der ersten drei Seligpreisungen hat Matthäus (5,3–10) acht; diese Erweiterung um fünf Seligpreisungen stammt zweifellos von ihm selbst. Lukas folgt der Spruchquelle Q aber nicht nur in der Anzahl, sondern im wesentlichen auch im Wortlaut der drei ersten Heilrufe. Nur das wiederholte «jetzt» in V. 21 dürfte ein verdeutlichender Zusatz des Lukas sein; das darin vorausgesetzte «dann» meint das eschatologische «bei Christus sein» (vgl. 23,43). Auch die Anredeform bei Lukas dürfte ursprünglich sein, zumal Matthäus sie in 5,11f. gleichfalls festgehalten hat. Im übrigen hat Matthäus die Formulierung in dritter Person gewählt («Wohl denen, welche ...»), denn er will alle Seligpreisungen als ethische Aufrufe verstanden wissen; die matthäischen Seligpreisungen sind ein Tugendkatalog mit imperativischer Ausrichtung.
Dies matthäische Verständnis entspricht weitgehend der ursprunghaften Verwurzelung biblischer Seligpreisungen überhaupt in den Sprüchen der alttestamentlichen Weisheit; wer nach den Lebensregeln der Weisheit lebt, wird selig gepriesen. Diese weisheitlichen Lebensregeln waren in der jüdischen Apokalyptik allerdings zu eschatologischen Heilsrufen weiterentwickelt worden: Die Zukunft wird den Frommen das Heil bringen. Neben die «klassische» Formulierung in dritter Person (wie bei Matthäus) tritt nun die direkte Anrede: «Heil euch Gerechten und Auserwähl-

ten; denn herrlich wird euer Los sein» (äthiopischer Henoch 58,2; vgl. Ps. 1,1.3; Luk. 1,48).

Die drei ersten Seligpreisungen, die Lukas aus Q übernimmt, gehören in diesen apokalyptischen, nicht in den weisheitlichen Zusammenhang. Sie sind angesichts der als nahe bevorstehend angesehenen Äonenwende Frommen zugesprochen, die zu sozial geringen Kreisen gehören – entmachtet, einflußlos, rechtlos, gedemütigt. In dem bevorstehenden Umbruch wird Gott seine Herrschaft, das Gottesreich, aufrichten; die Frommen werden Anteil an dieser Gottesherrschaft bekommen, satt sein und lachen (vgl. 10,21). Allerdings gilt die Verheißung in den ursprünglichen Seligpreisungen nicht den Armen schon als solchen bzw. allen Armen; angeredet sind die armen Nachfolger bzw. Jünger Jesu, die in ihrer Ohnmacht ihr Heil ausschließlich von Gott erwarten, nicht aber von irdischem Besitz oder von einer innerweltlichen Umkehr der Verhältnisse. Der «Glaube» der Armen ist Voraussetzung für den Heilszuspruch.

Im Hintergrund dieser Argumentation steht das bekannte Motiv des gerechten Ausgleichs (vgl. 16,25; 2. Thess. 1,6f.), das zum Maßstab auch der göttlichen Gerechtigkeit gemacht wird (Theodizee); Gott wird die Ungerechtigkeit der irdischen Verhältnisse in seinem Reich ausgleichen. Das ist ein Gedanke, der zwar die Tiefe neutestamentlichen Verständnisses von menschlicher Sünde und göttlicher Gerechtigkeit nicht erreicht, aber richtig erkennt, daß sich irdisch das Ideal absoluter Gerechtigkeit nicht verwirklichen läßt; soziale Revolutionen bringen nicht die Gottesherrschaft, sondern nur eine neue Epoche der ungerechten Welt.

Nun sind die Angeredeten nicht nur Arme, sondern auch Fromme; bei ihnen verschmelzen «Armut» und «Frömmigkeit» also zu einer existentiellen Einheit. «Armut» ist kein erstrebenswertes Ziel, sondern Realität, und zwar eine angesichts der kommenden Gottesherrschaft «ideale» Realität (vgl. 1,53; 2. Kor. 6,10; 12,9f.). Auch wer Besitz hat, muß ihn haben, als hätte er ihn nicht (1. Kor. 7,30f.); denn Besitz hindert am Weg durch die enge Pforte.

Wie versteht nun *Lukas* diese drei aus Q übernommenen Seligpreisungen? Ohne Frage als Ausdruck seiner Armenfrömmigkeit! Wer – als um des Bekenntnisses willen Verfolgter (V. 22f.) – in Armut, Hunger und Klage gestoßen wird, darf (auch abgesehen von aller bei Lukas nicht vorhandenen «Naherwartung») der himmlischen Vergeltung gewiß sein. Bekenntnistreue hier und jetzt zahlt sich in der Ewigkeit aus.

Die vierte Seligpreisung hebt sich schon formal deutlich von den drei vorausgehenden ab. Auch in ihr steckt freilich ein einfacher Makarismus:
«Wohl euch, wenn man euch (jetzt) schmäht und verleumdet;
denn ihr habt großen Lohn im Himmel.»
In dieser Form ordnet sich der vierte Heilsruf **(V. 23)** sachlich ganz den drei anderen bei.

Er war freilich bereits in der Spruchquelle Q erweitert, wie der Vergleich mit Mat. 5,11f. zeigt, und zwar offenbar um die Aussagen: «wenn sie euch ausstoßen»; «wegen des Menschensohns»; «ihr sollt euch (an jenem Tag) freuen und vor Freude springen»; «ebenso sind ihre Väter nämlich mit den Propheten verfahren». Diese Angaben, die stilistisch von Lukas überarbeitet worden sein dürften, hängen sachlich offensichtlich zusammen und setzen eine konkrete Situation voraus. Die angeredeten Frommen werden von den Juden aus ihrer (Synagogen-)Gemeinschaft ausgeschlossen, und zwar wegen ihres Bekenntnisses zum Menschensohn; darüber sol-

len sie froh sein, denn sie teilen das Schicksal der von Gott auserwählten Propheten.
Wer wird so, wann und von wem angeredet? Sind es die apokalyptischen Frommen, denen die ersten drei Makarismen zugesprochen wurden und die auf den zum Gericht kommenden Menschensohn warten, wegen solcher Erwartung Ärgernis erregen und von ihren geistlichen Führern getröstet werden? Kaum! Apokalyptisches Denken war im Judentum weit verbreitet, und daß ausgerechnet die politisch inaktiven «Stillen im Lande» aus der Synagogengemeinschaft ausgestoßen worden sein sollten, ist kaum denkbar und nirgendwo belegt.
Die zusammenhängenden Erweiterungen der vierten Seligpreisung werden dagegen im Rahmen der christologischen Redaktion der Spruchquelle Q gut verständlich. In diesem Fall ist «Menschensohn» christologischer Hoheitstitel für Jesus, und der Redaktor von Q identifiziert mit Bedacht den kommenden Menschensohn der Spruchüberlieferung, die von ihm in dritter Person spricht, mit dem sprechenden Jesus selbst. Die Tradenten der vorchristologischen Spruchüberlieferung werden, sobald sie sich zu Jesus als dem Christus und Menschensohn bekennen, aus der Synagoge ausgeschlossen (vgl. Joh. 9,22; 12,42). Sie sollen dennoch ihren Schritt in die christliche Gemeinde jubelnd tun; sie gewinnen mit den einst von den jüdischen Vätern verworfenen Propheten gemeinsam das himmlische Erbe. Deutlich ist, daß die christliche Gemeinde, die in V. 23 von «ihren» (der Juden) Vätern spricht, sich selbst bereits völlig von der Synagoge gelöst hat.
Lukas hat dem vierten Makarismus vor allem die neue Einführung beigegeben: Wohl euch, «wenn euch die Menschen hassen». Er stellt den Heilsruf damit in die Verfolgungssituation seiner Gemeinden; «die Menschen» sind vornehmlich die heidnischen Mitbürger, deren Haß sich gegen das «dritte Geschlecht» der Christen, der Außenseiter zwischen Juden und Heiden, richtet (vgl. Joh. 16,1). «Jener Tag» – auch diese eschatologisch gefüllte Formulierung dürfte von Lukas stammen – ist der Tag konkreter Verurteilung um des Bekenntnisses willen, im Extremfall der Verurteilung zum Martyrium, im Normalfall der Verurteilung zur Konfiskation des Besitzes; für Lukas besteht im Blick auf die Situation seiner Gemeinden also ein originärer Zusammenhang zwischen «Armut» (V. 20bf.) und «Verfolgung» (V. 22f.).
Die bestandene Probe des Bekennens löst aber, was immer irdisch preisgegeben werden muß, Dank und Freude aus (vgl. Apg. 5,41).

Die Weherufe **(V. 24–26)** bringt Matthäus nicht. Standen sie nicht in Q? Die Frage läßt sich nicht sicher entscheiden, doch wäre verständlich, daß Matthäus sie gelesen und als zu seiner Jüngerrede wenig passend gestrichen hat.
Auch Weherufe sind dem Alten Testament wohlvertraut und vor allem in prophetischer und apokalyptischer (vgl. 21,23) Rede sehr beliebt; das Miteinander von Seligpreisungen und Weherufen findet sich allerdings selten (vgl. aber slavischer Henoch 52).
Die Weherufe sind in der Gerechtigkeitsvorstellung der Heilszusagen bereits enthalten. Wenn um der Gerechtigkeit willen die Niedrigen erhöht werden, müssen um derselben Gerechtigkeit willen die Hohen erniedrigt werden (vgl. 1,52f.; 16,25). Auch die Weherufe sind allerdings nicht an die Reichen an sich gerichtet, sondern an die Reichen, weil bzw. sofern sie nicht oder nicht mehr zur Gemeinde der Frommen gehören. «Reichtum» und «Gottlosigkeit» bilden insofern jenseits bloßer Sozialkritik eine Einheit. Dabei fällt auf, daß die Weherufe nicht an die im übrigen an-

geredeten treuen Jünger gerichtet sein können. Sie bilden insofern einen Fremdkörper in der Feldrede, und in V. 27 lenkt Lukas künstlich zur Anrede an die Jünger zurück. Bringt Lukas sie dennoch in diesem Zusammenhang, so dürften sie kaum an die Verfolger der Gemeinde, sondern an jene (ehemaligen) Glieder gerichtet sein, die, um der Verfolgung und ihren Leiden und Verlusten zu entgehen, ihr Bekenntnis verleugnen und ihren Besitz behalten. Versteht man V. 24–26 in dieser «redaktionellen» Weise, könnten die Weherufe ein Zusatz des Lukas sein. Jedenfalls setzt der 4. Weheruf trotz seiner Kürze die erweiterte Gestalt der 4. Seligpreisung voraus.

Standen die Weherufe bereits in der Spruchquelle Q, liegt deshalb dort ihr Schwergewicht auf V. 26: Die angeredeten Gemeindeglieder sollen sich vor übler Nachrede durch die Synagoge nicht scheuen. Diese ist in der Nachfolge Jesu zu ertragen.

6,27–38   Liebevolles Geben

27a Aber euch, meinen Zuhörern, sage ich: b Liebet eure Feinde; c tut Gutes denen, die euch hassen; 28a segnet, die euch verfluchen; b bittet für die, welche euch mißhandeln.

29 Wer dich auf die Backe schlägt, dem halte auch die andere hin. Und wenn dir jemand das Obergewand abnimmt, dann überlaß ihm auch das Untergewand. 30a Jedem, der dich bittet, gib, b und wenn dir jemand dein Eigentum wegnimmt, so fordere es nicht zurück.

31 Und wie ihr wollt, daß euch die Menschen tun, so sollt ihr ihnen auch tun.

32 Wenn ihr liebt, die euch lieben, welchen Dank habt ihr dafür verdient? Auch die Sünder lieben ja die, welche ihnen Liebe erzeigen! 33 Und wenn ihr denen Gutes tut, die euch Gutes tun, welchen Dank habt ihr dafür verdient? So handeln auch die Sünder! 34 Und wenn ihr denen leiht, von denen ihr zu empfangen hofft, welchen Dank habt ihr dafür verdient? Auch die Sünder leihen den Sündern, damit sie Gleiches wiederbekommen! 35a Liebt vielmehr eure Feinde und tut Gutes, b leiht, ohne etwas zurückzuerwarten; c dann werdet ihr großen Lohn bekommen und werdet Kinder des Höchsten sein. d Denn er ist gütig gegenüber den Undankbaren und Bösen.

36 Seid barmherzig, wie auch euer Vater barmherzig ist.

37 a Richtet nicht, und ihr werdet nicht gerichtet. b Verurteilt nicht, und ihr werdet nicht verurteilt. c Erlaßt die Schuld, und man wird euch die Schuld erlassen. 38a Gebt, und man wird euch geben; b ein gutes, gepreßtes, gerütteltes, überfließendes Maß wird man euch in den Schoß schütten.

c Denn mit welchem Maß ihr meßt, wird auch euch zugemessen werden.

Die verschiedenen, ursprünglich mehr oder weniger selbständigen Logien des vorliegenden Abschnitts finden sich auch in der Bergpredigt; Matthäus bietet sie, insofern sekundär, im Rahmen seiner redaktionell gebildeten 5. und 6. Antithese (Mat. 5,38–48) sowie in 7,1f.

Lukas beginnt, in **V. 27a** einen Übergang zu den vorangehenden Weherufen schaffend, mit dem (vorgezogenen) Gebot der Feindesliebe und folgt von V. 29 an im wesentlichen der Spruchquelle Q, jedoch mit charakteristischen eigenen Akzentsetzungen. Bei diesen dürfte die akute Verfolgungssituation den lukanischen Gedanken konkret geleitet haben. Der Abschnitt verrät folgende Gliederung:

V. 27f.	einleitender Grundsatz	(a)
V. 29f.	drei parallele Logien	(b)
V. 31	verbindender Grundsatz	(c)
V. 32–35	drei parallele Logien mit Verheißung	(b)
V. 36	verbindender Grundsatz	(c)
V. 37–38b	zweimal zwei parallele Logien mit Verheißung	(b)
V. 38c	ausleitender Grundsatz	(a)

V. 27f. hat erst Lukas in dieser Form gebildet. Das prophetische «Ich sage euch» dürfte in der Spruchquelle Q die folgenden Logien (V. 29f.) eingeleitet haben; mit «meinen Zuhörern» lenkt Lukas zur Anrede der Jünger (V. 20) zurück, nachdem zuletzt die anwesenden Reichen apostrophiert worden waren (V. 24–26). Der Grundsatz «Liebet eure Feinde» **(V. 27b)** leitete in Q den Abschnitt V. 32f. ein (vgl. die Dublette in V. 35 und Mat. 5,44a); Lukas holt ihn nach vorne und eröffnet mit ihm den vorliegenden Teil seiner Feldrede. Die drei folgenden Sätze V. 27c. 28a.b. erläutern den einleitenden Grundsatz, und zwar in einer doppelten Steigerung: Gutes tun – segnen – fürbitten; hassen (Gedanke) – verfluchen (Wort) – mißhandeln (Tat).
V. 27c ist eine redaktionelle Bildung des Lukas (wie V. 22a); er denkt an den Haß der Verfolger (vgl. 1,71; 21,17). **V. 28a** entstammt offensichtlich verbreiteter urchristlicher Belehrung bzw. Ermahnung; vgl. Röm. 12,14; 1.Kor. 4,12. **V. 28b** entnimmt Lukas der Spruchquelle (vgl. Mat. 5,44b); Matthäus schreibt allerdings nicht «mißhandeln», sondern «verfolgen» (wie Mat. 5,11). Beide Aussagen von V. 28 interpretieren sich gegenseitig. Der Verfolgte hat seine Peiniger nicht zu verfluchen, sondern für sie zu bitten, wie auch Jesus (23,34; vgl. 22,51b) und Stephanus (Apg. 7,59) beispielgebend getan haben – ein genuin lukanischer Gedanke.

Die drei parallelen Logien in **V. 29f.** (/Mat. 5,39–42), mit denen Lukas unmittelbar den Faden der Spruchquelle Q aufnimmt, weisen sich schon dadurch als eine ursprünglich selbständige Einheit aus, daß sie den einzelnen (2. Pers.) anreden.
Die beiden ersten Sprüche fordern nicht zur aktiven Feindesliebe auf, sondern zur passiven Hinnahme des Unrechts; man soll auf Vergeltung bzw. auf Durchsetzung seines Rechts verzichten. Das ist natürlich keine Empfehlung an die Organe der Rechtspflege, dem Unrecht freien Lauf zu lassen, allerdings auch kein Aufruf zur bloßen Gesinnungsethik, wohl aber eine (durchaus praktikable) Anweisung an die «kleine Schar», die Stillen im Lande, die, rechtlos und machtlos, als Hungernde und Weinende selig gesprochen werden (V. 20bf.), weil sie Anteil an der bald kommenden Gottesherrschaft gewinnen. Auch wenn sie ihr Recht forderten, würde es ihnen nicht zuteil werden, wie es in der Didache (1,4), einer christlichen Schrift aus dem Anfang des zweiten Jahrhunderts, ausdrücklich heißt: «Wenn dir jemand das Deine nimmt, so fordere es nicht zurück; denn du bist dazu auch gar nicht in der Lage». Nun demonstrieren sie, indem sie den «unteren Weg» gehen, öffentlich die Menschenfreundlichkeit ihres Gottes (Jes. 50,6–8; 1. Petr. 2,19ff.). Vielleicht soll man

auch (wie in 23,34.47; Röm. 12,20) an die Beschämung und Gewinnung des Gegners durch solches Verhalten denken. Die Übertragung dieser Regeln aus der frühen Spruchüberlieferung Q¹ in andere Situationen muß beachten, daß durch Nachgiebigkeit gegenüber dem Unrecht dies keinesfalls vermehrt und also die Liebe verletzt werden darf.

Der dritte Spruch (V. 30) ist in seiner ursprünglichen Fassung (Mat. 5,42) aktiv formuliert: Dem Bittenden soll man geben, und dem, der geliehen haben will, leihen. Dieser Spruch dürfte sich deshalb den beiden anderen sekundär – etwa in Q – beigesellt haben. Er ist selbständig tradierbar, hat zahlreiche jüdische Parallelen und geht mit diesen auf 5. Mose 15,7ff. zurück (vgl. Spr. 28,27; Sir. 4,4f.).

Lukas gleicht V. 30b den anderen beiden Sprüchen an und bezieht das dritte Logion somit auf die gewaltsame Wegnahme des Besitzes. Damit dürfte er zugleich alle drei Sprüche in die Verfolgungssituation seiner Zeit versetzen: Der bekennende Christ, der ohnedies kein «Recht» bekäme, soll solches Recht gar nicht erst suchen, sondern sich unter das Unrecht demütigen, so sein Bekenntnis bekräftigend.

Ob die «Goldene Regel» V. 31, die Matthäus in einem ganz anderen und zweifellos sekundären Zusammenhang bringt (7,12), schon in Q die Logien V. 29f. abschloß, läßt sich nicht sagen, ist aber wahrscheinlich. Die Goldene Regel (in ihrer positiven Fassung!) verstärkte dann in Q die Aufforderung des vorangehenden Spruchs (V. 30/Mat. 5,42) zum aktiven Liebeserweis. Die ursprünglich bloß passive Leidensbereitschaft der kleinen, am Ende der Zeit lebenden Schar Frommer (V. 29) erweitert sich so zum beispielgebenden Liebeswillen einer sich ihrer überlegenen Lebensweise bewußten Gemeinde inmitten der Welt und ihrer weitergehenden Geschichte.

Die Goldene Regel ist in der ganzen Antike bekannt und ein prägnanter und höchst praktikabler Ausdruck allgemeiner weisheitlicher Erfahrung (vgl. Kants kategorischen Imperativ). Matthäus sieht in ihr die Summe der ganzen Bergpredigt, Ausdruck des umfassenden Gebotes der Nächstenliebe: Man soll dem Nächsten jenes Gute tun (bzw. Böse nicht tun), das die natürliche Eigenliebe den Menschen als begehrenswert (bzw. als abträglich) erkennen läßt.

Lukas versteht in seinem Zusammenhang die Goldene Regel als Anweisung zur Feindesliebe, konkret als Ratschlag an die Bedrückten und Verfolgten, allen Menschen mit (passiver) Zuvorkommenheit zu begegnen (Röm. 12,10b.17f.) und so jeden Anstoß zu vermeiden. Damit soll der Christ den Gegner nicht ins Unrecht setzen, sondern dem Haß, der Verfolgung und den Mißhandlungen (V. 27) nach Möglichkeit zuvorkommen.

V. 31 leitet bei Lukas zugleich zum folgenden über, denn an die Goldene Regel schließen sich die (wiederum drei parallelen) Logien V. 32–34 gut an.

In der Spruchquelle Q bildeten die beiden ersten dieser Logien mit der sie einleitenden Aufforderung zur Feindesliebe und der damit verbundenen Verheißung sowie der abschließenden Aufforderung zur Barmherzigkeit bzw. Vollkommenheit (V. 36/Mat. 5,48) eine selbständige Einheit, wie Mat. 5,44ff. zeigt. Die Stellung und Fassung der Sprüche V. 32–34 ist bei Matthäus (5,46f.) gegenüber der Fassung bei Lukas aufs ganze gesehen ursprünglich. Das Verhalten der Frommen wird in Q (= Mat. 5,46f.) von dem der Zöllner und Heiden abgehoben; auch diese lieben (und grüßen) ihresgleichen, d.h. auf Gegenseitigkeit. Demgegenüber haben die Frommen auch ihre Feinde zu lieben (V. 35a/Mat. 5,44); ihre Liebe ist selbstlos und nicht auf Gegenseitigkeit angelegt. Damit erweisen sie sich als «Kinder Gottes» (V. 35c), die sich das Verhalten ihres himmlischen Vaters zum Vorbild nehmen, der, wie die ursprüngliche Formulierung in Q sagte, seine Sonne über Gute und Böse aufgehen und der über Gerechte und Ungerechte regnen läßt (Mat. 5,45b/Luk. 6,35d). Kinder Gottes haben barmherzig zu sein, wie Gott barmherzig ist (V. 36/Mat. 5,48); wer auf Gottes Seite steht, hat dem Willen Gottes zu dienen, ein Grundsatz, der schon im Judentum ähnlichen Ausdruck gefunden hatte. Kaum mitgedacht ist dabei der Gedanke «Laß mich an andern üben, was du an mir getan»; Gottes Handeln ist eher Maß als Grund des eigenen Handelns. Diese ganze Argumentation ist weisheitlich, nicht eschatologisch geprägt und keineswegs primär durch apokalyptische Naherwartung motiviert, wie es bei V. 20bf.29f. ursprünglich der Fall gewesen sein dürfte. In Q treffen sich also eine apokalyptische und eine weisheitliche Traditionsschicht.

Der dem Logion innewohnende Lohngedanke (vgl. V. 35c) befremdet uns. Er ist indessen nicht mit dem Verdienstgedanken identisch und hat (wie der Gerichtsgedanke) sein Recht darin, daß der Fromme in Dienst genommen ist und vor Gott Verantwortung für sein Tun zu tragen und Rechenschaft zu geben hat.

Die allgemeine Forderung der Feindesliebe, die natürlich kein Prinzip öffentlicher Rechtssprechung aufrichten will, sondern den Frommen gilt, findet sich im Alten Testament und in jüdischer Tradition noch nicht; sie stellt eine Radikalisierung der Anweisung 2. Mose 23,4f. dar, die im Judentum vielfältig aufgenommen wird (vgl. 3. Mose 19,17f.; Spr. 25,21f.) und fordert, die entlaufenen Haustiere des Feindes diesem wieder zuzuführen. Mit der Forderung der Feindesliebe verbindet sich öfter der optimistische Gedanke, daß man den Feind mit Güte eher als mit Vergeltung überwinden wird: «Liebet eure Hasser, und ihr werdet keine Feinde haben» (Did. 1,3). Auch der Grieche, vor allem der Stoiker, kennt den Gedanken der Feindesliebe. Während aber der Stoiker dadurch seine innere Erhabenheit über Zorn und Rachsucht demonstriert, ist Jesu Liebesforderung nicht in dem ichhaften Gedanken der Charakterstärke begründet, sondern im Motiv des Gehorsams und des Verzichts auf den eigenen Anspruch in der Zuwendung zum Nächsten.

Lukas universalisiert die Logien **V. 32f.**: Es stehen sich nicht mehr fromme Juden einerseits, Zöllner und Heiden andererseits, sondern die angeredeten (Heiden-)Christen und die «Sünder» gegenüber.

Vor allem bildet er ein drittes Logion **(V. 34)**, das in V. 30 (vgl. Mat. 5,42) übergangene Motiv des Verleihens aufgreifend: Man soll leihen, ohne zurück zu erwarten, das heißt man soll schenken. Damit tritt ein neuer Gedanke neben den der Feindesliebe, wie auch V. 35b, eine Bildung des Lukas (vgl. V. 23 und Mat. 5,46a), neben V. 35a zeigt, und im Lichte dieses neuen Gedankens ist nun bei Lukas auch schon das zweite Logion (V. 33) zu lesen: Tut Gutes, ohne Gutes zurückzuerwarten – ein somit allgemeiner (vgl. V. 30a), nicht nur gegenüber den Verfolgern geltender Grundsatz. Die Reihenfolge der Gedanken ist bei Lukas also: Feindesliebe (V. 32) – allen Menschen selbstlos Gutes tun (V. 33) – schenken statt leihen (V. 34). **V. 35a.b** wiederholt diese Reihenfolge in gleichfalls drei Schritten, und in V. 35d gleicht Lukas den überkommenen Spruch (Mat. 5,45b) dieser redaktionellen Tendenz an, indem er von der Güte Gottes auch gegenüber den Undankbaren spricht.

Auch die abschließende bzw. überleitende allgemeine Mahnung zur Nachahmung der göttlichen Barmherzigkeit **(V. 36)** unterstreicht den redaktionellen Duktus von

V. 32 an, der (wie auch schon V. 30a) im Rahmen der lukanischen «Armenfrömmigkeit» zu sehen ist, die wiederum, wie gerade die Gedankenfolge in unserem Abschnitt zeigt, aufs engste mit der Verfolgungssituation zusammenhängt: Dem, der in der Verfolgung um des Bekenntnisses willen Hab und Gut verliert, hat man selbstlos Gutes zu tun und nicht nur zu leihen, sondern zu schenken. Wie sollte er auch das Geliehene zurückerstatten können? Man hat also nicht auf die Dankbarkeit zu schauen.

Die Situation der Gemeinde erlaubt nicht, daß jemand an seinen Gütern hängt. Entweder wird er sie den Verfolgern überlassen müssen (V. 29f.) oder den Verfolgten, die ihre Güter um des Bekenntnisses willen verloren haben. Auch in diesem Zusammenhang «faßt» die Goldene Regel: Wer heute noch geben kann, mag morgen auf die Gabe der anderen Christen angewiesen sein.

Das radikale Verbot zu richten, um nicht selbst gerichtet zu werden (**V. 37a**), sowie die auch bei den Rabbinen bezeugte warnende Regel, der Mensch werde mit jenem Maß gemessen werden, mit dem er selbst die Mitmenschen mißt (**V. 38c**), die durch Mark. 4,24 («Dublette») als Teil der frühen Spruchüberlieferung Q[1] ausgewiesen wird, stand nach Ausweis von Mat. 7,1f. schon in Q im Zusammenhang mit der Mahnung zur Feindesliebe, speziell der Aufforderung, barmherzig zu sein (V. 36). Es handelt sich um eine praktische Frömmigkeitsregel, die natürlich gleichfalls nicht als Prinzip öffentlicher Rechtsprechung gedacht ist. Das brüderliche Zurechtbringen soll dabei nicht ausgeschaltet werden, wohl aber das selbstgerechte (Ver-)urteilen. Die Umkehrung des Gerichts ist nicht innerweltlich gemeint («wie du mir, so ich dir»), sondern gibt zu bedenken, daß wir alle vor dem nahen Gericht Gottes stehen werden, das nach unseren Taten urteilt. Wer als Christ das Gericht Gottes nicht zu scheuen braucht, wird die Warnung vor dem Richtgeist erst recht akzeptieren (vgl. 1. Kor. 4,1–5: «Richtet nicht vor der Zeit»).

Lukas fügt in **V. 37b** eine parallele Mahnung hinzu und schließt dann in **V. 37c** und **V. 38a** zwei positiv formulierte Aufforderungen an: Wie in V. 30 und in V. 32–35 tritt so neben die allgemeine Aufforderung zur Feindesliebe («Richtet nicht») die Mahnung, allen zu geben. Die «Schuld» (V. 37c) sind die finanziellen Schulden. So leitet Lukas von den «Feinden» über die «Schulden» zu allen denjenigen über, denen die angesprochenen Christen zu «geben» haben. In dieser Mahnung liegt das spezifische Interesse des Lukas, das wiederum seiner in der Situation der Verfolgung wurzelnden Armenfrömmigkeit Ausdruck verleiht. Die Verheißung, man werde mehr als reichlich wiederempfangen (**V. 38b**; Lukas wählt das Bild eines bis zum äußersten mit Getreide gefüllten Hohlmaßes), bezieht sich natürlich weiterhin auf die göttliche Vergeltung (wie z. B. 16,9ff.), aber in der konkreten Situation des Lukas zugleich auf irdischen Ausgleich (wie 18,29f.; Apg. 2,44f.): Wer den in der Verfolgung enteigneten Brüdern hilft, wird, kommt er in die gleiche Situation, der Hilfe der Bruderschaft gewiß sein.

6,39–45   Die Irrlehrer

39 Er sagte ihnen aber auch ein Gleichnis: Kann etwa ein Blinder einen Blinden führen? Werden sie nicht beide in die Grube fallen?
40 Ein Jünger steht nicht über seinem Meister; ist er vollkommen ausgebildet, so wird er wie sein Lehrer sein..

**41 Wieso siehst du aber den Splitter, der im Auge deines Bruders steckt, den Balken in deinem Auge aber erkennst du nicht? 42 Wie kannst du zu deinem Bruder sagen: Bruder, laß mich den Splitter herausziehen, der in deinem Auge steckt – und erkennst nicht den Balken in deinem eigenen Auge? Heuchler! Ziehe zuerst den Balken aus deinem Auge, und dann blicke genau hin und ziehe den Splitter heraus, der im Auge deines Bruders steckt.
43 Ein guter Baum kann keine schlechte Frucht bringen, und umgekehrt bringt ein schlechter Baum keine gute Frucht. 44 Jeder Baum wird an seiner eigenen Frucht erkannt. Denn von Dornen sammelt man keine Feigen, und von Brombeerranken liest man keine Trauben. 45 Der gute Mensch bringt aus der guten Schatzkammer, aus seinem Herzen, Gutes hervor, der schlechte aus der bösen Böses. Denn aus der Fülle des Herzens spricht sein Mund.**

Mit dem vorliegenden, offensichtlich erst durch die lukanische Redaktion in sich abgerundeten Abschnitt folgt Lukas weiter im wesentlichen der Spruchquelle Q, die er freilich durch die Logien V. 39 und V. 40 ergänzt, welche zwar gleichfalls aus Q stammen, dort aber einen anderen, nicht mehr sicher lokalisierbaren Platz hatten.
Den Spruch von den «blinden Blindenführern» **(V. 39)** bringt Matthäus in 15,14 im Rahmen einer Kritik an den Pharisäern. Eine entsprechende Zielrichtung gegen geistliche jüdische Führer dürfte der Spruch schon in Q gehabt haben. Die Metapher als solche ist sowohl jüdisch wie hellenistisch verbreitet.
V. 40 bringt ein auch sonst in ähnlicher Form bezeugtes Sprichwort (vgl. Joh. 13,16). Matthäus (10,24f.) versteht es als Metapher und bezieht es auf das Schicksal der verfolgten Gemeinde: Die Jünger können es nicht besser haben als ihr Herr. Diesen Sinn könnte der Spruch schon in Q gehabt haben: Wurde Jesus verfolgt und getötet, müssen seine Nachfolger zu einem ähnlichen Los bereit sein. Angesichts solcher Deutung kann man der Metapher nicht entgegenhalten, manchmal wüchsen die Schüler den Lehrern ja über den Kopf (vgl. Ps. 119,99); zudem kann es im Rahmen der rabbinischen Lehrtradition nur korrekte Überlieferung, keinen Erkenntniszuwachs geben.
Das groteske Bildwort **V. 41–42**, das Lukas und Matthäus (7,3–5) fast gleichlautend überliefern, folgte in Q (wie noch jetzt bei Matthäus) als Abschluß der auf die Feindesliebe bezogenen Logien unmittelbar der Warnung vor dem Richten (V. 37f.). Dort hatte es eine passende Stelle: Statt zu richten soll man lieber – zuerst – vor der eigenen Türe kehren; man hat bei sich selbst mit dem Richten anzufangen (vgl. Joh. 8,7); der eigene Fehler ist meist der größere; das Richten anderer dient leicht zu unbegründeter Selbstrechtfertigung. Diese weisheitliche Metapher ist auch sonst im Judentum bezeugt. Da es ausdrücklich um das Verhalten zum Bruder geht, wird primär der innergemeindliche Umgang der Glaubenden untereinander angesprochen; wer nicht glaubt, richtet sich damit selbst, und an der öffentlichen Gerichtsbarkeit partizipieren die «Stillen im Lande» ohnedies nicht.
Die zusammenhängende Logienkomposition **V. 43–45** folgte schon in Q den auf die Feindesliebe bzw. den Richtgeist bezogenen Logien bis V. 42. Sie schlägt indessen ein neues Thema an, und Matthäus kann sie deshalb abhängen und in den Schlußteil der Bergrede (7,15–20) versetzen. Er bezieht die Logien auf die falschen Propheten, nämlich die Pharisäer, und in dieser Zuspitzung sind ihm die Worte so wichtig, daß er den Abschnitt spürbar erweitert und sogar verdoppelt (vgl. neben 7,15–20 noch 12,33–35).

Lukas dürfte die Sprüche V. 43–45 ohne tiefgreifende Veränderung und in der Reihenfolge, die er in Q vorfand, überliefern. Die einzelnen Metaphern sind teilweise auch sonst bezeugt; oft gelten die menschlichen Taten oder die Tatfolgen als (gute oder schlechte) Früchte (Jes. 3,10; Spr. 1,31), aus denen man auf das Wesen des jeweiligen Menschen schließen kann. Vorausgesetzt ist dabei, daß das Sein des Menschen seinem Tun vorausgeht. Im vorliegenden Zusammenhang geht es dabei im Rahmen der Spruchquelle möglicherweise nicht um Taten allgemein, sondern speziell um Worte, wie der abschließende V. 45b zeigt; indessen liegt V. 45b ein auch sonst bezeugtes Sprichwort zugrunde, das als solches im vorliegenden Zusammenhang in Q die Verbindung von Wesen und Tun überhaupt dokumentieren könnte. V. 43 und V. 44b sind Dubletten; V. 43 fällt dabei neben dem plastischen Bildwort V. 44b deutlich ab. Es stand schon in Q, könnte aber sekundär als pedantische Ausführung des Grundsatzes V. 44a nach Analogie von V. 45a gebildet worden sein. Daß der ganze Abschnitt wie bei Matthäus auch schon in Q auf falsche Lehrer bezogen war, läßt sich nicht erkennen. Eher dürfte – gegen Ende der ganzen Rede in Q – die Aufmerksamkeit des Hörers bzw. Lehrers auf die Bedeutung seiner Taten gelenkt worden sein: Der Mensch wird an seinem Tun erkannt. Mit dieser indirekten Aufforderung zum rechten Tun standen V. 43–45 dann in Q in enger Verbindung zu V. 46–49.

Daß *Lukas* in V. 39ff. einen in sich geschlossenen Abschnitt schafft, zeigt die Einleitungsformel V. 39a (vgl. 5,36; 14,7; 21,29), und die beiden von Lukas hierher gestellten Logien V. 39b und V. 40 sollen offensichtlich dem Verständnis des Ganzen die Richtung weisen.
In der Tat wird die Gedankenfolge in V. 39–45 nur aus der lukanischen Situation, nämlich als Abwehr der aus der christlichen Gemeinde zur Zeit des Lukas herauswachsenden Irrlehrer (vgl. Apg. 20,29f.) voll verständlich.
Diese Irrlehrer werden zunächst in dem Bildwort («Gleichnis») V. 39b als blinde Blindenführer apostrophiert (vgl. 2. Tim. 3,13), die denen nicht helfen können, denen sie ein Licht aufstecken wollen.
V. 40, ursprünglich gleichfalls ein Bildwort, wird von Lukas unbildlich verstanden (dazu kürzt er die Vorlage; vgl. Mat. 10,24f.): Kein Jünger kann mit seiner Lehre den Meister, nämlich Jesus, übertreffen, und nur die Übereinstimmung mit der Lehre des Meisters verbürgt die Autorität des Lehrers in der Gemeinde. Was Jesus gelehrt hat, ist aber im vorliegenden Evangelium zuverlässig (1,4) aufgezeichnet (vgl. Apg. 20,20.27ff.). Da die Irrlehrer darüber hinausgehen und Neues lehren (vgl. 5,36–39) – z.B. die Verwerfung der Traditionen Israels durch Jesus –, können sie keine richtigen Jünger Jesu sein. In der Apostelgeschichte wird Lukas zeigen: Paulus, der Gewährsmann der Irrlehrer, ist gerade darin ein echter Jünger, daß er sich der über die Zwölf Apostel laufenden Jesustradition ein- und unterordnet. Jeder andere Paulus ist ein verfälschter Paulus.
In V. 41f. werden diese Irrlehrer, V. 39b entsprechend, als blinde Blindenführer dargestellt, nämlich als Verblendete, die meinen, mit einem Balken im eigenen Auge anderen «den Star stechen» zu können. Mag auch die Gemeinde nicht vollkommen sein (der Splitter im eigenen Auge!): von angeblichen Brüdern mit einem Balken im Auge hat sie sich nichts sagen zu lassen. Die Überlegenheit der neuen Lehrer, die ihren Brüdern den Splitter aus dem Auge ziehen wollen, ist eine eingebildete.
V. 43–45 schließlich erinnert die Gemeinde des Lukas daran, die neuen Lehrer nach ihrer Lehre (V. 45b) zu beurteilen. Der selbstverständliche Maßstab für diese

Beurteilung ist das, was man gelernt hat (Apg. 20,27; 2. Tim. 3,14ff.): Die Heilige Schrift des Alten Testaments und die Lehre Jesu bzw. der Kirche, wie sie im Doppelwerk des Lukas zuverlässig verfaßt ist. Wer die Lehre der Irrlehrer daran mißt, kann ihnen nicht mehr, ihr vermeintlich gutes Herz lobend, folgen, sondern muß feststellen: Der alte Wein ist besser (5,39; vgl. Apg. 1,21f.).

6,46–49   Täter des Wortes

46 Wieso sagt ihr zu mir: «Herr, Herr!» und tut nicht, was ich euch sage? 47 Ich will euch zeigen, womit jeder zu vergleichen ist, der zu mir kommt, meine Worte hört und danach handelt. 48 Er ist mit einem Menschen zu vergleichen, der, als er ein Haus baute, einen tiefen Graben machte und das Fundament auf den Felsen setzte. Das Hochwasser, das gegen das Haus schlug, konnte es nicht erschüttern, weil es fest gebaut war. 49 Wer aber hört und nicht danach handelt, ist mit einem Menschen zu vergleichen, der sein Haus ohne Fundament auf den Boden gesetzt hat. Als der Fluß dagegen schlug, fiel es sofort zusammen und stürzte völlig ein.

Der vorliegende Abschnitt bildete schon in der Spruchquelle Q den Abschluß der Rede; Matthäus wie Lukas halten daran fest. Die unmittelbare Anrede an den Hörer bzw. Leser markiert auch formal einen Neuansatz. Ihnen wird der Grundsatz eingeschärft, daß man Täter des Wortes, nicht nur Hörer zu sein habe; dieser Grundsatz ist weit verbreitet, wie z. B. Jak. 1,22ff.; Röm. 2,13; 1. Kor. 3,11ff.; Joh. 13,17 zeigen.

Der einleitende Spruch **V. 46**, den Matthäus (7,21) mit Gedanken des Vater-Unser ausgestaltet, kann ursprünglich ein freies Logion gewesen sein, vielleicht ein sprichwörtlicher Tadel des Sklaven durch den Herrn, dann auch der Schüler (Jünger) durch den Lehrer (Meister). In Q ist natürlich bereits an den himmlischen «Herrn Jesus» gedacht, der im Gottesdienst der Gemeinde angerufen wird. Das folgende Gleichnis zeigt, daß der einleitende Spruch nicht primär Kritik, sondern Ermahnung und Belehrung intendiert. Die Gesamttendenz ist eher weisheitlich als apokalyptisch.

In **V. 47–49** haben wir es mit einem antithetischen Zwillingsgleichnis in Form des einfachen Vergleichs zu tun. Das Bildmaterial ist auch den Rabbinen vertraut, die damit zu «guten Werken» auffordern. Gewisse Unterschiede in der Erzählung – Matthäus (7,24–27) malt z. B. den Ansturm der Flut, Lukas die Fundamentierung stärker aus – verändern die «Spitze» des Gleichnisses nicht. Es scheint, als habe Matthäus die Situation des palästinischen Berglandes mit Sturzbächen zur Regenzeit vor Augen, Lukas (sekundär) die der Ebene. Vielleicht ist der Ansturm der Wasser allegorisierend auf das jüngste Gericht zu beziehen. Jedenfalls weist die abschließende Bemerkung auf den irreparablen Schaden hin, den die Flut anrichtet: Bleibt das Tun aus, bleibt alles aus; der bloße Hörer behält nichts (19,26).

Man ist versucht, im Rahmen des Lukasevangeliums den **V. 46** noch zu den voranstehenden Ausführungen über die Irrlehrer zu ziehen; die direkte Anrede nähme dann die Anrede in V. 41f. auf. Die Irrlehrer tun nicht, was *Jesus* gesagt hat, indem sie sich außerhalb der über die Zwölf Apostel laufenden Jesus-Tradition stellen, Jesus gleichwohl aber als «Herrn» bekennen. Aber so gesehen wäre die Verbindung von 45b mit 46 doch einigermaßen ungeschickt; denn die Irrlehrer sprechen nach

Meinung des Lukas das «Herr, Herr» schwerlich aus übervollem Herzen. Darum setzt wohl auch Lukas mit V.46 neu ein und spricht alle Leser – natürlich auch die Irrlehrer – an.

Lukas verändert den Sinn des ihm vorliegenden Zwillingsgleichnisses nicht, dürfte ihn aber spezifizieren. Indem er in V.47 sein «jeder, der zu mir kommt» zusetzt, bezieht er die Ermahnung vor allem auf die Katechumenen (vgl. V.18; 14,26ff.). Sie sollen den Ernst der Nachfolge bedenken. Dabei stehen Lukas zweifellos die besonderen Bedingungen der Verfolgungssituation vor Augen; nur ein gut gegründeter Glauben wird den möglichen Stürmen gewachsen sein. In diesem Sinn malt er **V.48** gegenüber der Spruchquelle Q (vgl. Mat.7,24) allegorisierend aus: Der großen Mühe dessen, der sein Haus fest gründet, hat die ‹Anstrengung› des Glaubens derer zu entsprechen, die Jesus nachfolgen. Das «Tun» des Gehörten ist also nicht auf ethisches Verhalten zu reduzieren, sondern meint umfassend das Beharren im glaubenden Leben. Lukas bringt denselben Gedanken auch z.B. in 8,15.21; 11,28.

7,1–10 Der Hauptmann von Kapernaum

1 Als Jesus seine Rede, die er öffentlich vor den Ohren des Volkes hielt, beendet hatte, ging er nach Kapernaum. 2 Dort lebte ein Hauptmann, dessen Diener, den er sehr schätzte, auf den Tod krank lag. 3 Als er von Jesus hörte, sandte er Älteste der Juden zu ihm, ihn zu bitten, er möge kommen und seinen Knecht gesund machen. 4 Sie gingen zu Jesus und baten ihn inständig. Sie sagten: er hat es verdient, daß du ihm seine Bitte erfüllst; denn er liebt unser Volk, und die Synagoge hat er uns gebaut. 6 Da ging Jesus mit ihnen. Sie waren schon nahe bei seinem Hause, als der Hauptmann ihm Freunde entgegensandte und ihm sagen ließ: Herr, mache dir keine Mühe; denn ich bin nicht wert, daß du unter mein Dach gehst, 7 weshalb ich auch nicht gewagt habe, zu dir zu kommen. Aber sprich ein Wort, so wird mein Knecht gesund. 8 Denn auch ich bin ein Mensch, der einem Befehlshaber gehorchen muß, und habe unter mir Soldaten. Sage ich zu einem: Geh!, so geht er, und zu einem anderen: Komm her!, so kommt er, und zu meinem Knecht: Tu das!, so tut er's. 9 Als Jesus dies hörte, wunderte er sich. Er wandte sich zu der Menge um, die ihm nachfolgte, und sagte: Ich muß euch sagen, solchen Glauben habe ich selbst in Israel nicht gefunden. 10 Und als die Boten ins Haus zurückgekehrt waren, fanden sie den Knecht gesund.

Die Erzählung vom Hauptmann zu Kapernaum, die auch Johannes (4,46b–54) kennt, folgte in der Spruchquelle Q unmittelbar auf die (Feld- bzw. Berg-) Rede. Diesen Platz hat sie bei Lukas und – nach einem kurzen Einschub 8,1–4 – auch bei Matthäus (8,5–10.13) behalten. In Mat.7,28/Luk.7,1a hat sich auch der Übergang von Rede zu Erzählung, wie er sich in Q fand, erhalten.

Die Q-Fassung der Erzählung hat Matthäus in 8,5–10.13, insgesamt gesehen, besser als Lukas bewahrt. Läßt sich auch der Anfang der Geschichte aus V.1b–6 und Mat.8,5–8 im einzelnen nicht sicher rekonstruieren, so war doch in Q erzählt, daß Jesus, nach Kapernaum kommend, von dem heidnischen Hauptmann persönlich um Hilfe für seinen kranken (bei Lukas todkranken; vgl. V.2) Knecht (oder Sohn) gebeten wurde. Jesus wehrt zunächst – wie bei der syrophönizischen Frau (Mark.7,24–30) – ab: «*Ich* soll kommen und ihn heilen?!» (Mat.8,7); das heidnische Haus verunreinigt den Juden. Darauf antwortet der Hauptmann mit den Wor-

ten, die wir in V. 6b.7bf. und in Mat. 8,8f. fast gleichlautend lesen. (Statt «... der einem Befehlshaber gehorchen muß» würde man in V. 8 lieber übersetzen «... der Vollmacht besitzt», doch ist es sehr fraglich, ob man den griechischen Text so übersetzen darf). Auch Jesu Antwort, der Höhepunkt der Erzählung, findet sich in V. 9 und Mat. 8,10 im wesentlichen einhellig nach Q. Mit welchen Worten dann zum Abschluß der Geschichte die erfolgte Fernheilung konstatiert wurde, läßt sich aus V. 10 und Mat. 8,13 nicht mehr sicher feststellen, da offenbar beide Evangelisten mit eigenen Worten berichten.
Wir haben es mit der einzigen ausgeführten Wundergeschichte der Spruchquelle Q zu tun (vgl. noch 11,14). Sie erinnert formal und sachlich sehr stark an die Heilung der syrophönizischen Frau (Mark. 7,24–30), die Lukas ausläßt. Sie hat nicht die Funktion, in Q einen «Wunderglauben» zu etablieren; denn das Wunderhafte tritt in dieser Erzählung ganz zurück. Indessen gehört die Erzählung der christologischen Redaktion der Spruchquelle an: Hier handelt nicht der Lehrer und Prophet, sondern der (himmlische) Herr Jesus, der als solcher in V. 6 auch angeredet wird. Im Mittelpunkt der Erzählung steht dementsprechend nicht der kranke Knecht, sondern der glaubende Hauptmann. Jesus konstatiert öffentlich: «In Israel habe ich bei niemandem solchen Glauben gefunden» (Mat. 8,10b). Damit wird den noch ganz im Bereich des Judentums lebenden Tradenten der alten Spruchüberlieferung Q[1] deutlich gesagt, daß die angemessene Beziehung zu Jesus der demütige Glaube an ihn, den Helfer, Retter, Erlöser, Heilbringer ist. Zugleich erfahren sie, daß dieser Glaube keine völkischen Grenzen kennt, sondern eine universale Wirklichkeit darstellt. Die Gemeinschaft des Glaubens an Jesus Christus zusammen mit den unbeschnittenen Heidenchristen ist die wahre Gemeinschaft der Frommen, in die sich auch die Glieder der Q[1]-Gemeinschaft, aus der Synagoge ausgestoßen (6,22f.), unbefangen begeben dürfen.

Lukas hat den Hauptduktus der Erzählung unverändert gelassen. Daß ein heidnischer Hauptmann Jesus um Hilfe angeht, kommt seiner apologetischen Tendenz entgegen: Der Konflikt zwischen Staat und Kirche, unter dem die Gemeinde zur Zeit des Lukas leidet, ist in Jesu Wirken nicht angelegt, also ein Mißverständnis des Staates, wie der fromme römische Hauptmann zeigt.
Das abschließende Wort Jesu (V. 9b) ist bei Lukas weniger schroff formuliert als bei Mat. 8,10b (= Q?) und setzt auch in Israel Glauben durchaus voraus. Der Glaube des Heiden bleibt indessen herausgehoben, so daß sich schon im Wirken Jesu der christliche Universalismus vorbereitet, der die «Mutter» Israel natürlich einschließt. Jesus nimmt deshalb auch das Ansinnen, einem Heiden zu helfen, von vornherein an; die Gefahr einer Verunreinigung durch den heidnischen Hauptmann steht nicht mehr im Blick.
In Zusammenhang damit steht der bemerkenswerte Eingriff in die Vorlage, den Lukas mit V. 3–5 vornimmt: Es kommt zu keiner direkten Begegnung zwischen Jesus und dem heidnischen Hauptmann! Der Hauptmann, der sich ähnlich wie später sein gottesfürchtiger Kollege Kornelius (Apg. 10,1ff.) bereits der jüdischen Frömmigkeit geöffnet hatte, bedient sich der Vermittlung angesehener Juden, wie Lukas im Anschluß an die formale Vorlage 8,49/Mark. 5,35 berichtet. Darum bedarf es in V. 6 der weiteren Sendung der Freunde, welche Jesus die Demut des heidnischen Hauptmanns mit dessen eigenen Worten kundtun – ein erzählerisch wenig geschickter Zug, weil die Freunde reden, als hätten sie die Worte, die nur in den Mund des Hauptmanns passen, auswendig gelernt. Es war seine Demut gewesen, so

erfahren wir nun, die den Heiden zu jener durch die Ältesten der Juden vermittelten Begegnung mit Jesus bewogen hatte (V. 7a); damit macht Lukas die Umgestaltung seiner Vorlage psychologisch verständlich. Dementsprechend sind es auch die ausgesandten Freunde, die den Knecht gesund zu Hause antreffen.
Die redaktionelle Intention dieses gewichtigen Eingriffs ist nicht zu übersehen: Das Heidentum tritt durch jüdische Empfehlung in Jesu Blick; Juden vermitteln den Kontakt zwischen dem gottesfürchtigen Heiden und Jesus. Einerseits hat sich schon das Judentum selbst in seinen guten Geistern universalistisch zum Heidentum hin geöffnet; andererseits weiß auch der heidnische Hauptmann selbst, daß dem Heidentum das christliche Heil nur über die Juden zukommen kann. Damit widerspricht Lukas jenen Irrlehrern, die einen direkten, Israel umgehenden oder gar ausschließenden Weg Jesu zur Heidenchristenheit propagieren, und der erhebliche Eingriff in die Vorlage zeigt, wie wichtig dieser Gedanke für Lukas ist.

7,11–17 Der Jüngling von Nain

11 Danach ging er in eine Stadt mit Namen Nain; seine Jünger und viele Leute begleiteten ihn. 12 Als er sich dem Stadttor näherte, trug man einen Verstorbenen heraus, den einzigen Sohn seiner Mutter, einer Witwe; viele Leute aus der Stadt zogen mit ihr. 13 Als der Herr sie sah, hatte er Erbarmen mit ihr und sagte zu ihr: Weine nicht. 14 Er trat an die Bahre und berührte sie; da blieben die Träger stehen. Er sprach: Jüngling, ich sage dir, stehe auf. 15 Da erhob sich der Tote und fing an zu reden; und er übergab ihn seiner Mutter. 16 Furcht ergriff alle, und sie priesen Gott: ein großer Prophet ist unter uns aufgetreten, und Gott hat sein Volk besucht. 17 Und dies Geschehen verbreitete seinen Ruf im ganzen jüdischen Land und weit darüber hinaus.

Diese Erzählung gehört zum Sondergut des Lukas. Der Evangelist bringt sie an dieser Stelle als Beleg für die in V. 22 (nach Q) genannten Totenerweckungen Jesu. Nain ist ein biblisch nicht bezeugter, nur unsicher zu lokalisierender Ort.
Die Erzählung erinnert zum Teil wörtlich an 1. Kön. 17,17ff. und 2. Kön. 4,8ff., wo Elia und Elisa unter Anrufung Gottes jeweils den einzigen Sohn einer Mutter (vgl. 8,42; 9,38) ins Leben zurückrufen; sie erinnert aber auch und insgesamt stärker an hellenistische Auferweckungswunder, in denen der wandernde Wundertäter einem Leichenzug begegnet und in eigener göttlicher Kraft den Toten erweckt. Für Wundergeschichten typisch sind im einzelnen die Witwe, das Mitleid des Wundertäters (Mark. 1,41), sein tröstliches Wort (8,52), die Berührungen, der Weckruf (Mark. 5,41; Apg. 9,40), die Demonstration des Erweckten (Apg. 9,40), die Übergabe an die Mutter (Apg. 9,41), die Reaktion der Menge (1,65; 5,26; 8,37).
Sprache, Stil und Gedanken dieser «typischen» Wundergeschichte sind so stark lukanisch geprägt (vgl. z. B. noch V. 16 mit 1,76.78), daß man den Evangelisten selbst für den ersten Erzähler der vorliegenden Geschichte halten muß.
Anders als im Alten Testament, wo nur im Einzelfall ein Verstorbener vorübergehend dem Leben zurückgegeben wird, und anders als im Hellenismus, der in entsprechenden Fällen auf die Möglichkeit bloßen Scheintodes reflektiert, ist im christlichen Evangelium der Kampf zwischen Tod und Leben schon grundsätzlich zugunsten des Lebens entschieden. Der «Herr», wie Lukas Jesus hier wie öfter nennt (V. 13), hat die Schlüssel der Hölle und des Todes. Wo der Herr des Lebens

mit den Seinen dem Zug des Todes begegnet, hat der Tod keine Chance mehr; denn dieser Herr «sitzt zur Rechten Gottes».
Aber die Erzählung will nicht vor allem Jesu Macht über den Tod demonstrieren wie z.B. Mark. 5,21ff./Luk. 8,40ff.; vgl. 16,30f. Grund für Jesu Eingreifen ist sein Mitleid mit der einsamen Witwe (vgl. 10,33; 15,20), die mit dem Sohn ihren Ernährer und Beschützer verloren hat und deren Trauer die vielen Begleiter aus der Stadt teilen. Somit demonstriert die Erzählung die Barmherzigkeit, die Gott durch Jesus aller Welt erweisen will, und deshalb reagiert die Menge angemessen mit dem Lobpreis, Gott habe sein Volk besucht (V. 16), der ein Leitsatz des Evangelisten ist (1,68.78 19,44; Apg. 15,14). Als entscheidender, solche Barmherzigkeit verbindlich zusagender Bote Gottes heißt Jesus wie in V. 16 auch in 24,19 «machtvoller Prophet» (vgl. 1,32), ein für Lukas keineswegs unangemessener, Jesus und Israel miteinander verbindender christologischer Titel (vgl. 4,24; 7,39; 13,33f.).

7,18–35   Johannes der Täufer und Jesus

Auf die Erzählung vom Hauptmann zu Kapernaum folgte in der Spruchquelle Q ein dreiteiliger Abschnitt, der sich mit Johannes dem Täufer befaßt. Er entstammt wesentlich der christologischen Redaktion der Spruchquelle Q. Johannes galt der alten Spruchüberlieferung Q^1 wie Jesus als Prophet der Endzeit. Die christologische Redaktion der Spruchquelle bezeugt ihm weiterhin höchste Achtung, setzt ihn aber gegenüber Jesus deutlich in die Rolle des Vorläufers, der den messianischen Heilbringer ankündigt.

7,18–23   Anfrage des Johannes

18 Auch Johannes erfuhr von allen diesen Ereignissen durch seine Jünger. Johannes rief zwei seiner Jünger, 19 sandte sie zu dem Herrn und ließ fragen: Bist du der Kommende, oder sollen wir auf einen anderen warten? 20 Als die Männer bei ihm eintrafen, sagten sie: Johannes der Täufer schickt uns zu dir und läßt fragen: Bist du der Kommende, oder sollen wir auf einen anderen warten? 21 Zu jener Stunde heilte er viele von Krankheiten und Leiden und bösen Geistern, und vielen Blinden schenkte er das Augenlicht. 22 Er antwortete ihnen: Geht zurück und berichtet Johannes, was ihr seht und hört: Blinde sehen, Lahme gehen, Aussätzige werden rein und Taube hören, Tote stehen auf, Armen wird das Evangelium verkündigt. 23 Und wohl dem, der an mir keinen Anstoß nimmt!

Wir haben es formal mit einem «Apophthegma» zu tun, d. h. einer Szene, die mit einem Wort Jesu als Höhepunkt abschließt. Da die frühe Spruchüberlieferung Q^1 keine Apophthegmen kennt, weist schon diese Form den vorliegenden Abschnitt als Teil der christologischen Redaktion von Q aus.
Johannes predigte in Erwartung des kommenden Heils Gottes. Gottes Heil kann man stets nur erwarten; es ist Geschenk. Das ist das unaufgebbare Wahrheitsmoment der apokalyptischen Heilshoffnung. Die entscheidende Frage ist: Was darf ich erwarten?, nicht: Was muß ich tun?
Den Heilbringer nennt Johannes **(V. 19)** verhüllend den «Kommenden» (vgl. Ps. 118,26; Hab. 2,3; Dan. 7,13; Mark. 11,9; Joh. 6,14). Dahinter möchte sich die Erin-

nerung verbergen, daß Johannes Gott selbst als den Bringer des Heils erwartet hat. In der christologischen Redaktion von Q aber wird durch diesen Ausdruck auch und vor allem das Messiasgeheimnis Jesu gewahrt und zugleich eine bestimmte christologische Vorstellung vermieden.

Jesus gibt eine indirekte Antwort und wahrt damit gleichfalls das Messiasgeheimnis: Er verweist auf seine Wundertaten. **V.22f.** ist integrierender Teil der ganzen Szene und kann entgegen der Meinung vieler Forscher schwerlich ein ursprünglich selbständiges Logion gewesen sein. Diese Antwort Jesu setzt beim Leser der Spruchquelle die Kenntnis (der Grundschrift) des Markusevangeliums voraus; denn Q enthält die entsprechende Erzählüberlieferung der Wundergeschichten, von dem Exempel 7,1–10 abgesehen, nicht. Der Wortlaut der Antwort nimmt alttestamentliche Stellen auf, welche die wunderbare Herrlichkeit der messianischen Zeit beschreiben (Jes. 29,18f. 35,5f.; 61,1; vgl. Luk. 4,18f.), ein auch in jüdischen Apokalypsen beliebtes Summarium. In dieser Antwort, die Johannes gegeben wird, liegt zugleich eine Interpretation der Wundergeschichten beschlossen: In Jesu Tun und Wirken kommt das Heil zu allen Menschen, die als Arme das Evangelium annehmen und, so vom Tode zum Leben hinüberschreitend, als Sehende und Reine ihren Weg gehen; damit erfüllt sich «eschatologisch», was Johannes erwartete und ansagte.

«Gottes Natur ist, daß er aus nichts etwas macht. Darum wer noch nicht nichts ist, aus dem kann Gott auch nichts machen. Die Menschen aber machen aus etwas ein anderes. Das ist aber eitel unnütz Werk. Darum nimmt Gott nicht auf, denn die Verlassenen; macht nicht gesund, denn die Kranken; macht nicht sehend, denn die Blinden; macht nicht lebend, denn die Toten; macht nicht fromm, denn die Sünder; macht nicht weise, denn die Unweisen; kurz: erbarmt sich nicht, denn der Elenden, und gibt nicht Gnad, denn denen, die in Ungnaden sind.» (M. Luther, WA 1 183f.)

Freilich ist die messianische Herrlichkeit Jesu nicht unmittelbar sichtbar; auch Wunder sind im urchristlichen Denken kein Nachweis der Messianität. Jesus wahrt irdisch sein Geheimnis, um weiterhin wirken zu können (22,67ff.). Darum hört der Täufer die Aufforderung (eine Seligpreisung wie 6,20bff.): Wohl dem, der an mir keinen Anstoß nimmt. Dieser Makarismus gilt natürlich allen Menschen, die sich auf Jesus einlassen und im Wagnis des Glaubens erfahren, daß er der «Kommende» ist.

Frage und Antwort zielen in Q auf die Tradenten der Spruchüberlieferung Q[1], denen zwar der Täufer nicht als Messias gilt, wie manche Forscher meinen – denn davon deutet der Text nichts an –, für die aber der Täufer und Jesus gleichermaßen Propheten sind und die Jesus noch nicht als den Messias kennen bzw. anerkennen. Frage und Antwort dokumentieren demgegenüber, daß das Verhältnis von Johannes und Jesus, im rechten (österlichen) Licht gesehen, das Verhältnis von Erwartung und (irdisch noch verborgener) Erfüllung ist. Die Tradenten der Spruchüberlieferung Q[1] erfahren durch die christologische Redaktion von Q also: Wer an Jesus als den Messias glaubt, wahrt damit seine Verbindung zu dem Propheten Johannes.

Lukas hat seine Vorlage ohne wesentliche sachliche Änderung übernommen. Allerdings stammt die szenische Ausweitung **V.20f.** von ihm, wie der Vergleich mit Mat. 11,2–6 zeigt. Dadurch wirkt Jesu Antwort anschaulicher, die Boten des Johannes werden zu Augenzeugen, und Lukas kann in V.21 außerdem im Blick auf V.22 ausdrücklich von Blindenheilungen erzählen (vgl. V.11–17), die er bisher

noch nicht berichtet hatte. In V. 19 verwendet Lukas unbefangen den Hoheitstitel «Herr» (vgl. V. 13).
Anders als Matthäus (11,2) sagt Lukas nichts davon, daß Johannes der Täufer aus dem Gefängnis heraus gefragt habe. Lukas geht also offensichtlich davon aus, daß Johannes noch parallel mit Jesus wirkt (siehe S. 54). Johannes und Jesus arbeiten Hand in Hand. In der Verkündigung des Propheten Johannes und im Wirken Jesu erfüllt sich die Heilserwartung Israels (vgl. 4,18f.), wie sie bei Jesaja zu lesen ist. Unter diesem, Israel und Jesus verbindenden, Gesichtspunkt tritt die vorliegende Überlieferung ganz in den Bereich redaktionellen lukanischen Interesses ein.

7,24–28   Jesu Urteil über Johannes

**24 Nachdem die Boten des Johannes sich auf den Rückweg gemacht hatten, sprach er zu den Leuten über Johannes: Was wolltet ihr sehen, als ihr in die Wüste gegangen seid? Ein vom Winde bewegtes Schilfrohr? Oder seid ihr hinausgegangen, einen in weiche Gewänder gekleideten Mann zu sehen? Die Menschen in prächtiger und prunkender Kleidung wohnen in den Königspalästen! 26 Oder seid ihr hinausgegangen, einen Propheten zu sehen? Ja, ich sage euch, auch mehr als einen Propheten! 27 Er ist es, über den geschrieben steht: «Siehe, ich sende meinen Boten vor dir her; er wird deinen Weg vor dir her bereiten» (Mal 3,1).
28 Ich sage euch: Unter denen, die von einer Frau geboren sind, ist niemand größer als Johannes. Aber der Kleinste in der Gottesherrschaft ist größer als er.**

Nach der Abreise der Boten, die Johannes gesandt hatte, wendet Jesus sich dem Volk zu, um sein Urteil über den Täufer abzugeben.
Der Spruchüberlieferung Q^1 gehört zweifellos der Gedanke von V. 28a an: Kein Mensch übertrifft Johannes den Täufer an Bedeutung; («von einer Frau geboren» ist eine stehende Wendung, vgl. Hiob 14,1; Gal. 4,4). Der letzte Bote Gottes vor dem Anbruch der Gottesherrschaft – kein Philosoph, Genie, Machthaber, Künstler, Wissenschaftler, sondern ein Bußtäufer – ist die bedeutendste Gestalt der Weltgeschichte. Möglicherweise aber gehörte nicht nur der Gedanke von V. 28a, sondern der ganze **V. 28** als ein festes Logion der alten Spruchüberlieferung Q^1 an. Die Aussage über die Bedeutung des Täufers war dann mit der indirekten, aber sehr eindrucksvollen Aufforderung verbunden, seinem Zeugnis von der kommenden Gottesherrschaft zu folgen. Johannes ist kein bestaunenswertes Denkmal, sondern Rufer und Zeuge. Wer immer seinem Ruf folgte, wird in der kommenden Gottesherrschaft, auch wenn er dort der Geringste sein sollte, Johannes dem Täufer das schlechthin Entscheidende voraushaben: er durfte das Tor zu jenem Äon, vor dem Johannes als Rufer in der Wüste stand, durchschreiten. Offenbar setzt das Logion den Tod des Johannes bereits voraus.

Die christologische Redaktion der Spruchquelle Q bindet diese Aussage im Anschluß an Mark. 1,2ff. durch **V. 24–27** christologisch ein. Das hohe Urteil über Johannes wird beibehalten, ja, es wird noch verstärkt. Natürlich ist Johannes weder ein Schwächling noch ein Höfling; aber auch der Titel «Prophet» ist für Johannes noch nicht angemessen. Als Prophet wäre er einer unter vielen Propheten. Er ist aber der Prophet aller Propheten, der eine Bote Gottes, den Gott sendet, seinem Messias, der Gottes Herrschaft bringt, den Weg zu bereiten (vgl. 3,4ff.).

Das Zitat **V.27**, auf das die rhetorisch auffällige Spruchreihe (V.24b–27) zuläuft, beruht auf einer auszugsweisen Wiedergabe von Mal. 3,1 und 2. Mose 23,20. Sagt Gott im Alten Testament «vor *mir* her», so wird diese Aussage nun auf den Messias bezogen: «vor *dir* her». Dies ganz ungewöhnlich formulierte Zitat findet sich in derselben Fassung auch in Mark. 1,2; der Redaktor der Spruchquelle Q, der auch sonst das Markusevangelium voraussetzt, dürfte es von dort übernommen haben. In einem Gedankenzug wird also Johannes über die Propheten erhöht und zugleich zum Vorläufer des «Kommenden», zum Wegbereiter Jesu degradiert. Mit anderen Worten: Die schlechterdings unübertroffene Größe des Johannes besteht darin, daß er der Vorläufer des Messias Jesus war. **V.28** besagt nunmehr im Zusammenhang mit V.24–27 im Rahmen der Spruchquelle Q: der Kleinste von denen, die an Jesus als an den Christus glauben, hat es weitergebracht als Johannes in seiner Funktion als Zeuge der nahenden Gottesherrschaft, als Wegbereiter des Messias Jesus und der christlichen Gemeinde. Das ist eine deutliche Einladung des christlichen Redaktors der Spruchquelle, für welchen der «Herr» Jesus alle «von einer Frau Geborenen» weit überragt, an die Tradenten der Spruchüberlieferung Q[1], die in der Erwartung der Gottesherrschaft leben (V.28), sich der Gemeinde des gekommenen Messias Jesus anzuschließen, Jesus als den himmlischen «Herrn» zu bekennen und darin dem Bußruf des Johannes treu zu bleiben.

Lukas hat, wie ein Vergleich mit Mat. 11,7–11 zeigt, seine Vorlage, die Spruchquelle, ohne sachlich gewichtige Änderungen wiedergegeben. Die enge Bindung des Täufers an Jesus kommt, da sie zugleich Jesus eng mit dem Propheten aller Propheten Israels verbindet, seinem wichtigsten redaktionellen Anliegen auf das willkommenste entgegen: Die Jesuszeit steht in unlösbarer Kontinuität mit dem Israelbund. Inhaltlich hatte Lukas bereits in 1,76ff. und 3,3ff. den prophetischen Auftrag des Johannes beschrieben.

7,29–35 Johannes und Jesus werden abgelehnt

**29 Und das ganze Volk, selbst die Zöllner, gaben Gott recht und ließen sich mit der Taufe des Johannes taufen. 30 Aber die Pharisäer und Gesetzeslehrer verachteten Gottes Willen und ließen sich selbst nicht taufen.
31 Mit wem muß ich also die Menschen dieses Geschlechts vergleichen? Wem sind sie ähnlich? 32 Sie sind Kindern ähnlich, die auf einem Marktplatz sitzen und einander zurufen: Wir haben für euch musiziert, aber ihr habt nicht getanzt; wir haben ein Klagelied gesungen, aber ihr habt nicht geweint. 33 Denn als Johannes der Täufer kam, kein Brot aß und keinen Wein trank, da sagtet ihr: Er ist verrückt! 34 Und als der Menschensohn kam und aß und trank, da sagtet ihr: Ein Fresser und Weinsäufer! Freund von Zöllnern und Sündern!
35 Aber die Weisheit hat von allen ihren Kindern recht bekommen.**

Dieser dritte Teil des von Johannes handelnden Abschnitts V.18–35, der sich schon in der Spruchquelle Q kritisch mit der Reaktion der Menschen auf das Auftreten des Täufers (und Jesu) befaßt, bereitet der traditionsgeschichtlichen Analyse größte Schwierigkeiten.
Aus der alten Spruchüberlieferung Q[1] stammt jedenfalls die noch nicht christologische Parallelisierung von Johannes und Jesus in **V.31–34** als solche. Doch gibt es

kein entscheidendes Argument gegen die Annahme, daß auch die Ausführung dieser Parallelisierung in V. 31–34 (35) in ihrem Kern schon der Spruchüberlieferung Q¹ angehörte. Freilich muß man dann für den Titel «Menschensohn» den Namen «Jesus» (in V. 34) einsetzen, da Q¹ nur den mit Jesus nicht identischen kommenden Menschensohn-Richter kennt. In solcher Gestalt haben wir es im Kern von V. 31–34 (35) mit einem Prophetenspruch über Johannes und Jesus zu tun. Ein kurzes Gleichnis beschreibt einen Streit spielender Kinder; kein Vorschlag der einen ist den anderen recht. So erging es auch sowohl Johannes wie Jesus (vgl. 5. Mose 21,20). Man folgte ihrem Bußruf angesichts der nahen Gottesherrschaft nicht und schob «faule Gründe» bei solcher Ablehnung vor (vgl. 14,15–24); keiner von beiden paßte «diesem» – dem jüdischen – «Geschlecht». Daß sich bei solchem Verständnis des Näheren das «Tanzen» im Gleichnis V. 32 allegorisierend (und chiastisch) auf Jesu Lebensfreude, das «Weinen» ebenso auf die Askese des Johannes (vgl. Mark. 1,6) bezieht, ist denkbar, aber nicht sicher.

Recht bekam die in Johannes und Jesus redende göttliche Weisheit (vgl. 11,49ff.; 13,34f.) nur von ihren Kindern (V. 35), nämlich den Kindern Gottes (vgl. 6,35; Spr. 8,32), das heißt von den Frommen, die in der Erwartung der Gottesherrschaft leben und den Tradentenkreis der Spruchüberlieferung Q¹ bilden. Der Bezug auf die «Weisheit» legt in Verbindung mit 11,49–51 und 13,34f. (siehe dort) nahe, auch das vorliegende Stück in die Zeit des jüdischen Krieges (66–70) zu datieren.

Die christologische Redaktion der Spruchquelle Q hat diesem aus Q¹ überlieferten Stück einen Rahmen (**V. 29f.**/Mat. 21,31f.) vorgesetzt, der von dem Urteil über Johannes (V. 24–28) zu dem Urteil über das ablehnende Volk (V. 31–35) überleitet. Diese Überleitung bringt Matthäus in 21,31f. an zweifellos sekundärer Stelle; er fügt statt dessen im vorliegenden Zusammenhang den «Stürmerspruch» (Mat. 11,12–15/Luk. 16,16) ein. Man darf deshalb davon ausgehen, daß an dieser Stelle in Q nicht der «Stürmerspruch», sondern (die ursprüngliche Fassung von) V. 29f. zu lesen war, zumal V. 35 deutlich in sachlicher Beziehung zu V. 29 steht. Daß «das ganze Volk» sich im Unterschied zu den jüdischen Führern zu Johannes bekannte, ist ein bei Matthäus (21,32f.) fehlender, für die Redaktion des Lukas aber bezeichnender Gedanke (V. 29; vgl. 3,21), da Lukas Jesus und Johannes stets im Einvernehmen mit dem jüdischen Volk handeln sieht. Auch die Erwähnung der Pharisäer und Gesetzeslehrer dürfte ebenso wie die Rede von «Gottes Willen» (vgl. Apg. 13,36; 20,27 u.ö.) in V. 30 erst lukanisch sein (vgl. 5,17; 7,30; 14,3). Die Q-Vorlage von V. 29f., die sich ganz genau nicht mehr rekonstruieren läßt, wird Sünder und Zöllner einerseits (vgl. V. 34), die Masse des Volkes andererseits (vgl. 3,7) gegenübergestellt haben – möglicherweise ein Reflex von Mark. 11,31f. Auf diese Masse des Volkes bezieht sich dann in Q sinnvoll «dieses Geschlecht» (V. 31), während die «Menschen dieses Geschlechts» im vorliegenden Text die erst von Lukas in V. 30 genannten Pharisäer und Gesetzeslehrer sein müssen. Von der Taufe «des Johannes» (V. 29) hatte vermutlich schon Q (im Unterschied zur christlichen Taufe) gesprochen. Vor allem hat die Redaktion von Q in V. 34 statt des zu vermutenden ursprünglichen «Jesus» den verhüllenden, das Messiasgeheimnis wahrenden christologischen Titel «Menschensohn» gesetzt, und zwar als Selbstbezeichnung Jesu, wie durch den weiteren, Mark. 2,13ff. reflektierenden Zusatz des Q-Redaktors «Freund von Zöllnern und Sündern!» unterstrichen wird, der formal wie sachlich überschießt und zweifellos vom messianischen Heilswerk Jesu spricht. Durch diese Zusätze zum Text der alten Spruchüberlieferung Q¹ wird von der christologischen Redaktion geklärt, daß Jesus mit dem Menschensohn, von dem er in der Spruchüberlieferung stets in der dritten Person wie von einem anderen spricht, unzweifelhaft niemanden anders als sich selbst meint. Das ist eine für die christologische Redaktion der Spruchquelle zentrale Feststellung, durch welche die vorösterliche und noch unmessianische Spruchüberlieferung Q¹ mit dem Christuskerygma verbunden wird. Zugleich stellt die Redaktion auf diese Weise in Q das angemessene Verhältnis von Johannes und Jesus, das Verhältnis von Vorläufer und Messias, her.

Abgesehen von den genannten Eingriffen in V.29f. hat Lukas den Abschnitt, wie ein Vergleich mit Mat. 11,16–19 zeigt, ohne gravierende sachliche Änderungen übernommen. Die redaktionelle Angabe, daß «alles Volk» sich von Johannes taufen ließ (V.29), entspricht dem gleichfalls redaktionellen Zusatz, die Weisheit habe von «allen» ihren Kindern Recht bekommen (V.35). Auch in V.35 denkt Lukas wie in V.29 an das jüdische Volk, das (einst) wie Johannes so auch der in Jesus begegnenden Weisheit Gottes (vgl. 2,40.52) recht gab, womit erneut die Untrennbarkeit von Jesus und Israel aus dem Munde Jesu selbst dokumentiert wird; sein Volk hat ihn aufgenommen (vgl. Apg. 2,41.47; 4,21 u.ö.).

7,36–50   Die dankbare Sünderin

**36 Einer der Pharisäer bat ihn, bei ihm zu essen. Er ging in das Haus des Pharisäers und legte sich zu Tisch. 37 Nun lebte in der Stadt eine wegen ihrer Sünde bekannte Frau. Als sie erfuhr, daß er in dem Haus des Pharisäers zu Tisch lag, kaufte sie ein Alabastergefäß mit Salböl, 38 stellte sich weinend von hinten neben seine Füße und begann, über seinen Füßen zu weinen und sie mit den Haaren ihres Hauptes abzutrocknen. Dann küßte sie seine Füße und salbte sie mit Öl. 39 Als das der Pharisäer sah, der ihn eingeladen hatte, dachte er bei sich: Wäre dieser ein Prophet, so wüßte er, was für eine Frau das ist, die ihn anrührt, eine Sünderin!
40 Da nahm Jesus das Wort und sagte zu ihm: Simon, ich habe dir etwas zu sagen. Er sprach: Meister, rede. 41 Ein Geldverleiher hatte zwei Schuldner; der eine schuldete 500 Denare, der andere 50. 42 Da sie nicht bezahlen konnten, erließ er beiden die Schuld. Wer von ihnen wird ihn wohl am meisten lieben? 43 Simon antwortete: Der, dem er das meiste erließ, nehme ich an. Er sagte ihm: Du hast richtig geurteilt. 44 Dann drehte er sich zu der Frau um und sagte zu Simon: Sieh diese Frau an. Ich bin in dein Haus gekommen. Wasser für die Füße hast du mir nicht gegeben. Sie aber hat meine Füße mit ihren Tränen benetzt und mit ihren Haaren abgetrocknet. 45 Einen Kuß hast du mir nicht gegeben. Sie aber hörte, kaum daß ich eingetreten war, nicht auf, meine Füße zu küssen. 46 Mit Öl hast du mein Haupt nicht gesalbt. Sie aber salbte meine Füße mit Öl. 47 Deshalb sage ich dir: Ihre vielen Sünden sind ihr vergeben; denn sie hat viel Liebe erzeigt. Wem aber wenig vergeben ist, der liebt wenig.
48 Er sagte aber zu ihr: Deine Sünden sind vergeben. 49 Da fingen die Tischgenossen an, bei sich selbst zu sagen: Wer ist dieser, welcher auch Sünden vergibt? 50 Aber er sagte zu der Frau: Dein Glaube hat dich gerettet. Geh hin in Frieden.**

Der theologische Gehalt dieser großartig erzählten Geschichte ist unschwer zu erkennen, wenn man V.48–50 zunächst unberücksichtigt läßt.

Auf der einen Seite steht in Gestalt der Frau der an sich selbst verzweifelnde, über sich selbst weinende, sich seiner Verlorenheit bewußte Mensch, der sich als solcher in demütiger Niedrigkeit Gott in Jesus mit liebevoller Dankbarkeit zuwendet und damit zu erkennen gibt, daß er Gottes gnädige Zuwendung in Jesus begriffen und ergriffen hat. Das Bild der in dreifacher Tat (V. 44–46) von Buße und Dank ganz bestimmten Frau ist das Bild des erlösten Menschen, wie Jesus in V. 47 ausdrücklich feststellt; denn diese Worte Jesu sprechen nicht Vergebung und Rettung *zu*, sondern konstatieren den in ihrem Verhalten dokumentierten, Vergebung und Rettung schenkenden Glauben der Frau. Vergebung umschließt einen neuen Anfang und einen neuen Weg. Wo der Mensch sich Gott zuwendet, wird die Macht der Sünde ersichtlich gebrochen; Innerlichkeit wendet sich nach außen.

Demgegenüber versteht sich der Pharisäer als Partner Jesu. Selbst als Propheten läßt er ihn nicht gelten. Er kann sich nicht einmal dazu verstehen, Jesus die durch das Gesetz gebotene Ehrerbietung zu erweisen. Diese Selbstgerechtigkeit verbietet es Jesus, auch dem Pharisäer gegenüber Glaube und damit Vergebung und Heil zu konstatieren.

Der Grund für diesen Unterschied liegt nicht in der unterschiedlichen Größe der Sünde. Das Gleichnis **V. 41f.** wäre mißverstanden, wollte man ihm entnehmen, daß der eine Schuldner wegen geringerer Schuld notwendigerweise auch geringere Dankbarkeit erweisen müsse. Man darf das Gleichnis also nicht allegorisieren und in dem großen Schuldner die Frau, in dem kleinen den Pharisäer sehen. Jesus ist weit davon entfernt, den Pharisäer als den geringen Sünder mit der großen Sünderin zu vergleichen und auch ihm angenommene Vergebung und eine – wenn auch entsprechend geringere – Liebe zuzusprechen. Vielmehr hat das Gleichnis *eine* Spitze. Es erklärt, daß aus einer großen Liebe eine vorhergehende große Vergebung zu erschließen sei. Es zielt also allein auf die Frau, die eine große Sünderin ist und aus deren großer Liebe man schließen kann, daß sie entsprechend ihrer großen Sünde viel Vergebung empfangen hat.

Die eine Spitze des Gleichnisses liegt also, wie **V. 43.47** verdeutlichen, auf der großen Inanspruchnahme von Vergebung und damit auf der Einsicht in die eigene Verlorenheit. Die Frau, die sich selbst ganz preisgab, hat sich aus der Gnade Gottes neu empfangen; das zeigt ihr liebevolles Verhalten. Sie weiß, daß in ihr nichts Gutes wohnt (Röm. 7,18), und sie empfängt alles Gute aus der Güte Gottes, die ihr in Jesus begegnete. Sie gehorcht der ihr von Jesus zugekommenen Kunde (7,17).

Der Pharisäer nimmt dagegen in seiner Selbstgerechtigkeit überhaupt keine Vergebung in Anspruch. Das zeigt er gleichfalls mit seinem Verhalten. Er hält an sich selbst, seinem moralischen Anspruch, seinem «Fleisch» (Röm. 7,18) fest. Er glaubt, daß in ihm Gutes wohnt und er deshalb aus sich selbst leben kann. In solcher Weise die Sünde überhaupt für sich verleugnend, bleibt er der Sünde total verhaftet. Indem er sich über die Sünden der großen Sünderin erregt, verfestigt er sich selbst in der Sünde aller Sünden, dem Hochmut vor Gott. Er liebt nicht, weil er sich selbst liebt. Er erkennt Jesus nicht, weil er sich selbst nicht als Sünder erkennen will.

Die Erzählung gehört zum Sondergut des Lukas. Allerdings besitzen wir in Mark. 14,3–9 eine (von Lukas übergangene) Variante unserer Erzählung, und zwar, wie die Auslegung von Mark. 14,3–9 zeigt, eine sekundäre Variante; wie im Verhältnis von 5,1–11 (S^{Lk}) zu Mark. 1,16–20 bietet Lukas auch in V. 36–47 (50) die gegenüber Markus ältere Überlieferung – Joh. 12,1–8 kombiniert beide Fassungen –, und diese ältere Überlieferung entnimmt er der Grundschrift des Markusevangeliums. Aus redaktionellen Gründen hatte Markus diese seine Vorlage zu der Fassung von Mark. 14,3–9 modifiziert. In seiner Grundschrift dürfte die Erzählung von der dankbaren Sünderin in Jericho gespielt haben; an ihre dortige Stelle setzt Lukas in die bei Markus (10,46) noch sichtbare Lücke die verwandte Erzählung vom Zöllner Zachäus (19,1–10).

An dieser späten Stelle der Evangelienerzählung hatte die Geschichte von der Sünderin in der Grundschrift des Markusevangeliums einen guten Platz. Sie dokumentiert ja den Erfolg Jesu unter den Sündern: Die große Vergebung, die schon erfolgt ist, führt allezeit zu großer Dankbarkeit.

Lukas setzt diese Geschichte in eine frühere Zeit, weil er sie anders interpretiert; **V. 48–50** sind nämlich zweifellos ein interpretierender Zusatz des Lukas. V. 48 stammt aus 5,20b (/Mark. 2,5b); jetzt erst empfängt also im lukanischen Text die Frau den Zuspruch der göttlichen Vergebung. Ihr vorhergehendes Verhalten versteht Lukas also nicht als Ausdruck der Dankbarkeit, sondern (nur) als Zeichen der Buße.

Das Motiv von V. 49 entnimmt Lukas 5,21 (/Mark. 2,6f.; vgl. 5,29/Mark. 2,15). Er bringt dies Motiv aber im vorliegenden Zusammenhang anders als in 5,21ff. nicht zum Austrag. Es geht Lukas also in V. 49 nur darum, mit der Verwunderung oder Entrüstung der (plötzlich und unvermutet auftauchenden) Tischgenossen das für ihn zentrale Wort Jesu in V. 48 zu unterstreichen.

V. 50 bringt eine zweite Unterstreichung von V. 48. Der Satz wurde aus den markinischen Wundergeschichten (vgl. Luk. 8,48; 18,42) ähnlich wie in 17,19 von Lukas recht mechanisch nach hier übertragen.

Für Lukas dokumentiert die ganze Erzählung durch ihre neue Spitze in V. 48 also das wesentliche Amt des Messias und Weltenrichters Jesus: Er sagt die göttliche Vergebung der Sünden denen zu, die Buße tun (vgl. 1,77; 3,3; 4,18ff.; 5,20ff.; Apg. 2,38). Texte mit dieser fundamentalen Aussage versammelt Lukas im ersten Teil seines Evangeliums. Dabei gewinnt er im vorliegenden Fall durch die Mahlsituation, den Umgang Jesu mit der Sünderin und die kritische Einstellung gegenüber dem Pharisäer zugleich einen guten, nicht nur stichwortartigen Anschluß an V. 29–35 (vgl. besonders V. 30.35). Vor allem aber bereitet er 8,1–3 vor; denn wir haben uns die dankbare Sünderin als Beispiel jener Frauen vorzustellen, die schon in Galiläa in Jesu Nachfolge traten und ihm mit ihrem Vermögen dienten.

8,1–3   Dienende Frauen

1 In der folgenden Zeit wanderte er durch die Städte und Dörfer; er predigte und verkündigte die frohe Botschaft von der Gottesherrschaft. Mit ihm wanderten die Zwölf 2 sowie einige Frauen, die von bösen Geistern und von Krankheiten geheilt worden waren, nämlich Maria, genannt Magdalena, von der sieben Dämonen ausgefahren waren, 3 und Johanna, die Frau des Chuzas, eines Beamten des Herodes, und Susanna sowie viele andere. Aus ihrem Vermögen bestritten sie den Lebensunterhalt aller.

Diese drei Verse bilden einen interessanten lukanischen Sammelbericht (vgl. 4,43), dessen Anfang vermutlich in der Spruchquelle Q nach der Rede über den Täufer (7,18–35) stand (vgl. Mat. 9,35). Lukas verfolgt in V. 1–3 unter Anschluß an Mark. 15,40f. und in überlegter Verbindung mit 7,36–50 die Absicht, Frauen als *ständige*

Begleiter Jesu neben den Zwölf Aposteln vorzustellen (vgl. 23,55; 24,10). Drei von ihnen werden, weil Jesus sie geheilt hatte, mit Namen genannt. Maria Magdalena kennt Lukas aus Mark. 15,40.47; 16,1. Woher er die anderen Namen und Nachrichten hat, läßt sich nicht sagen; vermutlich handelt es sich bei Johanna und Susanna um angesehene frühe Christinnen (vgl. Apg. 13,1). Zu den «vielen anderen» Frauen, die Jesus mit ihrem Vermögen dienten, soll man zweifellos auch die «dankbare Sünderin» von 7,36–50 zählen, deren Reichtum aus ihrer Salbung ersichtlich war und von der Lukas aus diesem Grunde unmittelbar vor V. 1–3 berichtet hatte. Die frohe Botschaft von der Gottesherrschaft ist wie in 4,43 für Lukas im wesentlichen die Botschaft von der Vergebung der Sünden angesichts des kommenden Gerichts.

Der vorliegende Abschnitt ist der zentrale Beleg für Lukas als «Evangelist der Frauen». Er bestätigt durch seine Verbindung mit der «Armenfrömmigkeit» des Lukas (V. 3b) den redaktionellen «Sitz» dieser beiden miteinander verwandten theologischen Gedanken.

In der Verfolgung, die zuerst die Gemeindeleiter, danach die Hausväter betraf, blieben die Frauen, insbesondere die selbständigen und wirtschaftlich unabhängigen Griechinnen (Apg. 16,14f.), relativ unbelästigt. Ihnen fiel damit eine die Gemeinde tragende und erhaltende Funktion zu, die dadurch verstärkt wurde, daß sie mit ihrem Vermögen für den Unterhalt der Gemeinde und der mit Konfiskation ihres Vermögens bestraften Bekenner sorgten. Lukas ehrt diese Frauen seiner Zeit, indem er ihren Dienst in das Leben Jesu einzeichnet, den Frauen in seinen Gemeinden damit zugleich ein Vorbild gebend.

Eine biographische Ausdeutung der vorliegenden Notiz ist also abwegig, auch wenn sie romanhaft-erotische Abwege vermeidet. Ein jüdischer Rabbi wurde nicht von Frauen begleitet; die Vorstellung ist also hellenistisch. Schlagworte moderner Emanzipationspsychose wie «Jesus-Kommune», «Frauenbefreiung», «Wider den Sexismus» usw. bleiben hinter der von unserer Erzählung dokumentierten Freiheit weit zurück.

8,4–18 Gleichnis vom vierfachen Acker

4 Als einmal eine große Menge beisammen war, darunter viele, die aus den Städten bei ihm zusammenströmten, sprach er im Gleichnis: 5 Der Sämann ging hinaus, um seine Saat zu säen. Und als er säte, fiel etwas auf den Weg; es wurde zertreten, und die Vögel des Himmels pickten es auf. 6 Anderes fiel auf den Felsen, und als es aufging, verdorrte es, weil es an Feuchtigkeit fehlte. 7 Anderes fiel mitten unter die Dornen, und die Dornen, die mit aufgingen, erstickten es. 8 Noch anderes fiel in den guten Boden, und als es aufgegangen war, brachte es hundertfältig Frucht. Nachdem er dies gesagt hatte, rief er: Wer Ohren hat zu hören, der höre! 9 Seine Jünger fragten ihn, was dies Gleichnis bedeute. 10 Da sagte er: Euch wird gegeben, das Geheimnis der Herrschaft Gottes zu verstehen, das den anderen in Gleichnissen gesagt wird, damit sie sehend nicht sehen und hörend nicht begreifen. 11 Folgendes ist der Sinn des Gleichnisses: Der Same ist das Wort Gottes. 12 Diejenigen, bei denen es auf den Weg fällt, sind Hörer, zu denen der Teufel kommt und das Wort aus ihrem Herzen reißt, damit sie nicht zum Glauben kommen und gerettet werden. 13 Diejenigen, bei denen es auf den Felsen fällt, hören das Wort und nehmen es mit Freuden auf; aber es schlägt keine Wurzel: vorübergehend glau-

ben sie, doch in der Zeit der Versuchung fallen sie ab. **14** Was in die Dornen fällt, sind die Hörer, die von Sorgen oder Reichtum oder Lüsten, in denen sie leben, erdrückt werden, so daß sie keine Früchte bringen. **15** Was aber in guten Boden fällt, sind diejenigen, die das Wort mit gutem und feinem Herzen aufnehmen, es festhalten und Frucht bringen – in Geduld.
16 Niemand zündet eine Lampe an und bedeckt sie mit einem Topf oder stellt sie unter ein Bett, sondern er stellt sie auf einen Leuchter, damit alle, die eintreten, Licht haben. **17** Denn nichts ist verborgen, was nicht offenbar wird, und nichts versteckt, was nicht verstanden und sichtbar wird.
18 Achtet also darauf, wie ihr hört. Denn wer hat, dem wird gegeben; und wer nicht hat, von dem wird auch genommen, was er zu haben meint.

Nach der «kleinen Einschaltung» (6,20b–8,3) lenkt Lukas mit 8,4ff. wieder in den Markus-Faden zurück.
Markus hatte das Gleichnis vom vierfachen Acker mitsamt seiner Deutung (Mark. 4,3–9.13–20) in seiner Grundschrift vorgefunden und diese Vorlage durch einen Rahmen (Mark. 4,1f.) und seine «Gleichnistheorie» (Mark. 4,10–12.21–25) ergänzt.
Lukas läßt den anschaulichen Rahmen (Mark. 4,1–2), den er schon in 5,1–3 gebracht hatte, weg. Wegen V. 19–21 muß man sich die in V.4 gezeichnete Situation vermutlich wie 5,17ff. in einem Haus vorstellen. Gleichniserzählung und Deutung strafft und modifiziert Lukas gegenüber Markus, ändert sachlich aber nichts wesentliches. Wir blicken auf eine «traditionelle» Gemeinde, welcher der Ernst der Nachfolge eingeschärft wird; die Missionssituation ist natürlich mit im Blick. Mag der Prediger sich auch selbst damit trösten können, daß der Mißerfolg sein Tun unvermeidlich begleitet, so gibt er doch dem Hörer zu bedenken, daß er dem guten Boden gleich sein muß, wenn nicht alle Mühe vergebens sein soll. Die Situation der Verfolgung **(V.13)** und die Gefahren des Reichtums **(V.14)** waren schon bei Markus angesprochen; beides kommt den lukanischen Tendenzen unmittelbar entgegen. Den Absichtssatz in **V.12b** hat erst Lukas formuliert, und zwar in der erbaulichen Sprache seiner Gemeinde: das rettende «Wort», bei Lukas der Ruf zur Buße und das Angebot der Sündenvergebung, will «Glauben» wirken. Auch das «in Geduld» fügt Lukas in **V.15** hinzu, vermutlich im Blick auf die bedrängte Situation der verfolgten Gemeinden, deren Beharrlichkeit auf harte Proben gestellt wird; «Geduld» meint «tapferes Aushalten».

Die «Gleichnistheorie» des Markus bedient sich in Mark. 4,10–12 eines alttestamentlichen Prophetenwortes (Jes. 6,9) und in Mark. 4,21–25 einiger Sprüche aus der Logienüberlieferung Q[1]. Es geht Markus dabei nicht um eine Verstockungs- oder Prädestinationslehre, sondern er erklärt, Jesus habe, um nicht vorzeitig verurteilt zu werden, *vor* dem Verfahren in Jerusalem das «Geheimnis» der Gottesherrschaft, seine Messianität, nur seinen Jüngern vertraulich offenbaren können (Mark. 4,10–12), die dies Geheimnis *hernach* aber öffentlich verkündigen sollen (Mark. 4,21–25).
Lukas hält diese Theorie im Prinzip fest, wenn Jesus in **V. 9f.** erklärt, die *Jünger* sollten über den Sinn des Gleichnisses informiert werden, der den anderen Hörern (noch) verborgen bleibt, und in **V. 16f.** ergänzt, daß solche Verborgenheit (zu gegebener Zeit) aufgehoben werden wird. Er versetzt diese Theorie freilich in das Gefüge seiner Redaktion. Das «Geheimnis der Gottesherrschaft» ist nicht mehr die ge-

heime Offenbarung der Messianität Jesu, sondern die Lehre Jesu am Beispiel des vorliegenden Gleichnisses überhaupt. Jesus zeichnet seine Jünger auf solche Weise aus und bereitet sie auf ihre Funktion als Garanten der kirchlichen Tradition vor (Apg. 1,21f.), die sie von allen anderen Christen, insonderheit auch von Paulus, unterscheidet (vgl. 1,1–4). Den Tadel an die Adresse der Jünger (Mark. 4,13) läßt Lukas dementsprechend aus.

Mit Bedacht übergeht er auch Mark. 4,12c, weil er den Anschein vermeiden möchte, die Möglichkeit von Buße und Bekehrung stehe nicht allen offen. Freilich: Nicht jeder, der versteht, ist auch einverstanden; hören und glauben sind zweierlei. Aber wer immer zur Gemeinde kommt, erfährt dort alle «Geheimnisse» der Herrschaft Gottes (V. 16f.), die ganze Fülle des Evangeliums; die Gemeinde redet bei offenen Türen. Bei den beiden Logien in V. 16 und V. 17 handelt es sich um ursprünglich freie Sprichwörter, deren alter Sinn in der Spruchüberlieferung Q^1 aus der Verwendung in Mark. 4,21f./Luk. 8,16f. nicht mehr erkennbar wird. Lukas bringt andernorts (11,33; 12,2) beide Worte auch noch nach der Spruchquelle Q, und in V. 16f. verbindet er die Q-Fassung mit der Markus-Fassung.

Eine andere Auslegung setzt V. 16f. nicht in Verbindung mit V. 9f, sondern bezieht V. 16f. unmittelbar auf V. 15 zurück: Die Hörer, die dem guten Land gleichen, sollen ihr Licht öffentlich leuchten lassen, so daß man die hundertfältige Frucht allerorten erkennt. Aber dieses Verständnis ist eher von Mat. 5,15f. als vom lukanischen Zusammenhang inspiriert und läßt sich bei V. 17 schwerlich überhaupt durchführen.

V. 18 gestaltet Lukas gegenüber Mark. 4,24f. erheblich um. V. 18 blickt auf das Gleichnis und seine öffentliche (V. 16f.) Deutung zurück und ermahnt offenbar alle Hörer bzw. die Leser, darauf zu achten, wie sie hören, das heißt welchem Boden sie gleichen. Das rechte Hören aber ist das Tun (vgl. 6,46ff.). Wer dem guten Boden gleicht und Frucht bringt, wird die Fülle der ewigen Gottesgaben haben; den anderen wird im letzten Gericht das wenige, was sie scheinbar haben, auch noch genommen werden (vgl. 19,26). Damit rückt das Gleichnis abschließend ganz in die Optik der bedrängten Gemeinde zur Zeit des Lukas und unter den Gesichtspunkt von V. 21 und 11,28: «Selig sind, die Gottes Wort hören und bewahren».

8,19–21   Wahre Verwandte

19 Seine Mutter und seine Brüder kamen zu ihm, konnten aber wegen der vielen Leute nicht bis zu ihm gelangen. 20 Man sagte zu ihm: Deine Mutter und deine Brüder stehen draußen und wollen dich sehen. 21 Da antwortete er ihnen: Diejenigen sind meine Mutter und meine Brüder, die Gottes Wort hören und tun.

Die Vorlage von V. 19–21 steht in Mark. 3,20f.31–35.
Ungewöhnlicherweise hatte Lukas diese Perikope zunächst übergangen. Die Gründe dafür liegen am Tage: Einerseits wollte er (wie sonst) die in der Markus-Fassung begegnende Demonstration des Unglaubens der Angehörigen Jesu vermeiden (vgl. 1,26ff.; 2,19.33ff.51); andererseits dient ihm die Erzählung im Anschluß an das Gleichnis vom vierfachen Acker dazu, dessen Absicht nachdrücklich zu unterstreichen. Dabei hat Lukas den Hauptgedanken der ursprünglichen Erzählung von den wahren Verwandten freilich deutlich versetzt.
In Mark. 3,20f.31–35 geht es vor allem um ein christologisches Problem. Hat Jesu

Gemeinde recht, die sich um ihn versammelt, auf ihn hört und ihn als «Herrn» verehrt, oder haben seine Angehörigen recht, die in diese Versammlung der Nachfolger nicht hineingehen wollen, sondern Jesus in seine «historische» Existenz zurückholen und nur als «Mitmenschen» gelten lassen möchten? Jesus selbst entscheidet sich für das Urteil der an ihn glaubenden Gemeinde, die mit ihrem Bekenntnis zu ihm den Willen Gottes «tut».

Lukas verändert die Szene und vereinfacht das Problem. Die Eltern und Brüder können wegen der Menge nicht zu ihm kommen, obwohl sie wollen; dies Motiv stammt aus 5,19. Und als Jesus erfährt, daß sie zu ihm kommen wollen, verkündigt er, ohne seine Angehörigen irgendwie zu kritisieren, den Grundsatz V.21. Die vorangehende Szene hat also keinen Eigenwert, sondern löst nur diesen Grundsatz aus. Der Ton in diesem Grundsatz liegt auf dem «hören und tun», das Lukas, über Markus hinausgehend, im Anschluß an V.8.15.18 formuliert. Der Sinn dieses Grundsatzes ist offensichtlich – wie in 11,28 – ermahnend: Hören allein genügt nicht. Man muß dem guten Acker gleichen, das Wort festhalten und Frucht bringen. Solche Mahnung ist angesichts der im vorangehenden Gleichnis beschriebenen Gefahren (V.12–14) stets nötig und auch ganz gewöhnlich (vgl.6,46ff.; Jak.1,22; Röm.2,13). In der Situation der Verfolgung ist sie besonders dringlich, weil das Festhalten am Wort besonders schwer fällt (vgl.V.15).

Daß der Glaube an Jesus eine *neue* Familie, die Gemeinde Gottes, die Gemeinschaft der Heiligen, die christliche Bruderschaft begründet, ist ein wichtiger Nebengedanke der lukanischen (und schon markinischen) Darstellung, wie sich aus der Dublette 11,27f. in Verbindung z.B. mit 18,29f. ergibt: Die Gemeinschaft der Glaubenden hat im Konfliktfall, der gerade in Verfolgungszeiten gegeben ist, Vorrang vor der natürlichen, verwandtschaftlichen Bindung.

8,22–25   Der Seesturm

22 Eines Tages bestieg er ein Schiff, von seinen Jüngern begleitet, und sagte zu ihnen: Wir wollen an das gegenüberliegende Ufer des Sees fahren. Da stachen sie in See, und während sie segelten, legte er sich schlafen. 23 Plötzlich fiel ein Sturmwind auf den See; das Schiff füllte sich mit Wasser und sie gerieten in Gefahr. 24 Sie traten zu ihm, weckten ihn auf und sagten: Meister, Meister, wir kommen um. Er erhob sich und bedrohte Wind und Wellen. Da legten sie sich und es wurde still. 25 Er sagte zu ihnen: Wo ist euer Glaube? Sie gerieten in Furcht und Staunen und sagten zueinander: Wer ist er, daß er sogar Wind und Wellen befiehlt und sie ihm gehorchen!

Lukas bleibt im Aufriß des Markus-Evangeliums und folgt Mark.4,35–41 ohne gründliche Änderungen.

Den umständlichen Eingangsrahmen des Markus gestaltet er gefälliger (V.22), die Darstellung der Not (V.23–24a) und der Hilfe (V.24b) strafft er; der Chorschluß (V.25b) wird kaum verändert. Insgesamt wirkt die Wundergeschichte bei Lukas noch stilvoller als bei Markus.

Die zeichenhafte Bedeutung der Fahrt von Ufer zu Ufer war der ganzen antiken Welt vertraut. Während Matthäus dabei deutlich an das «Schiff der Kirche» denkt, dürfte (die Grundschrift des) Markus eher das «Schiff des Lebens» vor Augen haben. Der Mensch ist ruhelos unterwegs, zu bekannten und unbekannten Zielen. Die

«Stürme des Lebens» überfallen ihn oft plötzlich. Der Christ darf auch im Sturm getrost sein. Sein Herr ist bei ihm; er wird helfen oder – er ist der Gekreuzigte! – noch im Versinken mit ihm sein. Vertrauen ist geboten, nicht Furcht. Jesu vorwurfsvolle Frage, wo der Glaube geblieben sei, ist Ermahnung und Ermunterung zugleich. Glaube bedarf der Bewährung in den Stürmen des Lebens, im Sturm des Todes.

Lukas sagt nicht, ob er der theologisch sehr tiefgründigen Erzählung eine spezifische Deutung geben will. Seine verfolgte und bedrängte Gemeinde aber hat die Erzählung unzweifelhaft vor allem auf ihre akute Situation bezogen. Auch in den Stürmen der Verfolgung ist die Gemeinde nicht allein gelassen. Sie darf Glauben bewahren und soll ihn nicht in der Stunde der Gefahr (V. 13!) preisgeben. Hoffe auf ihn; «denn ich werde ihm noch danken, daß er meines Angesichts Hilfe und mein Gott ist» (Ps. 42,12). Der Glaube erfährt ständig die heilvolle Epiphanie Gottes.

8,26–39 Der Besessene von Gerasa

**26 Darauf segelten sie in das Gebiet der Gerasener, das gegenüber von Galiläa liegt. 27 Als er an Land ging, begegnete ihm ein Mann aus der Stadt, der von Dämonen besessen war; schon seit langem zog er sich keine Kleidung mehr an und wohnte nicht zuhause, sondern in den Grabstätten. 28 Als er Jesus sah, schrie er auf, fiel vor ihm nieder und rief mit lauter Stimme: Was haben wir miteinander zu tun, Jesus, du Sohn des höchsten Gottes; ich bitte dich, quäle mich nicht! 29 Er hatte nämlich dem unreinen Geist befohlen, von dem Mann auszufahren. Sehr oft nämlich hatte er ihn gepackt, und auch wenn man ihn an Händen und Füßen gefesselt hatte, um ihn gefangen zu halten, riß er die Fesseln ab und wurde vom Dämon in die Einöde getrieben.
30 Jesus fragte ihn: Wie ist dein Name? Er sagte: Legion! – denn viele Dämonen waren in ihn eingefahren. 31 Und er bat ihn, er möchte ihnen nicht befehlen, in die Unterwelt hinab auszufahren. 32 Nun weidete dort auf einem Berg eine größere Herde Schweine. Da baten sie ihn, er möchte ihnen erlauben, in sie einzufahren. Das erlaubte er ihnen, 33 aber als die Dämonen aus dem Menschen in die Schweine gefahren waren, stürzte sich die Herde den Abhang hinunter in den See und ertrank.
34 Die Hirten, die alles beobachtet hatten, liefen davon und erzählten es in der Stadt und auf den Gehöften. 35 Die Leute machten sich auf, es selbst zu sehen, und sie trafen Jesus. Den Mann, von dem die Dämonen ausgefahren waren, fanden sie bekleidet und vernünftig zu Jesu Füßen sitzen; da fürchteten sie sich. 36 Die dabeigewesen waren berichteten ihnen, wie der Besessene geheilt worden war. 37 Darauf baten ihn alle Leute aus dem Gebiet der Gerasener, sie zu verlassen; denn große Furcht hatte sie ergriffen.
38 Aber der Mann, von dem die Dämonen ausgefahren waren, bat ihn, bei ihm bleiben zu dürfen. Er schickte ihn jedoch weg: 39 Geh nach Hause und erzähle, was Gott dir getan hat. Da ging er hin und verkündigte in der ganzen Stadt, was Jesus an ihm getan hatte.**

Lukas folgt weiterhin Markus, und zwar ohne große Eingriffe Mark. 5,1–20, einer «novellistischen» Wundergeschichte aus der Grundschrift des Markusevangeliums, die Markus nur durch die geographisch unpassende Ortsangabe Gerasa – Gerasa

liegt weit landeinwärts – und durch den Austreibungsbefehl (V. 29a/Mark. 5,8) ergänzt hatte.
Wir haben es mit einer motivreichen und theologisch sehr gefüllten «symbolischen» Darstellung des christlichen Heilsgeschehens zu tun. In dem Besessenen begegnet der von sich entfremdete Mensch, der Sünder, der sich verloren hat, weil er Gott verloren hat. Er ist sein eigener Feind, der nicht mehr weiß, was er tut. Auch die anderen Menschen sind der Macht des Bösen nicht gewachsen. Als aber Gott in Jesus dem Besessenen begegnet, muß die Macht des Bösen sofort weichen. Das überschlaue Böse bereitet sich sogar selbst sein Ende in der Unterwelt **(V. 33)**, und in einem großen Chorschluß **(V. 34–37)** zeigen sich die Gerasener über alle Maßen beeindruckt. Der «Gerettete» wird sich selbst und der menschlichen Gemeinschaft zurückgegeben. Seiner Bitte um Nachfolge entspricht Jesus in der Weise, daß er den Glaubenden nach Hause schickt als Boten der Gnade Gottes, als Zeugen Jesu Christi.

Lukas hat zwar nicht alle Feinheiten der Vorlage festgehalten, ihre Absicht aber nicht redaktionell verformt. Den stilistischen Bruch, den Markus durch Einfügung von 5,8 hervorrief, hat Lukas beobachtet und nicht ungeschickt dadurch zu beseitigen versucht, daß er die Schilderung der Besessenheit von Mark. 5,3–5 nach V. 29b übertrug. In **V. 39** verdeutlicht Lukas gegenüber Markus, daß *Jesus* das Werk Gottes tut, *Gott* durch Jesus handelt und wirkt – eine fundamentale theologische Aussage.

Daß die Gerasener Heiden waren – Gerasa liegt im politisch selbständigen Gebiet der Dekapolis –, betont Lukas so wenig wie Markus, doch gehört der Missionsgedanke als solcher, wie V. 38f. zeigt, zum Grundbestand der Erzählung. Als Jesus die Gegend wieder verläßt, weil die Gerasener die Demonstration des Göttlichen nicht ertragen können (vgl. 5,8f.), wird der Geheilte zu einem «Missionar», der seine Landsleute zu Jesus führt: Jesus wirkt durch seine Gemeinde.

8,40–56   Heilung der Tochter des Jairus und der blutflüssigen Frau

40 Als er zurückkam, begrüßten ihn viele Leute; denn alle hatten schon auf ihn gewartet. 41 Ein Mann mit Namen Jairus, ein Synagogenvorsteher, trat herzu, fiel Jesus zu Füßen und bat ihn, mit ihm nach Hause zu kommen, 42 weil seine zwölfjährige Tochter, sein einziges Kind, im Sterben liege.
Als er sich auf den Weg machte, drängte sich das Volk um ihn, 43 und eine Frau, die seit zwölf Jahren am Blutfluß litt und ihr ganzes Geld bei Ärzten losgeworden war, ohne daß ihr jemand helfen konnte, 44 trat von hinten heran und berührte den Saum seines Gewandes; sofort hörte ihr Blutfluß auf. 45 Da sagte Jesus: Wer hat mich berührt? Niemand gab es zu, und Petrus sagte: Meister, alle Leute umringen und bedrängen dich! 46 Aber Jesus sagte: Mich hat jemand berührt; ich habe nämlich gespürt, wie eine Kraft von mir ausging. 47 Als die Frau merkte, daß sie nicht unerkannt bleiben konnte, kam sie zitternd heran, fiel vor ihm nieder und erklärte öffentlich, warum sie ihn berührt habe und daß sie plötzlich geheilt worden sei. 48 Da sagte er zu ihr: Tochter, dein Glaube hat dich gerettet. Gehe hin in Frieden.
49 Während er noch sprach, kommt einer aus dem Haus des Synagogenvorstehers und sagt: Deine Tochter ist gestorben. Bemühe den Meister nicht weiter. 50 Jesus hörte das und erklärte ihm: Fürchte dich nicht, glaube nur; dann wird dir geholfen. 51 Als er in das Haus kam, ließ er nur Petrus und Johannes und Jakobus sowie den

Vater und die Mutter des Kindes eintreten. **52 Alle weinten und beklagten sie. Er aber sagte: Weint nicht; sie ist nicht gestorben, sie schläft. 53 Da lachten sie ihn aus, weil sie wußten, daß sie gestorben war. 54 Er aber faßte sie bei der Hand und rief sie an: Mädchen, steh auf! 55 Da kehrte ihr Atem zurück; sie erhob sich sofort, und er ordnete an, man möge ihr zu essen geben. 56 Ihre Eltern gerieten ganz außer sich, doch befahl er ihnen, niemandem zu erzählen, was geschehen war.**

In 8,40–56 schreibt Lukas Mark. 5,21–43 «ab», wie Markus seinerseits bereits eng seiner Grundschrift gefolgt war; dabei hatte Markus allerdings, wenig glücklich, den Kreis der Vertrauten Jesu in 5,37/Luk. 8,51 sowie das Schweigegebot in 5,43/ Luk. 8,56b zugefügt.

Beide Wundergeschichten waren von Anfang der Überlieferung an miteinander verbunden; sie interpretieren sich gegenseitig.

Ist Jesus wirklich derjenige, der die Macht des Bösen bricht, wie die vorausgehende Geschichte vom Besessenen zu Gerasa zeigte, so muß er auch Macht über den Tod haben; denn der Tod ist Konsequenz des Bösen, die Quittung für die Sünde. Jesus zeigt: Für Gott ist auch der Tod nur ein Schlaf. Wer mit Gott unterwegs ist, lebt, auch wenn er stirbt, wie man umgekehrt ohne Gott lebendig tot ist. Jesus kuriert nicht Leiden, sondern hilft dem Menschen selbst. Der dem Vater abgeforderte Glaube – die vertrauensvolle Selbstpreisgabe in Gott auch und gerade angesichts des Todes – bedeutet Leben.

Wie der Glaubende glaubt, zeigt die eingelegte Erzählung von der Frau, die an Blutfluß leidet, der also das Leben entrinnt: Sie beansprucht Jesus ungefragt. Der magische Zug, daß schon das Anfassen des Gewandes Jesu heilt, dient der Absicht der Geschichte: Jesus ist gekommen, dem Menschen das fliehende Leben zurückzubringen; wer die Hilfe des Helfers in Anspruch nimmt, dem wird sie dadurch schon zuteil. Jesus hilft bedingungslos dem, der sich helfen läßt. «Heil» ist nicht eine Folge des Glaubens, sondern im Glauben selbst liegt das Heil. «Glaube» ist nicht «Für-wahr-halten», sondern ergreifen von Wahrheit: «Ich lasse dich nicht, du segnest mich denn» (1. Mose 32,27). Danach handelt die Frau.

Die geringfügigen Änderungen, die Lukas an der Markus-Fassung anbringt, zeigen, daß er ein stilvoller Erzähler hellenistischer Wundergeschichten ist, der freilich manche theologische Feinheiten seiner Vorlage übersieht. Daß Jesus eine Kraft abfließen spürt (V. 46), ist ein bezeichnender hellenistischer Zug. Der Schluß der Erzählung ist geschickter als bei Markus gestaltet, wo die redaktionellen Einschübe stören. «Leute» treten nicht mehr in den Blick. Das Gespräch V. 52 f. findet offenbar im Haus mit dem in V. 51 genannten Kreis statt. Dadurch gewinnt das Schweigegebot V. 56 einige Überzeugungskraft. Warum die Eltern das Wunder nicht verbreiten sollen, sagt Lukas nicht. Soll die Kundgabe den Aposteln vorbehalten werden, den maßgeblichen Zeugen Jesu (vgl. 1,1–4)?

9,1–6   Aussendung der Zwölf Apostel

1 Er rief die Zwölf Apostel zu sich und gab ihnen Vollmacht über alle Dämonen und die Kraft, Kranke zu heilen. 2 Dann sandte er sie aus, die Herrschaft Gottes zu verkündigen und die Kranken gesund zu machen. 3 Er sagte zu ihnen: Nehmt auf euren Weg nichts mit; ihr sollt weder Stab noch Tasche noch Brot noch Geld noch Kleidung zum Wechseln bei euch haben. 4 In dem Haus, in das ihr einkehrt, müßt

ihr bleiben, bis ihr von dort wieder aufbrecht. **5 Und wenn man euch irgendwo nicht aufnimmt, so schüttelt den Staub von euren Füßen, wenn ihr von jener Stadt aufbrecht, als Zeugnis gegen sie. 6 Da brachen sie auf und durchzogen die Ortschaften, predigten das Evangelium und heilten allerorten.**

Lukas übergeht Mark. 6,1–6, weil er diese Perikope bereits in 4,16ff. vorweggenommen hatte, und nimmt mit der vorliegenden Aussendung der Zwölf Apostel Mark. 6,7–13 auf, berücksichtigt freilich zugleich die Dubletten zu den einzelnen Sprüchen in der Spruchquelle Q. Die Logien, die den Grundbestand von Mark. 6,7–13 bilden, stammen nämlich aus der Spruchüberlieferung Q[1] und sind von dort mit verwandtem Spruchgut auch in die Spruchquelle Q übernommen worden, wie die über Markus hinausgehenden Parallelen in Mat. 10,1ff. einerseits und Luk. 9,1–6 und 10,1–12 andererseits zeigen.

In Q[1] gelten die Sprüche offenbar Boten, die den nahen Anbruch der apokalyptisch vorgestellten Gottesherrschaft ausrufen. Sie sollen **(V. 3)** nichts bei sich tragen, um zu zeigen, daß jetzt, wo alles vergehen wird, nur noch eines nötig ist: Die vertrauensvolle und ungeteilte Zuwendung zur Herrschaft Gottes (vgl. 10,4 und Mat. 10,9f.). Darum dürfen sie auch **(V. 4)** kein einmal gewähltes Quartier zugunsten eines besseren verlassen (vgl. 10,7f. und Mat. 10,11). Wer die Boten bzw. ihre Botschaft nicht aufnimmt **(V. 5)**, hat nur das Gericht zu erwarten. Zum Zeichen dessen soll man auch den Staub an den Füßen in jener Stadt zurücklassen (vgl. 10,10–12 und Mat. 10,14).

Lukas überliefert diese Naherwartungslogien offenbar weniger deshalb, weil er den in ihnen liegenden Entscheidungscharakter der Botschaft Jesu aufnehmen möchte. Er ist, wie es scheint, vielmehr der Meinung, daß nur die baldige Rückkehr der Jünger (V. 10) solche radikalen Verhaltensweisen, die der lukanischen Armenfrömmigkeit entgegenkommen, ausnahmsweise erlaubt; für die Zeit der Kirche ist nämlich anderes Verhalten geboten, wie Lukas in 22,35ff. ausdrücklich sagt.

Die Aussendung als solche ist Lukas im Zusammenhang mit der Berufung der Zwölf Apostel (6,12–16) wichtig: Die Zwölf Apostel sind *die* maßgeblichen Zeugen Jesu, wie Lukas immer wieder betont (vgl. 24,47f.; Apg. 1,21f.), und zwar in Abwehr einer Irrlehre, die nur Paulus als authentischen Apostel gelten läßt. Darum fügt Lukas auch V. 2 (nach Q; vgl. 10,9 und Mat. 10,7) hinzu, so daß nun die Zwölf Apostel, die durch die Heilungsgabe als vollmächtig ausgewiesen werden (V. 1f.6), stärker als bei Markus die von Jesus selbst beauftragten Prediger des Evangeliums von der Herrschaft Gottes (V. 2.6) sind. Schon zur Zeit Jesu predigen und heilen die Zwölf Apostel, so daß der Übergang zur Zeit der Kirche, in der sie diese Wirksamkeit bruchlos fortsetzen (Apg. 4,30f.), durch sie und durch niemand anders erfolgt. Das Evangelium ist die «apostolische Tradition». Diese frohe Botschaft ist bei Lukas und schon in der lukanischen Gemeindefrömmigkeit natürlich nicht mehr die apokalyptische Ansage der jetzt einbrechenden Äonenwende, sondern die Predigt der Buße zur Vergebung der Sünden im (wann auch immer) kommenden Gericht (vgl. 4,18.43; 8,1).

9,7–9   Das Urteil des Herodes

7 Herodes, der Tetrarch, hörte von allem, was geschah, und es versetzte ihn in Verlegenheit, daß manche sagten, Johannes sei von den Toten auferstanden; 8 andere

sagten aber, Elia sei erschienen, noch andere, einer der alten Propheten sei auferstanden. 9 Herodes aber erklärte: Johannes habe ich enthaupten lassen. Wer aber mag dieser sein, von dem ich soviel höre? Und er hatte den Wunsch, ihn zu sehen.

Lukas bleibt weiterhin im Aufriß des Markusevangeliums; er folgt Mark. 6,14–16 bzw. 6,14–29.
In der Grundschrift des Markus bildete das respektvolle Urteil des Landesherrn Jesu, des Tetrarchen oder «Viertelsfürsten» Herodes (vgl. 3,1), Jesus sei der wiedergekommene Johannes (Mark. 6,14), nur die Einleitung zum Bericht von der Gefangennahme und Enthauptung des Täufers. Markus hatte das Stück zur Vorbereitung des Messiasbekenntnisses Mark. 8,27 (vgl. Luk. 9,18f.) durch V. 15f. erweitert und verselbständigt.
Lukas übergeht den Bericht von der Hinrichtung des Täufers; nachdem er schon in 3,19f. den Bericht von der Gefangennahme des Johannes vorweggenommen hatte, der indessen in 7,18ff. noch lebte (und wirkte?), erfahren wir nun in V. 9 beiläufig von seiner Enthauptung. Da Lukas also das Schicksal des Täufers nicht verschweigt, wollte er vermutlich einfach Raum sparen, wenn er die lange Erzählung Mark. 6,17–29 ausläßt, an der er sachlich kaum Anstoß genommen haben dürfte. Dadurch verselbständigt sich der vorliegende Abschnitt definitiv. Lukas benutzt ihn vor allem zur Vorbereitung von 23,6–12 (vgl. 13,31–33), indem er erklärt, Herodes habe schon seit geraumer Zeit den Wunsch gehabt, Jesus zu sehen. Darum fällen auch irgendwelche Leute, nicht mehr wie bei Markus Herodes selbst das Urteil, Jesus sei der wiedererstandene Johannes.
Das schließt Herodes selbst aus. Seine Frage «Wer aber mag dieser sein?» ist eine Frage bloßer Neugier, wie 23,6–12 zeigt; als Frage der Betroffenheit wäre sie eine wichtige Station auf dem Weg zur Wahrheit (vgl. 8,25).

9,10–17 Speisung der Fünftausend

**10 Als die Apostel zurückkamen, berichteten sie ihm, was sie getan hatten. Er nahm sie mit sich und zog sich in eine Stadt mit Namen Bethsaida zurück. 11 Die Leute beobachteten dies und folgten ihm. Er nahm sie freundlich auf, redete zu ihnen über die Herrschaft Gottes und heilte alle, die Hilfe nötig hatten.
12 Als sich der Tag neigte, traten die Zwölf zu ihm und sagten: Laß die Leute gehen, damit sie in den benachbarten Dörfern und Gehöften einkehren und etwas zu essen bekommen; denn wir befinden uns hier in einer einsamen Gegend. 13 Da sagte er ihnen: Gebt ihr ihnen zu essen! Sie erwiderten: Wir haben nur fünf Brote und zwei Fische; sollen wir uns deshalb auf den Weg machen und für alle diese Menschen Essen einkaufen? 14 Es waren nämlich ungefähr 5000 Männer. Er aber sagte zu seinen Jüngern: Sorgt dafür, daß sie sich in Gruppen von etwa 50 zum Mahl niedersetzen. 15 Sie taten es, und alle setzten sich zum Mahl nieder. 16 Er nahm die fünf Brote und die zwei Fische, blickte zum Himmel auf, sprach den Tischsegen, zerteilte sie und gab sie seinen Jüngern, sie den Leuten vorzulegen. 17 Alle aßen und wurden satt, und als man einsammelte, was sie übriggelassen hatten, waren es zwölf Körbe voll.**

Lukas folgt Mark. 6,30–44. Die wenig klare Szenerie, die bei Markus (6,31–33) auf die Rückkehr der Zwölf folgt, verkürzt und verdeutlicht Lukas in V. 10b–11a. Als

Ziel des Weges Jesu nennt er die Stadt Bethsaida, die Markus an den von Lukas übergangenen Stellen 6,45 und 8,22 erwähnt hatte; wegen V. 12 spielt sich die Speisung anscheinend noch auf dem Weg nach Bethsaida ab (vgl. 10,13).
Bei Markus interpretieren sich der Bericht von Jesu Predigt (Mark. 6,34) und von der wunderbaren Speisung gegenseitig. Brot und Fische wollen zeichenhaft von der Gabe verstanden werden, die Jesus bringt bzw. selbst ist: Gottes umfassendes Heil für eine orientierungslose Welt. Daß die Jünger im Auftrag Jesu die wunderbare Speisung durchführen, weist die Kirche aller Zeiten in ihre Aufgabe ein: sie hat das Brot des Lebens auszuteilen und damit in Jesu Namen das Werk der Erlösung, das Wunder aller Wunder, zu vollziehen (vgl. 2. Kor. 5,18ff.).
Lukas verselbständigt in V. 11b den Bericht von Jesu Predigt, zumal er schematisch von Jesu Predigen und Heilen spricht; vgl. zur Sache V. 1f.; 4,18.43; 8,1. Dabei entfällt Jesu Urteil über das orientierungslose Volk, das wie «Schafe ohne Hirten» war (Mark. 6,34). Offenbar fürchtet Lukas die kritische Schlußfolgerung der Irrlehrer, gegen die er sich wendet, folglich habe es in Israel Gottes Heil, Offenbarung und Erwählung noch nicht gegeben.
An einigen Stellen verbessert Lukas die Speisungsgeschichte stilistisch. Die Jünger nennen die bedeutungsvollen Zahlen von fünf Broten und zwei Fischen nun nicht mehr auf Anweisung Jesu, sondern von sich aus, und die eigenartige Angabe, daß Jesus die Fische selbst austeilt (Mark. 6,41b), streicht Lukas ganz. Offensichtlich ist ihm die symbolische Bedeutsamkeit solcher Einzelzüge der Erzählung nicht mehr bewußt.
Daß die Jünger das Wunder (im Auftrag Jesu) vollbringen, berichtet Lukas dagegen unverändert, und zwar offenbar als Exempel für das in 9,1f. Gesagte. Für Lukas sind die Zwölf Apostel also mit einer besonderen Wundergabe ausgestattet; das erhöht ihr Ansehen als der fundamentalen Garanten der kirchlichen Überlieferung (1,1–4), ein bezeichnender Gedanke der lukanischen Redaktion, der in der Apostelgeschichte (vgl. z. B. Apg. 3,1ff.) näher ausgeführt wird.

9,18–22 Petrusbekenntnis und erste Leidensansage

18 Als er sich einmal in Gegenwart seiner Jünger zum Gebet zurückgezogen hatte, fragte er sie: Für wen halten mich die Leute? 19 Sie antworteten: Für Johannes den Täufer, andere für Elia; noch andere meinen, einer der alten Propheten sei auferstanden. 20 Da fragte er sie: Und ihr? Für wen haltet ihr mich? Petrus antwortete: Für den Christus Gottes! 21 Er aber befahl ihnen ausdrücklich, dies niemand zu sagen, und sagte: Der Menschensohn muß viel leiden; er muß von den Ältesten und Oberpriestern und Schriftgelehrten verworfen und muß getötet und am dritten Tag auferweckt werden.

Die große Auslassung

Nachdem Lukas bereits einige kleinere Abschnitte des Markusevangeliums ausgelassen hatte, zuletzt Mark. 6,17–29, übergeht er nun Mark. 6,45–8,26 ganz. Dieser übergangene Abschnitt ist insofern «geschlossen», als Jesus in Mark. 6,45 nach Bethsaida aufbricht und in Mark. 8,22–26 in Bethsaida wirkt. Lukas hat dies anscheinend beobachtet und deshalb Bethsaida schon in 9,10b genannt. Daß Lukas den ausgelassenen Abschnitt kennt, zeigt er auch z. B. in V. 18

(/Mark. 6,46f.), 11,37f. (/Mark. 7,1ff.), 12,1 (/Mark. 8,15) und Apg. 5,15f. (/Mark. 6,56).
Der primäre Grund für diese Auslassung dürfte sein, daß Lukas die Länge seines Evangeliums in Grenzen halten will. Evangelium und Apostelgeschichte haben etwa gleichen Umfang und füllen jeweils eine große, aber nicht übergroße antike Buchrolle. Lukas hatte in 1,1–4 keine vollständige, sondern eine «dogmatisch» zuverlässige Wiedergabe seiner Quellen in Aussicht gestellt. Die Speisung der 4000 (Mark. 8,1–10) und die Zeichenforderung (Mark. 8,11–13) waren als Dubletten zu Luk. 9,10–17 und 11,29 leicht entbehrlich, und Abschnitte wie Mark. 7,1–23 («rein und unrein») und 7,24–30 («Syrophönizierin») waren Lukas wegen ihrer kritischen Tendenz gegenüber dem Judentum dogmatisch überdies unbequem. Außerdem entfällt auf diese Weise der Bericht von Jesu Predigt im Heidenland (Mark. 7,24.31); Lukas will jeden Anschein vermeiden, als habe Jesus das Evangelium vom jüdischen Volk weggeführt (vgl. zu 9,51–56).

Mit dem Messiasbekenntnis des Petrus (Mark. 8,27ff.) nimmt Lukas nach der «großen Auslassung» den Markus-Faden wieder auf. Er streicht die Ortsangabe Cäsarea Philippi (Mark. 8,27), weil er Jesus noch in der Gegend von Bethsaida (9,10) weilen läßt.
Für Markus ist das Messiasbekenntnis des Petrus mit dem folgenden Schweigegebot Jesu (Mark. 8,27–30) der erste (redaktionelle) Höhepunkt seines Evangeliums, auf den alles Vorhergehende hindrängt: der «christliche» Glaube bricht sich Bahn, muß aber noch verborgen bleiben, weil Jesus seinen Weg nicht vorzeitig beenden darf (vgl. Mark. 14,61ff.). Die anschließende Leidensansage (Mark. 8,31–33) dient vor allem dem für Markus wichtigen Zweck, den Menschensohn der Verkündigung Jesu mit ihm selbst, dem Christus des kirchlichen Bekenntnisses, zu identifizieren.
Lukas verfolgt die Interessen der markinischen Redaktion nicht mehr. Er verbindet die beiden bei Markus relativ selbständigen Abschnitte Messiasbekenntnis und Leidensansage in **V. 21** unlösbar miteinander. Nun liegt der Ton anscheinend auf der Begründung für das Schweigegebot. Muß man Lukas folgendermaßen verstehen: Das (jüdische) Volk soll Jesus weiterhin nur für einen Propheten halten; würde das Volk ihn nämlich als den Christus Gottes (an)erkennen, würde Jesus, der das Volk ganz auf seiner Seite hat, den Weg nicht mehr gehen können, den er – wie andere Propheten vor ihm (6,23; 13,34; Apg. 7,52) – gehen muß? Oder ist die Meinung wie bei Markus: Zwar wird der Messias zu seiner Zeit leiden, aber noch muß er wirken; darum darf sein Messiasanspruch, dessen Veröffentlichung zur Verurteilung Jesu führt (22,70ff.), noch nicht publik werden?
So oder so geht es Lukas vor allem um das «Muß» des Leidens Jesu selbst. Dieses «Muß» versteht er indessen nicht wie z. B. Paulus im Rahmen einer Kreuzestheologie («für unsere Sünden»), sondern im Sinne einer «formalen» Erfüllung des im Alten Testament Angesagten (vgl. 24,25–27.44–46); das vom Alten Testament gebotene «Muß» bestätigt, daß man nicht, wie es die Irrlehrer in den Gemeinden des Lukas tun, zugleich emphatisch Jesus als den Gekreuzigten verkündigen und die Heilsgeschichte Israels verwerfen kann.
Nebenbei zeigt Lukas sich in V. 18a (vgl. Mark. 6,46f.) einmal mehr als «Evangelist des Gebets».
In **V. 19b** spricht er ausdrücklich von den «alten» (= den alttestamentlichen) Propheten, neben die Jesus tritt.

Und es entspricht dem Jüngerbild des Lukas, wenn er, um alle Schatten von den Zwölf Aposteln nach Möglichkeit fernzuhalten, den harten Tadel, den Petrus in Mark. 8,32f. von Jesus erfährt, ersatzlos streicht; solcher Tadel gab den Irrlehrern Gelegenheit, Paulus als den einzigen wahren Apostel herauszustellen.

9,23–27 Nachfolgesprüche

23 Er sagte aber zu allen: Wenn jemand mit mir gehen will, so verleugne er sich selbst und nehme täglich sein Kreuz auf sich und folge mir nach.
24 Denn wer sein Leben gewinnen will, wird es verlieren; wer aber sein Leben um meinetwillen verliert, der wird es gewinnen.
25 Denn was hätte der Mensch davon, wenn er die ganze Welt gewinnt, selbst aber verdirbt oder Schaden nimmt.
26 Denn wer sich meiner oder meiner Worte schämt, dessen wird sich auch der Menschensohn schämen, wenn er in seiner und seines Vaters und der heiligen Engel Herrlichkeit kommt.
27 Ich sage euch aber in Wahrheit: Einige von denen, die hier stehen, werden nicht sterben, ohne zuvor die Gottesherrschaft zu sehen.

Im Anschluß an Messiasbekenntnis und Leidensansage bringt Markus in Mark. 8,34–9,1 eine zusammenhängende Folge von sechs Nachfolgesprüchen, die er aus der Spruchüberlieferung Q[1] übernahm, wie die Dubletten aus Q zu drei dieser Sprüche zeigen (V.23/Mark.8,34 und 14,27/Mat.10,38; V.24/Mark.8,35 und 17,33/Mat.10,39; V.26/Mark.8,38 und 12,8f./Mat.10,32f.). Lukas läßt einen dieser Sprüche (Mark.8,37; vgl. aber Luk.12,15.20f.) aus und folgt im übrigen ziemlich genau der Markus-Vorlage mit nur geringem Einfluß der Dubletten und relativ wenigen redaktionellen Eingriffen.
Die Sprüche sind zu allen, also auch zu den potentiellen Nachfolgern gesprochen. Im Zusammenhang mit der vorangehenden Leidensansage, der lukanischen Interpretation der Passion Jesu als des exemplarischen Martyriums und der Situation der Verfolgung zur Zeit des Lukas erschließt sich der Sinn der überkommenen Logien im lukanischen Rahmen leicht: Der Jünger muß (wie Lukas ergänzt: täglich, vgl. 14,27) bereit sein, das «Kreuz», nämlich das Leiden um des Glaubens willen, in der Nachfolge Jesu auf sich zu nehmen **(V.23)**. Wer meint, sein Leben durch Verleugnung Jesu gewinnen zu können, täuscht sich **(V.24)**. Wer verleugnet, verdirbt selbst, und solches Verderben könnte auch der Gewinn der ganzen Welt nicht aufwiegen **(V.25)**. Denn wer Jesus verleugnet, wird erfahren, daß Jesus auch ihn verleugnet, wenn er in Herrlichkeit als der Richter wiederkommt **(V.26**; vgl. Apg.1,11; 10,42). In V.24 und V.25 könnte dabei speziell daran gedacht sein, daß der Christ in der Verfolgung durch Verleugnung seinen Besitz (= seinen Lebensunterhalt) vor der Beschlagnahme retten kann; solcher Gewinn ist nur scheinbare Rettung des Lebens, tatsächlich Verlust des wahren, ewigen Lebens. Bei diesem naheliegenden Verständnis zeigt sich erneut die Verbindung von Verfolgungssituation und lukanischer «Armenfrömmigkeit».
Während die drei Sprüche V.24–26 jeweils mit «denn» eng an V.23 angeschlossen werden, behält V.27 eine relative Selbständigkeit, auch wenn Lukas die markinische Einführungsformel «Und er sagte zu ihnen» (Mark.9,1) streicht, um eine engere Verbindung zu den vorangehenden Sprüchen herzustellen.

V. 27 sollte ursprünglich vermutlich Glieder der ersten Generation, die über das Ausbleiben der Wiederkunft Jesu enttäuscht waren (vgl. 2. Petr. 3,4), beruhigen. Schon Markus bezieht den Spruch aber nicht mehr auf die Parusie, sondern auf die folgende Verklärungsgeschichte. Dies könnte auch der Bezugspunkt des Logions bei Lukas sein, zumal Lukas nicht mehr (wie noch Markus) davon spricht, daß einige die Herrschaft Gottes «mit Macht kommen» sehen; vielmehr sehen sie den Glanz der zukünftigen Herrlichkeit auf dem Angesicht des verklärten Jesus. Andere denken an die österliche Herrlichkeit Jesu, noch andere an die lukanische *Verkündigung* der kommenden Gottesherrschaft; beides aber faßt Lukas nicht unter den Begriff «Herrschaft Gottes», der futurisch-eschatologischen Sinn hat.
Nun hat Stephanus vor seinem Märtyrertod den Himmel offen und Jesus in der himmlischen Herrlichkeit zur Rechten Gottes stehen sehen (Apg. 7,55f.); er sah also die «Herrschaft Gottes». Mit solchem Verständnis gehört V. 27 zusammen mit V. 23–26 in die Verfolgungssituation, und der lukanische Text verheißt einzelnen (Märtyrern), daß sie bereits vor ihrem Bekennertod sehen werden, was einst für alle irdisch sichtbar sein wird: Die Erscheinung des Weltenrichters Jesus im himmlischen Glanz, der bei seinem Kommen die eschatologische Herrschaft Gottes aufrichtet (21,27; Apg. 10,42). Freilich muß man in diesem Sinn V. 27 dann auch mit der Verklärungsgeschichte verbinden: Petrus, Jakobus und Johannes – zumindest die beiden ersten waren Märtyrer – sehen den vorweg in seine himmlische Herrlichkeit (vgl. V. 26) verklärten Jesus und im Lichtglanz auch die himmlischen Begleiter (V. 28ff.). Möglicherweise soll man dabei bedenken, daß solche Auszeichnung dem Paulus, der ja nicht zu den «einigen» gehört, die «hier stehen», dem Bericht der Apostelgeschichte zufolge nicht widerfährt (Apg. 9,3ff.), so daß es nicht angeht, ihn dem Kreis der Augenzeugen Jesu gleichzustellen.

9,28–36   Verklärung Jesu

28 Etwa acht Tage, nachdem er diese Worte gesprochen hatte, nahm er Petrus und Johannes und Jakobus mit sich auf den Berg, um zu beten. 29 Während er betete, änderte sich das Aussehen seines Gesichtes, und sein Gewand wurde strahlend weiß; 30 und plötzlich sah man zwei Männer mit ihm reden, nämlich Mose und Elia. 31 Sie erschienen in Herrlichkeit und sprachen vom Ende seines Weges, der sich in Jerusalem vollenden werde. 32 Petrus und seine Begleiter schliefen fest, und als sie wach wurden, sahen sie seine Herrlichkeit und die beiden Männer, die bei ihm standen. 33 Als sie ihn verlassen wollten, sagte Petrus zu Jesus: Meister, wie gut ist es, daß wir hier sind! Wir wollen drei Hütten bauen, eine für dich und eine für Mose und eine für Elia. Er wußte aber nicht, was er redete. 34 Noch während er sprach, erschien eine Wolke und überschattete sie; und als sie in die Wolke eintraten, fürchteten sie sich. 35 Dann erklang eine Stimme aus der Wolke: Dieser ist mein auserwählter Sohn; hört auf ihn! 36 Noch während die Stimme sprach, war Jesus wieder allein zu sehen. Sie aber schwiegen und erzählten in jenen Tagen niemand etwas von dem, was sie gesehen hatten.

Die Verklärungsgeschichte war in der Grundschrift des Markus eine Ostergeschichte gewesen: Der Auferstandene erscheint Petrus (vgl. 24,34; 1. Kor. 15,4f.), wird in die himmlische Herrlichkeit verwandelt (vgl. 1. Kor. 15,35ff.) und öffentlich als «Sohn Gottes» proklamiert (vgl. Ps. 2,7; Jes. 42,1; 5. Mose 18,15).

Markus hat (Mark. 9,2–10) die Erzählung neben das Messiasbekenntnis des Petrus in die vorösterliche Situation gestellt: Jesus wird nach dem erstmaligen Messiasbekenntnis schon vor seiner Auferstehung als Messias ausgerufen, wenn auch nur im engen Jüngerkreis und unter dem Siegel der Verschwiegenheit (Mark. 9,9f.). Die Gründe für diese Umstellung durch Markus sind redaktioneller Art.

Die besondere Rolle, die unsere Erzählung bei Markus spielt, kann Lukas ihr nicht zuschreiben; denn er hatte schon von mehr oder weniger öffentlichen Messiasproklamationen berichtet (2,8–14.29–32; 3,21f.). Offenbar dient ihm die Verklärungsgeschichte vor allem als Beleg für die Ansage V. 27 und also zur Auszeichnung der drei «Säulenapostel» (vgl. Gal. 2,9) und damit des Kreises der Zwölf Apostel insgesamt; sie sehen vorweg die kommende Herrlichkeit der Herrschaft Gottes. Lukas setzt der Erzählung aber auch einige charakteristische Lichter auf.

V. 28b weist Lukas einmal mehr als «Evangelisten des Gebets» aus; das Motiv nimmt Lukas aus dem (dort übergangenen) Vers Mark. 6,46 (vgl. V. 18; 22,39ff.). In **V. 31** erfahren wir, daß Mose und Elia mit Jesus über die Jerusalemer Passion gesprochen haben. Natürlich ist dabei, nachdem Jesus selbst seine Passion bereits in V. 22 angesagt hatte, nicht daran gedacht, daß er über sein Leiden belehrt werden muß. Vielmehr unterstreicht Lukas zwischen der ersten (V. 22) und der zweiten (V. 43b–45) Leidensansage nur das «Muß» der Passion in der für unseren Evangelisten typischen Weise: Wenn zwei hochbedeutsame Gestalten aus der Heilsgeschichte Israels, die Repräsentanten von Gesetz und Verheißung, mit Jesus über seine bevorstehende Passion sprechen, so ist diese Passion unlösbar an Israel bzw. an das Alte Testament gebunden; das «Muß» des Leidens Jesu ist das «Muß» der Verheißung. Man kann also nicht, wie die hyperpaulinischen Irrlehrer tun, den Gekreuzigten dezidiert bekennen und die alttestamentliche Offenbarung verwerfen. Daß die drei Jünger während des Gesprächs schlafen, ist ein aus der Gethsemane-Perikope stammendes Motiv (22,39–46). Es entspricht sachlich dem Schweigegebot nach der Leidensansage V. 22 und erbringt außerdem in **V. 32b** die ausdrückliche Feststellung, daß die Jünger die verklärten Drei – nicht schon die Verwandlung in die himmlische Herrlichkeit selbst – sehen, was im Sinn von V. 26f. (vgl. 24,26) zu verstehen ist: die vollmächtigen Zeugen Jesu und kommenden Märtyrer werden in einmaliger Weise ausgezeichnet, indem sie schon vorweg den Glanz der kommenden Herrschaft Gottes schauen dürfen.

Das «Gespräch beim Abstieg», eine redaktionelle Bildung des Markus mit dem Schweigegebot Jesu (Mark. 9,9), dem Unverständnismotiv (Mark. 9,10) und der Belehrung über die Identität von Elia und Johannes dem Täufer (Mark. 9,11–13), übergeht Lukas. Er berichtet nur in V. 36b, daß die Jünger von sich aus in jenen Tagen über dies Ereignis geschwiegen haben. War es so einmalig, daß es ihnen die Sprache verschlagen hat? Eher gelten auch an dieser Stelle Gründe, wie sie im Zusammenhang mit dem Messiasbekenntnis V. 21f. erwogen wurden.

9,37–43a   Heilung des Epileptischen

37 Am folgenden Tag, als sie von dem Berg hinabstiegen, begegneten ihm viele Leute, 38 und ein Mann rief aus der Menge: Meister, ich bitte dich, kümmere dich um meinen Sohn. Er ist mein einziger. 39 Ein Geist hat ihn in seiner Gewalt; plötzlich schreit er und er reißt ihn hin und her, mit Schaum vor dem Mund, und wenn

er ihn nach langer Zeit losläßt, hat er ihn ganz zerschlagen. **40 Ich habe deine Jünger gebeten, sie möchten ihn austreiben, aber sie waren dazu nicht imstande. 41 Da nahm Jesus das Wort und sagte: O ungläubiges und verkehrtes Geschlecht, wie lange muß ich noch bei euch bleiben und euch ertragen! Bring deinen Sohn her. 42 Während er herankam, schüttelte ihn der Dämon und riß ihn hin und her. Jesus aber bedrohte den unreinen Geist, heilte den Jungen und gab ihn seinem Vater. 43a Da gerieten alle außer sich über die Erhabenheit Gottes.**

Epilepsie galt im Altertum als eine charakteristische Form der Besessenheit. In der Grundschrift des Markus diente die Heilung eines Epileptischen als Vorlage für eine ausgeführte, theologisch sehr tiefgründige und vielschichtige Darlegung des erlösenden Werkes Jesu Christi (Mark. 9,14–27): Tod des alten, entfremdeten, sündigen Menschen und Auferstehung des neuen, aus der Kraft des Glaubens lebenden Menschen. Markus ergänzte seine Quelle durch ein Stück besonderer Jüngerbelehrung (Mark. 9,28f.), ohne offenbar den Tiefsinn der ihm vorliegenden Erzählung noch in allem zu erfassen.
Lukas reduziert die sehr differenzierte Erzählung auf eine stilreine hellenistische Wundergeschichte. Nach einer Rahmennotiz (nach Mark. 9,9.14) in **V. 37** wird in **V. 38f.** ausführlich die Not dargelegt. Dabei bleibt der Gesichtspunkt der Entfremdung erhalten; der Sohn gehört nicht mehr sich selbst, sondern der Macht des Bösen. Menschen können aus solcher Not nicht retten (**V. 40**). Dann folgt die Darstellung der Hilfe (**V. 41f.**), durch Jesu Klage über das ungläubige Geschlecht eingeleitet. Klagt Jesus (wie bei Markus) über den Unglauben derer, die Hilfe suchen, wo keine Hilfe ist? Oder seufzt er überhaupt über die dem Bösen verfallene Menschheit? Daß Jesus den soeben noch sichtbar Besessenen seinem Vater vor aller Augen zurückgibt, ist die Demonstration der erfolgten Heilung (**V. 42b**). Ein stilvoller Chorschluß (**V. 43**) schließt die Erzählung ab. Die Menge steht erschüttert vor dem Handeln Gottes, der den Menschen aus der Gewalt des Bösen befreit und zu sich selbst zurückführt.

9,43b–45   Zweite Leidensansage

43b Als alle sich wunderten über alles, was er tat, sagte er zu seinen Jüngern: 44 Merkt euch diese Worte! Der Menschensohn wird in die Hände der Menschen ausgeliefert werden! 45 Die Jünger verstanden diese Ankündigung nicht; sie blieb ihnen verdeckt, und sie begriffen ihren Sinn nicht. Aber sie scheuten sich, ihn über diese Ankündigung zu befragen.

Die zweite Leidensansage gehört wie die anderen ursprunghaft der markinischen Redaktion an. Lukas bringt sie im Markus-Aufriß (Mark. 9,30–32). Den redaktionellen markinischen Sinn – die indirekte und durch das Jüngerunverständnis verborgen bleibende Identifizierung des «Menschensohns» der Spruchüberlieferung Q[1] mit dem Christus des kirchlichen Bekenntnisses – verbindet Lukas mit dieser Überlieferung nicht mehr. In der vorliegenden Ansage liegt aber auch nicht wie sonst bei Lukas das Hauptgewicht auf dem «Muß» der Passion im Sinn der Erfüllung alttestamentlicher Ansagen.
Vielmehr hat Lukas im vorliegenden Abschnitt die Ansage der Auslieferung in die Hände der Menschen, also die Verwerfung Jesu, mit der bewundernden Anerken-

nung, die Jesus durch das Volk erfährt, kontrastiert; die entsprechende Einführung in **V. 43b** stammt erst von Lukas! Lukas weist also schon hier darauf hin, daß die Verurteilung Jesu keineswegs seine Verwerfung durch das jüdische Volk bedeutet, ein Faktum, das er in der Passionsgeschichte durchgehend darlegen wird. Das jüdische Volk erkennt Jesus an; Jesu Wirken ist ein Wirken in ungebrochener Kontinuität der jüdischen Heils- und Volksgeschichte. Dieses Bild vom Wirken Jesu (und vom entsprechenden Leben der Urgemeinde; vgl. Apg. 2,47) stellt Lukas den Irrlehrern seiner Zeit gegenüber, die eine fundamentale Diskontinuität zwischen der Christusoffenbarung und der jüdischen Tradition behaupten.

Daß den Jüngern angesichts dessen noch unverständlich bleibt, wie der allgemein anerkannte Meister «in die Hände der Menschen» ausgeliefert werden mag **(V. 45)**, arbeitet ein redaktionelles Motiv der markinischen Vorlage (Mark. 9,32: «Jüngerunverständnis-Motiv») wie in 18,34 stärker aus, offensichtlich nur zur Vorbereitung der wichtigen (redaktionellen) Belehrungen 24,6ff. 25ff. 44ff., die nach dem Geschehen der Passion nachdrücklich an das zuvor Unverstandene erinnern; darum auch das «Merkt euch diese Worte!». Vgl. auch zu Apg. 21,11.

9,46–48 Wahre Größe

46 Sie machten sich Gedanken darüber, wer von ihnen der Größte sei. 47 Jesus, der wußte, was sie in ihrem Herzen dachten, nahm ein Kind, stellte es neben sich 48 und sagte zu ihnen: Wer dieses Kind in meinem Namen aufnimmt, nimmt mich auf; und wer mich aufnimmt, nimmt den auf, der mich gesandt hat. Wer der Kleinste von euch allen ist, der ist groß.

Markus hatte in 9,33–37 zwei kurze Szenen mit Anweisungen zur Gemeindeordnung geformt. Die erste Szene (gebildet nach Analogie von Mark. 10,35–45; vgl. Luk. 22,24–27) ruft zur Demut und zur Dienstbereitschaft innerhalb der christlichen Gemeinde auf; die zweite Szene (gebildet nach Analogie von Mark. 10,13–16; vgl. Luk. 18,15–17, sowie unter Verwendung eines Logions der Spruchüberlieferung, das in 10,16/Mat. 10,40 als Dublette begegnet) mahnt, Kinder als gleichwertige Glieder der Gemeinde bzw. der Lebensgemeinschaft anzusehen. Weil Gott alle Menschen zu seinen Kindern annimmt, begegnet er selbst auch in den Kindern. Im Unterschied zu ihrer Umwelt haben die Christen ihre Kinder nicht ausgesetzt, wenn sie unwillkommen waren, sondern im Gegenteil ausgesetzte Kinder aufgezogen (vgl. 1. Tim. 5,10), und in der Taufe eigneten sie das Heil Groß und Klein unterschiedslos zu.

Lukas gibt der doppelten Szene eine veränderte Einleitung. Die Jünger streiten sich nicht mehr unterwegs um den Vorrang, sondern machen sich nur Gedanken über ihre Rangfolge. Wie sonst nimmt Lukas also möglichst jeden Schatten von den Zwölf Aposteln, den grundlegenden und zuverlässigen Zeugen der christlichen Wahrheit, weg.

Sodann führt er beide Szenen des Markus zu einem Apophthegma zusammen. Dabei bleiben aber in V. 48 die beiden verschiedenen Aussagen der markinischen Vorlage erhalten, freilich so, daß die Annahme der Kinder um Jesu willen nun zugleich zum Exempel für das Verhalten der Gemeindeglieder untereinander wird: Wer sich durch Demut und Dienst zum Kleinsten von allen erniedrigt, ist in Wahrheit der Große; Autorität wird durch Dienen gewonnen.

9,49–50   Der fremde Dämonenaustreiber

49 Da nahm Johannes das Wort und sagte: Meister, wir kennen jemand, der in deinem Namen Dämonen austreibt, und wir haben ihn daran gehindert, weil er nicht zusammen mit uns nachfolgt. 50 Aber Jesus sagte zu ihm: Hindert nicht! Denn wer nicht gegen uns ist, ist für uns.

Die Vorlage Mark. 9,38–41 kürzt Lukas, indem er die Antwort Jesu auf das eine Logion konzentriert, das Markus, wie die (freilich anders ausgerichtete) Dublette 11,23/Mat. 12,30 zeigt, aus der Spruchüberlieferung Q[1] übernommen hatte und zu dem es zahlreiche profane Parallelen gibt.

Der Grundsatz, die Gemeinde solle Sympathisanten und selbst Nutznießer nicht verprellen, hat in der Verfolgungssituation zur Zeit des Lukas sehr pragmatische Bedeutung. Feinde hat die Gemeinde ohnehin genug. Fanatischer Rigorismus ist deshalb nicht am Platz. Niemand soll in die Arme der Verfolger und Gegner gedrängt werden. Wer kein Christ ist, ist deshalb noch kein Gegner der Christen, sondern ein potentieller Bundesgenosse. Vgl. Mat. 10,42.

9,51–18,14   Reise nach Jerusalem

Nach 9,49–50 verläßt Lukas den Markus-Faden. Erst in 18,15 lenkt er mit Mark. 10,13 wieder in ihn zurück. Mark. 9,42–10,12 läßt er also aus. Die Gründe für diese erneute (kleine) Auslassung dürften denen für die große Auslassung (siehe S. 110f.) entsprechen: Lukas braucht Platz für andere Stoffe, und die kritische Einstellung gegenüber dem Gesetz des Mose in Mark. 10,5ff. legte ihm die Auslassung gerade von Mark. 10,2–12 besonders nahe.

An der Stelle, wo Lukas den Markus-Faden verläßt, berichtet er in V. 51 von Jesu Entschluß, nach Jerusalem zu reisen. Daher nennt man den Abschnitt 9,51–18,14 meist den «Reisebericht». Allerdings spielt die Situation der Reise in 9,51–18,14 im allgemeinen keine Rolle (vgl. aber neben V. 51ff. noch 13,22; 17,11); auch markiert Lukas von 18,14 zu 18,15 keinen besonderen Übergang, und erst in 19,28 erreicht Jesus Jerusalem. So erscheint es angebracht, diese «große Einschaltung» eher unter quellenkritischem als unter literarischem Aspekt zu betrachten: In 9,51–18,14 bringt Lukas die Masse des aus der Spruchquelle stammenden Materials und seines Sondergutes unter.

Auch bisher war Jesus meist unterwegs. Neu ist, daß er nun nach Jerusalem aufbricht. Will man die Vorstellung eines «Reiseberichts» festhalten, spricht man deshalb sachgemäß von der «Reise nach Jerusalem». Schon jetzt rückt Lukas also Jerusalem als Ziel aller Wege Jesu in den Blick des Lesers (vgl. schon Kap. 2): Der Christus der Welt ist der *jüdische* Messias! Vgl. 9,31.

9,51–56   Ungastliche Samaritaner

51 Als die Tage zu seiner «Aufnahme» gekommen waren, entschloß er sich, nach Jerusalem zu reisen.

52 Er sandte Boten voraus. Sie machten sich auf den Weg und kamen in ein Dorf der Samaritaner, um ihm ein Quartier zu bereiten. 53 Aber man nahm ihn nicht auf, weil er auf dem Weg nach Jerusalem war. 54 Als Jakobus und Johannes, die Jünger, davon erfuhren, sagten sie: Herr, willst du, daß wir Feuer vom Himmel fallen lassen sollen, um sie zu vernichten? 55 Aber Jesus wandte sich ihnen zu und drohte ihnen, 56 und sie gingen in ein anderes Dorf.

Die Zeitangabe zu Beginn von V. 51 formuliert Lukas wie Apg. 2,1. Der griechische Begriff für «Aufnahme» findet sich nur hier im Neuen Testament; er kann die Himmelfahrt, kann aber auch den Tod meinen und wird von Lukas vielleicht auf das ganze Geschehen in Jerusalem bezogen. Jesu Entschluß, zur Beendigung seines Weges nach Jerusalem aufzubrechen, der heiligen Stadt auf dem Zion, zeigt, wie sehr er Lukas zufolge seinen Weg als den Weg des jüdischen Messias versteht (vgl. 13,33).

An **V. 51** schließt Lukas das einzige Stück des «Reiseberichts» an, das in sich selbst die Situation einer Reise voraussetzt.

Die Erzählung von den ungastlichen Samaritanern ist eigenartig formlos – ein Zeichen literarischer Bildung. Es fehlt ein entscheidendes Wort Jesu, das viele Handschriften deshalb im Anschluß an V. 55 nach 19,10 in der späteren Überlieferung hinzugefügt haben: «Wißt ihr nicht, welchen Geist ihr habt? Denn der Menschensohn ist nicht gekommen, Menschenleben zu verderben, sondern zu retten.» Ohne eine solche Pointe ist die Erzählung als selbständige Überlieferung nur schwer denkbar. Hat Lukas sie zur Einleitung des Reiseberichtes selbst gebildet? Die Sprache ist deutlich lukanisch, der Inhalt aber nicht mit derselben Deutlichkeit als redaktionell zu erkennen.

Aber was ist überhaupt der Inhalt? Neben der Schilderung der Reisesituation selbst (V. 52f.56) wird nur kurz von der Unfreundlichkeit der Samaritaner gesprochen **(V. 53a)**, dagegen ausführlicher von dem Vorhaben der Jünger, mit Jesu Hilfe (wie Elia, 2. Kön. 1,10.12) ein Strafgericht zu vollziehen **(V. 54)**, das Jesus wiederum kurz abweist **(V. 55)**.

Zwischen Juden und Samaritanern bestand ein alter Streit, der auf die nach Salomos Tod erfolgte Teilung Israels in ein Nord- und ein Südreich zurückging und der aus den unterschiedlichen kultischen Zentren – Jerusalem und Sichem – ständige Nahrung bezog, obschon die fünf Bücher Mose bei beiden Volksgruppen Heilige Schrift waren. Den frommen Juden galten die Samaritaner unrein wie die Heiden. Sie vermieden daher den kürzeren Weg von Galiläa nach Jerusalem über Samaria und wählten den Umweg über das Ostjordanland.

Jesus folgt bei Lukas – anders berichtet Markus – diesem Brauch nicht und läßt sich auch durch die Abweisung in dem einen Dorf nicht abschrecken, ein anderes samaritanisches Dorf aufzusuchen; dem rigorosen Verhalten der Jünger wehrt er. Die Geschichte zielt also darauf ab, die Freundlichkeit Jesu auch gegenüber den Samaritanern zu zeigen.

Haben die hyperpaulinischen Irrlehrer, mit denen Lukas sich auseinandersetzt, zugunsten ihrer Ablehnung der jüdischen Wurzel des Christentums etwa auch auf die reaktionäre Exklusivität der pharisäischen Restauration des Judentums zur Zeit des Lukas verwiesen? Vermutlich! Dann will Lukas sagen, daß Jesu Bekenntnis zum Judentum die ganze und weite jüdische Tradition umschloß, nicht aber auf ein enges, partikularistisch und gesetzlich verengtes Judentum begrenzt war (vgl. 10,33; 17,16); auch in Apg. 8 führt der Weg der Mission zunächst nach Samarien und dann in die Heidenwelt! Jesu Weg zu den Samaritanern ist also für Lukas, der von einem Weg Jesu in die Heidenwelt (Mark. 7,24.31) mit Bedacht noch nichts berichtet, der erste Schritt in den jüdischen Universalismus bzw. in das universale Judentum, als welches er die christliche Gemeinde versteht. Die mit Jesus reisende Schar der Jünger ist der Vortrupp der Heidenmission (24,47), der sich als solcher noch ganz im jüdischen Land bewegt, dort freilich bewußt die jüdische Sondergruppe der Samaritaner besuchend. Mit anderen Worten: Die Heidenmission erwächst bruchlos aus der Predigt unter den Juden; die Judenmission bleibt die Basis aller Mission. Einen anderen – falschen – Eindruck erweckt erst später die Verwerfung Jesu durch die Juden.

9,57–62   Sprüche von der Nachfolge

**57 Unterwegs sagte jemand zu ihm: Ich will dir folgen, wo immer du hingehst. 58 Da antwortete Jesus ihm: Die Füchse haben Höhlen und die Vögel des Himmels ihre Nester, aber der Menschensohn hat keinen Ort, wo er sein Haupt niederlegen kann.
59 Zu einem anderen sagte er: Folge mir nach. Er entgegnete: Herr, erlaube mir, zuvor hinzugehen, meinen Vater zu begraben. 60 Aber er sagte zu ihm: Laß die Toten ihre Toten begraben, du aber gehe hin, die Herrschaft Gottes zu verkündigen.
61 Ein anderer sagte: Ich will dir folgen, Herr; erlaube mir aber, zuvor von meinen Angehörigen Abschied zu nehmen. 62 Jesus aber sagte ihm: Niemand, der den Pflug in die Hand nimmt und zurückschaut, eignet sich für die Herrschaft Gottes.**

Die beiden ersten der vorliegenden Nachfolgegespräche stammen aus der Spruchquelle Q, wie Mat. 8,18–22 zeigt; ihre Radikalität erinnert z.B. an 14,26f. Lukas hat die Szenen an dieser Stelle seines Evangeliums passend eingeordnet: Einmal im Rückblick auf den Beginn der Reise (9,51ff.), zum anderen zur Vorbereitung der folgenden Aussendung der Siebzig (10,1ff.); möglicherweise stammt diese Verbindung mit der Aussendungsrede 10,1ff. bereits aus Q. Wir haben es mit kurzen Apophthegmen (Szene + Spruch) zu tun. Diese Form gehört nicht der alten Spruchüberlieferung Q^1, sondern der christologischen Redaktion der Spruchquelle Q an.

Das zeigt auch der Inhalt des ersten Gesprächs. Der Spruch V.58, der ein schon in der Antike verbreitetes Motiv vom «unbehausten Menschen» aufnimmt, welcher schwächer ist als andere Kreaturen, spricht nur indirekt von den Nachfolgern Jesu; direkt haben wir eine christologische Aussage vor uns, in der Jesus sich als der Leidende bzw. der Verworfene mit dem Menschensohn der Verkündigung in Q^1 (z.B. 21,27) selbst identifiziert und damit zeigt, daß er, wenn auch unter der zweideutigen Chiffre «Menschensohn» («Messias» oder «Mensch»), von sich selbst als dem Messias gesprochen hat. Um diesen Nachweis aber geht es der christologischen Redaktion von Q; die authentische Jesusüberlieferung in Q^1 soll von ihren Tradenten als «christologische» bzw. als «christliche» Überlieferung verstanden werden. Lukas ordnet den Spruch durch seinen Rahmen **V.57a** in die mit V.51ff. gegebene Reisesituation ein. Auf den christologischen Sinn der Szene legt er kein redaktionelles Gewicht mehr; für ihn weist **V.58** ganz auf den Ernst und die Beschwernisse der Nachfolge Jesu hin, die zu seiner Zeit sogar das Martyrium einschließen kann, das Jesus beispielgebend erlitt (vgl. 14,27).

Die zweite Szene berichtete in Q, daß einer, der (wie in der ersten Szene) von sich aus in die Nachfolge treten will, die Bedingung von **V. 59b** stellt (vgl. Mat. 8,21). Jesus fordert ihn danach auf: «Folge mir, und laß die Toten ihre Toten begraben.» Lukas hat diese Aufforderung zur Nachfolge, 5,27 folgend, an den Anfang der Szene gestellt (V. 59a), weil er Jesus in **V. 60b** den weitergehenden, der Bitte V. 59b nachgebildeten Auftrag zur Verkündigung der Herrschaft Gottes erteilen läßt (vgl. 9,1f.6.11), offensichtlich im Vorblick auf 10,1ff.

Auch das harte Wort in **V. 60a** scheint an hellenistische Redewendungen anzuknüpfen: «Die Toten mögen sich um die Toten kümmern wie die Lebenden um die Lebenden» (Anmerkung zu Euripides). In der vorliegenden Form schärft der Spruch radikal den Entscheidungscharakter des Glaubens ein, und zwar als Entscheidung zwischen Alt und Neu, Tod und Leben, Vergangenheit und Zukunft – ein Wort indirekter Christologie. Eine Allegorisierung (Tote = geistlich Tote) steht kaum im Blick, doch läßt der Spruch erkennen, wie selbstverständlich sich in der frühen Gemeinde mit der Nachfolge der Auftrag zur Mission verband.

Natürlich haben wir es mit einer «idealen» Szene zu tun. Keinesfalls ist daran gedacht, die gebotene Pietät zu verletzen, wozu selbst bei extremster Naherwartung der Herrschaft Gottes, die aber in unserem Spruch gar nicht vorausgesetzt wird, kein Anlaß bestünde.

Lukas dürfte, wie auch V. 61f. nahelegt, das Ideale der Szene insoweit konkretisiert haben, als er den potentiellen Nachfolgern seiner Zeit die Notwendigkeit vor Augen stellte, um der Nachfolge willen gegebenenfalls mit den Angehörigen radikal zu brechen (vgl. 8,21; 14,26; 18,29f.).

Das dritte Gespräch hat bei Matthäus keine Parallele. Da nicht erkennbar ist, warum Matthäus es gestrichen haben sollte, dürfte es nicht in Q gestanden haben. Der dritte Nachfolger meldet sich wie der erste (und in Q auch der zweite) selbst und stellt wie der zweite eine Bedingung, die sich erneut auf die Angehörigen bezieht. Insofern scheint V. 61 eine Nachbildung nach Analogie von V. 59 bzw. Mat. 8,21 zu sein.

Die Herkunft des schönen Bildwortes **V. 62** ist nicht sicher festzustellen, doch kommt die Szene 1. Kön. 19,19f. ihm sehr nahe: Elia beruft Elisa, als dieser auf dem Feld pflügte, erlaubt ihm aber auf seine Bitte, zunächst Vater und Mutter zu küssen und dann nachzufolgen. Lukas sagt also in V. 62 im Anschluß an die beiden vorausgehenden radikalen Sprüche: Die Nachfolge Jesu fordert stärkere Radikalität als die des Elia (vgl. Phil. 3,13). Dabei dürfte ihm wie im zweiten Gespräch konkret die Scheidung innerhalb der überkommenen sozialen Bindungen vor Augen stehen, die aus dem Eintritt in die christliche Gemeinde – in die Nachfolge Jesu – gegebenenfalls folgt (vgl. 18,29f.).

Insgesamt geht es Lukas also in V. 57–62 darum, den Ernst der Nachfolge einzuschärfen und, wie in 14,25–35 und 8,13f., vor voreiligem und leichtfertigem Übertritt zu warnen.

10,1–16 Aussendung der Zweiundsiebzig

1 Darauf bestimmte der Herr zweiundsiebzig andere und sandte sie je zu zweien voraus in alle Städte und Ortschaften, die er besuchen wollte. 2 Er sagte zu ihnen: Die Ernte ist groß, aber es gibt wenige Arbeiter. Bittet deshalb den Herrn der Ern-

Lukasevangelium 10,1–16

te, er möchte Arbeiter in seine Ernte senden. **3 Zieht hin; ich sende euch wie Schafe mitten unter Wölfe!**
4 Tragt keinen Geldbeutel, keinen Rucksack, keine Schuhe; und grüßt unterwegs niemand.
5 Wenn ihr ein Haus betretet, so grüßt zuerst: Friede sei mit diesem Haus. 6 Und wenn dort ein Kind des Friedens wohnt, wird der Friede, den ihr bringt, auf ihn kommen; andernfalls kehrt er zu euch zurück. 7 Bleibt in diesem Hause, eßt und trinkt bei ihnen; denn der Arbeiter hat seinen Lohn verdient. Wechselt nicht von einem Haus in ein anderes.
8 Und wenn ihr in eine Stadt kommt und man euch aufnimmt, so eßt, was man euch anbietet, 9 heilt die Kranken in der Stadt, und sagt ihnen: Die Herrschaft Gottes ist nahe zu euch gekommen. 10 Wenn ihr aber in eine Stadt kommt und man euch nicht aufnimmt, so stellt euch auf ihre Straßen und sprecht: 11 Auch den Staub aus eurer Stadt, der uns an den Füßen hängt, streifen wir euch ab. Aber ihr sollt wissen: Die Herrschaft Gottes ist nahe gekommen. 12 Ich sage euch: Sodom wird es an jenem Tage besser ergehen als jener Stadt.
13 Wehe dir, Chorazin; wehe dir, Bethsaida! Denn wenn in Tyros und Sidon jene Machttaten geschehen wären, die in dir geschehen sind: Längst säßen sie in Sack und Asche und täten Buße. 14 Ja, Tyros und Sidon wird es im Gericht besser ergehen als euch. 15 Und du, Kapernaum: Wirst du etwa bis zum Himmel erhöht? Bis in die Hölle wirst du sinken!
16 Wer euch hört, hört mich, und wer euch verwirft, verwirft mich. Wer aber mich verwirft, verwirft den, der mich gesandt hat.

Diese Aussendungsrede stammt, wie ihre weitgehende Übereinstimmung mit Mat. 9,37f.; 10,5–16 zeigt, aus der Spruchquelle Q, die sie aus der Spruchüberlieferung Q¹, aus der sie bereits Markus exzerpierte (Mark. 6,8–11/Luk. 9,1–5), übernommen und durch 9,57–60 (/Mat. 8,18–22) redaktionell eingeleitet hatte. Wie Mark. 6,8–11 zeigt, lag der Aufbau der Rede schon in der Spruchüberlieferung fest: Sendung; Ausrüstung; Verhalten in Häusern; Verhalten in Orten. Lukas behält die Q-Fassung im wesentlichen bei, während Matthäus sie in seine große Rede 9,35–11,1 einbaut und mit Mark. 6,6b–11 (/Luk. 9,1–5) kombiniert.
Die ursprünglichen Logien stammen aus Kreisen, welche ihre Zeit apokalyptisch deuten: Die Herrschaft Gottes, die den alten Weltlauf ablöst, steht unmittelbar bevor.
Die Schar derer, die das Ende des alten Äons ansagen, ist klein; sollen alle Auserwählten gerettet werden, bedarf es vieler Boten der anbrechenden Herrschaft Gottes (V.2/Mat.9,37f.). Gehört **V.2** schon zur alten Überlieferung Q¹, stand eine weltweite «Ernte», die Heidenmission, ursprünglich nicht im Blick, sondern das Mißverhältnis von kurzer Zeit und großer Aufgabe. Zum Bild der Ernte vgl. 3,17; 8,15; Joel 3,13f.
Jesus sendet seine Boten aus. Ihr Weg wird kein leichter sein; denn ihre Botschaft trifft auf Widerstand (**V.3**/Mat.10,16a; Luk. hat Mat.10,16b gestrichen). Das entspricht dem Wesen des alten Äons, der sein Verderben unwissend liebt.
Der Bote macht sich barfuß und mit leeren Händen auf den Weg. Er demonstriert damit, wie wenig jetzt noch die Güter dieser Welt zählen (**V.4a**/Mat.10,9–10a; vgl.Mark.6,8f./Luk.9,3). Soll er nicht grüßen, um keine Zeit zu verlieren (**V.4b**; vgl. 2.Kön.4,29)? Oder ist der flüchtige, unverbindliche Gruß für den Boten der

Gottesherrschaft Allotria? Oder trägt er seine Botschaft mit heiligem Schweigen von Ort zu Ort (vgl. Mark. 1,44/Luk. 5,14)?

Das Haus, das der Bote betritt (**V. 5a**), mag oft ein ihm von andern Frommen empfohlenes Haus gewesen sein. Der Friedensgruß ist der dem Boten angemessene Gruß (**V. 5b**/Mat. 10,12); er *bringt* den Frieden Gottes, und der Bote braucht nicht besorgt zu sein, daß er dieses Gut vergeudet (**V. 6**/Mat. 10,13). Findet er ein «Kind des Friedens», das Gott für seine Herrschaft bestimmt hat, kehrt der Friede der Gottesherrschaft bei ihm ein; andernfalls nimmt der Bote die Gabe des göttlichen Friedens wieder mit, sie anderen zu bringen. Der Bote, der um der Herrschaft Gottes willen mit leeren Händen auszieht, empfängt seinen Lebensunterhalt von den «Kindern des Friedens», auf die er trifft, ein urchristlicher Grundsatz (vgl. 1. Kor. 9,5ff.; 1. Tim. 5,18; Did. 13,1f.). Ein besseres Quartier zu suchen ist ihm untersagt; er soll jeden Eindruck vermeiden, er verkündige die Gottesherrschaft um irdischen Wohlergehens willen (**V. 7**/Mat. 10,10b.11b; vgl. Mark. 6,10/Luk. 9,4).

Kommt man in eine Stadt, soll man sich entsprechend anspruchslos verhalten, wenn man, wie **V. 8f.** anscheinend voraussetzt, öffentlich – in der Synagoge – predigt (vgl. Mat. 10,11) und gespeist wird. Die Gabe der Heilung, Zeichen der anbrechenden Gottesherrschaft (vgl. 11,20), soll man nutzen, und die Nähe der Gottesherrschaft hat man anzusagen (**V. 9**/Mat. 10,7f.). Nimmt ein Ort die Boten nicht auf, weil die Leute sich der Botschaft verschließen (vgl. Mat. 10,14a; Mark. 6,11a), soll man als Zeichen des Gerichts Gottes öffentlich den Staub aus diesem Ort von den Füßen abwischen und nicht mit auf den Weg nehmen (**V. 10–11a**/Mat. 10,14; Mark. 6,11/Luk. 9,5). Für solchen Ort bringt die Herrschaft Gottes ein Gericht, wie es nicht einmal Sodom zu gewärtigen hat (**V. 12**; vgl. 1. Mose 19).

Im vorliegenden Zusammenhang bringt Matthäus (10,5f.23) – offensichtlich nach Q – außerdem noch den Auftrag an die Boten, nur jüdische Orte aufzusuchen, nicht aber heidnische Gebiete oder samaritanische Städte (Mat. 10,5); denn sie werden selbst die Städte Israels vor der Wende der Äonen nicht alle besuchen können (Mat. 10,23).

Lukas hat diesen Passus, der zur «Sendung» (V. 2f.) gehört haben dürfte, aber auch zwischen V. 7 und V. 8 gestanden haben kann, gestrichen. Denn abgesehen davon, daß er die Naherwartung der Spruchüberlieferung nicht mehr teilt, stellt er die überlieferte Aussendungsrede durch den von ihm gebildeten V. 1 in den Rahmen der Reise nach Jerusalem, die gerade durch das Gebiet der Samaritaner führt (9,51ff.), ein nicht im engen Sinn jüdisches Gebiet, in dem jedoch die große Ernte (V. 2) bereit ist. Damit bahnt sich schon im Wirken des «Herrn» (V. 1) der christliche Universalismus an, der für Lukas keinen Abschied von der alttestamentlich-jüdischen Tradition bedeutet, sondern deren Erbe vollstreckt, wie ja die Samaritaner, obschon von den frommen Juden wie Heiden erachtet, doch Erben Israels sind (vgl. 9,52–56). Die Zahl der ausgesandten Jünger – die Handschriften zählen in V. 1 70 oder 72, entsprechend der schwankenden Überlieferung von 70 (hebräischer Text) oder 72 (griechischer Text) Völkern der Welt in 1. Mose 10 – weist auf die Sendung zu den Heiden selbst voraus, die *ausdrücklich* erst nach Ostern (24,47) erfolgt. Eben deshalb, weil er diesen Universalismus dokumentieren will, berichtet Lukas – nur er – von der Aussendung der «anderen» 70 oder 72 Boten neben der Aussendung der Zwölf Apostel in 9,1–5; es wäre deshalb unangemessen zu fragen, von woher so viele Nachfolger auf einmal kommen (vgl. schon 6,17). Daß die 70 (72) in Paaren ausgesandt werden (V. 1), entspricht Mark. 6,7 und war (heidenchristlicher?) Missionsbrauch (6,14ff.; Apg. 13,2; Pred. 4,8–12).

Jesus sendet die Boten nicht aus, sondern nur vor sich her. Damit erklärt sich Lukas die strengen Bedingungen V. 4, die später so nicht mehr gelten (vgl. 22,35ff.), auch wenn sie sich in konkreter Situation mit der Tendenz der lukanischen Armenfrömmigkeit decken können: Der Bekenner muß bereit sein, alles herzugeben, wenn er vor die Alternative gestellt wird: «Verleugnung des Glaubens oder Verlust der Habe und des Lebens». Auch das Bildwort von den Schafen und den Wölfen (V. 3) bekommt in der Verfolgungssituation zur Zeit des Lukas erneute Aktualität. Aber insgesamt dürfte Lukas V. 2–12 nicht als zeitlose Missionsinstruktion gelesen haben, sondern als eine zunächst in jener historischen Situation geltende Regel (vgl. aber auch z. B. Apg. 13,51). Die Botschaft selbst bleibt freilich allezeit dieselbe: Die Verkündigung der kommenden Gottesherrschaft und der entsprechende Bußruf; die zeitliche Naherwartung kennt die Gemeinde des Lukas nicht mehr, der Entscheidungsruf aber ist geblieben. Wer den Samen des Wortes aufnimmt, dem ist die zukünftige Gottesherrschaft (wesenhaft, vgl. 11,20, nicht zeitlich) nahe (V. 9b; das «zu euch» hat erst Lukas beigefügt); dem, der ihn ablehnt, wird sie das Gericht bringen, wie (erst Lukas in) **V. 11b** ausdrücklich sagt.

Die Weherufe **V. 13–15** gehören, wie V. 16 zeigt, formal noch zur Aussendungsrede, auch wenn sie inhaltlich selbständig sind. Lukas bringt die Weherufe nahezu wörtlich nach der Spruchquelle Q, wie die Parallele Mat. 11,20–24 beweist. Bei Matthäus steht der Abschnitt allerdings im Anschluß an die Täuferrede Mat. 11,7–19/Luk. 7,24–35. In der Tat passen die Verse in die Anrede an die Jünger in V. 2–12.16 nicht gut hinein. Dennoch dürfte Matthäus umgestellt und Lukas die Stellung der Logien aus Q übernommen haben; denn die Stichwortverbindung zwischen V. 12 und V. 14 geht auf Q zurück, und man kann vermuten, daß sie von dem Redaktor von Q allererst hergestellt wurde, indem er V. 12 nach V. 14 (oder V. 14 nach V. 12) bildete. Die sachliche Verbindung von V. 1–12 und V. 13–15 zeigt V. 16 an: Es hat denselben Effekt, ob die Bußpredigt Jesu oder die seiner Jünger abgelehnt (bzw. angenommen) wird.
Wir haben es mit «prophetischen» Weherufen zu tun, gesprochen in Erwartung des bevorstehenden Endgerichts, die auf Jesu Wirken in drei Städten am Nordufer des Sees Gennesaret, dem Zentrum seiner Wirksamkeit, zurückblicken. Die Einwohner haben auf Jesu Bußruf nicht gehört, obschon seine Predigt von «Machttaten» begleitet war. Das Wort über Kapernaum wurde dem Siegeslied über Babel (Jes. 14,12ff.) nachgebildet.
Die Bußpredigt ist – ohne die apokalyptische Naherwartung – wesentlicher Inhalt auch der lukanischen Gemeindetheologie, so daß Lukas diese Überlieferung zwanglos übernehmen konnte, und zwar wie in Q in Verbindung mit der zeitlosen Gerichtsansage V. 11f.; die galiläischen Städte sind warnendes Beispiel für alle, die zur Zeit des Lukas den Bußruf der Gemeinde überhören. Die lukanische Situation der Reise durch Samarien ist freilich nicht der beste Ort für Weherufe über galiläische Städte. Oder denkt Lukas, aus halb heidnischem Land auf Jesu Wirksamkeit in Galiläa zurückblickend, an das sich damals schon anbahnende Gericht über das unbußfertige Israel überhaupt (vgl. 4,23–30)?

Den Spruch **V. 16** hatte auch Markus aus der Spruchüberlieferung Q[1] übernommen (Mark. 9,37/Luk. 9,48a); an unserer Stelle folgt Lukas aber der Spruchquelle Q (vgl. Mat. 10,40). Dort dürfte der Spruch gelautet haben:

«Wer euch hört, hört mich;
und wer mich hört, hört den, der mich gesandt hat.»
Dies Verheißungswort hatte ursprünglich prophetischen, noch nicht christologischen Charakter (vgl. 5. Mose 18,15): Der Endzeitbote, der sich von Gott gesandt weiß, vervielfältigt seine Botschaft durch seine von ihm autorisierten Abgesandten. So verstanden gehört der Spruch in engen sachlichen Zusammenhang mit der «Sendung» (V. 3), doch dürfte er bereits in Q den Abschluß der Rede (vgl. Mat. 10,40) gebildet und V. 1–12 mit V. 13–15 verbunden haben; die Verbindung mit der gastlichen Aufnahme der Boten bei Mat. 10,40–43 ist demgegenüber sekundär. Q verstand den Spruch natürlich christologisch.
Lukas erst hat ihm die vorliegende Form des gegensätzlichen Parallelismus (mit der Betonung des Gerichtsgedankens) gegeben (vgl. 1. Thess. 4,8), und zwar im Blick auf V. 10–15; damit verlagert sich das Gewicht des Wortes von der Verheißung an die Boten zum warnenden Entscheidungsruf an ihre Hörer, entsprechend der lukanischen Verkündigung von Buße und Gericht.

10,17–20 Rückkehr der Zweiundsiebzig

17 Die Zweiundsiebzig kehrten freudig zurück und sagten: Herr, auch die Dämonen sind uns in deinem Namen untertan. 18 Da sagte er zu ihnen: Ich sah den Satan wie einen Blitz aus dem Himmel hinabstürzen. 19 Seht, ich habe euch Vollmacht gegeben, über Schlangen und Skorpione zu gehen und über alle Macht des Feindes, ohne daß er euch irgendeinen Schaden zufügen kann. 20 Doch nicht darüber sollt ihr euch freuen, daß euch die Geister untertan sind; freut euch vielmehr, daß eure Namen im Himmel angeschrieben sind.

Wie von der Rückkehr der Zwölf Apostel (9,10/Mark. 6,30) berichtet Lukas auch von der Rückkehr der Zweiundsiebzig, freilich diesmal ohne direkte Vorlage.
War den Zwölf Aposteln ausdrücklich Macht über die Dämonen gegeben (9,1), so den 72 nur der Auftrag zur Heilung (V. 9). Die freudige Verwunderung, daß ihnen im Namen Jesu (vgl. 9,49) auch die Dämonen untertan sind (**V. 17**), ist deshalb angemessen und gibt Lukas Gelegenheit, das Wesen der «christlichen Zeit» anzusagen (vgl. 11,20).
Stammt **V. 18** (S^{Lk}) aus der Spruchquelle Q, wie anzunehmen ist – Matthäus hat den Spruch dann allerdings gestrichen –, handelt es sich um einen prophetisch-visionären Ausspruch, der die Wende der Äonen im Anbruch sieht. Der apokalyptische Endkampf zwischen Gott und dem Satan ist im Himmel schon entschieden; Gott tritt seine Herrschaft an (vgl. 11,20; Joh. 12,31; Off. 12,7ff.).
Dieser himmlische Sieg über die Macht der Finsternis manifestiert sich irdisch in der christlichen Gemeinde, wie **V. 19** zeigt. Die Gemeinde weiß, daß das irdisch noch wirkende Böse (Off. 12,12) bereits entmachtet ist. Sie hat deshalb Gottes Sieg ernster zu nehmen als die irdischen Anfechtungen und in der Kraft des Heiligen Geistes (11,11–13) das Böse allezeit zu überwinden. Die Motive für den stark bildhaften V. 19 (wie auch schon für V. 17b) entnahm Lukas dem österlichen Aussendungsbericht der ihm bekannten (vgl. 5,1–11; 7,36–47) Grundschrift des Markusevangeliums, der uns im «sekundären» Markusschluß (Mark. 16,17f.) erhalten blieb. Das zeigt zugleich, wie sehr Lukas in V. 17–20 die Kirche seiner Zeit im Blick hat.

Aus eigenem fügt Lukas hinzu, die Freude der Jünger solle sich nicht so sehr auf die sichtbare Manifestation der Dämonenaustreibungen richten **(V.20)** als vielmehr auf die Einschreibung der Christen in das Buch des Lebens (Phil. 4,3; Off. 20,15; Dan. 12,1; Ps. 69,29). Die Christen dürfen also trotz V. 18 nicht mit einem irdischen Paradies rechnen; irdisch geht der Kampf noch weiter, und selbst das Martyrium droht zur Zeit des Lukas. Das Heil steht bei Gott, der die Seinen nicht losläßt (vgl. 23,43).

10,21–24   Geheime Epiphanie

**21 Zur selben Stunde sprach er im Heiligen Geist mit freudigem Jubel: Ich preise dich, Vater, Herr des Himmels und der Erde, weil du dies vor den Gebildeten und Gelehrten verborgen und es den einfachen Menschen offenbart hast; ja, Vater, so hat es dir wohlgefallen.
22 Alles wurde mir von meinem Vater übergeben, und nur der Vater weiß, wer der Sohn ist, und nur der Sohn, wer der Vater ist – und wem es der Sohn offenbaren will.
23 Dann wandte er sich den Jüngern im besonderen zu und sprach: Glückselig sind die Augen, die sehen, was ihr seht; 24 denn ich sage euch, daß viele Propheten und Könige sehen wollten, was ihr seht, und sie sahen es nicht, und hören wollten, was ihr hört, und sie hörten es nicht.**

Der Vergleich mit Mat. 11,25–27; 13,16f. und mit dem Kontext dieser Stellen zeigt, daß Lukas die vorliegenden Logien im wesentlichen unverändert aus der Spruchquelle Q übernommen und ihnen auch die Stellung in Q (im Anschluß an 10,2–16) belassen hat. In der Spruchquelle Q waren also bereits drei ursprünglich selbständige Sprüche unterschiedlicher Herkunft zu der vorliegenden Einheit zusammengestellt.
Der Spruch **V.21** hat die Form eines prophetischen Lobpreises. Gott wird einerseits als gütiger Vater, andererseits als machtvoller Herr angeredet. Der Gedanke des Spruchs begegnet auch sonst; denn Gott widersteht den Hochmütigen, aber den Demütigen gibt er Gnade (vgl. Ps. 8,3; 116,6; Amos 7,14f.; Sap. Sol. 10,21; Sir. 3,19ff.; Luk. 1,52f.; Mat. 5,3; 1. Kor. 1,18ff.). Haben wir es, wie wahrscheinlich, mit einem Spruch zu tun, der aus der Spruchüberlieferung Q[1] stammt, so sind die einfachen Menschen konkret die apokalyptischen Frommen, denen «dies», nämlich das Wissen um den jetzt bevorstehenden Umbruch der Äonen, offenbart wurde, so daß sie Buße tun und sich auf die kommende Gottesherrschaft ausrichten, während die anerkannten Wissenschaftler, die Lehrer Israels, nicht erkennen, was die Stunde geschlagen hat.
Der Spruch **V.22** ist ein in seinem Kerngedanken nicht jüdisches, sondern hellenistisches Offenbarungswort, das in der Logienüberlieferung singulär ist, sonst aber vielfältige Parallelen im vorchristlichen und im christlichen Raum besitzt: Der unbekannte Gott sendet einen Offenbarer – den «Sohn» –, in dem er sich, sein Wesen oder seinen Willen, bekannt macht; vgl. Joh. 1,18; 3,35; 17,25; Gal. 4,4f.; Mark. 13,32. Auffällig und genuin christlich ist in der vorliegenden Fassung des Wortes, daß V. 22 nicht nur von der Erkenntnis des Vaters (durch den Sohn), sondern auch von der Erkenntnis des Sohnes spricht (vgl. Joh. 10,14f.); der Schwerpunkt in V. 22 hat sich also auf das Geheimnis der Person Jesu verlagert, eine Ge-

staltung des Wortes, die vermutlich erst dem christologischen Redaktor von Q zuzuschreiben ist.
Der Spruch V. 23f. ist eine prophetische Seligpreisung derer, welche jetzt den Anbruch der Heilszeit erleben werden (vgl. V. 18f.; 11,20), den auch Propheten und Könige früherer Generationen nur erhofften; vgl. Hebr. 11,13; 1. Petr. 1,10 und Ps. Sal. 17,44: «Selig sind, die in jenen Tagen leben, weil sie das Gut Israels sehen ...». Die Seligpreisung entstammt zweifellos der Spruchüberlieferung Q¹ und war den Frommen der Zeit Jesu zugesprochen, die sich ganz der kommenden Gottesherrschaft zuwandten.

Die Zusammenstellung dieser drei Sprüche mitsamt der schon genannten Zuspitzung von V. 22 und der Einleitung zu V. 23 geht auf die christologische Redaktion von Q zurück. Dadurch entsteht eine ganz neue, den ursprünglichen Sinn der Einzelsprüche überholende Einheit, die für die Redaktion der Spruchquelle höchst charakteristisch ist.
«Dies» (V. 21), «was» (V. 23f.) die Jünger sehen, ist in Q nunmehr Jesus selbst, und was sie erkennen ist, daß Jesus der Messias ist, dem alles übergeben wurde (V. 22). Diese Messiaserkenntnis ist keine allgemeine und öffentliche, sondern eine «esoterische» (geheime) (V. 21b), nur den Jüngern (V. 23f.) zuteil gewordene Erkenntnis. Damit begegnen wir der (original) markinischen Messiasgeheimnistheorie innerhalb der (nachmarkinischen) Spruchquelle Q. Der Redaktor der Spruchquelle hat die Geheimnistheorie des Markus mit Bedacht übernommen und in den größeren Q-Zusammenhang eingebunden: Öffentlich blieb Jesus in Galiläa unerkannt und unbekannt (V. 13–15). Seine Jünger aber haben ihn dort erkannt und machen ihn später allerorten bekannt; alle haben auf sie zu hören (V. 16). In ihrer christlichen bzw. christologischen Botschaft begegnet die wahre Erkenntnis Gottes (V. 21–24). Das Interesse der markinischen und der entsprechenden christologischen Redaktion der Spruchquelle war, mit Hilfe dieser Messiasgeheimnistheorie die vorchristologische Spruchüberlieferung Q¹ als (verborgen) christliche Tradition auszuweisen und ihre Tradenten für das christliche Evangelium zu gewinnen. Sieht man von diesem speziellen Interesse ab, so ist der theologische Sinn der «geheimen Epiphanie» Jesu, daß sich die (dem sündigen Menschen notwendigerweise verborgene) christliche Wahrheit nur dem demütigen Sinn des Glaubens erschließt.
Lukas, für den das Geheimnismotiv keine zentrale Rolle mehr spielt, läßt das Stück fast unverändert, stellt es aber in den Zusammenhang mit Aussendung und Rückkehr der Zweiundsiebzig: Jesu Jubel (V. 21a) antwortet auf die Freude der Jünger (V. 17.20). Zugleich weist Lukas sich durch die von ihm gebildete Eingangswendung V. 21a erneut als «Evangelist des Geistes» aus: Jesus war der hervorragende Träger des (schon im Alten Testament wirksamen; 1,41.67; Apg. 4,25) Geistes Gottes (3,21f.), den Gott nach Ostern der ganzen christlichen Gemeinde schenkt (24,49; Apg. 1,4f.8; 2,1ff.)

10,25–37 Der barmherzige Samaritaner

25 Einmal trat ein Gesetzeslehrer heran und prüfte ihn: Was muß ich tun, wenn ich das ewige Leben erwerben will? 26 Er entgegnete ihm: Was steht im Gesetz? Wie liest du es dort? 27 Da antwortete er: «Du sollst den Herrn, deinen Gott, lieben von ganzem Herzen und aus ganzer Seele und mit ganzer Kraft und mit ganzer Gesin-

nung und deinen Nächsten wie dich selbst.» **28 Er sagte ihm: Du hast richtig geantwortet. Tue das, so wirst du das Leben haben.**
29 Er wollte sich aber rechtfertigen und sagte zu Jesus: Wer ist denn mein Nächster? **30** Da erzählte Jesus ihm: Ein Mann, der von Jerusalem nach Jericho reiste, wurde von Räubern überfallen; sie zogen ihn aus, verprügelten ihn, gingen weg und ließen ihn halbtot liegen. **31** Zufällig reiste ein Priester denselben Weg; er sah ihn, wandte sich ab und ging vorüber. **32** Ebenso ein Levit; als er an diese Stelle kam und ihn sah, wandte er sich ab und ging vorüber. **33** Als aber ein Samaritaner, der unterwegs war, dorthin kam und ihn sah, hatte er Mitleid mit ihm. **34** Er ging zu ihm, goß Öl und Wein in seine Wunden und verband sie. Dann setzte er ihn auf sein eigenes Reittier, führte ihn in eine Herberge und kümmerte sich um ihn. **35** Am nächsten Tag nahm er zwei Denare und gab sie dem Wirt mit den Worten: Kümmere dich um ihn, und wenn du mehr ausgibst, werde ich es dir erstatten, wenn ich wiederkomme.
36 Wer von diesen dreien ist deiner Meinung nach dem, der unter die Räuber gefallen war, der Nächste gewesen? 37 Er sagte: Der ihm Barmherzigkeit erwiesen hat. Da sagte Jesus ihm: So gehe du hin und handle genau so.

Lukas bildet mit 10,25–37 einen größeren zusammenhängenden Abschnitt, der den Leser eindrucksvoll in das Tun der Liebe einweist. Damit schafft Lukas vor allem eine Ausgangsbasis für die ausführlichere Behandlung aller Fragen, die sich im Rahmen seiner «Armenfrömmigkeit» ergeben. Beide auch traditionsgeschichtlich zu unterscheidenden Teile der Perikope (V. 25–28 und V. 29–37) laufen im wesentlichen parallel; dieselbe Aussage wird wiederholt.
In **V. 25–28** liegt Mark. 12,28–34 zugrunde. Markus bringt allerdings ein Lehrgespräch über die im Judentum umstrittene Frage nach dem höchsten Gebot. Bei Lukas stellt der Gesetzeslehrer dagegen (wie der reiche Ratsherr in 18,18) die Frage nach dem Weg zum ewigen Leben (vgl. 3. Mose 18,5) und muß sich, durch Jesu Gegenfrage provoziert, mit dem Doppelgebot der Liebe (5. Mose 6,5 + 3. Mose 19,18) selbst die Antwort geben (V. 27; vgl. Did. 1,2). Frage und Antwort entsprechen dem, was auch in der hellenistischen Synagoge gelehrt wurde und Lukas wiederholt mit V. 29–37 lehren will. Anders als Markus in 12,28ff. reflektiert Lukas dabei nicht ausdrücklich über das Verhältnis von Gottes- und Nächstenliebe; der Ton liegt vielmehr auf der Nächstenliebe als konkretem Ausdruck der Gottesliebe. Dazu setzt Lukas einen weiteren Akzent: Indem er dem Schriftgelehrten das Motiv zuschreibt, Jesu Lehre zu überprüfen, tritt Jesu durch die Gegenfrage ermöglichte Antwort in V. 28 in deutlichen Kontrast zu der Intention des Fragenden. Nicht um theoretische Diskussion bzw. um tote Rechtgläubigkeit kann es gehen, sondern um das Tun des mit dem Doppelgebot der Liebe als richtig Erkannten. Dabei tritt nebenbei ein für Lukas wichtiger Gedanke wie in 16,27–31 deutlich hervor: Die jüdische Tradition genügt für den Weg zum ewigen Leben.

Der zweite Abschnitt (**V. 29–37**) beginnt erneut mit einer Frage des Gesetzeslehrers, die nun unmittelbar auf die Nächstenliebe zielt. Er will seine erste Frage dadurch rechtfertigen, daß er Jesus indirekt vorhält, dieser sei zu schnell von der «Theorie» in die «Praxis» gesprungen; denn «Wer ist mein Nächster?» – ein etwas gekünstelter Übergang, zumal der Gesetzeslehrer selbst den Begriff des Nächsten aus dem Gesetz eingeführt hatte. Man wird seine Frage im kasuistischen Sinn verstehen müssen; Ich kann nicht alle mir nahen Menschen lieben; wann ist also der

konkrete Fall eines «Nächsten» im Sinn von 3. Mose 19,18 gegeben – eine im Judentum viel diskutierte Frage (vgl. 3. Mose 19,32ff.).
Als Antwort erzählt Jesus eine Beispielgeschichte (V. 30–36), die im wesentlichen für sich spricht und an die er wie in V. 26 wieder eine Gegenfrage anschließt. Die Art dieser Gegenfrage ändert mit Bedacht die Fragerichtung des Schriftgelehrten im Sinn Jesu. Fragte jener theoretisch nach *meinem Nächsten*, so Jesus praktisch nach *mir als dem Nächsten des anderen*. Die theoretische Frage, *wer* mein Nächster *ist*, mag schwer zu beantworten sein; die praktische Frage, wem *ich* zum Nächsten *werden* soll, ist es nicht: Dem, der in Not ist; dem, der mich braucht.
Indem der Gesetzeslehrer sich in seiner Antwort auf Jesu Frage einläßt, gibt er dem Meister recht und muß darum wie in V. 28 (vgl. 6,31) erneut Jesu Aufforderung hören, das, was er richtig *weiß*, auch zu *tun*.
Nimmt man die Beispielgeschichte V. 30–35 aus dem lukanischen Zusammenhang heraus und betrachtet sie für sich, so würde sie auf die Frage nach meinem Nächsten antworten: Wer mein Nächster ist, läßt sich theoretisch überhaupt nicht konkret festlegen; denn mein Nächster zeigt sich jeweils erst in der konkreten Situation, in der meine Hilfe vonnöten ist. Ich darf also gar nicht so wie der Gesetzeslehrer fragen, sondern brauche nur zur Nächstenliebe bereit zu sein, dann zeigt sich der Nächste von selbst.
Allerdings will die Beispielgeschichte, für sich genommen, schwerlich überhaupt die Frage beantworten, wer mein Nächster sei – dann hätte sinnvollerweise der verachtete Samaritaner nicht als Helfer, sondern als Hilfsbedürftiger auftreten müssen –, sondern sie ermahnt zur Nächstenliebe, so daß Lukas sie sachgemäß verwendet. Sie spricht diese Ermahnung offensichtlich aus der Optik der ethisierenden hellenistischen Synagoge aus, die einerseits den Kultbeamten des Jerusalemer Tempels mit spürbarer Kritik und dem Lehrstreit zwischen palästinischen Juden und Samaritanern mit Reserve gegenübersteht, andererseits die sittlichen Gebote (neben dem Monotheismus) für das wesentlich Jüdische hält (vgl. 1. Kor. 7,19; Gal. 5,6 und 2. Chron. 28,5ff.15). Wer sich das Tun des Samaritaners, mag dessen «Dogmatik» auch suspekt sein, zum Vorbild nimmt, ist auch als Angehöriger der Synagoge auf dem rechten Weg; niemand darf sich in seiner Liebe von einem Heiden beschämen lassen. Ein barmherziger Samaritaner steht dem ewigen Leben näher als ein unbarmherziger Glaubensgenosse.
Lukas dürfte diese Beispielgeschichte aus dem ihm vertrauten Lehrgut der Synagoge übernommen haben. Daß er mit ihrer Darbietung keine Verachtung der rechten christlichen Lehre verbinden möchte, macht er durch die zu diesem Zweck angefügte Erzählung von Maria und Martha deutlich.
Einen zusätzlichen Zweck scheint Lukas damit zu verfolgen, daß er die Beispielgeschichte an der vorliegenden Stelle seines Evangeliums unterbringt, also mit deutlichem Bezug auf die Situation und dementsprechend auch auf die Aussage von 9,52–56. Die lobende Hervorhebung des Samaritaners gegenüber Priester und Levit – des halben Heiden gegenüber den orthodoxen Juden – bahnt (wie in 17,11–19) im Rahmen der jüdischen Geschichte den christlichen Universalismus an, der nach dem Vorspiel 10,1ff. direkt freilich erst das Werk des Auferstandenen ist (24,47). Damit bestätigt sich die für Lukas in seiner Auseinandersetzung mit den Irrlehrern fundamentale Kontinuität der Heilsgeschichte, die einem exklusiven Judaismus ebenso widerspricht wie einer heidenchristlichen Verwerfung Israels.

10,38–42 Maria und Martha

38 Während sie unterwegs waren, gingen sie in ein Dorf. Eine Frau mit Namen Martha nahm ihn auf. 39 Sie hatte eine Schwester mit Namen Maria, die sich dem Herrn zu Füßen setzte und seinen Worten zuhörte, 40 während Martha alle Hände voll zu tun hatte, um ihm das Essen zu bereiten. Da trat sie heran und sagte: Herr, macht es dir nichts aus, daß meine Schwester mich allein dienen läßt? Sage ihr doch, sie möge mir helfen. 41 Aber der Herr antwortete ihr: Martha, Martha, du machst dir viel Sorge und Mühe. 42 Eins aber ist nötig. Maria hat nämlich das Bessere gewählt, das soll ihr nicht genommen werden.

Die Erzählung von Maria und Martha ist Sondergut des Lukas und kann formal zu den Apophthegmen gerechnet werden. Doch sind Rahmen und Wort so eng mit der Szene selbst verbunden, daß man besser von einer in sich einheitlichen «formlosen» Erzählung spricht, die (beiläufig) Lukas einmal mehr als «Evangelist der Frauen» ausweist. Sprache und Stil der Erzählung sind lukanisch, die Reisesituation als solche ist redaktionell (9,51), und die Erzählung erfüllt an unserer Stelle eine deutlich redaktionelle Funktion; darum möchte Lukas selbst der erste Erzähler gewesen sein.

Die Szene ist deutlich aufgebaut; während Maria Jesus zuhört, bereitet Martha dem Gast das Essen. Der griechische Begriff für ihren (Tisch-)Dienst ist bedeutungsvoll: «diakonein». Die beiden Schwestern sind Typen, nach mittelalterlicher Auslegung Typen der «vita contemplativa» und der «vita activa». Im Zusammenhang mit dem vorangehenden Abschnitt liegt der Akzent jedoch anders. Der Aufbau von V.27–42, als Einheit gesehen, ist anscheinend bewußt chiastisch (übers Kreuz) gestaltet: V.27a Gottesliebe; V.27bf.Nächstenliebe; V.29–37 Nächstenliebe; V.38–42 Gottesliebe. Lukas fürchtet demzufolge offensichtlich, aus V.27b–37 könnten Leser den (naheliegenden) falschen Schluß ziehen, das Christliche ließe sich auf die Liebe – das Diakonische – reduzieren, und er fürchtet dies um so mehr, als er durchgehend in notwendiger Auseinandersetzung mit falschen Lehren und Lehrern begriffen ist. Solches Mißverständnis zurückzuweisen, ist die deutliche Absicht unserer Erzählung.

Das Tun der Martha wird mit keinem Wort kritisiert; es ist lobenswert und entspricht dem in V.27b–37 Geforderten. Aber es ist sekundär gegenüber dem Hören des Wortes, der Lehre. Gottes Liebe und menschliche Nächstenliebe, Heil und Wohl, die Erlösung und das Helfen, Gnade und Leistung, das Bessere und das Gute, das Nicht-Machbare und das Machbare, Sein und Tun, das Ewige und das Zeitliche stehen in einer unumkehrbaren Reihenfolge und Beziehung zueinander; vgl. 12,31. Der Sünder kann nicht das Tun seiner Hände für die Wahrheit seines Daseins halten.

Was aber ist zu hören, wenn man mit Maria Jesus zuhört? Der Evangelist antwortet auf diese Frage, daß sein Doppelwerk als ganzes die Wahrheit Jesu, die es zu hören gilt, zuverlässig überlieferte.

11,1–13 Vom Gebet

1 Eines Tages betete Jesus irgendwo, und als er aufhörte, sagte einer seiner Jünger zu ihm: Herr, lehre uns beten, wie auch Johannes seine Jünger gelehrt hatte. 2 Da sagte er zu ihnen: Wenn ihr betet, so sprecht:
    Vater!
    Dein Name werde geheiligt.
    Deine Herrschaft komme.
3 Unser tägliches Brot gib uns Tag für Tag.
4 Und vergib uns unsere Sünden;
    denn auch wir selbst vergeben jedem, der an uns schuldig wurde.
    Und führe uns nicht in Versuchung.
5 Und er sagte zu ihnen: Wenn einer von euch einen Freund hat und um Mitternacht zu ihm geht und ihm sagt: Freund, leihe mir drei Brote; 6 denn einer meiner Freunde ist auf seiner Reise bei mir eingekehrt und ich habe nichts, was ich ihm vorsetzen könnte – 7 wird jener von drinnen etwa antworten: Laß mich in Ruhe! Die Tür ist schon verschlossen, und meine Kinder sind schon bei mir im Bett. Ich kann nicht aufstehen und dir helfen. 8 Ich sage euch: Selbst wenn er nicht aus Freundschaft aufstehen und ihm helfen sollte, wegen seines hartnäckigen Drängens wird er aufstehen und ihm geben, was er braucht.
9 Außerdem sage ich euch: Bittet, so wird euch gegeben; suchet, so werdet ihr finden; klopft an, so wird euch geöffnet. 10 Denn jeder, der bittet, empfängt; und wer sucht, findet; und wer anklopft, dem wird geöffnet. 11 Wo ist ein Vater unter euch, der seinem Sohn, wenn er ihn um einen Fisch bittet, statt des Fischs eine Schlange gibt? 12 Oder der ihm einen Skorpion gibt, wenn er um ein Ei bittet? 13 Wenn nun ihr, obwohl ihr böse seid, euren Kindern gute Gaben zu geben pflegt, wieviel mehr wird der Vater aus dem Himmel den Heiligen Geist denen geben, die ihn bitten.

Lukas, der «Evangelist des Gebets», stellt in V. 1–13 drei Abschnitte über das Beten zusammen.
Die uns geläufigere Form des «Vater-Unser» findet sich Mat. 6,9–13; sie wurde gegenüber der Vorlage in der Spruchquelle Q, die Lukas in V. 2–4 im wesentlichen festgehalten hat, erst von Matthäus in die vorliegende Form gebracht. Q enthielt ein ursprünglich stark eschatologisch ausgerichtetes Gebetsformular, dessen einzelne Bitten auch in jüdischen Gebeten aus der Zeit Jesu begegnen.
Der Beter wendet sich vertrauensvoll an Gott als den Vater; er weiß sich also inmitten einer gottlosen Welt als Kind Gottes (vgl. Röm. 8,15; Gal. 4,6), von seinem Vater gerufen und erwählt.
Die beiden ersten Bitten (V. 2) sind sachlich eng verbunden. In diesem alten Äon, der gefallenen Welt, wird Gottes Name, das heißt Gott selbst, nicht geheiligt; der Mensch setzt sich gegen Gott durch. Gott selbst muß und möge bald seine Herrschaft aufrichten, damit seine Heiligkeit geachtet werde (vgl. Ez. 36,23).
Die dritte Bitte (V. 3) bittet um das tägliche Brot. So bittet, wer keine irdischen Güter hat und erstrebt, weil er täglich auf den Anbruch der Herrschaft Gottes wartet.
Die vierte Bitte (V. 4a) um Vergebung der Sünden ist im Blick auf die kommende Gottesherrschaft unerläßlich; denn dem Sünder begegnet die Herrschaft Gottes als Gericht. In einem (sekundären?) Zusatz zu dieser Bitte gibt der Beter zu erkennen,

daß er um den unlösbaren Zusammenhang von Gottes Vergebung und mitmenschlicher Vergebung weiß (vgl. Mark. 11,25; Mat. 18,23–35).
Die fünfte Bitte **(V. 4b)** bittet im Zusammenhang mit den anderen vermutlich um Bewahrung vor der großen letzten Versuchung, die bei der Wende der Äonen über den Weltkreis kommt (vgl. Off. 3,7ff.; 14,6ff.) und in der Gott die Seinen durch den Satan auf die Probe stellt (Dan. 12,10; Luk. 21,8; Mark. 13,21ff.) oder ihnen auch solche letzte Erprobung erspart (Off. 3,10) oder erleichtert (Mark. 13,20).
Die Situationsangabe **V. 1a** stammt wie sonst (3,21; 5,16; 6,12; 9,18.28) von Lukas; sie zeigt Jesus als Vorbild des christlichen Beters. In **V. 1b** stellt Lukas, vermutlich ohne Anhalt an Q und nach dem Vorgang von 5,33, noch einmal die Kontinuität von Jesus und Johannes, Jesusnachfolger und Täufergemeinde, Christengemeinde und Israel heraus. Jesus und Johannes arbeiten «Arm in Arm»; die christliche Gemeinde ist die heilsgeschichtliche Vollendung Israels. In 5,33 hatte Lukas V. 1b bereits vorbereitet.
Das Gebet selbst, bei Matthäus Beispiel für ein Gebet, welches das heidnische Plappern vermeidet (Mat. 6,7f.), ist für Lukas offensichtlich ein Gebet, das hinsichtlich seiner einzelnen Bitten wichtig und exemplarisch ist. Dabei geht in lukanischer Sicht freilich die ursprüngliche eschatologisch-apokalyptische Ausrichtung verloren. Die christliche Gemeinde, die als solche Gottes Namen schon heiligt und seine Herrschaft erwartet, weiß sich in Gottes Zusage geborgen; sie bittet um das Kommen der Herrschaft Gottes, überläßt es aber Gott, wann er seine Herrschaft sichtbar aufrichten wird. Sie predigt angesichts der kommenden Gottesherrschaft aller Welt Buße zur Vergebung der Sünden (1,77; 3,3; 4,16ff.) und ist sich darum auch selbst der Vergebung gewiß, wo immer die Verpflichtung zur eigenen Vergebung ernst genommen wird.
Die Bitte um das tägliche Brot bekommt unter den verfolgten und enteigneten Gemeindegliedern zur Zeit des Lukas oft eine brennende Aktualität, und die Versuchung, vor welcher der Beter bewahrt werden möchte, ist für Lukas nicht zuletzt die durch Verfolgung bis hin zum Martyrium akute Versuchung zum Abfall (vgl. 8,13; 22,28.40ff. 46).
So verbinden sich für den christlichen Beter des «Vater-Unser» zur Zeit des Lukas die Hoffnung auf Überwindung der durch die Verfolgung entstehenden Bedrängnisse und die Erwartung des sichtbaren Anbruchs der Gottesherrschaft miteinander.

V. 5–8 bieten ein «klassisches» Gleichnis aus dem Sondergut des Lukas, das sachlich deutlich dargeboten sowie einheitlich und anschaulich im semitisierenden Stil des Lukas erzählt wird und das im Gleichnis von der bittenden Witwe in 18,2–5 ein Pendant hat; sowohl jenes Gleichnis wie dieses vom bittenden Freund erscheinen als eine bestimmtere Ausführung des kurzen Gleichnisses vom bittenden Sohn in V. 11f.
In 18,1 wird auch eine Deutung der Gleichnisse gegeben: daß man allezeit und ohne müde zu werden beten solle. Unser Gleichnis richtet sich also an den enttäuschten, müde gewordenen, frustrierten Beter. Er wird ermuntert, im Beten nicht nachzulassen, da dem unermüdlichen Gebet die Erhörung gewiß sei, so wie der aufgeweckte Freund dem hartnäckig Bittenden hilft, und sei es auch nur deshalb, weil dieser ihm lästig wird und er endlich seine Ruhe haben will (vgl. 18,4f.).
Da die Feststellung, unermüdlichem Gebet sei stets die Erhörung gewiß, der Erfahrung keineswegs entspricht, haben viele Ausleger, dadurch in Verlegenheit ge-

bracht, versucht, die Spitze des Gleichnisses zu verlagern. Zu Unrecht. Natürlich ist es angemessen, die weitgehende Aussage des Gleichnisses in die biblischen Grenzen einzuordnen, die z. B. 22,42; Mat. 6,8; Joh. 14,13; 1. Joh. 5,14; Jak. 5,13 sichtbar werden. Aber man darf seine Spitze nicht umbiegen; es steht nicht da, daß der, welcher nicht bittet, auch nicht bekommt, sondern daß jeder, der bittet, bekommt. Da Lukas dieser Aussage im vorliegenden Zusammenhang keine ausdrücklichen Grenzen setzt, ist davon auszugehen, daß er (wie in V. 13) nicht beliebige, sondern bestimmte Bitten im Blick hat.

Diese Vermutung wird durch 18,7f. bestätigt und durch das vorausgehende exemplarische «Vater-Unser» näher bestimmt: Das Gleichnis spricht vom Gebet um das Kommen der Herrschaft Gottes; dies Gebet, von der bedrängten Gemeinde vor Gott gebracht, findet zu seiner Zeit sicher Erhörung. Lukas hat also nicht subjektive Bitten der einzelnen Gemeindeglieder vor Augen, sondern die zentrale Bitte der Gemeinde und des vorausgehenden Herrengebets, Gott wolle das Werk seiner Erlösung vollenden. Dies Gebet ist der Erhörung gewiß, weil Gott das Werk seiner Hände nicht fahren läßt (Ps. 138,8) und vollendet, was er angefangen hat (Phil. 1,6).

Der dritte Abschnitt der Ausführungen über das Gebet **(V. 9–13)** stammt wie der erste (V. 1–4) aus der Spruchquelle Q (vgl. Mat. 7,7–11). Der Text läuft bei Matthäus und Lukas im wesentlichen parallel.
Im Mittelpunkt steht das kurze Gleichnis vom bittenden Sohn (V. 11f.), das in V. 9f. und V. 13 jeweils auf die Situation der Hörer bezogen wird. Dabei werden in V. 9f. anscheinend sprichwörtliche Wendungen aufgegriffen («Ohne Fleiß kein Preis»), während in V. 13 das jüdische Schlußverfahren «vom Kleineren zum Größeren» begegnet (der böse Mensch – der gute Vater im Himmel).
Das Gleichnis V. 11f. mahnt anders als die Gleichnisrede V. 5–8 mit 18,2–5 nicht zum unermüdlichen Bitten; es sagt dem Bittenden als solchem vorbehaltlos Erhörung zu. Daß der Vater dem Sohn gegebenenfalls eine Bitte abschlägt und abschlagen muß, steht dabei nicht im Blick des Gleichnisses. Das weist wiederum darauf hin, daß nicht beliebige Bitten vor Augen stehen, und da in Q V. 9–13 unmittelbar an das «Vater-Unser» angeschlossen haben dürfte – Lukas erst unterbricht diesen Zusammenhang durch V. 5–8 – ist in V. 11f. ursprünglich die das Gebet des Herrn regierende Bitte um die eschatologische Erlösung, das Kommen der Herrschaft Gottes gemeint, eine Sinngebung, die Lukas nach V. 5–8 vorzieht.
In V. 9–13 führt Lukas dagegen einen anderen, freilich auch bestimmten Gegenstand der Bitte ein: den Heiligen Geist (V. 13, wo Mat. 7,11, Q folgend, nur vom «Guten» spricht), die Gabe Gottes an die ganze christliche Gemeinde bis zur Vollendung der Gottesherrschaft (24,49; Apg. 1,4f.8.14; 2,1ff.), welche die Christen über das Böse – «Schlangen und Skorpione» (vgl. V. 11f. mit 10,19) – triumphieren läßt. Damit ist ein einleuchtender Zusammenhang mit V. 5–8 (und V. 1–4) hergestellt: Um das sichtbare Kommen der zukünftigen Herrschaft Gottes ist unermüdlich zu bitten, auch wenn die Erfüllung der Bitte noch verzieht; um die Gabe des Heiligen Geistes braucht die Gemeinde aber nicht unermüdlich zu bitten, damit sie einmal komme, sondern der Bittende empfängt ihn schon jetzt (Apg. 2,38) vom Himmel (Apg. 2,33), wie auch Jesus auf sein Gebet hin mit dem Heiligen Geist erfüllt wurde (3,21f.). Der Geistbesitz aller unterscheidet die christliche Gemeinde von Israel, in dem nur einzelne den Geist Gottes hatten.
Interessanterweise haben einige Handschriften die zweite Bitte des «Vater Unser»

– «Deine Herrschaft komme» – geändert in: «Dein Heiliger Geist komme auf uns und reinige uns». Damit verwischen sie den für Lukas wichtigen Unterschied der gegenwärtigen Zeit des Geistes von der kommenden Gottesherrschaft. Indessen war der Geist das Wichtigere in einer Zeit, in der das Ende aller Dinge in weite Ferne rückte.

11,14–23   Sieg über die Dämonen

**14 Einmal trieb er einen Dämon aus, der stumm war, und als der Dämon ausgefahren war, redete der Stumme. Da wunderten sich die Leute. 15 Einige von ihnen sagten aber: Durch Beelzebul, den Oberdämon, treibt er die Dämonen aus. 16 Andere hingegen wollten ihn auf die Probe stellen und verlangten von ihm ein Zeichen aus dem Himmel.
17 Er wußte um ihre Gedanken und sagte zu ihnen: Jede Herrschaft, die sich selbst spaltet, geht zugrunde, und ein Haus stürzt über das andere. 18 So auch der Satan: Wenn er sich selbst spaltet, wie kann seine Herrschaft dann noch bestehen? – denn ihr behauptet ja, daß ich mit Beelzebul die Dämonen austreibe. 19 Wenn ich aber die Dämonen mit Beelzebul austreibe, mit wem treiben sie dann eure Söhne aus? Deshalb werden sie eure Richter sein. 20 Wenn ich aber mit dem Finger Gottes die Dämonen austreibe, dann ist die Herrschaft Gottes schon bis zu euch gelangt. 21 Solange ein Starker seinen Palast mit Waffengewalt schützen kann, ist sein Besitz ungefährdet. 22 Wenn aber ein Stärkerer ihn überfällt und besiegt, nimmt dieser ihm seine Rüstung weg, auf die er vertraute, und verteilt die Beute.
23 Wer nicht mit mir ist, ist gegen mich, und wer nicht mit mir sammelt, der zerstreut.**

Lukas folgt weiterhin der Spruchquelle Q, wie die Parallele Mat. 12,22–30 zeigt. Die öffentliche Szenerie von V. 14ff. bleibt – wie schon in Q – auch weiter (bis V. 36) erhalten.
Den vorliegenden Abschnitt las bereits Markus in der Spruchüberlieferung Q[1]; er hat ihn in Mark. 3,22–27 exzerpiert. Lukas nimmt (im Unterschied zu Mat. 12,22–30) auf die Markus-Fassung keine Rücksicht und bietet mit wenigen Eingriffen den Q-Text: **V. 16** fügt er (aus Mark. 8,11) im Vorblick auf V. 29–32 ein, und auch **V. 18b** ist ein (nach Analogie von Mark. 3,30 gebildeter) nach dem Einschub V. 16 notwendiger Zusatz des Lukas; in V. 17b dürfte der längere Text Mat. 12,25b/Mark. 3,25 das Ursprüngliche bieten.
Wir haben eine durch **V. 15** (vgl. neben Mat. 12,22–24 auch Mat. 9,32–34) veranlaßte «apokalyptische» Rede Jesu vor uns, deren Schwergewicht auf **V. 20** (und auf **V. 23**) liegt. Jesu Dämonenaustreibungen beweisen, daß der Kampf zwischen Gott und dem Satan bereits entschieden ist (vgl. 10,18); der Starke (Satan) ist von dem Stärkeren (Gott) definitiv besiegt (V. 21; vgl. Ps. Sal. 5,4). Somit beginnt auch auf der Erde die Macht des Bösen schon durch den «Finger Gottes» (vgl. 2. Mose 8,15; Ps. 8,4), das heißt durch Gottes Hand und Macht, zu weichen. Also ist die Herrschaft Gottes zum Greifen nahe gekommen (vgl. 10,9.11).
Daß seine Exorzismen nur auf einen Machtkampf innerhalb der dämonischen Sphäre selbst schließen lassen (V. 15) – die Vorstellung vom Streit unter den Dämonen ist weit verbreitet –, wie einige Kritiker der apokalyptischen Siegesbotschaft böswillig unterstellen, weist Jesus mit Hinweis auf analoge irdische Machtkämpfe

(**V. 17–18a**) und auf die Exorzismen, die auch von seinen Kritikern selbst geübt werden (**V. 19**; vgl. Apg. 19,13), zurück: Sollen deren Anhänger (das bedeutet «Söhne» in V. 19; der Ausdruck ist semitisch) etwa auch mit dem Oberdämon die Dämonen abwehren? Wie immer man die Schlüssigkeit dieser Argumentation beurteilen mag, die konträre Deutung desselben Phänomens zeigt, daß «Glaube» sich überhaupt nicht objektiv beweisen läßt.

Ist aber die Herrschaft Gottes im Anbruch, so muß man sich – jetzt – entscheiden. Für ein Hinken auf beiden Seiten ist keine Zeit. Neutralität ist ausgeschlossen; wer nicht mit Jesus die Kinder Gottes sammelt, gehört zu den Feinden der Gottesherrschaft (V. 23; vgl. 9,50; zugrunde liegt eine auch profan begegnende Redensart). Der «freie» **V. 23** ist im Munde des irdischen Jesus ein «prophetischer» Ausspruch. In der Spruchquelle Q ist er natürlich messianisch verstanden worden, und V. 14, der bei Markus noch kein Pendant hat und der in ungewöhnlich konzentrierter Form das Schema einer der markinischen Wundergeschichten bietet (vgl. (9,17), dürfte unmittelbar der nachmarkinischen christologischen Redaktion der Spruchquelle angehören wie 7,1–10: Jesus selbst bringt als der Messias Gottes die Herrschaft Gottes nahe.

Auch Lukas hat den ganzen Abschnitt natürlich christologisch verstanden, und zwar im Zusammenhang mit den vorangehenden dringenden Bitten um das Kommen der Gottesherrschaft (11,1–8). Erhebliche Eingriffe in die Q-Vorlage hat er nicht vorgenommen, es sei denn, **V. 21f.** ist eine allegorisierende Erweiterung von Q (vgl. Mat. 12,29/Mark. 3,27) durch Lukas, bezogen etwa auf die Höllenfahrt. Aber V. 21f. dürfte schon in Q gestanden haben, und Matthäus folgt in 12,29 der gekürzten Fassung Mark. 3,27, die nicht mehr vom Kampf zweier Burgherren (so V. 21f.), sondern in geläufigerem Bild (Mat. 24,43) von einem räuberischen Einbrecher spricht.

11,24–26   Gefahr des Rückfalls

24 Wenn der unreine Geist den Menschen verlassen hat, durchstreift er Wüstengebiete und sucht sich einen Ruheplatz. Aber wenn er keinen findet, denkt er: Ich will in meine Wohnung zurückkehren, aus der ich ausgezogen bin. 25 Er kommt zurück und findet sie gefegt und geschmückt vor. 26 Darauf geht er hin und sucht sich sieben andere Geister, die noch ärger sind als er, und zieht dort mit ihnen ein. So wird es mit diesem Menschen am Ende schlimmer, als es am Anfang war.

Wir haben ein ursprünglich selbständiges Lehrstück vor uns, das, aus der Spruchquelle Q stammend (vgl. Mat. 12,43–45), ein plastisches Bild von den antiken Dämonenvorstellungen vermittelt (vgl. Mark. 9,25) und an geeignetem Material der allgemeinen Lebensweisheit Ausdruck verleiht, daß ein Rückfall (in allen Bereichen) schlimmer zu sein pflegt als das erste Übel (2. Petr. 2,20). Vgl. Jes. 34,14. Vorausgesetzt ist das Wissen, daß das «ruhelose» Böse nur durch den Menschen wirksam wird und daß der Mensch ein «Beziehungswesen» ist, «Wohnung» für Gutes oder Böses (1. Kor. 3,16f.; 6,19; Röm. 14,7f.). Man darf das Bild nicht allegorisieren und erklären, der zwischen Gut und Böse, zwischen Gott und Satan neutrale, nur sich selbst gehörende Mensch sei die sicherste Beute des Bösen. So richtig dies ist, reflektiert doch das Wort nicht über die Frage, *wie* der Mensch dem Bösen zu widerstehen hat (vgl. Jak. 4,7).

Eine andere *konkrete* Anwendung der allgemeinen Aussage unseres Abschnitts als die (schon in Q) vorliegende läßt sich nicht erkennen: Im Zusammenhang mit dem Entscheidungsruf V. 23 ergeht die Warnung vor dem Rückfall in den alten Äon, die «Welt», der das Schlimmste ist, was dem Nachfolger Jesu passieren kann. Nicht mehr glauben ist schlimmer als nicht glauben.
Daß dieser Gedanke auch Lukas wichtig war, zeigt z. B. 8,13f.; 14,25ff.; er ändert darum an seiner Vorlage nichts Wesentliches.

11,27–28   Seligpreisungen

**27 Während er diese Rede hielt, rief eine Frau ihm aus der Menge zu: Selig ist der Mutterleib, der dich getragen, und die Brüste, an denen du gesogen!
28 Da erwiderte er: Ja, selig sind, die Gottes Wort hören und bewahren.**

Mit dieser doppelten Seligpreisung (S^{Lk}) befinden wir uns sachlich und stilistisch ganz im Bereich der lukanischen Redaktion.
Lukas erweist sich in V. 27 zunächst erneut als «Evangelist der Frauen»; eine Frau preist die Mutter Jesu selig. **V. 27** entspricht damit 1,45 und führt das «Programm» von 1,48 aus (wir befinden uns noch im «heidnischen» Samarien!). Das erzählerische Motiv von V. 27 ist konventionell und im Judentum weit verbreitet: «Heil meiner Mutter unter denen, die geboren! Gepriesen unter den Frauen sei, die mich zur Welt gebracht», heißt es in einer jüdischen Schrift aus neutestamentlicher Zeit (syrBar. 54,10). Auch in 23,29 greift Lukas dieses Motiv auf. Jesu antwortende Seligpreisung **V. 28** enthält gleichfalls ein traditionelles Motiv (vgl. 6,46ff.; Joh. 13,17; Jak. 1,22); 8,15.21 liegt sachlich und begrifflich besonders nahe.
Die Komposition als ganze hat ein Vorbild in 8,19–21, der spezifisch lukanischen Fassung von Mark. 3,31–35. Der Gedanke ist derselbe wie dort. Das Lob der Frau wird keineswegs zurückgewiesen – das ist schon wegen 1,45.48 unmöglich anzunehmen –; es wird nicht einmal überboten. Aber Jesus fügt hinzu, daß die treue Nachfolge den bloß natürlichen, verwandtschaftlichen Bindungen vorgeht (vgl. 18,29f.). Eins ist not! heißt es auch hier wie in der ähnlich strukturierten Erzählung 10,38–42. So gesehen steht die vorliegende Doppelszene in engem Zusammenhang mit V. 23.24–26 und schärft erneut den Ernst der Nachfolge (vgl. 14,25ff.) ein.
Daß im Markusevangelium die analoge, das Vorbild abgebende Szene 3,31–35 (Luk. 8,19–21) auf die Beelzebulrede Mark. 3,22ff. folgte, dürfte Lukas zur Bildung der vorliegenden Dublette zu 8,19–21 am vorliegenden Ort veranlaßt haben.

11,29–32   Die Zeichenforderung dieses unbußfertigen Geschlechts

**29 Als noch immer mehr Leute herzukamen, sagte er: Dies Geschlecht ist ein böses Geschlecht; es verlangt ein Zeichen. Aber es wird kein Zeichen bekommen, es sei denn das Zeichen des Jona. 30 Wie nämlich Jona ein Zeichen für die Leute aus Ninive war, so wird es der Menschensohn für dieses Geschlecht sein.
31 Die Königin des Südens wird auferweckt werden und mit den Menschen dieses Geschlechts vor dem Gericht stehen, und sie wird sie verurteilen; denn sie kam vom Ende der Erde, die Weisheit Salomos zu hören, und hier ist mehr als Salomo. 32**

Die Bewohner Ninives werden auferstehen und mit diesem Geschlecht vor dem Gericht stehen, und sie werden es verurteilen; denn sie taten auf die Predigt des Jona hin Buße, und hier ist mehr als Jona.

Lukas folgt nach der Einlage V. 27f. weiter der Spruchquelle Q (vgl. Mat. 12,38–42), wo die beiden selbständigen Gerichtsworte über «dieses Geschlecht» (V. 29f. und V. 31f.) bereits beisammenstanden. Sie gehörten der apokalyptischen Spruchüberlieferung Q[1] an, aus der schon Markus in 8,11f. die «Dublette» nahm. Lukas überliefert die Sprüche ohne ersichtliche Änderungen nach Q, setzt sie aber durch seinen Rahmen V. 29a (nach Mark. 9,25?) vom Vorangehenden thematisch ab. Die große Szenerie ist noch die von V. 14, und in V. 16 (nach Mark. 8,11) hatte Lukas unseren Abschnitt als Teil dieser Szene bereits ausdrücklich vorbereitet.

«Dieses Geschlecht» **V. 29f.** ist in Q[1] die gegenwärtige, letzte Generation des alten Weltlaufs. Es fordert, Jesus solle seine Bußpredigt und die Ansage des bevorstehenden Anbruchs der Herrschaft Gottes und des Gerichts durch ein vom Himmel, das heißt von Gott kommendes Zeichen beglaubigen. Dies lehnt Jesus ab. Der Weltenrichter selbst, der «Menschensohn» von Dan. 7,13, dessen baldige Ankunft er prophetisch ansagt, wird vielmehr Jesu Botschaft bestätigen, so wie sich auch die Ankündigung des Gerichts über Ninive durch Jona erfüllt hat; denn die große Stadt Ninive lag zur Zeit Jesu längst in Trümmern, worauf im Judentum gerne hingewiesen wurde: «Ninive wird bald zu Boden gehen; denn das Wort des Herrn wird geschehen» (Tob. 14,6; vgl. Josephus Ant. 9,208ff.). Das Eintreffen des Angesagten ist also das einzige, freilich paradoxe «Zeichen» für dies Geschlecht. Der Ruf zur Buße ist also in sich selbst wahr, wenn er wahr ist; Beweise würden ihn zerstören, Entscheidung ist geboten (vgl. 1. Kor. 1,22ff.). Glaube ist insofern stets Wagnis, und wer nicht glaubt, ist schon gerichtet (Joh. 3,18).

Das Doppelwort **V. 31f.** (vielleicht ist V. 32 eine sekundäre, zum Stichwort «Ninive» erfolgte Analogiebildung zu V. 31 nach dessen Verbindung mit V. 29f.) beklagt die Verstocktheit «dieses Geschlechts» (vgl. 10,13–15), das der Endzeit-Predigt nicht glaubt und keine Buße tun will. Es verhält sich damit schlechter als Heiden wie die arabische Königin (1. Kön. 10,1ff.) und die Bewohner Ninives (Jona 3f.). Dabei steht jetzt mehr auf dem Spiel; denn jetzt ist die letzte Zeit, und «hier» spricht der Prophet der Endzeit und seine Gemeinde; jetzt wird über Leben und Tod definitiv entschieden. Dieses ungläubige Geschlecht wird deshalb dem Gericht verfallen (vgl. Ps. 95,10).

Lukas liest den ganzen Text natürlich wie schon die Spruchquelle Q aus der österlichen Optik der christlich-christologischen Aussage. «Hier» ist der Christus Jesus, der mehr ist als Salomo und Jona, nämlich der kommende Menschensohn selbst. «Dies Geschlecht» sind für Lukas anscheinend die Frager von V. 16 und damit die unbußfertigen Hörer der christlichen Predigt allerorten und zu aller Zeit, zumal zur Zeit des Lukas, die Zeichen zur Bedingung ihrer Buße machen.

11,33–36 Worte vom Licht

33 Niemand zündet ein Licht an und versteckt es oder setzt es unter einen Meßbecher, sondern man stellt es auf den Leuchter, damit die Eintretenden das Licht sehen können.

34 Das Licht des Leibes ist dein Auge. Wenn dein Auge klar ist, ist auch dein ganzer Leib erleuchtet, wenn es aber schlecht ist, ist auch dein Leib finster. 35 Achte also darauf, daß das Licht in dir nicht Finsternis ist! 36 Wenn also dein ganzer Leib erleuchtet ist, und er nichts Finsteres an sich hat, wird er ganz erleuchtet sein, wie wenn das Licht dich mit seinem Strahl beleuchtet.

Lukas bringt zwei weitere Logien aus Q, V. 33 und V. 34f. (vgl. Mat. 5,15 und 6,22f.); V. 36, ohne Parallele, dürfte lukanische Ergänzung sein.

V. 33 hatte auch Markus aus Q[1] übernommen, wie die «Dublette» Mark. 4,21 (Luk. 8,16) zeigt. Eine sichere Rekonstruktion des ursprünglichen Wortlauts ist nicht möglich, aber auch nicht nötig, da der allgemeine Sinn der sprichwörtlichen Wendung, daß man sein Licht nicht unter den Scheffel stellt bzw. stellen soll, am Tage liegt; vgl. 12,2/Mat. 10,26.

V. 34f. überliefert Lukas (wie Matthäus) kaum verändert im Wortlaut von Q; nur der ermahnende Ton in V. 35 (vgl. Mat. 6,23b) dürfte lukanisch sein. Vorausgesetzt ist das bekannte Bild von dem einen Leib mit seinen vielen Gliedern (1. Kor. 12,12ff.) sowie die antike Vorstellung, daß das Licht vom Auge ausgeht. Das Bild **V. 35** sagt: Ob der Mensch als ganzer sieht, hängt ganz und gar von seinem Auge ab. Wiederum ist der allgemeine Sinn klar: Eins ist not, und die im Bild bleibende Mahnung meint offensichtlich: Achte vor allem darauf, die Augen klar zu haben. Der konkrete Sinn dieser Worte in der frühen Überlieferung läßt sich nicht ausmachen, und diese unbefriedigende Tatsache erzeugt bis heute zahlreiche in gleichem Maße fragwürdige Auslegungen. Für sich genommen kann V. 33 in Q z. B. zum mutigen Bekenntnis mahnen, V. 34f. dazu, alles auf «eine Karte» – etwa die Botschaft Jesu – zu setzen.

Lukas fügt die einzelnen Logien V. 33–36 offensichtlich zu einer Einheit zusammen und schließt sie bruchlos an 11,29–32 an. Wir befinden uns also noch in der Szenerie von V. 14ff., und angeredet sind wie in V. 29a die Leute. Will Jesus mit V. 33 vor den Leuten sein Selbstbewußtsein rechtfertigen, wie er es am Ende von V. 31 und V. 32 äußert? Aber dann müßte man V. 33 von den folgenden Sprüchen absetzen, was Lukas keineswegs zu beabsichtigen scheint.

Und was soll **V. 36**? Inwiefern interpretiert er V. 33–35? Viele Ausleger fanden die Wiederholung derselben Aussage in V. 36 mit gutem Grund unverständlich, und viele Abschreiber haben nicht von ungefähr V. 36 einfach ausgelassen. Geht es etwa in V. 33 um das allen Menschen zugängliche Wort Gottes von V. 28, das einladend verkündigt und nicht versteckt werden soll (vgl. 8,16)? Und geht es dann in V. 34–36a um das Beharren in diesem Wort (V. 28) oder um die Annahme des Wortes und in V. 36b um die eschatologische Vollendung? Das wäre ein formal zwar ungeschickter, inhaltlich aber angemessener Abschluß des Abschnittes V. 14–36.

11,37–54   Weherufe

**37 Als er so sprach, lud ihn ein Pharisäer bei sich zum Essen ein. Er kehrte bei ihm ein und setzte sich zu Tisch. 38 Der Pharisäer sah das und wunderte sich darüber, daß er sich vor der Mahlzeit nicht zunächst wusch.
39 Da sagte der Herr zu ihm: Nun freilich, ihr Pharisäer, das Äußere von Tasse und Teller reinigt ihr, euer Inneres aber ist voll von Raubgier und Bosheit. 40 Ihr**

Dummköpfe! Hat nicht, der das Äußere machte, auch das Innere gemacht? 41 Gebt aber den Inhalt als Almosen, so wird für euch alles rein sein.
42 Doch wehe euch, ihr Pharisäer; denn ihr legt den Zehnten auf die Minze und die Raute und auf allerlei Gartengewächse, aber das Recht und die Liebe zu Gott vernachlässigt ihr. Dies solltet ihr tun und jenes nicht lassen.
43 Wehe euch, ihr Pharisäer; denn ihr liebt den Vorsitz in den Synagogen und die feierliche Begrüßung auf den Märkten.
44 Wehe euch; denn ihr seid wie die eingeebneten Gräber. Die Menschen, die darüber laufen, merken nichts von ihnen.

45 Da erwiderte ihm einer der Gesetzeslehrer: Mit solchen Worten beschimpfst du auch uns.
46 Er aber sagte: Wehe auch euch, ihr Gesetzeslehrer; denn ihr legt den Menschen schwere Lasten auf, rührt aber selbst mit keinem Finger an den Lasten.
47 Wehe euch; denn ihr baut die Grabmäler für die Propheten, die von euren Vätern getötet wurden. 48 Folglich bezeugt ihr euer Wohlwollen an den Schandtaten eurer Väter; denn jene haben sie getötet, ihr aber baut.
49 Demgemäß spricht auch die Weisheit Gottes: Ich will Propheten und Apostel zu ihnen senden, von denen sie einige töten und verfolgen werden, 50 damit das Blut aller Propheten, das von Anfang der Welt vergossen wurde, von diesem Geschlecht gefordert werde, 51 angefangen vom Blute Abels bis zum Blut des Zacharias, der zwischen dem Altar und dem Tempelgebäude umgebracht wurde. Ja, ich sage euch, es wird von diesem Geschlecht gefordert werden.
52 Wehe euch, ihr Gesetzeskundigen; denn ihr tragt den Schlüssel der Erkenntnis mit euch. Ihr selbst seid nicht eingetreten, und wer eintreten will, wird von euch daran gehindert.
53 Als er von dort aufbrach, begannen die Schriftgelehrten und Pharisäer, ihm vor allen Leuten hart zuzusetzen, um ihn mit ihren Worten zu fangen; 54 sie paßten auf, ob sie etwas aus seinem Munde erhaschen könnten.

Die Spruchquelle Q enthielt sieben Weherufe, vier gegen die Pharisäer und drei gegen die Gesetzeslehrer; jeder von ihnen scheint mit einem Nachsatz versehen gewesen zu sein. Da auch Markus in 12,38–40 (vgl. Luk. 20,46f.) einen als solchen gekennzeichneten Auszug aus den Weherufen bietet, müssen diese bereits in der Spruchüberlieferung Q^1 gestanden haben. Dort übte jeder einzelne dieser Sprüche vom Standpunkt des frommen Apokalyptikers aus Kritik an den Vertretern der herrschenden jüdischen Frömmigkeit. Die Spruchquelle Q hat in diese Überlieferung anscheinend nicht wesentlich eingegriffen und sie als christliche Kritik am synagogalen Judentum verstanden. Matthäus erweitert die Weherufe der Spruchquelle zu einer großen, für seine Gemeinden aktuellen Rede gegen die heuchlerischen Pharisäer und ihre Schriftgelehrten und stellt sie in den Markus-Rahmen ein (Mat. 23,1–36).
Lukas dürfte an der vorliegenden Stelle dem Aufriß von Q folgen. Auch im Wortlaut steht sein Text der Q-Vorlage im allgemeinen näher als Mat. 23. Er übernimmt die urspüngliche Kritik der Weherufe unter dem speziellen redaktionellen Gesichtspunkt, daß es die jüdischen Führer, nicht die Juden sind, die sich im Konflikt mit Jesus befinden.
Der Eingangsrahmen V. 37f. stammt von Lukas selbst; die folgenden Logien gehen auf das Händewaschen gar nicht ein. Lukas liebt die Mahlsituation (5,29ff.; 10,38;

19,1ff.), speziell die im Hause eines Pharisäers (7,36; 14,1), und er nimmt das Motiv des unterlassenen Händewaschens aus dem im übrigen übergangenen (siehe S. 110f.) Abschnitt Mark. 7,1ff. Die Verbindung von Einladung durch den Pharisäer und folgendem scharfen Tadel des Gastgebers ist nicht sehr geschickt.

Das erste Stück **(V. 39–41)** stand in Q vermutlich an zweiter Stelle (vgl. Mat. 23,23f. und 25f.); Lukas hat es um der besseren Verbindung zum Rahmen willen (V. 37f.) vorgezogen. In dieser Verbindung läßt er den schroffen Weheruf am Anfang weg und nennt den Gastgeber statt dessen zunächst nur «Dummkopf» (V. 40); er läßt angesichts der Einladung die Kritik also langsam angehen. Lautete der ursprüngliche Vorwurf, wie ihn Mat. 23,25f. überliefert, die Pharisäer reinigten zwar peinlich ihr Geschirr (= das Äußere), äßen aus ihm aber unrechtmäßig erworbenes Gut (= das Innere; vgl. V. 42; 16, 14; 20,47), so hebt Lukas – Jesus ißt ja das Mahl des Pharisäers! – gegenüber der Zeremonialgesetzlichkeit auf die innere Reinheit der Menschen ab. Diese Sinngebung unterstreichend fügt er auch V. 40 hinzu und bestimmt sodann in V. 41 die «innere Reinheit» ganz im Rahmen seiner «Armenfrömmigkeit» als Almosengeben (vgl. 12,33; Tit. 1,15), und zwar ganz ähnlich wie in 16,14f. (vgl. 5,29): Was man in Teller und Tasse hat, gehört auch den anderen.

Der zweite Weheruf **(V. 42)** leitete in Q alle Weherufe passend ein. Er kritisiert die das alttestamentliche Gesetz überschreitende (5. Mose 14,22f.) Strenge der um gesetzliche Verdienste besorgten Pharisäer (vgl. 18,12b), die das Wichtigere, Gerechtigkeit und Gottesliebe (das Doppelgebot der Liebe, 10,27; man kann allerdings auch verstehen: «das Gericht und die Liebe Gottes», das heißt die Botschaft von Buße und Vergebung, 3,3), unterlassen. Matthäus hat an dieser Stelle, Q möglicherweise näher bleibend als Lukas, «Recht, Barmherzigkeit und Treue» (23,23), und er kommentiert das Verhalten der Pharisäer drastisch: Sie seihen Mücken und verschlucken Kamele. Den Nachsatz, der den gesetzlichen Zehnten als solchen konzediert, hat Lukas gerne weitergegeben; denn er belegt die bei aller Kritik ungebrochene Gesetzestreue Jesu.

Den dritten Weheruf **(V. 43**/Mat. 23,6f.) hatte auch Markus in 12,38f. aufgenommen. Lukas hat ihn gekürzt, weil er ihn nach Mark. 12,38f. in 20,46f. ausführlich bringt, und daß die Pharisäer den Ehrenplatz bei der Mahlzeit beanspruchen, hat Lukas vielleicht auch im Blick auf seinen Eingangsrahmen V. 37 weggelassen, wo davon nichts gesagt wird. Dadurch fehlt diesem Wehe der ursprüngliche Nachsatz, vermutlich 20,47b/Mark. 12,40b: «Sie werden um so strenger verurteilt werden» – nämlich im bevorstehenden Endgericht.

Der vierte Weheruf **(V. 44)** enthält ein hartes, aber nicht leicht verständliches Bild. Offenbar ist – im Anschluß an V. 39.42 – gemeint: Den Pharisäern gelingt es, ihr unreines Innere hinter einem respektablem Äußeren verborgen zu halten. Sie sind erfolgreiche Heuchler, sei es subjektiv-willentlich, sei es faktisch. Wer mit ihnen zu tun hat, so kann man aufgrund von 4. Mose 19,16 darüberhinaus verstehen, verunreinigt sich. Matthäus verdeutlicht in 23,27f.

V. 45 ist ein redaktioneller Rahmen des Lukas (vgl. 12,41; 14,15; 17,5.37) anläßlich des Übergangs zu den folgenden drei Weherufen gegen die Gesetzeslehrer bzw. Schriftgelehrten. Die Pharisäer waren eine gesetzesstrenge Laienbewegung, die Gesetzeslehrer, die zur Zeit Jesu keineswegs immer Pharisäer waren, die gelehrten theologischen und juristischen Leiter des Volkes. Erst nach der pharisäischen Restauration des Judentums infolge der jüdischen Katastrophe im Jahre 70 gehörten alle Gesetzeslehrer zur pharisäischen Richtung; diese neue Situation setzt Lukas bereits voraus. Die Reihenfolge der drei folgenden Weherufe dürfte in Q gewesen sein: V.52; V.46; V.47ff.

Der fünfte (in Q sechste) Weheruf (**V.46**/Mat.23,4) spricht für sich. Die etablierten Theologen sind nicht bereit, ihre harte (Apg.15,10) Theorie auch bei sich selbst praktisch werden zu lassen.

Der sechste Weheruf (**V.47f.**/Mat.23,29–32) mitsamt dem Anhang (V.49–51/ Mat.23,34–36) stand in Q vermutlich an letzter Stelle; beide Reihen schlossen also mit einem Wort, das auf die Gräber Bezug nahm. Die Logik dieses Spruchs will offenbar besagen: Wer den ermordeten Propheten Grabdenkmäler baut, billigt damit ihre Ermordung. Diese Logik will – auch als Sarkasmus – nur schwer einleuchten, wie auch Matthäus empfunden zu haben scheint, der in 23,29–32 versucht, die Logik dieses Gedankens verständlich zu machen – mit geringem Erfolg, wie ja auch V.48b, vermutlich eine sekundäre Erläuterung des Lukas, nichts erklärt. Anscheinend schließt der ursprüngliche Spruch aus dem Bau der Grabdenkmäler auf die völkische, geschichtliche Verbindung zwischen den Prophetenmördern (vgl.6,23) und den Adressaten des Weherufs, die als solche eine gesinnungsmäßige Verbindung impliziert.

Als Sprecher des Anhangs (**V.49–51**) an das ursprünglich letzte Wehe muß man in der Spruchüberlieferung Q¹ die in V.49a genannte prophetische Weisheit annehmen; vgl.7,35; 13,34f. Der ursprüngliche Sinn dieser apokalyptischen Drohung aus dem Mund der «Weisheit» ist deutlich zu erkennen: Über «dieses Geschlecht», das heißt über das gegenwärtige (letzte) Geschlecht in Israel, wird das bevorstehende jüngste Gericht kommen und das Blut *aller* seit Abel (1.Mose 4) umgebrachten Propheten von ihm fordern; denn auch zu diesem Geschlecht waren Propheten gesandt, z.B. Johannes und Jesus (7,18f.), die von den Leuten dieses Geschlechts verfolgt und getötet wurden (vgl.6,23; 13,33ff.; 1.Thess.2,15f.; Barn.5,11). Zacharias ist dabei sicherlich nicht, wie Matthäus in 23,35 versteht, der Schriftprophet Sacharja. Es kann sich um den 2.Chron.24,19–22 genannten, sonst unbekannten Propheten handeln, der am Ausgang der alttestamentlichen Zeit das Martyrium erleidet. Die genauen Angaben deuten aber eher auf jenen Sacharja, der dem Bericht des Josephus zufolge nach dem Ausbruch des jüdischen Krieges im Jahre 67/68 von den Zeloten im Tempel getötet wurde. So oder so haben wir es mit einem apokalyptisch-prophetischen Weisheitswort aus der Q¹-Gemeinde zu tun, das der Jesusüberlieferung beigefügt wurde und das Jesu Tod als Prophetengeschick (vgl.13,33ff.), nicht im österlichen Licht als definitives Heilsereignis versteht.

Schon in der Spruchquelle dürfte die Gerichtsansage – als Jesuswort – auf die Zerstörung Jerusalems bezogen worden sein.

Lukas hat in V.49 neben den Propheten die (Zwölf) Apostel genannt. Auch er versteht V.49–51 als Jesuswort, und dies Wort sagt, daß «dies Geschlecht» – für Lukas wie in V.30ff. die Juden – so, wie sie die Propheten verfolgt und getötet haben (Apg.7,52), auch die Apostel töten (Apg.12,2) und verfolgen (Apg.12,3ff.) werden. Damit bringt Lukas wie sonst (4,23ff.; Apg.23,12ff.) den wichtigen redaktionellen Gedanken zum Ausdruck, daß die Juden schuldhaft die ihnen angebotene und zugedachte Botschaft Jesu abgelehnt haben. Das Gericht, die Zerstörung Jerusalems (19,42ff.) wie das jüngste Gericht, trifft sie deshalb zurecht. Daß jüdische Propheten und christliche Apostel in derselben Weise von denselben Leuten verfolgt werden, dürfte für Lukas ein erneuter Beleg für die unlösbare Verbindung von Israel und christlicher Gemeinde gewesen sein.

Das letzte Wehe (**V.52**/Mat.23,13) stand in Q vermutlich als fünfter Weheruf, die Wehe gegen die Gesetzeslehrer passend einleitend: Das «offizielle» Judentum blockiert mit seiner Gesetzestheologie die Verkündigung der kommenden Herrschaft Gottes; «ihr schließt die Herrschaft Gottes vor den Menschen zu» (Mat. 23,13 = Q). Lukas fügt hinzu: Dabei habt ihr den «Schlüssel der Erkenntnis», nämlich das Alte Testament, dem Lukas damit ausdrücklich Hochschätzung bezeugt; Jesu Kritik wendet sich nicht gegen die «Tora» sondern gegen ihre falschen Lehrer! Wenn diese Gesetzeslehrer die Gutwilligen – die Masse des jüdischen Volkes – daran hindern, der christlichen Botschaft zu folgen, so liegt die jüdische Schuld bei den Führern, nicht bei dem Volk, ein für die lukanische Redaktion bezeichnender Gedanke (20,19f.; 22,1f.6; 23,27ff.), der im Schlußrahmen näher ausgeführt wird. Wegen dieses redaktionellen Zusammenhangs mit dem Schlußrahmen V.53f. hat Lukas V.52 an die letzte Stelle der Weherufe gesetzt (in Q folgte auf V.47–51, den Abschluß der Rede, 13,34f./Mat.23,37–39).
V.53f. ist also redaktioneller Schlußrahmen, in dessen Licht die ganzen Anklagen V.39–52 bei Lukas gelesen werden wollen. Die *Führer* verwerfen Jesus, nicht das jüdische Volk. Pharisäer und Gesetzeslehrer (vgl. 5,17; 6,7; 7,30; 14,3) versuchten, ihn zu provozieren und Anklagepunkte gegen Jesus zu sammeln (vgl. schon 6,11; 19,47), um ihn trotz der Anhänglichkeit des Volkes beseitigen zu können. Die Weherufe bedeuten also keinen Bruch zwischen Jesus und dem wahren Israel, sondern belegen, recht verstanden, das Gegenteil.

12,1–12   Mutiges Bekennen

1 Inzwischen strömten Tausende von Leuten zusammen, so daß sie sich auf die Füße traten. Da redete er seine Jünger an: Vor allem hütet euch vor dem Sauerteig der Pharisäer, das heißt vor ihrer Heuchelei.
2 Nichts ist verhüllt, was nicht enthüllt werden soll,
und nichts verborgen, was nicht bekannt werden soll.
3 Deshalb soll alles, was ihr im Dunkeln sagt, im Licht gehört werden, und was ihr in den Kammern ins Ohr flüstert, auf den Dächern gepredigt werden.

4 Euch, meinen Freunden, sage ich:
Fürchtet euch nicht vor denen, die den Leib töten, aber danach nichts weiter tun können. 5 Ich zeige euch, wen ihr fürchten sollt: Fürchtet den, der Macht hat, nach dem Tod in die Hölle zu werfen. Ja, ich sage euch, ihn sollt ihr fürchten.
6 Werden nicht fünf Spatzen für zwei As verkauft? Und nicht einer von ihnen ist von Gott vergessen! 7 Selbst die Haare auf eurem Kopf sind alle gezählt. Fürchtet euch nicht! Ihr seid mehr wert als alle Spatzen.
8 Ich sage euch aber: Zu jedem, der mich vor den Menschen bekennt, wird sich auch der Menschensohn vor den Engeln Gottes bekennen. 9 Wer mich aber vor den Menschen verleugnet, wird ebenso vor den Engeln Gottes verleugnet werden. 10 Und wenn jemand etwas gegen den Menschensohn sagt, wird es ihm vergeben werden; dem aber, der den Heiligen Geist lästert, wird nicht vergeben werden.
11 Wenn man euch vor die Synagoge oder die Behörden oder die Machthaber schleppt, so macht euch keine Sorge, wie oder womit ihr euch verteidigen oder was ihr reden sollt. 12 Denn der Heilige Geist wird euch in solcher Stunde lehren, was zu sagen ist.

Dieser thematisch zusammenhängende Abschnitt verbindet Einzelsprüche zu einer Rede, die zu tapferem Bekenntnis mahnt; schon in der Spruchquelle Q waren die meisten dieser Logien unter diesem Thema aneinandergereiht (vgl. Mat. 10,26–33 und 10,19f.). Einige dieser Logien, die Dubletten in Mark. 4,22; 8,38 und 13,11, entnahm schon Markus aus der Spruchüberlieferung Q[1].

Der Rahmen (**V. 1**) stammt von Lukas, der dazu Mark. 8,15, ein Wort aus der «großen Auslassung» (siehe S. 110f.), aufgreift und einen dürftigen Übergang zu 12,2–12 schafft, indem er den Begriff «Heuchelei» einführt, der, 11,37–54 zusammenfassend, das fromm-unfromme Verhalten der Pharisäer charakterisiert und dabei auch die Christen seiner Zeit beschreibt, «die nicht bekennen wollen frei, was ihres Herzens Glaube sei».

Zwei Logien (**V. 2f.**/Mat. 10,26f.; vgl. Mark. 4,22) sagen, die Jünger sollen diesen Heuchlern nicht gleichen. Wir haben es ursprünglich mit Sprichwörtern zu tun, die vielfältig deutbar sind («Es ist nichts so fein gesponnen, es kommt doch an das Licht der Sonnen»), im vorliegenden Zusammenhang aber ermahnend verwendet werden: Behaltet eure draußen unwillkommene und für euch gefährliche Botschaft nicht für euch. Dieser Sinn gilt für alle Stufen der Überlieferung, von Q[1] bis zu Lukas. Lukas will mit dieser Mahnung vermutlich auch den heidnischen Vorwürfen entgegenwirken, in den christlichen Gemeindeversammlungen spielten sich schändliche Dinge ab (vgl. zu Apg. 2,46). Das flache Dach ist im Orient ein öffentlicher Teil des Hauses und Aufenthaltsort (2. Sam. 11,2).

Die schon jüdische Weisheit, nicht Menschen, sondern Gott zu fürchten (Ps. 146), schließt sich passend an (**V. 4–5**/Mat. 10,28; Matthäus scheint die Q-Fassung besser überliefert zu haben), und zwar mit Blick auf die Bedrücker und Verfolger der Gemeinde. Es hilft nichts, wenn man durch Verleugnung der Wahrheit Gottes sein zeitliches Leben rettet (vgl. 9,25). Der Leser des Lukasevangeliums denkt an die akuten Christenverfolgungen bis hin zum Martyrium. Dabei läßt die lukanische Fassung der Mahnung erkennen, daß in dieser Situation die ursprüngliche endgeschichtlich-horizontale Fassung der Eschatologie – die Erwartung des Endes dieses Weltlaufs – hinter der vertikalen – die Hoffnung auf die himmlische Heimat nach dem Verlassen dieser Welt (vgl. 23,43) – zurücktritt.

Tröstliche Beobachtungen aus dem Schatz der jüdischen Weisheit unterstützen die vorangehende ernste Mahnung zur ausschließlichen Gottesfurcht verheißungsvoll (**V. 6–7**/Mat. 10,29f.; auch hier folgt Matthäus der Q-Fassung anscheinend enger als Lukas): Gott, der sogar für die Spatzen sorgt, läßt sein Kind, das ihn bekennt, erst recht nicht los. (Das As war eine geringe römische Kupfermünze).

Ein gewichtiger Doppelspruch (**V. 8–9**/Mat. 10,32f.; Mark. 8,38) rundet den ersten Gedankengang ab. 2. Tim. 2,12 und Off. 3,5 lassen eine frühe Fassung dieses Logions vermuten, die das «mich» noch nicht hatte, also noch nicht ausdrücklich vom Bekenntnis zu der Person Jesu sprach; der himmlische Menschensohn wird sein letztes Urteil vor dem himmlischen Gerichtshof aufgrund dessen fällen, wie der Hörer sich zu der apokalyptischen *Bußpredigt Jesu* verhält. Dabei war in der Spruchüberlieferung Q[1] der Menschensohn-Richter nicht mit Jesus identisch. In der Spruchquelle Q wird der Spruch dagegen in «geheimer Epiphanie» christologisch verstanden; der Menschensohn ist Jesus selbst in seiner Richterfunktion, und das Bekenntnis spricht von ihm selbst als dem Messias. So versteht natürlich auch Lukas (vgl. Apg. 10,42). «Vor den Menschen» stehen die Bekenner zur Zeit des Lukas insonderheit, wie V. 11 zeigt, in den Gerichtssälen. Das Doppelwort umschließt für die verfolgten und angeklagten Christen zugleich Mahnung und Verheißung (wie V. 4–7).

V. 10 wurde vermutlich erst durch Lukas als Vorspann zu V. 11f. an diesen Ort gesetzt. Zugrunde liegt ein von Lukas im wesentlichen getreu überliefertes Logion aus der Spruchüberlieferung Q¹, wie die «Dublette» Mark. 3,28f. zeigt (Mat. 12,31f. kombiniert Mark. 3,28f. mit der Q-Fassung des Wortes). Wie Did. 11,7 zeigt, besagte der Spruch ursprünglich, der Menschensohn werde im Gericht eine Schmähung selbst gegen seine Person vergeben, nicht aber eine solche gegen die apokalyptischen Propheten, die im Geist Gottes die letzte Zeit ansagen bzw. die Zeichen der Zeit deuten und Buße und Gericht verkündigen. Lukas versteht anders. Für ihn sind der erhöhte Jesus und der kommende Menschensohn identisch. Während der Zeit der Kirche aber ist Jesus selbst in Person «abwesend» (Apg. 1,9–11); Gott sendet den «Heiligen Geist» als «Ersatz» (24,49; Apg. 1,8; 2,1ff.). In diesem redaktionellen Rahmen zeigt V. 10, wie wichtig für Lukas der Heilige Geist als Charisma der Kirche ist (Apg. 5,3.9), und in V. 11f. weist Lukas auf eine bestimmte Funktion des Geistes hin. An welche konkrete Rede ‹gegen den Menschensohn›, die (trotz V. 9) vergebbar ist, Lukas gedacht hat, ist allerdings schwer zu sagen.

Auch **V. 11–12** stammt aus Q¹, denn Markus bringt in Mark. 13,9.11 (/Luk. 21,12–15) eine «Dublette», der Matthäus in 10,17–20 folgt. Lukas bewahrt die Stellung und, aufs ganze gesehen, auch den Wortlaut der Q-Fassung, doch hat er «Behörden und Machthaber» im Blick auf die heidnischen Gerichte seiner Zeit hinzugefügt, vielleicht auch das «wie oder womit ihr euch verteidigen» sollt. Die Q-Vorlage sprach nur von den Synagogen und ihren Synedrien. Daß schon die Tradenten der Spruchüberlieferung Q¹ sowie die Q-Gemeinden, die ja im Synagogenverband lebten, angesichts ihrer Einstellung zur offiziellen Synagoge (vgl. 11,37–54) die Rechtsmittel der Synagoge zu spüren bekamen, war unvermeidlich. Die Bekenner mußten leiden, und die prophetische Anrede in V. 11f. tröstet sie. Lukas konnte das Trostwort, in der Sprache unverändert, im Blick auf seine verfolgte Gemeinde übernehmen (Apg. 4,1ff.; 5,17ff.; vgl. 1. Petr. 3,15).

12,13–21 Vom irdischen Besitz

13 Da sagte einer aus der Menge zu ihm: Meister, sage meinem Bruder, er solle das Erbe mit mir teilen. **14** Er antwortete ihm: Mensch, wer hat mich als Richter oder Erbteiler bei euch bestellt?
15 Dann wandte er sich an die Leute: Paßt auf und hütet euch vor aller Habgier; denn man lebt nicht aus dem Überfluß seiner Güter.
16 Er erzählte ihnen dazu folgende Beispielgeschichte:
Das Feld eines reichen Mannes hatte gut getragen. **17** Da überlegte er sich: Was soll ich tun? Ich habe keinen Platz für meine Früchte. **18** Er dachte: Dies will ich tun! Ich reiße meine Scheunen ab und baue größere, in denen ich alles Getreide und meine ganzen Güter lagern kann. **19** Dann werde ich zu mir sagen: Nun hast du für viele Jahre Vorrat. Ruhe dich aus, iß, trink, laß es dir gut gehen. **20** Aber Gott sagte zu ihm: Du Narr, in dieser Nacht wird man dir das Leben nehmen! Wem wird dann gehören, was du dir gesammelt hast?
21 So ergeht es dem, der sich Schätze sammelt und nicht reich wird in Gott.

Der Abschnitt 12,13–34 handelt vom irdischen Besitz; er gehört, redaktionell betrachtet, in den Bereich der lukanischen Armenfrömmigkeit.

Kernstück von V. 13–21 (S^Lk) ist eine Beispielgeschichte (V. 16–20), eine für das lukanische Sondergut typische Gattung (10,29ff.; 16,19ff.; 18,9ff.). Die Beispielgeschichte vom reichen Bauern ist nicht spezifisch christlich; sie gestaltet Gedanken der alttestamentlichen Weisheit (Ps. 39,7; 49,7.17; Pred. 8,15) und erscheint als erzählende Ausführung von Sir. 11,18f. Sie dürfte wie die anderen Beispielgeschichten Lehrgut der hellenistischen Synagoge gewesen sein (vgl. V. 33f.).
Die Erzählung spricht für sich. «Was Menschen hier besitzen, kann für den Tod nichts nützen; dies alles stirbt uns, wenn man stirbt» (1. Tim. 6,7). Darum lautet der geistliche Rat, reich in Gott zu werden, «daß, wenn nun dein großer Tag uns erscheint und dein Gericht, ich davor erschrecke nicht». Die eschatologische Vorstellung entspricht der «vertikalen» von V. 4f. Der «Reichtum in Gott» wird konkret nicht beschrieben (vgl. aber V. 31); er ist das Wissen um die eigene Armut und Ohnmacht im Angesicht des barmherzigen Gottes. Die Beispielgeschichte macht den Reichtum als solchen nicht zu ihrem Thema, geht aber davon aus, daß der irdische Besitz den Reichtum in Gott in besonderer Weise gefährdet (vgl. 1. Tim. 6,3ff.). Die ungläubige Sicherung des irdischen Lebens durch eigene Leistung bewirkt den Verlust des ewigen Lebens, das auf der Gnade Gottes beruht.
Durch die einleitende Szene **V. 13f.** wird der Schwerpunkt der Beispielerzählung stärker auf das Problem des Besitzes verschoben. Keineswegs ist gemeint, um Besitzfragen sollten sich andere Leute als Jesus bzw. die Gemeindeleiter kümmern; sie sind überhaupt unwichtig. Jesu schroffe Ablehnung, bei der gerechten Verteilung des Erbes behilflich zu sein (vgl. 4. Mose 27,8ff.), mahnt auch nicht nur vor Gefahren des Besitzes, sondern wirkt geradezu besitzfeindlich. Dieser Eindruck darf indessen nicht mißinterpretiert werden. Es geht Lukas weder um Askese noch um Kommunismus. Die lukanische «Armenfrömmigkeit» besagt vielmehr stereotyp: In einer Zeit, in der viele Gemeindeglieder um ihres Bekenntnisses willen Hab und Gut verloren haben, darf kein Christ an seinem Besitz für sich selbst festhalten, und in der Entscheidung zwischen Bekennen und Verleugnen muß jeder auch auf die Gefahr hin bekennen, daß er mit der Einziehung seines Besitzes – seiner Lebensgrundlage – bestraft wird. In diesem redaktionellen Licht ist dann auch der überleitende Grundsatz V. 15 (mit V. 21) zu lesen (vgl. 9,25; Mark. 8,36f.), der im übrigen die Absicht der Beispielerzählung V. 16–20 vorwegnimmt.
V. 13f. (15) dürfte eine lukanische Bildung sein. Für juristische Fragen dieser Art war in der Synagoge der Schriftgelehrte zuständig. Jesu Antwort scheint nach 2. Mose 2,14 (vgl. Apg. 7,27) formuliert. Im Sinne der durch V. 13f. markierten lukanischen «Armenfrömmigkeit» ist der Beispielerzählung zu entnehmen: Hätte der Reiche seinen Besitz mit den Besitzlosen geteilt, statt ihn für sich aufzuhäufen, dann wäre er reich gewesen in Gott (12,33f.; 16,9).

12,22–34   Noch vom irdischen Besitz

22 Darauf sagte er zu seinen Jüngern: Deshalb, sage ich euch, sorgt euch nicht um euer Leben, was ihr essen sollt, noch um euren Leib, was ihr anziehen sollt. 23 Denn das Leben ist mehr als die Speise und der Leib mehr als die Kleidung. 24 Beobachtet die Raben! Sie säen nicht, sie ernten nicht, sie haben weder Speisekammer noch Scheune, und Gott ernährt sie. Wieviel mehr seid ihr wert als die Vögel! 25 Wer von euch könnte mit seinen Sorgen seinem Leben auch nur eine Elle hinzu-

fügen! 26 Wenn ihr aber selbst Geringes nicht erreicht, was sorgt ihr euch dann um das Übrige?
27 Beobachtet die Lilien, wie sie wachsen! Sie arbeiten nicht, sie spinnen nicht. Und doch sage ich euch: Auch Salomo war trotz all seiner Pracht nicht so angezogen wie eine von ihnen. 28 Wenn aber Gott das Grün, das heute blüht und morgen in den Backofen gesteckt wird, so bekleidet, wieviel mehr dann euch, ihr Kleingläubigen. 29 Also sollt ihr nicht fragen, ob ihr zu essen und zu trinken habt; ihr sollt euch nicht ängstigen. 30 Nach dem allen fragen in dieser Welt die Heiden, und euer Vater weiß, was ihr alles braucht. 31 Fragt vielmehr nach seiner Herrschaft, dann wird euch dies alles hinzugegeben werden.
32 Fürchte dich nicht, kleine Herde, denn euer Vater will euch seine Herrschaft geben.
33 Verkauft euren Besitz und gebt Almosen; macht euch Geldbeutel, die nicht verschleißen, einen unverlierbaren himmlischen Schatz, dem kein Dieb naht und den keine Motte frißt. 34 Denn wo euer Schatz ist, ist auch euer Herz.

Nach der redaktionellen Einlage V. 13–21 nimmt Lukas den Q-Faden wieder auf; die Parallele zu V. 22–31.33f. begegnet in der Bergpredigt Mat. 6,25–33.19.21. Beide Fassungen weichen nur wenig voneinander ab; tiefgreifende sachliche Änderungen der Q-Vorlage sind bei Lukas also nicht zu entdecken.
V. 22–24.27–31 sind ein klar aufgebautes Gedicht. V. 22f. gibt das Thema der tröstlichen Mahnung an; V. 24 und V. 27f. führen es, alltägliche Erfahrungen aufgreifend, in parallelen Sätzen aus; V. 29–31, vielleicht ein sekundärer Zusatz, zieht die Schlußfolgerung. Der Gedanke ist nicht, man solle nicht für den nötigen Lebensunterhalt sorgen, sondern man solle nicht um sein tägliches Leben in einer Weise besorgt sein, die mit Gottes Fürsorge nicht rechnet. Wer nach der Herrschaft Gottes trachtet, also «reich ist in Gott» (V. 21), kann gewiß sein, daß Gott ihm nach seinem Willen und Ermessen auch ohne Angst und Sorgen das Nötige gibt. Wir haben es mit einer frommen Weisheitsregel zu tun, die im Judentum in vielen Variationen verbreitet ist und die den «Glauben» **(V. 28)** als Vertrauen auf Gott versteht. Die Regel setzt voraus, daß es zum Wesen des Menschen gehört, leben zu wollen und Zukunft zu gewinnen, und daß dasjenige, wonach der Mensch trachtet, sein Leben bestimmt. Wahres Leben aber hat er nur aus Gott, nicht aus dem Verfügbaren und Vergänglichen.
V. 25 ist ein die ursprüngliche Einheit des Liedes sprengender Zusatz, der schon in Q stand (/Mat. 6,27), zwar thematisch paßt, aber in seiner «negativen» Begründung – «eure Sorge führt doch zu nichts» – den Hauptgedanken nicht erreicht: «Alle eure Sorge werft auf ihn; denn er sorgt für euch» (1. Petr. 5,7). **V. 26** hat erst Lukas, V. 25 sachgemäß erläuternd, hinzugefügt (vgl. 16,10; 19,17).
Der weisheitliche «Zug» des ganzen Abschnitts V. 22–28 (vgl. V. 2ff.) mit seiner Schöpfungstheologie und Schöpfungsfreude (vgl. V. 6f.) ist dem apokalyptischen Denken der Logienüberlieferung Q^1 von Hause aus fremd; er begegnet deshalb auch in den Dubletten aus Q^1 bei Markus nicht. Dennoch läßt sich der Gedanke der «gläubigen Sorglosigkeit» mit der Erwartung des baldigen Endes dieses Weltlaufs verbinden: Wer ohne Geldbeutel und Rucksack ausgesandt wird, die Herrschaft Gottes zu verkündigen (9,1ff.; 10,1ff.), bedarf des in unserem Abschnitt angebotenen Gottvertrauens; er lebt von der Hand in den Mund. **V. 31** bzw. V. 29–31 läßt erkennen, daß solche Verbindung spätestens in Q hergestellt worden war: das Gottvertrauen zeigt sich konkret in der Erwartung der kommenden Herrschaft

Gottes (vgl. V. 2–9). Die bußfertige «Reich-Gottes-Arbeit» geht der Sorge um das tägliche Brot voraus.
Lukas stellt den ganzen aus Q übernommenen Abschnitt V. 22–31 in das Licht des redaktionellen **V. 32**, der die (verfolgte!) kleine Herde seiner Zeit anredet (wie V. 35ff.) und damit auch V. 22–31 der Situation der lukanischen Gemeinden zuordnet, so daß V. 22–31 jetzt auch im Rahmen der lukanischen «Armenfrömmigkeit» gelesen werden muß (vgl. V. 13–21): Man kann in der Verfolgungszeit den Verlust seiner Habe um des Bekenntnisses willen – das «Trachten nach der Herrschaft Gottes» – getrost hinnehmen. Gott läßt nicht los, wer sich zu ihm bekennt (vgl. V. 8ff.); er weiß, wessen der Christ bedarf, und wird ihm das Nötige geben. Viele Christen flohen in der Verfolgungszeit, um der Verleugnung zu entgehen, dem heidnischen Opfer; ihr Besitz wurde beschlagnahmt (vgl. Cyprian, Über die Abgefallenen, Kap. 10).
Dieser Klang lukanischer «Armenfrömmigkeit» tritt in **V. 33f.** als Abschluß des Abschnitts V. 13–34 *direkt* hervor. «Verkauft euren Besitz und gebt Almosen» ist der *redaktionelle* Anfang eines weiteren traditionellen Weisheitsspruchs aus Q (besser überliefert von Mat. 6,19–21), der wie V. 16–21 mahnt, das Vertrauen nicht auf die vergänglichen Güter zu setzen, sondern das Herz – den Sitz des menschlichen Trachtens – auf den himmlischen Schatz, also letzten Endes auf Gott selbst auszurichten (vgl. 21,1–4; Tob. 4,8ff.; Kol. 3,1ff.). Lukas predigt, wenn er den Spruch unter den Duktus von V. 33a stellt, weder Gemeinbesitz («Kommunismus») noch Besitzlosigkeit (Armut als Selbstwert). Indessen hat der Christ (Lukas redet die Gemeinde an, V. 22), der seinen Besitz durch die Verfolgung hindurch retten konnte, diesen notfalls zu verkaufen, um die aus ihrem Besitz getriebenen Glaubensbrüder zu unterstützen (vgl. 3. Mose 25,35f.). Damit erleichtert er den anderen Christen zugleich das Bekennen (V. 11f.) und erwirbt sich selbst, da er auf solche Weise vor allem nach der Herrschaft Gottes fragt (V. 31) und reich ist in Gott (V. 21), einen unvergänglichen Schatz im Himmel (vgl. 14,14; 16,9; 18,22).

12,35–48 Gleichnisse von der Wachsamkeit

35 Eure Lenden sollen gegürtet sein und eure Lampen brennen. 36 Seid wie Menschen, die ihren Herrn erwarten, wann immer er vom Hochzeitsmahl aufbricht, und ihm sofort öffnen, wenn er kommt und klopft. 37 Wohl solchen Knechten, die der Herr, wenn er kommt, wachsam findet. Wahrlich, ich sage euch, er wird sich gürten, sie zu Tisch bitten, herzutreten und sie bedienen. 38 Auch wenn er in der zweiten oder in der dritten Nachtwache kommt und sie so antrifft: Wohl ihnen!

39 Bedenkt doch: Wenn der Hausherr wüßte, zu welcher Zeit der Dieb kommt, so ließe er ihn nicht in sein Haus einbrechen. 40 So seid auch ihr bereit; denn der Menschensohn kommt zu einer Zeit, mit der ihr nicht rechnet .

41 Petrus sagte: Herr, sagst du dies Gleichnis zu uns oder auch zu allen anderen? 42 Da sagte der Herr: Welcher Haushalter, den der Herr über seine Dienerschaft setzt, um ihnen zur rechten Zeit ihre Ration zu geben, ist treu und klug? 43 Wohl solchem Diener, den sein Herr, wenn er kommt, bei seinem Tun antrifft! 44 Wahrlich, ich sage euch, er wird ihn über seinen ganzen Besitz setzen. 45 Wenn aber jener Knecht in seinem Herzen dächte: Mein Herr kommt noch lange nicht! – und

dann anfängt, die Knechte und Mägde zu schlagen, auch zu essen, zu trinken und sich einen Rausch anzutrinken, 46 so wird der Herr jenes Dieners an einem Tag kommen, an dem er es nicht erwartete, und zu einer Stunde, an die er nicht dachte, und wird ihn erschlagen und ihn bei Ungläubigen begraben.
47 Ein Knecht, der den Willen seines Herrn kennt, aber nicht nach seinem Willen tut und handelt, wird viele Schläge bekommen. 48 Wer aber unwissend tut, was Schläge verdient, wird wenige bekommen. Wem viel gegeben wurde, von dem wird viel verlangt werden, und wem viel anvertraut wurde, von dem wird noch mehr gefordert werden.

Im Anschluß an die Rede vom Sorgen und Schätzesammeln (V. 22–34) standen schon in der Spruchquelle Q drei Gleichnisse, die zur Wachsamkeit im Blick auf das unberechenbare Kommen des Menschensohns aufriefen. Lukas folgt ihnen in V. 35–46.
Ein Bildwort **(V. 35)** leitete bereits in Q die Gleichnisse ein und gibt ihre Zielrichtung an; vgl. zur Sache Eph. 6,14; 1. Petr. 1,13.
Das (erste) Gleichnis vom wachsamen Knecht **(V. 36–38)** bringt Matthäus nicht – er hat es durch Mat. 24,42–51 ersetzt –, aber Markus zeigt in Mark. 13,33–37, daß er es in der Spruchüberlieferung Q^1 gelesen hat.
Das (zweite) Gleichnis vom Dieb **(V. 39/Mat. 24,43)** steht im Zusammenhang mit den Mahnungen zur Wachsamkeit nicht sehr geschickt; denn sagt es nicht, der Hausherr könne gar nicht wachen, weil er die Zeit des Einbruchs nicht kennt? Die Frommen aber sollen doch allezeit wachen! Offenbar geht V. 39 (ein Zusatz in Q?) auf eine alte Metapher vom überraschenden Kommen des Jüngsten Tages «wie ein Dieb in der Nacht» (Off. 3,2f.; 16,15; 1. Thess. 5,2; 2. Petr. 3,10), das aller Berechnung spottet, zurück, will aber in Angleichung an die anderen Gleichnisse und im Zusammenhang mit der Ermahnung zur Wachsamkeit V. 40 verstanden werden, die glatt freilich nur zu V. 36–38 paßt.
Das (dritte) Gleichnis vom treuen Knecht **(V. 42–46/Mat. 24,45–51)** wird besonders plastisch erzählt – eine Parabel.
Die drei Gleichnisse sind in sich nicht direkt christologisch geprägt, waren jedoch in die christologische Redaktion von Q zwanglos eingebaut. Ursprünglich ist der erwartete Menschensohn von **V. 40** nicht mit Jesus identisch, sondern der von ihm angesagte Weltenrichter, dessen Gericht die Gottesherrschaft einleitet. Ob die Gleichnisse oder einzelne von ihnen schon auf die Verzögerung der apokalyptisch erwarteten Äonenwende reagieren, läßt sich nicht sicher sagen, ist aber möglich. Auch losgelöst von der apokalyptischen Eschatologie hat das «jederzeit bereit» unserer Gleichnisse seinen existentiellen Sinn darin, daß jede Zeit unmittelbar zur Ewigkeit und jede Stunde unwiederholbar und insofern letzte Stunde ist.

Lukas folgt im wesentlichen seiner Vorlage Q. Er zeigt aber durch einige Eingrifffe, die neue Akzente setzen, daß er weder eine Naherwartung hervorrufen will noch allererst das Verzögerungsproblem zu lösen braucht, wohl aber die vorliegende Überlieferung in den Rahmen seiner redaktionellen Interessen einzuordnen sich bemüht.
In das erste Gleichnis fügt Lukas mit **V. 37b** einen «Wahrlich-Spruch» ein, der auf Mark. 10,45 in der von Lukas (22,27) redaktionell geschaffenen Form und (Abendmahls-) Situation zurückgeht (22,19–30; vgl. Joh. 13,4f.). Dieser Spruch sprengt das erste Gleichnis (wie auch 17,7–10 zeigt!), indem er eine Anwendung

einbezieht, die dem ursprünglichen Bild nicht entspricht und zugleich den Sinn des Gleichnisses verschiebt: Nicht um die jederzeitige Wachsamkeit geht es in V. 37b, sondern um die zusätzliche bildhafte Verheißung, daß dem Wachsamen das Heil der Gottesherrschaft beschieden sein wird. Lukas schafft damit ein Pendant zu der gleichfalls redaktionellen Drohung in V. 47f.

Das dritte Gleichnis leitet Lukas mit **V. 41**, einer redaktionellen Bildung, ein. Der Fortgang zeigt, daß Petrus mit «uns» die Gemeindeleiter, mit «alle» die Gemeindeglieder meint. Lukas beobachtete, daß im folgenden Gleichnis zwischen dem Oberknecht (Lukas nennt ihn redaktionell «Haushalter») und den Unterknechten unterschieden wurde, und er allegorisiert dies Motiv im Blick auf die Gemeindesituation seiner Zeit. Während also die ersten beiden Gleichnisse auch bei Lukas noch *allen* gesagt wurden, richtet sich das dritte bei ihm speziell an die Gemeindeleiter, denen – wiederum verschiebt sich die Absicht des Gleichnisses – nicht eschatologische Wachsamkeit, sondern ihre besondere Verantwortung für die Gemeinde eingeschärft wird (vgl. 1.Kor.4,1ff.; 2.Kor.6,1f.). Dies unterstreicht Lukas mit V. 47f. (S^{Lk}).

V. 47–48a, vermutlich eine redaktionelle Bildung, bringt den verbreiteten (auch juristischen) Grundsatz, daß Unkenntnis des Gesetzes strafmildernd wirkt (23,34; Apg. 3,17; 13,27; 17,30; 1.Tim. 1,13), in einer dem vorangehenden Gleichnis angepaßten antithetischen Form. Lukas will sagen: Die wissenden Gemeindeleiter werden, wenn sie ihre Pflicht verletzen, härter bestraft werden als die unwissenden Gemeindeglieder, das heißt, sie tragen mehr Verantwortung. Die Spannung zwischen V. 46b (eschatologische Verwerfung) und V. 47b (begrenzte Bestrafung) weist dabei auf den Wechsel des Skopos vom eschatologischen Gleichnis in Q zur Gemeinderegel bei Lukas hin.

V. 48b sagt dasselbe in einem allgemeinen und verbreiteten Grundsatz, der an Mat. 25,14f.par (= Q) erinnert; vgl. auch Sap.Sal. 6,7ff.: «Denn den Geringen widerfährt Gnade, aber die Gewaltigen werden gewaltig gestraft werden ... Er hat beide, die Kleinen und Großen, gemacht, und sorgt für alle gleich. Über die Mächtigen aber wird ein starkes Gericht gehalten werden.»

Die redaktionelle lukanische Ermahnung der Gemeindeleiter in V. 41–48 ist im Zusammenhang mit der Bedrohung der lukanischen Gemeinden durch Irrlehrer, also mit dem wesentlichen Hintergrund der gesamten lukanischen Redaktion, zu sehen. Die Gemeindeleiter sind in der «rechten Lehre» unterwiesen, unter anderem durch das Doppelwerk des Lukas selbst bzw. durch seinen Verfasser, der ein theologischer Lehrer und Ausbilder von Predigern und Gemeindeleitern gewesen sein und sein Doppelwerk als Lehrbuch für seine Schüler verfaßt haben dürfte; vgl. 1,1–4. Die Gemeindeleiter haben diese «Ration» (V. 42) auszuteilen und über die Gemeinde zu wachen (Apg. 20,28ff.; 1.Tim. 1,3ff.; 3,1ff.). Wehe denen, die diese Aufgabe wie der ungetreue Knecht (V. 45) versäumen.

12,49–53 Streit um die Wahrheit

**49 Ich bin gekommen, Feuer auf die Erde zu werfen, und mir wäre recht, es hätte schon gezündet. 50 Ich muß mit einer Taufe getauft werden, und wie angstvoll bin ich, bis sie vollzogen ist.
51 Ihr meint, ich sei da, Frieden auf die Erde zu bringen? Ich sage euch: Keineswegs! Sondern Spaltung! 52 Denn von jetzt an werden in demselben Haus fünf**

Menschen in Zwietracht miteinander leben: drei gegen zwei und zwei gegen drei. **53 Der Vater wird mit dem Sohn in Zwietracht leben und der Sohn mit dem Vater; die Mutter mit der Tochter und die Tochter mit der Mutter; die Schwiegermutter mit ihrer Schwiegertochter und die Schwiegertochter mit ihrer Schwiegermutter.**

V. 51 und **V. 53** stammen aus der Spruchquelle Q (/Mat. 10,34–36), deren Fassung indessen nicht mehr genau zu rekonstruieren ist. **V. 52** dürfte von Lukas formuliert worden sein und Mat. 10,36 (= Q) ersetzen. Spricht Matthäus (= Q) vom Aufstand der jüngeren Generation gegen die ältere, so hebt Lukas aus sachlichen Gründen, die unten deutlich werden, diese einlinige Betrachtung auf.

V. 51–53 gehen auf einen im Anschluß an Worte aus Micha 7,6 gebildeten apokalyptischen Topos zurück, der vom tödlichen Zwiespalt in den Familien als Zeichen des Niedergangs dieses alten Äons, der im Untergang begriffen ist, spricht (Mark. 13,12; 4. Esra 6,24). In der vorliegenden Fassung und im Kontext schon von Q spricht dieser Topos freilich nicht mehr vom sittlichen Verfall, sondern wird auf die Predigt Jesu von der nahen Gottesherrschaft bezogen, die in Zustimmung und Ablehnung zur Auflösung der Familienbande führt (vgl. 14,26; 18,29f.). Dieser Konflikt ist nicht zu scheuen; er weist auf den Ernst der letzten Entscheidung in apokalyptischer Situation hin.

Lukas verbindet diesen Abschnitt durch V. 49f. bruchlos mit V. 47f. Also sind weiterhin die Jünger (= die Gemeinde) angeredet, und das redaktionelle Thema von V. 41–48 dürfte festgehalten sein. Der Konflikt in den (christlichen!) Häusern wird dann nicht zwischen Glaube und Unglaube wie in der Vorlage aus Q, sondern zwischen Lehre und Irrlehre ausgetragen (vgl. 1. Tim. 3,4f.). Dieser Konflikt um die Wahrheit des Wortes Gottes darf nicht um des «lieben Friedens» willen unterdrückt werden.

V. 49f. bildet die dementsprechende Überleitung. V. 50 entnimmt Lukas mit Sicherheit aus Mark. 10,38. V. 49 könnte ein freier Spruch sein, ist aber eher eine redaktionelle Bildung aufgrund V. 51 und unter Aufnahme der alttestamentlichen Bildrede vom «feurigen» Wort Gottes (Jer. 5,14; 23,29). Das in V. 49 genannte Feuer ist jedenfalls nicht (unmittelbar) das Feuer des letzten Gerichts (3,9.16f.; Mal. 3,2), sondern das Feuer des Wortes Gottes, das sich ausbreiten soll (Sir. 48,1) und das bekämpft wird und Widerspruch findet (2,34; Hebr. 12,3), wie Jesus selbst bis hin zu seiner «Todestaufe» (vgl. 18,31; 22,37) erfahren hat (V. 50).

Speziell im Rückblick auf V. 41–48 sagen V. 49f., daß Jesus selbst das Viele, das ihm anvertraut war, ohne persönliche Rücksichtnahme beispielgebend bis zum Märtyrertod «verwaltet» hat. Im Vorblick auf V. 51–53 sagen V. 49f., daß auch Jesus selbst den Konflikt um die Wahrheit nicht gescheut und mit allen Folgen getragen hat, beispielgebend für seine Gemeinde.

12,54–59   Zeit für die Buße

54 Er redete auch zu den Leuten: Wenn ihr eine Wolke im Westen aufsteigen seht, sagt ihr sofort, es gebe Regen – und so geschieht es auch. 55 Und wenn ihr den Südwind spürt, sagt ihr, es werde heiß – und so geschieht es. 56 Ihr Heuchler! Das Aussehen von Erde und Himmel versteht ihr zu beurteilen. Wieso versteht ihr dann nicht, die gegenwärtige Zeit zu beurteilen?
57 Und warum könnt ihr euch nicht aus eigener Erfahrung für das Richtige entscheiden? 58 Wenn du nämlich mit deinem Prozeßgegner zum Vorsteher gehst, so

gib dir unterwegs Mühe, von ihm loszukommen, damit er dich nicht vor den Richter schleppt, der Richter dich dem Gerichtsdiener übergibt und der Gerichtsdiener dich ins Gefängnis wirft. **59 Ich sage dir, von dort wirst du nicht freikommen, bevor du nicht den letzten Pfennig bezahlt hast.**

Mit der neuen Anrede nicht mehr an die Jünger, sondern an alle (V. 54) geht Lukas zu einem neuen Thema über, nämlich dem Thema «Buße», wie 13,1–9 unmißverständlich zeigt.
Sowohl mit **V. 54–56** (/Mat. 16,2f.; die Differenzen sind sachlich bedeutungslos) als auch mit V. 57–59 (/Mat. 5,25f.) folgt Lukas vermutlich dem Gang der Spruchquelle, in der beide Abschnitte noch zur vorausgehenden eschatologischen Rede gehörten. Die «Zeichen der Zeit» sind in Q die Vorzeichen der letzten Zeit dieses Äons, die deren Verfall und Untergang sowie das Gericht und den Anbruch der Gottesherrschaft anzeigen. Die Suche nach solchen Vorzeichen ist ein beliebter apokalyptischer Topos. Der Apokalyptiker verweist auf sie, um seiner Botschaft von der bevorstehenden Wende Überzeugungskraft zu verleihen (vgl. Mark. 13,5ff.). Die unbußfertigen «Heuchler» (V. 56) *wollen* die Zeichen der Zeit nicht sehen; sie weichen der Entscheidung aus.
Bei **V. 58–59** handelt es sich um ein Gleichnis, genommen aus der allgemeinen Lebenserfahrung, auf die der Hörer einleitend **(V. 57)** auch verwiesen wird. So wie einem Schuldner zu raten ist, sich in der kurzen Zeit, die er vor dem Prozeß noch hat, mit seinem Gläubiger zu vergleichen – sonst wird er in harte Schuldhaft genommen –, so soll der Hörer Jesu, die Zeichen der Zeit deutend, die kurze Zeit bis zum Ende «auskaufen» (vgl. 16,1ff.). Der imperativische Charakter des Gleichnisses entspricht seiner Einführung V. 57 und hat Matthäus zu Unrecht verleitet, es in 5,25f. als direkte ethische Mahnung zur Versöhnlichkeit zu fassen.
Der Doppelabschnitt V. 54–58 mahnt also in der Spruchüberlieferung, die Vorzeichen der letzten Zeit zu deuten und die letzte Frist zu nutzen: zur Buße, zur Beharrlichkeit, zur Mission, zur Absage an die Welt.
Lukas teilt die (auch in Q nicht ausgesprochene) Naherwartung der ursprünglichen Überlieferung nicht mehr, doch lädt die christliche Verkündigung alle (V. 54) unverändert zur Buße ein. Denn *das* zeigen die «Zeichen der Zeit» für Lukas (13,1–5): die Welt steht unter Gottes Gericht, und jedem muß einleuchten (V. 57), daß darum die Zeit, die man hat – das «Jetzt» der jeweiligen Lebenszeit – (V. 58) zur Buße zu nutzen ist (13,6–9). Ohne Buße verfällt der Mensch unweigerlich dem (wann auch immer) kommenden Gericht.

13,1–9   Von der Buße

**1 Damals waren auch einige Leute gekommen, die ihm von den Galiläern berichteten, deren Blut Pilatus mit dem Blut ihrer Opfer vermischte.
2 Ihnen sagte er: Meint ihr etwa, diese Galiläer seien größere Sünder als die anderen Galiläer gewesen, weil sie dies erleiden mußten? 3 Keineswegs, sage ich euch, sondern wenn ihr keine Buße tut, werdet ihr alle wie sie umkommen. 4 Oder jene achtzehn Menschen, auf die der Turm von Siloah stürzte und sie erschlug – meint ihr etwa, sie seien schuldiger als die anderen Bewohner Jerusalems gewesen? 5 Keineswegs, sage ich euch, sondern wenn ihr keine Buße tut, werdet ihr wie sie umkommen.**

6 Dazu erzählte er folgendes Gleichnis: Jemand hatte in seinem Weinberg einen Feigenbaum gepflanzt, aber als er dessen Früchte pflücken wollte, fand er keine. 7 Da sagte er zu dem Weingärtner: Jetzt komme ich schon seit drei Jahren, um an diesem Feigenbaum Früchte zu suchen, ohne welche zu finden. Haue ihn ab! Warum soll er dem Boden die Kraft nehmen? 8 Er antwortete ihm: Herr, laß ihn noch ein Jahr stehen. Ich will um ihn graben und ihm Dünger geben. 9 Vielleicht bringt er dann Frucht. Wenn nicht, kannst du ihn umhauen lassen.

13,1–9 ist Sondergut des Lukas und gehört in den redaktionellen Zusammenhang 12,54–13,9 zum Thema Buße.
In **V. 1–5** werden zwei «Zeichen der Zeit» (12,56) genannt, nämlich Zeichen dessen, daß diese Welt (insgesamt, nicht etwa nur die Juden) unter Gottes Gericht steht. Wer diese Zeichen versteht, tut Buße und und hofft auf Vergebung. Umkehr zu Gott ist der Weg der Rettung; die Unbußfertigen werden dem Gericht nicht entkommen. Buße tut not. Das ist das Grundthema auch der vorlukanischen Gemeindetheologie, welche die Bußpredigt bereits aus ihrer Bindung an das apokalyptische Geschichtsdenken gelöst hatte. Buße ist allezeit nötig, Vergebung jederzeit möglich.
Die beiden zeichenhaften Ereignisse – Lukas liebt Parallelismen (vgl. V. 18–21.32f.; 15,1–10) – sind uns sonst nicht überliefert, doch erzählt der jüdische Schriftsteller Josephus, dessen Werke Lukas vermutlich gelesen hatte, vom blutigen Vorgehen des Pilatus gegen demonstrierende Juden in Jerusalem etwa im Jahre 35 (Ant. 18,3,2) und gegen Samaritaner auf ihrem heiligen Berg Garizim (Ant. 18,4,1), allerdings nicht von ihrer Niedermetzelung während einer Opferhandlung (V. 1). Am Teich Siloah in Jerusalem stand ein Turm der Stadtbefestigung.
Das Gleichnis vom unfruchtbaren Feigenbaum arbeitet mit geläufigem Material (3,7–9; 6,43f.); Lukas hat um seinetwillen anscheinend die (schwer deutbare) Gleichnishandlung von der Verfluchung des unfruchtbaren Feigenbaums (Mark. 11,12–14.20–25) ausgelassen. Im Sinn des Lukas will das Gleichnis nicht das baldige Ende der Bußfrist bzw. das sichere Ende der Geduld Gottes ansagen. Vielmehr erklärt es, nachdem in V. 1–5 die Notwendigkeit der Buße eingeschärft wurde (vgl. 3,3; 5,32; 24,47), jetzt sei noch Zeit zur Buße. Es lädt alle Menschen (12,54) ein, von der Zeit der Geduld Gottes und dem Angebot der Buße Gebrauch zu machen; denn diese Zeit ist nicht grenzenlos, wenn auch ihre Grenze nicht bekannt ist.

13,10–17   Heilung am Sabbat

**10 Am Sabbat lehrte er in einer ihrer Synagogen. 11 Dabei war eine Frau anwesend, die seit achtzehn Jahren einen Geist hatte, der sie krank machte; sie mußte gebückt gehen und konnte sich nicht gerade aufrichten. 12 Als Jesus sie bemerkte, sprach er sie an und sagte zu ihr: Frau, du bist von deiner Krankheit erlöst. 13 Und er legte ihr die Hände auf. Da konnte sie sich sogleich aufrichten, und sie lobte Gott.
14 Da ergriff der Synagogenvorsteher das Wort, unwillig darüber, daß Jesus am Sabbat geheilt hatte, und sagte zu dem Volk: Sechs Tage haben wir, um zu arbeiten; kommt deshalb an ihnen, um euch heilen zu lassen, aber nicht am Sabbat. 15 Da antwortete ihm der Herr: Ihr Heuchler, bindet nicht jeder von euch am Sab-**

bat seinen Ochsen oder seinen Esel von der Krippe los und führt ihn zur Tränke? **16 Und dann sollte nicht diese Tochter Abrahams, die der Satan seit achtzehn Jahren gebunden hat, am Sabbat von dieser Fessel gelöst werden dürfen? 17 Als er dies sagte, schämten sich alle, die ihm widersprochen hatten, und alle Leute freuten sich über alle herrlichen Taten, die er vollbrachte.**

13,10–17 (S^{Lk}) ist eine relativ formlose, sekundäre – vermutlich erst lukanische – Parallele zu 6,6–11 (vgl. 6,1–5; 14,1–6). Nicht um das Heilungswunder geht es, sondern um die Arbeit am Sabbat, als welche die Heilung gilt.
Die Krankheit der Frau wird in antiker Art auf einen bösen Geist zurückgeführt («Hexenschuß»). Das ermöglicht die wortspielartige Argumentationskette in **V. 15f.**: Wer am Sabbat Vieh losbindet, damit es trinken kann, muß erst recht am Sabbat Menschen «losbinden», damit sie gesund werden.
Der Synagogenvorsteher tadelt nicht Jesus, sondern das Volk, das am Sabbat bei Jesus Heilung sucht **(V. 14)**. Damit rückt der Erzähler, für die lukanische Redaktion charakteristisch, die enge Bindung des jüdischen Volkes an Jesus nachdrücklich in den Blick des Lesers. Das Volk akzeptiert den Tadel, wie Jesu Anrede («Heuchler» – kein Schimpfwort, sondern objektive Beschreibung ihrer Inkonsequenz wie in 12,56) und der «Chorschluß» in V. 17 zeigt.
Jesus rechtfertigt seine lasche Sabbatpraxis mit einem vielbezeugten innersynagogalen Argument (V. 15; vgl. 14,5; Mat. 12,11). Damit tritt die redaktionelle Absicht der vorliegenden Erzählung in den Blick: Jesu liberaler Umgang mit dem Sabbatgebot, dem natürlich das Verhalten in den lukanischen Gemeinden entspricht, die zweifellos die Sonntagsfeier kennen, ist keineswegs eine Absage an das Judentum, sondern selbst Ausdruck des Jüdischen. Die Synagogenbesucher einschließlich des Synagogenvorstehers geben als solche Jesus schließlich auch recht (V. 17), und nicht von ungefähr nennt Jesus die Frau ausdrücklich «Tochter Abrahams» (vgl. 19,9): auch die Druchbrechung der streng gefaßten Sabbatordnung spielt sich also im innerjüdischen Bereich ab und wird *dort* gerechtfertigt.
Dies bringt Lukas zweifellos gegenüber den Irrlehrern zur Geltung, die aus den Sabbatperikopen der Evangelien die grundsätzliche Verwerfung der jüdischen Tora durch Jesus erschlossen haben dürften, paulinische Gedanken extrem verstärkend.

13,18–21   Gleichnisse von der Gottesherrschaft

**18 Dann sagte er: Wem ist die Herrschaft Gottes gleich? Womit kann man sie vergleichen? 19 Sie ist einem Senfkorn gleich, das jemand nahm und in seinem Garten in die Erde legte. Es wuchs und wurde zum Baum, so daß «die Vögel des Himmels kamen und in seinen Zweigen wohnten» (Ps. 104,12).
20 Ferner sagte er: Womit kann man die Herrschaft Gottes vergleichen? Sie ist dem Sauerteig gleich, den eine Frau in drei Sea Mehl legte, das davon ganz durchsäuert wurde.**

Mit diesem Zwillingsgleichnis, zu dem auch das Gleichnis von der selbstwachsenden Saat zu stellen ist (Mark. 4,26–29), lenkt Lukas nach seinem Sonder- bzw. Redaktionsgut wieder in die Textfolge von Q ein (Mat. 13,31–33). In der Spruchquelle Q schlossen die vorliegenden Gleichnisse an die apokalyptische Rede (12,35–59) passend an; Lukas scheint die Q-Fassung getreu zu überliefern. Die (von Markus bear-

beitete) Dublette Mark. 4,30–32 zeigt, daß schon die Spruchüberlieferung Q¹ die Gleichnisse bot.
Wir haben es weder mit Wachstums- noch mit Kontrast-, sondern mit Telos-Gleichnissen zu tun, d. h. mit Gleichnissen, die nur das Ende bzw. Ziel im Auge haben: Wo *nichts* zu erwarten ist, wird am Ende doch *alles* gegeben werden (ein Sea umfaßt ca. 12 Liter). So steht es auch mit der Herrschaft Gottes. Ihre Ankündigung mag aller geschichtlichen Wirklichkeit widersprechen, aber so, wie mitten im Leben des Gärtners und der Hausfrau Utopien zur Realität werden, so wird auch die Herrschaft Gottes plötzlich da sein und die Welt verändern. Die Gleichnisse wenden sich ursprünglich möglicherweise an Zweifler, die Jesu Ankündigung der Herrschaft Gottes für absurd halten. Sie werben und locken, wollen überzeugen und gewinnen.
Im Laufe der Überlieferung mögen sie bald dazu gedient haben, innerhalb der Gemeinde von Q¹ das Verzögerungsproblem zu bewältigen. Sie antworten dann nicht mehr auf die Frage: «Kommt die Herrschaft Gottes überhaupt?», sondern auf die Frage: «Wann kommt sie endlich?» oder: «Kommt sie überhaupt noch?» und mahnen zur Geduld: So sicher wie aus dem Senfkorn der Senfbaum, aus dem Sauerteig der durchsäuerte Teig wird, so sicher kommt zu ihrer Zeit die Herrschaft Gottes. Nie ist dabei an eine innerweltliche Entwicklung gedacht. Die Herrschaft Gottes ist Gottes eigenes, wunderbares Werk, das der Mensch nur erwarten, niemals aber herbeiführen kann.
Bei Lukas sind die Gleichnisse noch in der Synagoge, also öffentlich gesprochen und an alle gerichtet. Da er an dem eschatologischen Verständnis der Herrschaft Gottes festhält und redaktionelle Eingriffe in seine Vorlage nicht zu erkennen sind, dürfte er auch an dem überlieferten Grundsinn der Gleichnisse festhalten: Die Herrschaft Gottes kommt zu ihrer von Gott bestimmten Zeit gewiß; eben darum ist es allezeit höchste Zeit zur Buße (V. 1–9).

13,22–30   Vom Ernst der Entscheidung

**22 Er setzte seine Reise nach Jerusalem fort und lehrte in den Städten und Dörfern, durch die er kam. 23 Einmal sagte jemand zu ihm: Herr, werden nur wenige gerettet? Da sagte er zu ihnen:
24 Ihr müßt euch anstrengen, um durch die enge Türe hineinzugehen; denn viele, sage ich euch, versuchen einzutreten, und es gelingt ihnen nicht.
25a Und wenn der Hausherr sich einmal erhoben und die Tür zugeschlossen hat, steht ihr draußen und klopft an die Tür und ruft: Herr, öffne uns! 25b Aber er wird euch zur Antwort geben: Ich weiß nicht, wer ihr seid. 26 Dann werdet ihr sagen: Wir haben in deiner Gegenwart gegessen und getrunken, und du hast auf unseren Straßen gelehrt. 27 Aber er wird euch erwidern: Ich weiß nicht, wer ihr seid; «geht alle von mir fort, ihr Unrechttäter» (Ps. 6,9).
28 Dort werdet ihr klagen und mit den Zähnen knirschen, wenn ihr Abraham und Isaak und Jakob samt allen Propheten in der Gottesherrschaft erkennt, selbst aber ausgeschlossen seid.
29 Ja, von Ost und West, von Nord und Süd werden Menschen kommen und in der Herrschaft Gottes zu Tisch liegen.
30 Es gibt Letzte, die dann Erste sein werden, und Erste, die dann Letzte sein werden.**

In V. 24–30 sind verschiedene, ursprünglich selbständige Logien zu einer kleinen apokalyptischen Rede zusammengestellt, mit der wohl schon in der Spruchquelle Q die eschatologische Thematik von der kommenden Gottesherrschaft von 12,35ff.; 13,18–21 fortgesetzt wurde.

V. 24 differiert spürbar von der Parallele Mat. 7,13f., die neben die Metapher von der engen Türe (sekundär) das Bild vom schmalen (und vom breiten) Weg setzt. Die Metapher von der Türe begegnet auch 4. Esra 7,3ff. Der Spruch weist den Hörer auf den Ernst und die Notwendigkeit der Entscheidung hin. Es ist ein Wort aus der kleinen Schar, die in Erwartung des Anbruchs der Gottesherrschaft Buße tut. Auch **V. 25–27** unterscheidet sich spürbar von der Parallele Mat. 7,22f.; doch dürfte Lukas relativ eng der Vorlage Q folgen, während Matthäus die Vorlage auf die Jüngerrede (Bergpredigt!) umstellte, die einleitende Szene (V. 25) aber in 25,10–12 verwendete. Nimmt man den ersten Gesprächsgang (V. 25b–26) heraus, bleibt ein reines Gleichnis «Von der verschlossenen Tür» übrig, das vor dem «Zu spät» warnt. Jetzt ist noch Zeit zur Buße; morgen kann Gott die Türe zu seiner Herrschaft schon verschlossen haben. Diese Aussage entspricht der Traditionsstufe Q^1. Der Zusammenhang von V. 24 und V. 25a.27 ist sachlich eng; bei der Zusammenfügung beider Stücke dürfte das Stichwort «Tür» mitgewirkt haben, auch wenn es sich um verschiedene Türen handelt. Der erste Gesprächsgang (v. 25b–26) – V. 25b ist eine deutliche Dublette zu V. 27a – identifiziert den Hausherrn des Gleichnisses, den Weltenrichter, direkt mit dem Herrn Jesus, der auf den Straßen gelehrt hat; damit wird das Gleichnis als solches zerstört. Wir haben es bei V. 25b–26 vermutlich mit einem Zusatz der christologischen Redaktion von Q zu tun, der an der Sachaussage des ursprünglichen Gleichnisses nichts ändert, selbst aber an der Identifizierung Jesu mit dem himmlischen Herrn der Gottesherrschaft interessiert ist.

V. 28 (die Q-Parallele Mat. 8,11–12 ist von Matthäus seinem redaktionellen Kontext angepaßt worden) ist ein erneutes mahnendes Wort an die Hörer Jesu, die Stunde nicht zu versäumen. Es wird durch das einleitende «Dort» eng mit V. 25–27 verbunden und war vielleicht von Anfang an die Anwendung des Gleichnisses V. 25a.27. Das «samt allen Propheten» könnte ein Zusatz des Lukas sein, der die Frommen Israels noch betonter als die Vorlage als Erben der Gottesherrschaft einführen will.

V. 29 (Mat. 8,11f.) gehört mit V. 30 zusammen und bildet mit ihm eine Art Nachtrag oder Anhang zu V. 24–28, der eher den Leser als den Hörer informiert. Das Motiv stammt aus dem Alten Testament; Jes. 2,1–4; 25,6–8; 59,19 und andere Stellen sprechen von der eschatologischen Völkerwallfahrt zum Zion.

V. 30 enthält das verbreitete Motiv von der Umwertung aller Werte (1,52f.; 14,11; Mark. 9,35; 2. Thess. 1,6ff.); Markus hat das Wort bereits in Q^1 gelesen, wie die «Dublette» Mark. 10,31 zeigt. In der Spruchüberlieferung Q^1 dürfte es im Sinn von 6,20–26 auf die Umkehr aller Verhältnisse bei der Äonenwende bezogen gewesen sein; in Verbindung mit V. 29 besagt es in der Spruchquelle Q, daß die Nahen (Juden) zu Fernen (Heiden) und die Fernen zu Nahen werden.

Die apokalyptische Spruchüberlieferung kennt die Scheidung in Israel, aber kein Hinzuströmen der Heiden, erst recht keine drohende Verwerfung Israels zugunsten der Heiden. Deshalb dürfte V. 29 die kirchliche Heidenmission im Blick haben und (wie 14,15–24) in Verbindung mit V. 30 erst der christologischen Redaktion von Q angehören. Die Heilsgeschichte kehrt sich um, die Heiden strömen in die Gottesherrschaft, die Juden bleiben draußen. Dadurch verändert sich nun auch in

V. 24–28 der Sinn: Die Mahnung an die Unbußfertigen in Israel wird verdrängt von der Mahnung an das unbußfertige Israel insgesamt.

Erst *Lukas* hat dem ganzen Stück einen Eingangsrahmen gegeben (**V. 22f.**; vgl. 8,1; 9,51; 12,13.41). Die Frage V. 23 verschiebt leicht den Sinn von V. 24: Nicht mehr wird nur zur Entscheidung aufgerufen, Lukas weist auch und vor allem auf die Schwierigkeit dieser Entscheidung hin, der nur wenige wirklich gewachsen sind; «ihr müßt euch anstrengen» stammt erst von Lukas (nach Mark. 10,26?, vgl. 1. Tim. 6,11f.; 2. Tim. 4,7f.), der damit möglicherweise auch einem Mißverständnis der beiden in V. 18–21 vorangehenden «universellen» Gleichnisse vorbeugen will. Der Gedanke trägt keinen ethischen Akzent, entspricht aber z. B. 12,1–12; 14,25–33 und gehört, so verstanden, der Situation der verfolgten lukanischen Gemeinde an; möglich ist freilich auch, daß insonderheit die Irrlehrer im Blick stehen, die sich für die «Ersten» in der Gottesherrschaft halten, während die Juden (V. 28) ihrer Meinung nach von der Gottesherrschaft ausgeschlossen sind. In diesem oder (und) jenem Licht sind dann bei Lukas auch V. 25ff. zu lesen, in die der Evangelist nicht spürbar eingegriffen zu haben scheint; er versteht die verschlossene Tür nach Analogie der engen und schärft den Ernst der Entscheidung ein. Der spezielle Gedanke von V. 29f. – die drohende Verwerfung Israels – gehört ohnedies zu den für Lukas wichtigen Gedanken (vgl. 4,14ff.).

13,31–35   Vollendung in Jerusalem

**31 Zu dieser Stunde kamen einige Pharisäer zu ihm und sagten: Brich auf und verlaß dies Gebiet; denn Herodes will dich töten. 32 Er sagte zu ihnen: Geht und sagt diesem Fuchs:
Heute und morgen treibe ich Dämonen aus und vollbringe Heilungen, und am dritten Tag werde ich vollendet.
33 Aber ich muß auch heute und morgen und am folgenden Tag weiterreisen; denn kein Prophet darf außerhalb Jerusalems sterben.
34 Jerusalem, Jerusalem, die du tötest die Propheten und steinigst, die zu ihr gesandt sind! Wie oft wollte ich deine Kinder sammeln, wie eine Henne ihre Küken unter ihre Flügel sammelt; aber ihr habt nicht gewollt! 35 Nun wird euch euer Haus überlassen.
Ich sage euch aber: Ihr werdet mich nicht sehen, bis der Tag kommt, an dem ihr ruft: Gelobt sei, der im Namen des Herrn kommt.**

V. 31–33 ist Sondergut des Lukas und dient vor allem dazu, V. 34f. in die vorliegende Situation der Reise nach Jerusalem einzuordnen. V. 34f. stammt aus der Spruchquelle Q (/Mat. 23,37–39) und stand, wie die erhaltene Reihenfolge Mat. 23,34–36.37–39 zeigt, ursprünglich im Anschluß an 11,49–51, wo der Spruch innerhalb der Weherufe, an welchen Ort erst Lukas 11,49–51 versetzte, nicht stehen bleiben konnte.
Im Zusammenhang mit 11,49–51 erschließt sich der ursprüngliche Sinn von **V. 34f.**, zumal wenn man zunächst nur den vermutlich frühesten Überlieferungsbestand betrachtet:

> «Jerusalem, Jerusalem, wie oft wollte ich deine Kinder sammeln, wie eine Henne ihre Küken unter ihre Flügel sammelt; aber ihr habt nicht gewollt. Nun wird euch euer Haus überlassen.»

Es redet weiterhin die Weisheit von 11,49 (vgl. 7,35), die sich immerfort, aber ohne Erfolg um Jerusalem bemühte (vgl. 19,41ff.); das schöne Bild von den schützenden Flügeln ist jüdisch (vgl. Ps. 17,8; 91,4). Nun überläßt die Weisheit die Stadt sich selbst. Auch dieser Gedanke von der sich zurückziehenden Weisheit ist traditionell (äth. Hen. 42,1f.; vgl. Sir. 1,15). Das vorliegende prophetische Weisheitswort stammt aus der Zeit des jüdischen Krieges (66–70); die Glieder der Q^1-Gemeinde, welche die Herrschaft Gottes als Gottes alleiniges Werk angesagt haben, wissen, was dem zelotischen Jerusalem bevorsteht: Die Stadt, von «allen guten Geistern verlassen», geht ihrem Untergang entgegen.

Die erweiterte Anrede in V. 34a («die du tötest die Propheten und steinigst, die zu ihr gesandt sind»), weist sich schon durch das unpassende «ihr» statt «dir» als Zusatz aus und bindet bereits in der Spruchquelle Q den vorliegenden Weisheitsspruch an den vorangehenden 11,49–51 (vgl. besonders 11,49). Die Redaktion von Q versteht beide Weisheitsworte offensichtlich als Worte, die der irdische Jesus kundtut, welcher vorausschauend die inzwischen erfolgte Zerstörung des jüdischen Landes im Blick hatte und mit «Jerusalem» vermutlich das jüdische Volk überhaupt anredete (2,38; Jes. 40,2).

Unmittelbar auf die christologische Redaktion von Q geht ersichtlichermaßen der angehängte, selbständig eingeführte und *logisch* mit V. 34–35a nur locker verbundene Spruch **V. 35b** zurück, mit dem Jesus wieder direkt das Wort nimmt und der unzweifelhaft Jesu Einzug in Jerusalem im Blick hat (19,38/Mark. 11,9; der Redaktor von Q kannte das Markusevangelium bzw. dessen Grundschrift). Die Funktion von V. 35b ist, den Sprecher von 11,49–51 und 13,34–35a deutlich mit dem Christus Jesus, dem in Jerusalem einziehenden Kyrios, zu identifizieren. Der Zusatz war außerdem deshalb erforderlich, weil sonst V. 35a als Jesuswort – also in Q – nach V. 34b den bevorstehenden Weg Jesu zur Passion ausgeschlossen hätte.

Das *lukanische* Verständnis von V. 34f. muß im Zusammenhang mit dem vorgeschalteten Abschnitt **V. 31–33** bestimmt werden, der am ehesten als redaktionelle Bindung des Lukas verständlich wird; eventuelle Traditionssplitter lassen sich als solche jedenfalls nicht mehr identifizieren.

Wir haben es mit einer Reisenotiz zu tun (wie 9,51ff.; 13,22). Jesus freundlich gegenübertretende Pharisäer gehören zum lukanischen Bild der Verwurzelung Jesu im Judentum (vgl. 7,36; 11,37; 14,1; 17,20; Apg. 23,6ff.). Die Verbindung der Pharisäer mit Herodes war Lukas Mark. 3,6; 8,15; 12,13 vorgegeben. Schon in 9,7ff./Mark. 6,14ff. war Herodes auf Jesus aufmerksam geworden. Warum er Jesus (wie den Täufer) töten will (anders 9,9; 23,8) und warum dieser ihn «Fuchs» – eine vor allem griechisch verbreitete Metapher für einen schlauen Menschen – nennt, wird nicht deutlich; durchschaut Jesus etwa eine List des Herodes, der, ein schlauer Fuchs, den unbequemen Bußprediger (vgl. 9,7ff.) mit einer nicht ernst gemeinten Drohung aus seinem Hoheitsgebiet zu vertreiben sucht? Oder vermuten einige um Jesus besorgte Pharisäer zu Unrecht, Herodes wolle Jesus (wie den Täufer) umbringen? Jesus nimmt die Drohung ja offensichtlich nicht ernst **(V. 32)**.

Wie immer man auch versteht: Lukas geht es jedenfalls um die Einführung der entscheidenden parallelen Doppelworte V. 32b–33: Einem Tod von der Hand des Herodes weicht Jesus zwar aus, aber nicht, um überhaupt dem Tod auszuweichen; sein Weg wird vielmehr «am dritten Tag» (= in Kürze) in Jerusalem vollendet werden (12,50; 18,31; 22,37), weil dort alle Propheten sterben müssen. Die Notwendigkeit des Prophetentodes in Jerusalem wird nur hier behauptet und läßt sich historisch

schwerlich verifizieren. Der Gedanke scheint aus V. 34 entnommen zu sein und ist genuin lukanisch: Jerusalem ist der Inbegriff des Jüdischen, und wenn Jesus wie alle Propheten in Jerusalem sterben muß, ist sein, des Christus und Kyrios Tod, unmißverständlich als Tod eines jüdischen «Märtyrers» bestimmt. Während die «prämarcionitischen» Irrlehrer, mit denen Lukas sich auseinandersetzt, aus Jesu Tod in Jerusalem die gegenseitige Verwerfung von Jesus, dem Herrn Christus, und Judentum erschlossen haben dürften, ist für Lukas Jesu Tod in Jerusalem dem entgegen also gerade eine Bestätigung seiner Funktion *in der jüdischen Heilsgeschichte*.
Versteht man V. 31–33 so, schließt sich V. 34a bei Lukas gut an. Wann Jesus nach Meinung des Lukas «Jerusalem» hat sammeln wollen, wird nicht deutlich, da Jesus ja, von 2,22–52 abgesehen, nicht in Jerusalem weilte; vermutlich weitet sich auch bei Lukas wie schon in Q die Bedeutung von «Jerusalem» in V. 34b wie in 2,38 zu «Israel» aus. Damit ist der Gedanke gut lukanisch. Mit V. 35a sagt Jesus Lukas zufolge die Zerstörung Jerusalems an (vgl. 19,41ff.); sie erfolgt durch Schuld der Juden, die Jesus nicht angenommen haben, obschon er gerade zu Israel, seinen Kindern, gesandt war. Mit dem selbständigen Wort V. 35b blickt Lukas auf den Einzug in Jerusalem voraus (19,38), wo sich Jesu Weg «vollenden» muß und wird (V. 32bf.).

14,1–6 Heilung am Sabbat

1 Als er an einem Sabbat in das Haus eines Vorstehers der Pharisäer ging, um zu speisen, beobachtete man ihn genau. 2 Es stand nämlich ein wassersüchtiger Mensch bei ihm. 3 Jesus nahm das Wort und sagte zu den Gesetzeslehrern und Pharisäern: Darf man am Sabbat heilen oder nicht? 4 Sie gaben ihm keine Antwort. Da faßte er ihn an, heilte ihn und schickte ihn fort. 5 Dann sagte er zu ihnen: Wer von euch wird nicht sofort seinen Sohn oder seinen Ochsen herausziehen, wenn dieser am Sabbat in den Brunnen fällt? 6 Darauf konnten sie nichts erwidern.

Diese Heilungsgeschichte (S^{Lk}) ist eine Dublette zu 13,10–17.
Die Einladung beim Pharisäer entspricht 7,36; 11,37; im übrigen ist 6,6–11/ Mark. 3,1–6 die Vorlage.
Wie in 13,10–17 geht es nicht um das Wunder, sondern um die Heilung *am Sabbat*. Diese Heilung begründet Jesus mit einem aus der *innerjüdischen* Sabbatdiskussion bekannten Argument, das (2.Mose 2,10) für Mensch und Tier gilt (V.5; vgl. 13,15; Mat. 12,11). Jesus handelt also mit seiner «liberalen» Sabbatpraxis *als Jude*, wie auch die Pharisäer nicht bestreiten können (und wollen?): V. 6, und zwar handelt er durchaus im Sinne des «sozialen» Gebots des Alten Testament: Der Sabbat ist eine Hilfe für den Menschen. Also kann man Jesus keinen Bruch des Gesetzes vorwerfen und, wie es die «prämarcionitischen» Irrlehrer zur Zeit des Lukas getan haben dürften, aus seiner Sabbatpraxis ein prinzipielles «Nein» zur Tora und zur jüdischen Heilsgeschichte erschließen; nicht nur trotz, sondern sogar mit seiner Sabbatpraxis bleibt Jesus dieser Heilsgeschichte verbunden. Um diesen Nachweis geht es Lukas hier wie in 13,10–17.

14,7–14   Gastmahlreden

7 Als er beobachtete, wie die Gäste sich die Ehrenplätze aussuchten, erzählte er ihnen ein Gleichnis: **8** Wenn du von jemand zu einem Hochzeitsmahl eingeladen wirst, so setze dich nicht auf den Ehrenplatz; denn der Gastgeber könnte einen Vornehmeren als dich geladen haben. **9** Dann käme er, der dich und ihn geladen hat, und sagte zu dir: Mach ihm Platz! und du müßtest dich beschämt auf den letzten Platz begeben. **10** Wenn du eingeladen wirst, so setze dich vielmehr auf den letzten Platz. Wenn dann dein Gastgeber kommt und zu dir sagt: Freund, rücke nach oben, dann wirst du in Gegenwart aller anderen Gäste geehrt.
11 Denn jeder, der sich selbst erhöht, wird erniedrigt werden, und wer sich selbst erniedrigt, wird erhöht werden.
12 Zu seinem Gastgeber aber sagte er: Wenn du ein Frühstück oder ein großes Mahl gibst, so lade nicht deine Freunde ein, nicht deine Brüder, nicht deine Verwandten, nicht deine reichen Nachbarn, die dich wieder einladen und es dir damit vergelten. **13** Wenn du ein Gastmahl gibst, so lade vielmehr Arme ein, Krüppel, Lahme und Blinde. **14** Dann muß man dich selig preisen; denn sie können es dir nicht vergelten, aber bei der Auferstehung der Gerechten wird es dir vergolten.

In die Mahlsituation von V. 1 setzt Lukas nach der Heilung des Wassersüchtigen einige Reden (wie 22,21ff.), und zwar zuerst zwei in sich deutlich voneinander abgesetzte und gleichmäßig aufgebaute Stücke redaktionellen Sondergutes.
V. 8–10, im Blick auf V. 11 in V. 7 als «Gleichnis» eingeführt, das sich an die Gäste richtet, ist von Haus aus kein Gleichnis, sondern eine die Sitzordnung betreffende Ermahnung, eine profane Lebensweisheit aus einer ständisch geordneten Gesellschaft, zu der es mancherlei Parallelen gibt; vgl. nur Spr. 25,6f. und Luk. 20,46.
V. 11 ist ein jüdisches Sprichwort und ein «Wanderlogion» aus der Spruchquelle Q (vgl. 18,14; Mat. 23,12) mit dem verbreiteten Motiv vom Rollentausch bzw. der Umwertung der Werte (1,52f.; 13,30; 18,17), das sich schon im Alten Testament findet (Ez. 21,31b; Hiob 22,29; Spr. 29,23) und in der Spruchüberlieferung Q^1 den Rollentausch bei der bevorstehenden Äonenwende beschrieb (6,20ff.). Es macht die weisheitliche Verhaltensregel (V. 8–10), die als solche in eine gewisse Spannung zu V. 12–14 (und 5,29 usw.) träte, zu einem Gleichnis, das weder primär (wie 20,46) Pharisäer kritisieren will noch allgemein (vgl. z. B. den Aristeasbrief 257.262) Bescheidenheit empfiehlt. Man darf es aber auch schwerlich mit dem ganzen Gewicht paulinischer Rechtfertigungstheologie beladen (2. Kor. 6,9f.; 12,9f.); denn wie die Apg. zeigt, deutet Lukas Paulus lukanisch, so daß man Lukas nicht paulinisch deuten darf. Es tröstet offenbar vor allem die bedrängte lukanische Gemeinde und verheißt ihr «an jenem Tag» (vgl. V. 14) die Erhöhung über die Peiniger (vgl. 6,20ff.), wenn sie sich hier «selbst erniedrigt», das heißt, die ihr aufgezwungene Erniedrigung in der Nachfolge des gekreuzigten Jesus annimmt.
Mit **V. 12–14** wird der Gastgeber angeredet. Der Grundgedanke, daß wahre Liebe selbstlos ist, stammt aus 6,32f. (Q), die Szene aus V. 1 und aus dem folgenden Gleichnis vom großen Mahl, dem auch das diakonische Motiv samt den in V. 13 genannten vier exemplarischen Gruppen entnommen wurde (vgl. V. 21), denen Lukas in V. 12 vier andere exemplarische Gruppen gegenüberstellt. Die eschatologische Seligpreisung V. 14 weist den Abschnitt ganz in den Bereich der lukanischen Ar-

menfrömmigkeit (vgl. 5,29; 12,33f.; 16,9; 18,22), die vor allem helfen will, im Zusammenhang mit der Verfolgung entstandene soziale Probleme zu lösen. Nur so erklärt sich die Übertreibung, überhaupt keine gleichgestellten Gäste einzuladen, die als Lebensregel unpraktikabel und lieblos wäre. Zur Zeit des Lukas aber gilt: Wer andere (noch) einladen kann, hat die notleidenden Glaubensbrüder einzuladen, die um ihres Bekenntnisses willen Hab und Gut verloren haben.
In traditioneller Sprache nennt Lukas die eschatologische Vollendung «Auferstehung der Gerechten» (vgl. 20,35). Er rechnet also mit dem Tod auch der Lebenden (keine «Naherwartung») und vertritt eine individuelle Eschatologie. Eine Auferstehung zum Gericht soll kaum ausgeschlossen werden (vgl. Apg. 10,42; 24,15).

14,15–24 Gleichnis vom großen Mahl

15 Einer der Gäste, der zugehört hatte, sagte zu ihm: Wohl dem, der am Mahl in der Herrschaft Gottes teilnimmt!
16 Da erwiderte er ihm: Ein Mensch gab ein großes Mahl, zu dem er viele eingeladen hatte. **17** Als die Zeit für das Mahl gekommen war, sandte er seinen Knecht zu den Gästen und ließ bestellen: Kommt doch, es ist schon alles fertig. **18** Da fingen sie auf einmal alle an, sich zu entschuldigen. Der erste bestellte ihm: Ich habe einen Acker gekauft und ich muß hinausgehen, um ihn zu besichtigen; ich bitte dich, entschuldige mich. **19** Ein anderer ließ sagen: Ich habe fünf Joch Ochsen gekauft und gehe gerade, um sie zu prüfen; ich bitte dich, entschuldige mich. **20** Ein dritter ließ sagen: Ich habe inzwischen geheiratet; deshalb kann ich nicht kommen. **21** Als der Knecht mit dieser Nachricht zu seinem Herrn zurückkehrte, wurde der Hausherr zornig und sagte zu seinem Knecht: Geh schnell in die Stadt auf die Straßen und Gassen und bringe die Armen und die Krüppel und die Lahmen und die Blinden her. **22** Der Knecht meldete: Herr, es ist geschehen, was du befohlen hast, aber es sind noch Plätze frei. **23** Da sagte der Herr zu dem Knecht: Geh hinaus bis auf die Landstraßen und an die Gartenzäune und dränge sie zu kommen, damit mein Haus voll wird.
24 Ich sage euch nämlich: Keiner von denen, die eingeladen waren, wird von meinem Mahl essen.

Wir haben eine Parabel vor uns, die aus der Spruchquelle Q stammt (vgl. Mat. 22,1–14) und ähnlich wie die andere Parabel aus Q (19,11–27) leichte allegorisierende Züge trägt. Das verwendete Bildmaterial ist auch rabbinischen Gleichnissen ganz vertraut.
Lukas dürfte die Q-Fassung, verglichen mit Matthäus, relativ gut überliefert haben; er bietet, sieht man von V. 15 und V. 24 zunächst ab, eine erzählerisch geschlossene und spannungsfreie Parabel.
Von Lukas stammt V. 15, der in stichwortartigem (Seligpreisung) Anschluß an V. 14 (nach V. 7 und V. 12) das dritte Stück der Gastmahlsrede einleitet. V. 15 weist die Parabel mit Recht als Gleichnis von der eschatologischen Gottesherrschaft aus, von der in neutestamentlicher Zeit gerne im Bild des Festmahls – eines Freudenmahls – gesprochen wird (13,29; 22,15ff.; Jes. 25,6; Off. 19,9). Der überraschende Ausruf des frommen Gastes soll nur den Übergang vom irdischen zum himmlischen Mahl herstellen und steht zur Situation von V. 1 im theologisch gewichtigen Verhältnis von ewig zu zeitlich, unvergänglich zu vergänglich (vgl. 12,33f.).

Der Grundgedanke des Gleichnisses ist klar: Gottes Einladung ist schon vor langer Zeit ergangen und auch angenommen worden. Jetzt aber – ein zweifellos christologisches «Jetzt» – kommt es darauf an, der Einladung zu folgen. Indessen versäumen die Geladenen diese entscheidende Stunde. Darum nehmen andere ihren Platz ein. Wie soll man aber im einzelnen verstehen?

Falls der Ton der Parabel auf der ursprünglichen Annahme der Einladung liegt, der die Gäste im entscheidenden Augenblick keine Folge leisten, so dürften die zuerst Geladenen das etablierte fromme Judentum sein, das sich grundsätzlich zur Herrschaft Gottes bekennt, Jesu Ruf in entscheidender Stunde aber überhört, während die Sünder und Zöllner, die bisher eine Einladung nicht erhalten und angenommen hatten, ihm folgen (5,29ff.; 15,1; 19,7ff.). Das entspräche der frühen Überlieferungsschicht Q[1], doch findet in dem Gleichnis die apokalytische Naherwartung von Q[1] keinen Ausdruck, und schwerlich läßt sich sagen, die Sünder und Zöllner seien bisher nicht eingeladen gewesen.

Dann liegt der Ton aber auf der Einladung, die zuerst an die einen, nach deren Verweigerung aber an die anderen ergeht, und die Deutung zielt auf das Verhältnis Israel – Heiden bzw. Synagoge – Kirche (vgl. Röm. 1,16; 2,9). So dürfte die Parabel der Stufe der christologischen Redaktion von Q angehören; vgl. 13,22–30. Die doppelte Aussendung des Knechtes in V.21b und V.23, die viele Ausleger für sekundär ansehen, ist ursprünglich und bereitet den schönen abschließenden Satz vor: «... damit mein Haus voll wird». Gott will ein Volk haben, das seine Herrschaft anerkennt, und keinen Platz an seinem Tisch leer lassen; er hat dies Volk unter den Heiden gefunden. Der Redaktor von Q richtet damit eine Einladung an den Tradentenkreis von Q[1], dies Faktum anzuerkennen und sich der «gemischten Gesellschaft», der christlichen Gemeinde, anzuschließen.

Eine Vermischung der genannten Gesichtspunkte (die abgelehnte Einladung erging an die Frommen Israels; auf den Straßen der Stadt stehen die Sünder und Zöllner; an den Zäunen vor der Stadt lehnen die Heiden) dürfte die Parabel – auf welcher Stufe der Tradition auch immer – unzulässig allegorisieren.

Lukas konnte die Parabel mit ihrer überkommenen Spitze übernehmen. Die Beobachtung, daß Israel zuerst eingeladen war, dann *schuldhaft* die Einladung versäumte, gehört zu den durchgehenden Zügen der lukanischen Redaktion (4,16–30; Apg. 28,25–28) und erklärt, warum es zu dem faktisch vorliegenden Bruch innerhalb der Heilsgeschichte mit Israel kommen konnte.

V.24, der bei Matthäus fehlt, akzentuiert die überkommene Ansicht in spezifischer Weise, indem er das Motiv der *Verwerfung Israels* stärker hervorhebt als das der *Annahme der Heiden* («... damit mein Haus voll wird»). Die Plätze sind endgültig besetzt. Dieser Gedanke gehört nicht Q, wohl aber der lukanischen Redaktion an; V.24 dürfte deshalb von Lukas stammen.

Erfolgt die Annahme der Heiden «automatisch», weil Gott ja sein Haus voll haben will? Keineswegs! Der nächste Abschnitt handelt, solchem Mißverständnis zu wehren, vom «Ernst der Nachfolge».

14,25–35   Vom Ernst der Nachfolge

25 Viele Leute waren mit ihm unterwegs. Da wandte er sich um und sagte zu ihnen: 26 Wer zu mir kommt und nicht seinen Vater haßt und seine Mutter, seine Frau, seine Kinder, seine Brüder und seine Schwestern, ja auch sein eigenes Leben, kann

nicht mein Jünger sein. **27 Wer nicht sein Kreuz trägt und hinter mir her geht, kann nicht mein Jünger sein.**
28 Denn wer von euch, der einen Turm bauen will, setzt sich nicht zuerst hin und berechnet die Kosten, ob seine Mittel bis zur Fertigstellung reichen? 29 Sonst würden alle, die sehen, wie er den Grundstock errichtet hat und nicht imstande ist fertigzubauen, ihren Spott über ihn ausgießen: 30 Dieser Mensch hat angefangen zu bauen und ist nicht imstande fertigzubauen.
31 Oder welcher König, der sich anschickt, gegen einen anderen König in den Krieg zu ziehen, setzt sich nicht zuerst hin und überlegt, ob er mit 10000 Mann dem entgegentreten kann, der mit 20000 Mann gegen ihn zieht? 32 Kann er es nicht, so schickt er Unterhändler, wenn jener noch ferne ist, und bittet um Frieden.
33 Ebenso gilt für euch: Wer nicht auf alle seine Güter verzichten kann, kann nicht mein Jünger sein.
34 Also: Salz ist etwas Gutes. Falls aber selbst das Salz fade wird, womit soll man es wieder würzen? 35 Es taugt weder für den Acker noch für den Düngerhaufen. Man wirft es fort.
Wer Ohren hat zu hören, der höre!

Die lukanische Einleitung V.25 (Reisesituation wie zuletzt 13,22) gibt den Rahmen bis 17,10 an. V.25 leitet also eine große Rede an Nachfolger und potentielle Nachfolger ein, die sich thematisch im wesentlichen als Einheit erweisen wird: Die Situation der Verfolgung. Nach dieser Einleitung folgen zunächst zwei rahmenlose Logien aus Q (V.26.27), die dort bereits beisammen standen (/Mat. 10,37f.) und die nach Ausweis der «Dubletten» Mark. 10,29f. und 8,34 aus der Spruchüberlieferung Q^1 stammen; sodann zwei einschlägige Gleichnisse (V.28–30.31–32, S^{Lk}) mit einer redaktionellen Anwendung (V.33); schließlich ein Bildwort aus der Spruchquelle Q (/Mat. 5,13) bzw. aus Q^1 (vgl. die «Dublette» Mark. 9,49f.) zum Abschluß der ganzen Ausführungen (V.34f.). Die drei Logien aus Q^1/Q (V.26.27.34f.) sind von analogieloser Schärfe und Prägnanz.

Bei **V.26** hat Lukas (gegenüber Mat. 10,37) die Schärfe des Spruches bewahrt (vgl. auch 9,57ff.; 17,34f.). Natürlich meint «Haß» nicht eine Gefühlsregung, sondern die kompromißlose Vorordnung der Nachfolge vor die Familienbande; vgl. 18,29f.; 21,16f. und Mat. 10,37: «Wer Vater oder Mutter mehr liebt als mich ...». Die anbrechende Herrschaft Gottes verlangt, alles auf diese «eine Karte» zu setzen, auch wenn die Nachfolge zum Bruch mit der Familie, die diesen Weg nicht mitgeht, mitsamt den sozialen Folgen führen sollte, die solcher Abschied aus der Geborgenheit des «Hauses» mit sich brachte (natürlich soll ein solcher Bruch nicht unter allen Umständen provoziert werden; vgl. 1.Kor. 7,12ff.). Wer in die Nachfolge treten will, soll vorher bedenken, wie schwer der Weg durch die «enge Pforte» (13,24) ist; wer in der Nachfolge steht, hat zu prüfen, ob er seine Entscheidung konsequent durchhält.

Lukas ergänzt die Vorlage aus Q dahingehend, daß man auch «sein eigenes Leben» zu lassen habe. Er bedenkt damit konkret den Ernst der Nachfolge aus seiner Verfolgungssituation: Wer nachfolgt, muß auch zum Martyrium bereit sein, und der «Haß» gegenüber den Angehörigen erstreckt sich nun bei Lukas vor allem auf die durch Martyrium oder Verbannung (vgl. 18,29f.) bewirkte Trennung von ihnen und darauf, daß man durch ein Bekenntnis möglicherweise die Angehörigen mit ins soziale Elend zieht (V.33).

V.27 hat ursprünglich vielleicht von einer Kennzeichnung («Tätowierung») der

Nachfolger gesprochen (vgl. Ez. 9,4ff.), doch kann das genannte «Kreuz» auch von Anfang an den Marterpfahl bezeichnet haben, und nach Jesu Kreuzigung kann auch die Q^1-Gemeinde das Logion kaum anders als von solcher Leidensnachfolge verstanden haben. Dies Verständnis hat *Lukas* (vgl. auch 9,23) unmittelbar im Blick auf das aktuelle Martyrium von Christen und im Rahmen seiner Deutung der Kreuzigung Jesu als eines beispielhaften Martyriums übernommen (vgl. 23,26); eine Heilsbedeutung des Kreuzes ist nicht im Blick.

V. 28–32, das Gleichnispaar vom Bauherrn und vom Kriegsherrn, spricht für sich. Die Bilder stammen aus der Erfahrung. Der in ihnen eingefangene Sinn ist sprichwörtlich: «Vorsicht ist besser als Nachsicht»; «Hochmut kommt vor dem Fall» usw., und als Lebensweisheit allgemein verbreitet. Die Verbindung mit dem Hinweis auf den Ernst der Nachfolge ist überzeugend: Man hat vor der Nachfolge ihre Konsequenzen, in der Nachfolge ihren Ernst zu bedenken; vgl. 8,13.

Die abrupte Anwendung in **V. 33** überrascht nach V. 26f. nur dann, wenn man den Zusammenhang von lukanischer «Armenfrömmigkeit» und Verfolgungssituation nicht kennt. Martyrium oder Verbannung, die in V. 26f. für Lukas im Hintergrund stehen, waren die extremere, die Einziehung des Vermögens war die normale Bestrafung für die Bekenner. Wer also den Weg des Bekennens betritt (V. 26a), muß bereit sein, ggf. von seinem Besitz Abschied zu nehmen, und sei es auch deshalb, weil er das Seine mit den Bekennern teilt, die alles verloren haben (12,33; Apg. 2,44f.; 4,34f.). Unser Abschnitt ist ein deutlicher Beleg für solchen Zusammenhang von Verfolgungssituation und lukanischer «Armenfrömmigkeit» (vgl. 6,20ff.).

Das abschließende Bildwort **V. 34–35a** stammt wieder aus Q, wo es an V. 26f. angeschlossen haben dürfte; Lukas hat also das Sonder- bzw. Redaktionsgut V. 28–33 in die Q-Vorlage eingelegt. Der Sinn des Bildwortes ist deutlich: Wie man das kraftlos gewordene Salz wegwirft (das moderne Salz ist besser!), so den versagenden Jünger. Eintritt in die Nachfolge verleiht keinen «character indelebilis»; die Taufe als solche bewahrt noch nicht vor dem Gericht Gottes; eine halbe Nachfolge ist weniger als keine.

Lukas konnte diesen Abschluß unverändert stehen lassen. Mit V. 35b weist Lukas seinen Leser (wie in 8,8) an, sich selbst den gleichnishaften Sinn von V. 34–35a zu erschließen – ein nachdrücklicher Hinweis auf solchen in dem Bildwort verborgenen Sinn.

Ist mit V. 34f. auch die Reue des Verleugners – die zweite Buße – ausgeschlossen? Auf diese zur Zeit des Lukas brennende Frage – er schaut auf jüngst geschehene Verfolgungen zurück – antwortet Kap. 15, das sich also thematisch zwingend anschließt.

15,1–32   Drei Gleichnisse von der Rückkehr

Lukas stellt in 15,1–32 drei Gleichnisse vom Verlorenen und Wiedergefundenen bzw. Zurückgekehrten zusammen, die er durch V. 1–3 redaktionell einleitet. Die beiden ersten bilden ein Zwillingspaar (vgl. 14,28–32). Das Gleichnis vom verlorenen Schaf stand in der Spruchquelle Q, wie Mat. 18,12f. zeigt; die anderen sind Sondergut des Lukas bzw. redaktionelle Bildungen. Der in allen drei Gleichnissen gleiche Skopos zeigt, wie wichtig Lukas die damit angezielte Sache war.

1 Alle Zöllner und Sünder traten nahe zu ihm heran, ihn zu hören. 2 Darüber murrten die Pharisäer und die Schriftgelehrten und sagten: Dieser nimmt Sünder auf und ißt mit ihnen. 3 Er aber erwiderte ihnen mit folgendem Gleichnis:

4 Wer von euch, der 100 Schafe hat und eines von ihnen verliert, läßt nicht die 99 in der Steppe und geht dem verlorenen nach, bis er es findet? 5 Und wenn er es gefunden hat, legt er es mit Freuden auf seine Schultern. 6 Nach Hause gekommen, ruft er seine Freunde und Nachbarn zusammen und sagt zu ihnen: Freut euch mit mir; denn ich habe mein verlorenes Schaf wiedergefunden. 7 Ich sage euch: Ebenso herrscht im Himmel über einen Sünder, der zurückkehrt, mehr Freude als über 99 Gerechte, die nicht zurückzukehren brauchen.

8 Oder welche Frau, die zehn Drachmen besitzt und eine davon verliert, zündet nicht ein Licht an und fegt das Haus aus und sucht sorgfältig, bis sie das Geld findet? 9 Und wenn sie es gefunden hat, ruft sie ihre Freundinnen und Nachbarinnen zusammen und sagt: Freut euch mit mir; denn ich habe die Drachme wiedergefunden, die ich verloren hatte.
10 Ebenso, sage ich euch, freuen sich die Engel Gottes über einen Sünder, der zurückkehrt.

11 Dann sagte er: Ein Mann hatte zwei Söhne. 12 Einst sprach der jüngere von beiden zum Vater: Gib mir mein Erbteil. Da verteilte er das Vermögen unter sie. 13 Kurze Zeit darauf packte der jüngere Sohn alles zusammen und reiste in ein fernes Land, wo er sein Hab und Gut mit einem liederlichen Leben durchbrachte. 14 Nachdem er alles verbraucht hatte, verbreitete sich eine große Hungersnot über jenes Land, so daß er in Not geriet. 15 Er suchte Verbindung mit einem der Bürger jenes Landes, und der sandte ihn auf seine Felder, Schweine zu hüten. 16 Gerne hätte er seinen Bauch mit den Schoten gefüllt, von denen die Schweine fraßen; aber niemand gab sie ihm.
17 Da ging er in sich und dachte: Wieviele Tagelöhner meines Vaters haben Brot im Überfluß, ich aber gehe hier an Hunger zugrunde. 18 Ich will mich aufmachen und zu meinem Vater gehen und zu ihm sagen: Vater, ich habe gesündigt gegen den Himmel und vor dir; 19 ich bin nicht mehr wert, dein Sohn zu sein; mache mich zu einem deiner Tagelöhner. 20 Und er brach auf und kam zu seinem Vater. Sein Vater sah ihn schon aus der Ferne und empfand Mitleid mit ihm; er lief ihm entgegen, fiel ihm um den Hals und küßte ihn. 21 Da sprach der Sohn zu ihm: Vater, ich habe gesündigt gegen den Himmel und vor dir: ich bin nicht mehr wert, dein Sohn zu sein. 22 Der Vater aber sprach zu seinen Knechten: Bringt schnell das beste Gewand her und zieht es ihm an, gebt ihm einen Siegelring an seine Hand und Schuhe an seine Füße, 23 holt das Mastkalb und schlachtet es, so daß wir fröhlich essen können; 24 denn dieser mein Sohn war tot und ist wieder lebendig, er war verloren und ist wiedergefunden. Da begannen sie, fröhlich zu feiern.
Der ältere Sohn war währenddem auf dem Feld. Als er zurückkam und sich dem Haus näherte, hörte er Musik und Tanz. 26 Da rief er einen der Knechte und fragte, was das bedeute. 27 Der antwortete ihm: Dein Bruder ist da, und dein Vater hat das Mastkalb geschlachtet, weil er ihn gesund wiederhat.
28 Darüber wurde er zornig, und er wollte nicht hineingehen. Da ging sein Vater hinaus und bat ihn darum. 29 Er aber antwortete dem Vater: Du weißt, wie viele Jahre ich dir gedient habe, ohne jemals deine Anweisungen mißachtet zu haben.

Doch mir hast du niemals auch nur ein Böcklein gegeben, so daß ich mit meinen Freunden fröhlich feiern konnte. 30 Wo aber nun dieser dein Sohn kommt, der dein Vermögen mit Huren durchgebracht hat, schlachtest du für ihn das Mastkalb. 31 Da sagte er ihm: Kind, du bist jederzeit bei mir, und alles, war mir gehört, gehört dir. 32 Du solltest fröhlich sein und dich freuen; denn dieser dein Bruder war tot und ist lebendig, er war verloren und ist wiedergefunden.

Das Material zu seinem Rahmen V. 1–2 nimmt Lukas aus 5,29–32 (und 7,34): Als die Sünder, an Jesu Lippen hängend, sich eng um ihn drängen, erinnern die Pharisäer und Schriftgelehrten murrend und geringschätzig an Jesu früher gezeigte Sünderliebe, an seine Tischgemeinschaft mit den Verlorenen. Damit geben sie Jesus Anlaß, drei Gleichnisse vom Wiederfinden bzw. von der Rückkehr des Verlorenen zu erzählen, die sich mit solcher «pharisäischen» Kritik zur Zeit des Lukas auseinandersetzen.

Die Q-Fassung des Gleichnisses vom verlorenen Schaf, die Matthäus (18,12f.) besser als Lukas tradiert hat, dürfte etwa folgendermaßen gelautet haben:

«Wer von euch, der 100 Schafe hat, von denen sich eines verirrt, läßt nicht die 99 in der Steppe und geht, das Verirrte zu suchen? Und falls er es findet – ich sage euch: er freut sich darüber mehr als über die 99, die nicht verirrt waren.»

Wir haben ein Gleichnis im engeren Sinn, keine Parabel vor uns, wie die Einführung zeigt: Jeder Hirte handelt so, daß er sich um das Verirrte besondere Mühe macht, während er die Herde – natürlich unter Bewachung – warten läßt. Das Hirtenbild ist dem Alten Testament wohl vertraut (Ps. 23; Sach. 13,7), ebenso die Metapher von den verirrten Schafen (Ps. 119,176; Jes. 53,6) und vom göttlichen Hirten, der sie sucht (Ez. 34,12ff.).

Ob unter dem Hirten Gott, Jesus selbst oder die Gemeinde zu verstehen ist: In jedem Fall geht es um das Suchen des Verirrten; die Freude über das Finden unterstreicht die Intensität des Suchens.

Was ist gemeint? Wird Gott (oder Jesus) den Verirrten als der gute Hirte tröstlich und einladend verkündigt? Oder wird die Gemeinde ermuntert, das Verirrte zu suchen? Oder rechtfertigt Jesus die Annahme der Verirrten gegenüber seinen frommen Kritikern? Gehört das Gleichnis der apokalyptischen oder der weisheitlichen Schicht der Spruchüberlieferung Q[1] an oder erst – Markus bringt keine «Dublette» – der Spruchüberlieferung Q selbst? Das situationslose Gleichnis erlaubt nicht, diese Fragen zu beantworten.

Lukas verlagert die Spitze des Gleichnisses vom Suchen auf das Finden. Während in der Q-Fassung das Finden des Verirrten als erstrebenswerte *Möglichkeit* angesehen wird, gilt es bei Lukas als *Wirklichkeit*; der Hirte sucht, «bis er es findet». In **V. 5** trägt Lukas das bekannte hellenistische Bild vom «Guten Hirten» ein, der sein Schaf auf der Schulter trägt, und bereitet damit **V. 6** vor, der das Schwergewicht des Gleichnisses definitiv vom Suchen auf die Freude über das Wiedergefundene verlagert. Dieser redaktionelle Schwerpunkt wird in der Deutung **V. 7** noch einmal gesetzt und ausdrücklich mit dem Hinweis auf solche gekoppelt, die – zur Zeit des Lukas – der Buße bzw. Rückkehr nicht bedürfen – eine keineswegs ironisch gemeinte Feststellung. Damit gewinnen bei Lukas die 99 Schafe eine im ursprünglichen Gleichnis nicht vorhandene selbständige Funktion.

Mit der zu seiner Fassung parallelen Bildung des zweiten Gleichnisses vom wiedergefundenen Geldstück (V. 8–10) unterstreicht der Evangelist den in V. 4–7 intendierten Gedanken, und das Gleichnis vom zurückgekehrten Sohn bestätigt, daß die

Spitze aller drei Gleichnisse bei Lukas nicht das Suchen, sondern die Rückkehr ist; denn vom Suchen ist im dritten Gleichnis keine Rede mehr.

Die Deutung der lukanischen Fassung der Gleichnisse ist nicht zu verfehlen. Diejenigen, die der Buße nicht bedürfen, können bei Lukas nur die treuen Gemeindeglieder sein. Die verlorengegangenen und wiedergefundenen Büßer – alle drei Gleichnisse sprechen einheitlich vom Wiederfinden – sind dann die untreu gewordenen Christen, die sich wieder eingefunden haben wie der verlorene Sohn. Die große Freude aber, die bei Gott («im Himmel») über diese Rückkehr herrscht, beantwortet die Frage, die sich am Ende von 14,25–32 notwendig einstellte: Soll man untreu gewordene Christen wieder aufnehmen, wenn sie zurückfinden? Die Antwort ist ein eindeutiges «Ja». Dem Büßer gegenüber, auf den sich im Moment seiner Umkehr alle Freude konzentriert, ist Gottes Güte unbegrenzt.

Die Situation zur Zeit des Lukas ist deutlich. Die Verfolgung hatte zum Abfall geführt. Die treu gebliebenen Gemeindeglieder – die 99 Schafe –, welche die Verfolgung überstanden haben, stehen vor der Frage, ob sie die Abgefallenen wieder aufnehmen sollen, dürfen oder gar müssen, wenn diese reumütig zur Gemeinde zurückfinden. Die Antwort lautet «Ja»; denn Gott hat sie schon angenommen. Der lukanische Rahmen V. 1–2 sowie das analoge Stück V. 25–32 im dritten Gleichnis lassen erkennen, daß diese Antwort in den Gemeinden des Lukas nicht unbestritten war.

In bzw. nach der Verfolgungszeit stellte sich das Problem der «zweiten» Buße (vgl. schon Gal. 6,1; 2. Kor. 2,1ff.; 2. Thess. 3,14f.) mit besonderer Dringlichkeit; es hat der frühen Kirche in den folgenden Jahrhunderten viele Probleme bereitet (vgl. schon Hebr. 6,1ff.). Lukas gibt seiner Gemeinde im Anschluß an das überlieferte Gleichnis vom verlorenen Schaf den energischen Anstoß zu einer «evangelischen» Lösung (vgl. 5,32; 19,10; 1. Joh. 5,13ff.) Die alte Kirche hat sich mit Recht bei ihrer Wiederaufnahme Abgefallener auf Luk. 15 berufen.

Das (dritte) Gleichnis vom zurückgekehrten Sohn, eine von Anfang an einheitliche Erzählung **(V. 11–32)**, die Lukas mit kurzer Einführung von dem Zwillingsgleichnis absetzt, erinnert in der Erzählweise an die lukanischen Beispielgeschichten (10,29ff.; 16,19ff.) und scheint Anschauungsmaterial der hellenistischen Rhetorik zu benutzen, während die rabbinischen Gleichnismaterialien keine Analogien bieten; der Stil weist manche lukanische Eigentümlichkeiten auf. Der jüngere Sohn läßt sich sein Erbteil auszahlen und verliert damit seine Rechte als Hausgenosse. Er wird, nachdem er zum Bettler wurde, vom Vater aus lauter Güte wieder aufgenommen. Das Gleichnis wiederholt den Grundgedanken des vorangehenden Doppelgleichnisses und bestätigt dessen Auslegung, wobei nun in Gestalt des älteren Bruders die Murrenden unter den treu gebliebenen Gemeindegliedern ausdrücklich in Erscheinung treten **(V. 25–32)**, nachdem diese zuvor nur im Rahmen (V. 1f.) erschienen.

Ihr Einwand ist verständlich: Soll ihre Treue nicht belohnt werden? Verständlich ist aber auch die Antwort des Vaters: Ihr hattet stets und habt alles; euch geht nichts verloren. Diese Antwort überzeugt schon im Bild, erst recht in der Sache: Gott ist reich für alle, die ihn anrufen; das Maß seiner Güte ist unerschöpflich (vgl. Mat. 20,15). Darum sollen die «älteren Söhne» nicht ärgerlich sein, sondern sich mit ihm über den heimgekehrten Sünder freuen.

Dessen Abfall wird indessen nicht leicht genommen, sein unvertretbares Handeln vielmehr in den dunkelsten Farben geschildert. Aber seine Umkehr wiegt mehr als sein Abfall. Das «Suchen» des vorgegebenen Gleichnisses in V. 4–6 wird nun gar nicht mehr aufgenommen; dessen «Finden» begegnet jetzt direkt als Rückkehr (V. 24.32). Das dritte Bild ist also unmittelbar bei der Sache. Alles Gewicht liegt auf dem Zurückkommen und auf der Freude darüber. Ob das eindrückliche Gespräch V. 21–24 bereits einen Aufnahmeritus des Büßers – Sündenbekenntnis und Absolution – widerspiegelt? Jedenfalls wird in V. 24 der Abfall theologisch als Tod, die Umkehr als Rückkehr in das Leben gedeutet (vgl. Röm. 6,1ff.).

Das Gleichnis beschreibt also weder das Wesen der Buße noch die Vatergüte Gottes allgemein – die letztere etwa als Eigenschaft Gottes, die erstere als menschliche Möglichkeit –, sondern beides konkret als Ereignisse in einer bestimmten Situation und unter «ekklesiologischem» Aspekt.

16,1–13 Der betrügerische Haushalter

1 Er wandte sich aber auch an seine Jünger:
Es war einmal ein reicher Mann, der einen Verwalter hatte. Dieser wurde vor ihm beschuldigt, er verschleudere ihm seinen Besitz. 2 Da ließ er ihn kommen und sprach zu ihm: Was muß ich von dir hören? Lege eine Abrechnung deiner Verwaltung vor; denn du kannst nicht mehr länger die Verwaltung führen. 3 Da überlegte sich der Verwalter: Was soll ich tun? Denn mein Herr nimmt mir das Verwalteramt weg. Graben kann ich nicht; zu betteln schäme ich mich. 4 Mir fällt ein, was ich tun kann, damit die Leute mich in ihre Häuser aufnehmen, wenn ich als Verwalter abgesetzt bin! 5 Er bestellte sämtliche Schuldner seines Herrn zu sich. Zu dem ersten sagte er: Wieviel schuldest du meinem Herrn? 6 Der sprach: Hundert Bat Öl. Er aber sagte zu ihm: Hier hast du deinen Schuldschein; setz dich hin und schreibe schnell «fünfzig». 7 Darauf sagte er zu dem nächsten: Und du, wieviel schuldest du? Der sprach: Hundert Kor Getreide. Er sagt ihm: Hier hast du deinen Schuldschein; schreibe «achtzig».
8 Und der Herr lobte den betrügerischen Verwalter, weil er klug gehandelt habe; denn die Kinder dieses Äons sind im Umgang mit ihresgleichen klüger, als es die Kinder des Lichts sind.
9 Auch ich sage euch: Erwerbt euch Freunde mit dem ungerechten Mammon, damit sie euch, wenn es mit ihm aus ist, in die ewigen Hütten aufnehmen. 10 Wer im Kleinen zuverlässig ist, ist auch im Großen zuverlässig; und wer im Kleinen unrecht handelt, handelt auch im Großen unrecht. 11 Wenn ihr nun mit dem ungerechten Mammon nicht zuverlässig seid, wer wird euch dann das Wahre anvertrauen? 12 Und wenn ihr mit dem Fremden nicht zuverlässig seid, wer wird euch dann das Eure geben?
13 Kein Knecht kann zwei Herren dienen; denn entweder haßt er den einen und liebt den anderen, oder er hängt dem einen an und mißachtet den anderen. Ihr könnt nicht Gott und dem Mammon dienen.

Unser thematisch einheitlicher Abschnitt, bis auf V. 13 im wesentlichen Sondergut des Lukas, enthält eine Parabel (V. 1–7), eine von Lukas beigegebene Deutung (V. 9–13) und dazwischen den schwer verständlichen V. 8.
Waren in Kap. 15 direkt die Pharisäer, indirekt jene Gemeindeglieder angeredet, die sich gegen die «zweite Buße» Abgefallener wehren (15,1–3), wird V. 1–13 mit neuer Adresse den Jüngern (**V. 1**), das heißt indirekt allen Gemeindegliedern gesagt.

Die Parabel (**V. 1–7**) könnte aus Q bzw. aus Q¹ stammen; Matthäus hätte sie dann wegen ihres auffälligen und mißverständlichen Verfremdungseffekts gestrichen. Andernfalls ist die Herkunft der Parabel nicht mehr festzustellen. Die Erzählung ist in sich schlüssig. Der Hausverwalter, dem wegen seiner Unzuverlässigkeit die Entlassung bevorsteht, sichert sich seinen Lebensunterhalt kurz entschlossen durch einen Betrug. Bevor er, seine letzte Pflicht, Rechnung legt und die Unterlagen zurückgibt, händigt er den Schuldnern bzw. Pächtern seines Herrn die von ihnen unterzeichneten Schuldurkunden aus und ermöglicht ihnen eine beträchtliche Herabsetzung der Pacht- oder Schuldsumme. Ihren Gewinn – ein Bat sind ca. 40 Liter, ein Kor ca. 400 Liter – werden sie mit dem entlassenen Verwalter teilen; der Wert des betrügerischen Nachlasses ist etwa gleich. Der Verwalter nutzte skrupellos die kurze Zeit, die ihm blieb. Das ist der ursprüngliche Vergleichspunkt! Ebenso sollen die Hörer die kurze Zeit vor dem Ende dieses Äons nutzen, um die Zukunft, die Gottesherrschaft, zu gewinnen. Wer wollte in den Dingen des ewigen Lebens weniger klug sein als der betrügerische Haushalter mit den Dingen des zeitlichen Lebens! Buße ist geboten und – noch – möglich. Der «existentiale» Sinn dieses apokalyptischen Gleichnisses liegt in der Einsicht in die Unwiederholbarkeit jedes Augenblicks angesichts der Zukunft Gottes. Im Licht der Ewigkeit ist jede Zeit als letzte und entscheidende Zeit anzusehen; erst recht ist so die «christliche» Zeit zu beurteilen, die, als nicht versäumte, ihren Wert je in sich trägt.

Lukas deutet freilich anders. Er versteht das Gleichnis wie eine Beispielgeschichte (nach Analogie von V. 19–31; 12,16–21; 19,1–10) und bezieht es im Rahmen seiner «Armenfrömmigkeit» auf den Umgang mit dem irdischen Besitz.
V. 9 sagt: Was der betrügerische Verwalter um irdischen Gewinns willen tat, sollen die Christen um himmlischen Lohnes willen tun: Mit ihrem Hab und Gut (Lukas nennt es insgesamt geringschätzig «ungerechten Mammon»; vgl. äthHen 63,10) sollen sie Gutes tun, um den himmlischen Lohn zu erhalten. Dieser Gedanke ist für Lukas bezeichnend; vgl. 6,27ff.; 12,20.33; 14,14; 18,22 u.ö. Mit den «Freunden» dürften in Analogie zur «Beispielgeschichte» die Empfänger der Almosen gemeint sein; daß diese im Himmel Fürbitte für den Geber tun, ist nicht angedeutet.
V. 10–12 variieren diesen Gedanken. Das sprichwortartige (Sir. 19,1; 2Cl 8,5) Motiv von der Zuverlässigkeit im Kleinen als Verheißung für Großes (V. 10) entnimmt Lukas der Spruchquelle Q (19,17/Mat. 25,21) und bezieht es auf das vorangehende Gleichnis: Dem Kleinen (V. 10) entspricht der Mammon (V. 11) als das Fremde (V. 12), nämlich die Dinge dieser vergänglichen Welt (V. 9); dem Großen (V. 10) entspricht das Wahre (V. 11) als das Eigene und Eigentliche (V. 12), nämlich die ewigen Hütten (V. 9). Als zuverlässig im Umgang mit dem ungerechten Mammon erweist sich, wer seinen Besitz mit den besitzlosen Glaubensbrüdern teilt. Indem Lukas auf die «Zuverlässigkeit» abhebt, will er offenbar zugleich das Mißverständnis ausschalten, der betrügerische Haushalter sei als solcher beispielhaft.
Ein Logion aus Q (**V. 13**/Mat. 6,24) schließt den Gedankengang ab. Es geht von der Ausschließlichkeit des Anspruchs Gottes auf den Menschen aus und mahnte in seinem ursprünglichen apokalyptischen Kontext vermutlich zur Absage an irdisches Gut überhaupt, also zu einer nur in unmittelbarer Erwartung der Äonenwende realistischen Einstellung (vgl. 9,3; 10,4). Doch kann es sich auch einfach um ein «weisheitliches» Wort handeln, das vor dem Vertrauen auf das Vergängliche warnte. Lukas stellt es in den Zusammenhang seiner «Armenfrömmigkeit»: Wer Gott – ausschließlich – dient, hat mit seinem irdischen Besitz den Mitmenschen zu dienen.

Der Zusammenhang unseres Abschnitts mit 14,25–35 und 15,1–32 rückt diese «Armenfrömmigkeit» des Lukas erneut in den Rahmen der Verfolgungssituation: Konkret gefordert ist die unbedingte Solidarität der (noch) Besitzenden mit den um ihres Bekenntnisses willen Enteigneten.

V.8 würde man am liebsten gar nicht lesen. Der «Herr» in V.8 kann ursprünglich nicht der Herr des Verwalters sein; denn damit würde die deutliche Parabel völlig gesprengt. Gehört V.8 dennoch zur Überlieferung des Gleichnisses hinzu, handelt es sich bei V.8 ursprünglich um kein Stück des Gleichnisses, sondern um eine Bemerkung über die Stellungnahme des «Herrn Jesus» zu dem Sinn der Parabel (vgl. 18,6), die Lukas dann zum Gleichnis selbst gezogen hat; denn im vorliegenden lukanischen Text kann nicht *Jesus* der «Herr» von V.8 sein, da er ja selbst das Wort führt und sein eigenes Urteil in V.9 mit «auch ich» einleitet. Lukas muß also V.8 in jedem Fall als Abschluß des Gleichnisses verstanden haben: In Absehung von seinem Betrug lobt der Hausherr den entlassenen Verwalter wegen dessen Raffinesse; der Hausherr muß also von dem Betrug erfahren haben, und vielleicht verbindet Lukas mit diesem dem Gleichnis fremden Zug die Vorstellung, die Änderung der Schuldscheine könne nicht mehr rückgängig gemacht werden. Durch den so verstandenen V.8 wird der Verfremdungsschock, den die ursprüngliche Parabel beim Hörer erzielen will, allerdings weitgehend aufgehoben, und es ist denkbar, daß Lukas aus diesem Grund den V.8 als Überleitung zu seiner folgenden Deutung V.9–11 selbst gebildet hat; denn er versteht ja die Parabel nach Analogie der Beispielgeschichten als ein unmittelbares Exempel.

16,14–18 Von der Geltung des Gesetzes

14 Dies alles hörten auch die Pharisäer, die sehr geldgierig sind, und sie spotteten über ihn. 15 Da sagte er zu ihnen: Ihr pflegt euch vor den Menschen selbst als gerecht hinzustellen, Gott aber kennt eure Herzen; denn was unter den Menschen als hoch gilt, ist vor Gott ein Greuel.
16 Das Gesetz und die Propheten reichen bis Johannes; seitdem wird die Herrschaft Gottes verkündigt und jedermann drängt hinein. 17 Aber eher werden Himmel und Erde vergehen, als daß ein Stück vom Gesetz außer Kraft gesetzt wird. 18 Jeder, der seine Frau verläßt und eine andere heiratet, bricht die Ehe; auch wer eine Frau heiratet, die von ihrem Mann verlassen wurde, bricht die Ehe.

In V.16–18 bringt Lukas drei in sich jeweils selbständige Sprüche aus der Spruchquelle Q, die möglicherweise erst er selbst aus redaktionellem Interesse zusammenstellt.
V.14–15 ist bloß eine redaktionelle Überleitung von V.1–13 zu den für Lukas wichtigen Aussagen V.16–18 (und zu V.19–31); das Material zu V.14–15 stammt aus anderen Abschnitten des Evangeliums:
vgl. zu V.14 : 11,39–41/Mat. 23,25f.; 20,47;
vgl. zu V.15a : 18,9–14; 20,46; 1.Sam. 16,7;
vgl. zu V.15b : 1,51–53; 13,30; 14,11; 18,14b.
Auch die Sprache von V.14–15 ist lukanisch. Eine eigene Aussage wird von Lukas in V.14f. nicht intendiert.
V.16, der sogenannte Stürmerspruch, gehört zu den dunkelsten Logien der Evangelien. Aus V.16/Mat.11,12f. läßt sich die Q-Fassung mit einiger Wahrscheinlichkeit rekonstruieren, doch bleibt der Sinn umstritten. Entweder übersetzt man:

«Das Gesetz und die Propheten reichen bis Johannes; seitdem wird die Herrschaft Gottes vergewaltigt, und die Gewalttäter rauben sie.» Dann ist die Herrschaft Gottes als eine gegenwärtige Größe vorgestellt, die von ihren Gegnern, das heißt von den Gegnern der christlichen Verkündigung, bekämpft wird. Aber die Logienüberlieferung setzt eine Gegenwart der Gottesherrschaft nicht voraus, und der entscheidende Gedanke, daß die Gottesherrschaft in der Verkündigung Jesu oder der Gemeinde gegenwärtig begegne, wird gar nicht genannt, obschon nach der einleitenden Angabe über die Epoche bis Johannes gerade dies zu erwarten wäre.
Darum ist die wahrscheinlichere Übersetzung:
«Das Gesetz und die Propheten reichen bis Johannes; seitdem bricht sich die Herrschaft Gottes mit Macht Bahn, und die Gewalttäter rauben sie.»
In dieser Form haben wir ein apokalyptisches Wort (aus Q[1]) von der jetzt kommenden Gottesherrschaft vor uns. Die «geruhsame» Zeit von Gesetz und Propheten findet mit der Ansage der Herrschaft Gottes durch und seit Johannes ihr Ende. Der Schlußteil enthält dann eine Metapher: Nur wer sich dem rasanten Kommen der Gottesherrschaft adäquat verhält, die kurze Zeit ausnutzt (vgl. V. 1–7) und die Herrschaft Gottes kurzerhand an sich reißt – wie ein Räuber den Raub –, wird sie gewinnen. Dieser Gedanke entspricht ebenso der Spruchüberlieferung Q[1] wie der Anschauung, daß mit Johannes die Äonenwende anbricht (vgl. 7,24–35). Jesu Verkündigung wird in einer Linie mit der eschatologischen Botschaft des Täufers gesehen; eine Christologie ist noch nicht im Blick.

V. 17 bringt Lukas im wesentlichen nach Q, doch sagte die Q-Fassung, kein Stück (eines Buchstabens) vom Gesetz werde *vor* dem Ende von Himmel und Erde vergehen (vgl. Math. 5,18). In solcher Form setzt der Spruch die apokalyptische Erwartung des Endes dieses Äons voraus und konzediert (nur noch) für diesen vergehenden Äon die Geltung der alttestamentlichen Tora, vielleicht in Abwehr eines gesetzeskritischen Enthusiasmus, wie Paulus ihn vor seiner Bekehrung verfolgte, um ihn dann als Christ in einer christlichen Gestalt selbst zu vertreten. Ein prinzipielles «Ja» zur Tora – nicht zur pharisäischen Kasuistik – ist in der Tat für die frühe Spruchüberlieferung ebenso bezeichnend wie die antipharisäische Erwartung, daß mit dem ganz Neuen der Gottesherrschaft auch die Tora, Teil des alten Äons, vergehen werde (vgl. 10,2ff.).

V. 18 gehört zu den «Dubletten», Markus bringt ihn in 10,11f. nach Q[1]; Matthäus hat ihn in 19,9 (nach Mk) und in 5,32 (nach Q). Die vorliegende Form kommt der ursprünglichen Fassung relativ nahe. Der Spruch war auch Paulus als Herrenwort bekannt (1. Kor. 7,10ff.). Wir stoßen wie z. B. in 6,27ff. auf ein radikalisiertes Gesetzesverständnis, das von dem eschatologischen Enthusiasmus der apokalyptischen Bewegung getragen wird. Wenn dabei nicht schon die Trennung, sondern erst die Wiederverheiratung als Ehebruch gilt, so könnte damit bewußt die Möglichkeit der Wiederversöhnung Getrennter offengehalten werden (vgl. 1. Kor. 7,11). Näher liegt freilich anzunehmen, daß sich dahinter die eschatologisch begründete Skepsis gegen die Ehe überhaupt (vgl. 1. Kor. 7,27ff.) verbirgt, die eine einvernehmliche Trennung von Tisch und Bett für sinnvoll hält, keineswegs aber eine neue Ehe (vgl. 1. Kor. 7,5.25f.)

Lukas vereinigt durch die im wesentlichen formale Überleitung V. 14f. und durch seine leichte Bearbeitung die drei Sprüche zu einer zusammenhängenden Rede, die sich an die Pharisäer (V. 14f.) richtet und im Sinn der lukanischen Redaktion über die christliche Stellung zum Gesetz Auskunft gibt. V. 16 sagt: Johannes steht in der

Kontinuität von Gesetz und Propheten, jedoch so, daß mit ihm die erfolgreiche und weltweite Verkündigung der kommenden Gottesherrschaft beginnt (vgl. 3,1ff.). Diese Aussage entspricht dem Täuferbild des Lukas (Apg. 1,21f.; 10,37). Jegliche Abtrennung von Epochen der Heilsgeschichte liegt Lukas fern; Johannes der Täufer verbindet Gesetz und Propheten mit der Verkündigung der Gottesherrschaft. V. 17 bildet das Zentrum der lukanischen Argumentation: Die Predigt der Herrschaft Gottes setzt das jüdische Gesetz nicht außer Kraft! Gelten Gesetz und Propheten bis Johannes, heißt dies also nicht, daß sie mit ihm außer Geltung geraten, sondern daß er, der Prediger der Buße angesichts der Gottesherrschaft, *damit* Gesetz und Propheten vertritt. Lukas behauptet also gegenüber den hyperpaulinischen Irrlehrern erneut nachdrücklich die Kontinuität der Heilsgeschichte; die christliche Gemeinde ist das wahre Israel. Eine «marcionitische» Lösung der Gemeinde vom Israelbund zerstört die Grundlage der Gemeinde. V. 18 bringt ein Beispiel für die unbedingte Geltung des göttlichen Gesetzes aus dem Mund Jesu. Diese Vergesetzlichung eines eschatologischen Gebots (vgl. 1. Kor. 7,1ff.) durch Lukas wirkt in ihrer Kompromißlosigkeit bedenklich, doch als Beispiel für die «Gesetzestreue» der Christen (vgl. aber Apg. 15,10; 21,24f.) ist V. 18 – eine Eheregel – gut gewählt.

16,19–31   Reicher Mann und armer Lazarus

**19 Es war einmal ein reicher Mann, der in Samt und Seide ging und tagaus tagein herrlich und in Freuden lebte. 20 Vor seiner Tür lag voller Geschwüre ein Armer mit Namen Lazarus, 21 der sich mit den Abfällen vom Tisch des Reichen sättigen wollte, und selbst die Hunde kamen, seine Geschwüre zu belecken. 22 Als der Arme starb, wurde er von den Engeln in Abrahams Schoß getragen. Aber auch der Reiche starb und wurde begraben, 23 und im Hades schaute er mitten in den Qualen auf und sah in der Ferne Abraham sitzen mit Lazarus in seinem Schoß. 24 Da rief er: Vater Abraham, erbarm dich über mich und sende Lazarus, damit er seine Fingerspitze ins Wasser tauche und meine Zunge erfrische; denn ich leide sehr in dieser Flamme. 25 Abraham antwortete: Kind, bedenke, daß du dein Gutes in deinem Leben empfangen hast, Lazarus dagegen das Schlechte; jetzt wird er hier getröstet, während du Schmerz leidest.
26 Zudem befindet sich zwischen uns und euch auch eine große Kluft, so daß keiner, auch wenn er es wollte, von hier zu euch gelangen noch einer von dort zu uns herüberkommen kann.
27 Da sagte er: So bitte ich dich, Vater, daß du ihn in mein Elternhaus schickst; 28 ich habe nämlich fünf Brüder. Denen soll er ins Gewissen reden, damit nicht auch sie an diesen Ort der Qual kommen. 29 Abraham sprach: Sie haben Mose und die Propheten; darauf sollen sie hören. 30 Er aber erwiderte: Nein, Vater Abraham, erst wenn jemand von den Toten zu ihnen käme, täten sie Buße. 31 Er sprach: Wenn sie nicht auf Mose und die Propheten hören, lassen sie sich auch nicht überzeugen, wenn einer von den Toten auferstünde.**

Schon ein ägyptisches Märchen und eine (spät überlieferte) jüdische Legende enthalten den hauptsächlichen Stoff dieser motivreichen Beispielgeschichte. Zur Mahlgemeinschaft der Seligen mit Abraham vgl. auch 13,28.
V. 19–25 bilden eine Einheit für sich. Der Reiche wird nur als reich geschildert – er trägt königliche Gewänder –, nicht auch als gottlos; der arme Lazarus (Eleasar =

Gott hilft) nur als sehr arm – selbst der dem Juden verhaßten Hunde kann er sich nicht erwehren –, nicht auch als fromm. Es geht um die Ansage des gerechten Ausgleichs im Jenseits (V. 25; vgl. 6,20–26; 2. Thess. 1,5ff.); die Erzählung gibt von Hause aus also eine naive Antwort auf die drängende Frage nach (Gottes) Gerechtigkeit, die Trost für die Armen und Mahnung an die Reichen umschließt. Die Eschatologie ist hellenistisch-jüdisch; von Auferstehung und Gericht wird nicht gesprochen.
V. 26 bietet einen zusätzlichen Gedanken: Mit dem Tod sind die Würfel gefallen. Im Jenseits gibt es keine Buße mehr. Dies Leben entscheidet definitiv über das Leben.
Damit ist die Bitte des reichen Mannes **V. 27f.** motiviert, mit der ein neuer Gipfel der Erzählung eingeleitet wird, der nachträglich die in der Erzählung implizierte sittliche Wertung ans Licht bringt: Nur derjenige wird nicht an den Ort der Qual kommen, der schon auf Erden die Trennung von reich und arm aufhebt. In der jüdischen Legende von Jannes und Mambres erscheint jener aus der Unterwelt seinem noch lebendigen Bruder und sagt: «Und nun, mein Bruder Mambres! Bemühe dich in deinem Leben, deinen Söhnen und Freunden Gutes zu erweisen.» Diese Mahnung läßt sich unserer Erzählung zufolge jederzeit deutlich schon aus Mose und den Propheten entnehmen **(V. 29)**, so daß die Ausrede der Unwissenheit (vgl. 12,47f.) nicht möglich sein wird.
Der zusätzliche Gedanke **V. 30f.** widerspricht der Ansicht, daß es eines Mirakels (vgl. 11,29–32) bzw. – das liegt näher – der Anrede durch einen der Verdammten selbst bedürfe, um dem Bußruf des traditionellen Gotteswortes den nötigen Nachdruck für die hartherzigen Hörer zu geben. Gottes Wort ist deutlich; wer nicht hört, *will* nicht hören.
Diese Beispielgeschichte enthält nichts spezifisch Christliches, und zwar in keinem ihrer Teile; Lukas dürfte sie wie seine anderen Beispielgeschichten (10,30–35; 12,16–20; 15,11–32; 18,9–14) aus der hellenistischen Synagoge übernommen haben.
Das lukanische Verständnis der Geschichte ergibt sich nicht nur aus dem Gesamtzusammenhang der lukanischen Redaktion – in die Geschichte selbst scheint Lukas nicht eingegriffen zu haben –, sondern auch aus dem kunstvollen Aufbau von Kap. 16: V. 1–13 handelt von der lukanischen Armenfrömmigkeit, V. (14f.) 16–18 von der bleibenden Gültigkeit des Gesetzes; die Beispielgeschichte in V. 19–31 verbindet beide redaktionellen Themen in sich selbst.
Einerseits warnt sie die Christen zur Zeit des Lukas davor, für sich reich zu sein, statt den Besitz in den Dienst der (in der Verfolgung um ihres Bekennens willen) verarmten Mitchristen zu stellen. Andererseits betont sie, daß Gesetz und Propheten die (ausreichende) Offenbarung des Willens Gottes sind, so daß ein Verzicht auf diese Tradition Israels, wie er zur Zeit des Lukas von «marcionitischen» Irrlehrern propagiert wird, einem Verzicht auf die zentrale christliche Verkündigung, die Predigt der Buße angesichts der kommenden Gottesherrschaft, gleich käme.

17,1–10   Rede an die Jünger

1 Er sagte zu seinen Jüngern: Verführungen lassen sich nicht vermeiden; doch wehe dem, durch den sie kommen! 2 Es wäre besser für ihn, er würde mit einem Mühlstein um seinen Hals in das Meer geworfen, als daß er einen dieser Kleinen verführte.

3 Kümmert euch umeinander! Wenn dein Bruder sündigt, so halte es ihm vor, und wenn er Buße tut, so vergib ihm. **4** Selbst wenn er siebenmal am Tag gegen dich sündigt und siebenmal zu dir kommt und sagt: Ich tue Buße, so sollst du ihm vergeben.
5 Darauf sagten die Apostel zum Herrn: Mehre uns den Glauben! **6** Der Herr erwiderte: Wenn euer Glaube so groß wie ein Senfkorn wäre und ihr sprächet zu diesem Maulbeerbaum: Entwurzele dich und pflanze dich ins Meer! – so würde er euch gehorchen.
7 Wer von euch, der einen Sklaven als Pflüger oder Hirten hat, würde zu ihm, wenn er vom Felde heimkehrt, sagen: Komm her und setz dich sogleich zu Tisch? **8** Sagt er ihm nicht vielmehr: Bereite mir mein Mahl, und dann schürze dich und bediene mich, während ich esse und trinke; danach kannst du selbst essen und trinken? **9** Bedankt er sich etwa bei dem Sklaven, weil er die Arbeit getan hat, die ihm befohlen war? **10** So auch ihr! Wenn ihr alles getan habt, was euch befohlen war, so sprecht: Wir sind armselige Sklaven, wir haben nur unsere Schuldigkeit getan.

Die Szenerie ist noch die Reisesituation von 14,25. Lukas leitet den vorliegenden Abschnitt zu Anfang ausdrücklich als Rede an die Jünger (= Gemeinde) ein. V.1–10 enthalten eine redaktionelle Zusammenstellung von Worten aus der Spruchquelle Q und aus dem Sondergut des Lukas mit deutlicher, bes. an Kap. 15 erinnernden Zielsetzung.
V.1–2 stammt aus Q (/Mat. 18,6f.) bzw. aus Q^1, wie die «Dublette» Mark. 14,21 (/Mark. 9,42) zeigt; Lukas scheint die Q-Fassung ohne große Änderungen zu überliefern. Der Gedanke, die «Verführer» erwarte ein so schlimmes Gericht, daß ihnen ein schrecklicher Tod vor ihrer Tat besser wäre, ist auch im Judentum verbreitet; vgl. auch 1.Kor.8,13; Röm.14,1ff. Die «Kleinen» sind in der frühen Spruchüberlieferung Q^1 die von der Gesellschaft verachteten Nachfolger Jesu. Die Verführer werden offensichtlich außerhalb der Schar der Nachfolger gesucht; die Verführung selbst ist Verführung zum Verlassen der Nachfolge und zum Verleugnen der (apokalyptischen) Erwartung der kommenden Gottesherrschaft (vgl. 9,26; 12,9).
Lukas konnte das Logion direkt auf seine Situation beziehen. Er blickt auf die Verführung zum Abfall von der Gemeinde, insonderheit während der Verfolgungen. Die Gestalt des Verführers, der natürlich außerhalb der Gemeinde zu suchen ist, sofern nicht (auch) die Verführung zu falscher Lehre im Blick ist, tritt dabei zum erstenmal im Lukasevangelium in den Blick. Die Märtyrerakten der frühen Kirche berichten immerzu von den lockenden Überredungskünsten der heidnischen Freunde und der Richter, die den Bekenner zum Abfall verleiten sollen.

Auch **V.3–4** stammt aus der Spruchquelle Q (/Mat.18,15.21f.) und war anscheinend bereits in Q mit V.1f. verbunden. Das einleitende «Kümmert euch umeinander!» (vgl. Apg.20,28) ist ein Zusatz des Lukas, der gelegentlich auch als Abschluß von V.1f. aufgefaßt wird (im Sinn von «Seht euch vor»). Wie in V.1f. scheint Lukas im Unterschied zu Matthäus im wesentlichen die Q-Fassung bewahrt zu haben. Die Zahl Sieben ist die Zahl der Ganzheit, der unbegrenzten Vergebung. Bei der angeredeten Bruderschaft handelt es sich um die kleine Schar der in Erwartung der Gottesherrschaft lebenden Frommen, um die Nachfolger in der Q^1-Gemeinde. In ihrer Mitte soll die Vergebung grenzenlos sein (vgl. 6,37), und zwar auch und gerade bei Umkehr nach Verführung und Abfall, wie der Zusammenhang mit V.1f. zu verstehen nahelegt.

Wiederum kann Lukas die so verstandene Mahnung unmittelbar für seine Situation aufgreifen und den dreifachen Gedanken von Kap. 15 unterstreichen: Dem Abgefallenen soll man nachgehen, das Verlorene suchen («halte es ihm vor»; Lukas schreibt nach einer Verfolgungswelle), und wenn er Buße tut und zur Gemeinde zurückkehrt, soll er wieder aufgenommen werden wie der verlorene Sohn. Im vorliegenden Zusammenhang denkt Lukas in V. 3f. an diesen «offiziellen» Akt mehr als an die Beilegung persönlicher Kontroversen, für die natürlich dasselbe gilt.

Durch eine redaktionelle Einführung (**V.5**; vgl. 11,1) schließt Lukas ein weiteres Logion aus Q an (V.6/Mat. 17,19f.; Markus bietet wiederum in 11,23/Mat. 21,21 eine «Dublette» aus Q[1]). Erneut hat Lukas die Q-Fassung anscheinend relativ gut bewahrt, doch dürfte diese nicht von einem Maulbeerbaum, sondern vom ins Meer geworfenen Berg gesprochen haben (Mark. 11,23; Mat. 17,20; 21,21); den Maulbeerbaum nimmt Lukas aus dem (von ihm getilgten) Abschnitt Mark. 11,12–14.20ff. Nur im vorliegenden Spruch ist innerhalb der alten Spruchüberlieferung Q[1] vom «Glauben» die Rede, und zwar weder im christologischen Sinn des «Glauben an Jesus» noch in Bezug auf den «Wunderglauben» der Wundererzählungen des Evangeliums. Das Bild (vgl. 13,18f.; 1.Kor. 13,2) und der Gedanke des Spruchs sind dagegen auch dem Judentum vertraut: der Glaube – als Gottvertrauen verstanden – macht das Unmögliche möglich (vgl. Jes. 7,9; Mark. 9,23). Wir haben in dem Bild eine Hyperbel vor uns, eine gewollte Übertreibung, die noch den kleinsten Glauben als die größte Kraft bezeichnet, die dem Menschen gegeben ist; Glauben gibt Anteil an der Kraft Gottes. Das Wort fordert indirekt zum Beharren im Glauben auf; im Rahmen der Spruchüberlieferung Q[1] ist dabei der Glaube an die jetzt kommende Gottesherrschaft gemeint.

Lukas nimmt mit der redaktionellen Einführung V.5 die bange Frage seiner Gemeinden auf, ob der Glaube den Anfechtungen und Anforderungen (besonders der Verfolgungssituation; vgl. 6,22; 8,13f.; 13,24; 14,25–33) wohl gewachsen sei. **V.6** tröstet und ermutigt die Gemeinde: Man braucht den Glauben nicht zu messen, sondern soll nur glauben (vgl. 12,11f.). Auch «wenig» Glaube vermag alles. Entscheidend ist, mit dem *vorhandenen* Glauben zu wuchern.

Ein Gleichnis aus dem Sondergut des Lukas (**V.7–10**) schließt die Rede mit Worten des Trostes und der Ermahnung ab. Das Bild hat Lukas auch 12,37 (in anderem Sinn) verwendet; die gleichnishafte Darstellung greift (ohne soziale Wertung) eine Erfahrung aus der Alltagswelt auf. Die Anwendung besagt, daß der Christ Gott gegenüber nie mehr als seine Schuldigkeit tun kann; er erwirkt keine besonderen Ansprüche. Mark Aurel schreibt: «Als ob das Auge dafür, daß es sieht, oder die Füße dafür, daß sie gehen, einen Lohn fordern könnten!» (9,42), und im zeitgenössischen Judentum heißt es dementsprechend z.B.: «Wenn du viel Tora ausgeübt hast, so tue dir nichts darauf zugute; denn dazu wurdest du geschaffen.» Das Gottesverhältnis des Menschen – sein Lebensverhältnis – kann nicht auf das Maß menschlicher Leistung gegründet werden. In solchem Sinn kann das Gleichnis in der hellenistischen Synagoge zuhause gewesen sein. Extensiv ausgelegt: «Mein Lohn ist, daß ich darf» (Löhe).

Im Gesamtzusammenhang von V. 1–10 besagt das Gleichnis für Lukas im Sinn von 15,25–32: Wer (zumal in den Verfolgungen) den Verführungen (V. 1f.) widerstanden und den Glauben (V.5f.) bewahrt hat, darf daraus keine besonderen Ansprüche ableiten, wie sie vor allem manifest würden, wenn er den gefallenen Brüdern nicht vergeben wollte (V. 3f.); vgl. 18,9–14.

17,11–19 Der gerettete Samaritaner

11 Auf seinem Weg nach Jerusalem zog er mitten durch Samarien und Galiläa, **12** und als er einmal in ein Dorf kam, begegnete er zehn aussätzigen Männern, die in der Ferne stehen blieben **13** und mit lauter Stimme riefen: Jesus, Meister, erbarme dich über uns. **14** Als er sie sah, sprach er zu ihnen: Geht und zeigt euch den Priestern. Sie brachen auf, und unterwegs wurden sie rein. **15** Einer von ihnen kehrte zurück, als er merkte, daß er gesund war; er pries Gott mit lauter Stimme, **16** fiel ihm zu Füßen und dankte ihm. Und das war ein Samaritaner. **17** Da sagte Jesus: Sind nicht alle zehn rein geworden? Wo sind denn die Neun? **18** Nur dieser Fremde ist umgekehrt, Gott die Ehre zu geben? **19** Darauf sagte er zu ihm: Steh auf und geh! Dein Glaube hat dich gerettet.

V.11 ruft dem Leser mit einem deutlichen Neuansatz die immer noch bestehende Reisesituation (9,51.57; 10,1; 13,22; 14,25) in Erinnerung und macht zugleich in einer geographisch ganz unklaren Weise deutlich, daß wir uns dort befinden, wo Jesus zugleich auf Juden und Samaritaner stoßen kann. Der Rahmen ist insoweit integrierender Teil der folgenden Erzählung, wie auch das betont vorangestellte «Samarien» zeigt.

Die Erzählung selbst (V. 12–19) ist formlos. Die in ihr enthaltenen Elemente einer Wundergeschichte sind unselbständig; vgl. 5,12–16 (zum Ganzen), 2. Kön. 5,14ff. (zur dankbaren Umkehr), 16,24 (zum Hilferuf V. 13), 7,50; 8,48; 18,42 (zu V.19). Im Unterschied zu 5,12–16 muß die Heilung unterwegs erfolgen, damit der *eine* (Samaritaner) sich durch seine Rückkehr auszeichnen kann.

Indessen geht es nicht um das Wunder – dazu käme auch V. 19 zu spät –, sondern um den einen Samaritaner, dessen Verhalten in V. 15–19 gebührend herausgestellt wird. Die Erzählung will freilich auch nicht das Thema «Dank und Undank» darstellen; denn abgesehen davon, daß es dazu des Samaritaners nicht bedarf, paßt zu solcher Absicht weder die negative Pointe in V.17f. noch die positive in V. 19, die den Glauben, nicht den Dank nennt. Vielmehr handelt die Erzählung, die schon in V. 11 Samarien betont, von der Frömmigkeit eines *Samaritaners* und von Jesu Auszeichnung dieses frommen «Heiden». Der Samaritaner erweist sich im deutlichen Unterschied zu den anderen – offensichtlich Juden – als Glaubender (**V.19**) und empfängt als solcher den Zuspruch des Heils.

Wir stoßen damit auf eine lukanische Tendenz, die der durchgehend lukanischen Sprache des Stücks entspricht und die auch in 9,52–56; 10,1–12.29–37; Apg. 8 begegnet. In Jesu Stellung zu den Samaritanern, die zur jüdischen Heilsgeschichte gehören – Jesus schickt den einen offensichtlich mit den anderen Aussätzigen zu demselben Priester; 3.Mose 13f. –, bahnt sich schon während Jesu Wirksamkeit der christliche Universalismus an, der als solcher also den Intentionen Jesu entspricht (vgl. 24,47) und darum zum Zeugnis der Zwölf Apostel (nicht erst des Paulus!) gehört (Apg. 1,8; 11,18), der sich durch die Ablehnung Jesu und der christlichen Gemeinde durch Israel verstärkt (die neun anderen! vgl. 4,23–30), der zugleich aber aus der heilsgeschichtlichen Kontinuität mit Israel erwächst, so daß Jesus im Lukasevangelium noch keinen reinen Heiden beruft.

Es geht Lukas bei alledem nicht primär um das Lob des alle Grenzen überschreitenden Evangeliums, sondern um einen Beitrag zur Lösung des in der Auseinandersetzung mit den hyperpaulinischen Irrlehrern seiner Zeit brennenden Problems, wie man das universalistische Christentum, faktisch zur Zeit des Lukas ein Heidenchristentum unter Ausschluß der Synagoge, und die Bejahung der jüdischen Heilsgeschichte miteinander verbinden kann (siehe S. 60ff.).

17,20–37   Eschatologische Rede

20 Als er von den Pharisäern gefragt wurde, wann die Herrschaft Gottes komme, antwortete er ihnen: Das Kommen der Herrschaft Gottes kann man nicht vorherbeobachten; 21 auch kann man nicht sagen: Siehe hier oder dort. Denn seht, die Herrschaft Gottes ist unter euch.
22 Dann sprach er zu den Jüngern: Es wird eine Zeit kommen, zu der ihr begehrt, einen der Tage des Menschensohns zu sehen, und ihr werdet ihn nicht sehen. 23 Dann wird man zu euch sagen: Siehe dort, siehe hier. Geht nicht fort und lauft nicht hin. 24 Denn gleichwie der Blitz, wenn er aufstrahlt, von einem Ende des Himmels bis zum anderen leuchtet, so wird der Menschensohn an seinem Tage sein. 25 Vorher aber muß er viel leiden und von diesem Geschlecht verworfen werden.
26 Wie es in den Tagen Noahs zuging, so wird es auch in den Tagen des Menschensohns sein: 27 sie aßen, sie tranken, sie heirateten, sie ließen sich heiraten, bis zu jenem Tag, an dem Noah in die Arche ging; da kam die Flut und vernichtete alle. 28 Oder wie es in den Tagen Lots zuging: Sie aßen, sie tranken, sie kauften, sie verkauften, sie pflanzten, sie bauten. 29 Aber an jenem Tag, an dem Lot Sodom verließ, regnete Feuer und Schwefel vom Himmel und vernichtete alle. 30 Dem entsprechend wird es an jenem Tag sein, an dem der Menschensohn sich zeigt.
31 Wer sich an jenem Tag auf dem Dach aufhält, während sich seine Habe im Haus befindet, der steige nicht hinunter, sie zu holen; und wer sich auf dem Felde aufhält, handele ebenso und «wende sich nicht zurück» (1. Mose 19,26). 32 Gedenkt an die Frau des Lot! 33 Wer versucht, sein Leben für sich zu retten, wird es verlieren; wer es aber verliert, wird sein Leben erhalten.
34 Ich sage euch: In dieser Nacht werden zwei auf einem Bette liegen; der eine wird aufgenommen, der andere verstoßen. 35 Zwei werden am selben Ort mahlen; die eine wird aufgenommen, die andere verstoßen. (36)
37 Da sprachen sie zu ihm: Wo, Herr? Er sagte ihnen: Wo das Aas liegt, dort versammeln sich auch die Geier.

Als letztes Q-Stück seines Reiseberichts seit 9,51 bringt Lukas passenderweise eine Apokalypse (vgl. 21,6–36). Wie der Vergleich mit Mat. 24,17ff. zeigt, stammen aus der Spruchquelle V. 23f. 26f. (28f.). 30. 34f. 37 – eine in sich geschlossene Rede (zu V. 37 siehe unten): a) Das Kommen des Menschensohns wird überall sofort bemerkt werden; jeder der Frommen kann es also an seinem Ort erwarten (V. 23f. 37); keiner bleibt unbetroffen; b) der Menschensohn trifft die meisten Menschen ahnungslos und unerwartet an (V. 26–30); c) der Menschensohn bringt selbst unter denen, die sich am nächsten stehen, definitiv die Krisis (V. 34f.). Die übrigen Verse hat Lukas ergänzt.
Auffällig ist die doppelte Anrede an die Pharisäer in V. 20 und an die Jünger in V. 22, die auf Lukas zurückgeht. Die Frage der Pharisäer in **V. 20a** ist vom Anfang der ursprünglichen Rede her formuliert (V. 23f.), und auch die Antwort Jesu in V. 20b warnt vor der Meinung, man könne das Kommen der Herrschaft Gottes aus

Vorzeichen erkennen oder berechnen; in V. 21a wird V. 23a dementsprechend unmittelbar vorweggenommen. Insoweit ist die redaktionelle Absicht klar: Die in **V. 22ff.** folgende Jüngerbelehrung bleibt im Rahmen der jüdischen Eschatologie, wie die Frage der Pharisäer (V. 20a) zeigt. Die christliche «Lehre von den letzten Dingen» ist keine neue Lehre; auch Paulus, so wird Lukas später betonen, denkt hinsichtlich der Eschatologie wie die Pharisäer (Apg. 24,14f.; 26,6ff. 22f.). Damit bestätigt sich erneut in der Verkündigung Jesu die heilsgeschichtliche Kontinuität Israel – Kirche, die auch dadurch unterstrichen wird, daß die Pharisäer gutwillig lernend fragen.

Rätselhaft ist aber **V. 21b.** Daß die Herrschaft Gottes «unter euch» bzw. «in euch» sei (beide Übersetzungen sind möglich), kann auf keinen Fall heißen, sie sei ein «inneres Gut»; denn für Lukas ist die Herrschaft Gottes eine eschatologische (zukünftige) und kosmische Größe. Darum kann er auch nicht sagen wollen, die Herrschaft Gottes sei mit Jesus schon unter den Hörern da (vgl. aber 11,20). Der im Zusammenhang durch V. 20b. 21a und 23f. nahegelegte Sinn wäre: Die Herrschaft Gottes wird mit einemmal, ganz plötzlich, unter den Menschen da sein; aber das steht nicht da. Man übersetzt deshalb auch: Die Herrschaft Gottes ist «in eurem Einflußbereich» und versteht dahingehend, daß Jesus (wie in 10,36f.; 13,23f.; 18,8b) die Fragerichtung der Pharisäer umkehrt und ihnen sagt, sie sollten nicht nach den Vorzeichen der Herrschaft Gottes fragen, sondern diese Herrschaft in Jesu Botschaft «ergreifen» (11,20; 16,16), um hineinzukommen, wenn sie kommt, wie es die Jünger (V. 22ff.) getan haben; der gemeinsamen Lehre von Synagoge und Gemeinde entspricht also nicht notwendig das gemeinsame richtige Verhalten. Vermutlich ist dies der (redaktionell jedenfalls angemessene) Sinn, mit dem die neugierig – distanzierte Frage nach dem «Wann?» engagiert und betroffen zurückgewiesen wird: Ergreift jetzt!

Mit **V. 22a** addressiert Lukas die folgende Rede jedenfalls ausdrücklich an die Jünger (= Gemeinde). Die «Tage des Menschensohns» (V. 22; wie V. 26) sind offenbar die Tage der anbrechenden Herrschaft Gottes. Mit dem sehnsüchtigen Begehren nach der leidenslosen Zukunft dürfte Lukas konkret auf die Situation der verfolgten Gemeinde blicken. Diese Sehnsucht bleibt bis auf weiteres ohne Erfüllung, und die Gemeinde soll auch lockenden Hinweisen **(V. 23)** nicht folgen (vgl. 2,8.28); denn die Ankunft des Menschensohns erfolgt plötzlich weltweit **(V. 24)**. Lukas vertritt weder eine Naherwartung noch eine Fernerwartung des Endes (vgl. Apg. 1,6f.). Bereit sein ist alles; das individuelle Heil nach dem Tode ist dabei die naheliegende Erwartung für den Christen.

Mit V. 23f. begann in der Spruchquelle Q die Apokalypse (vgl. Mat. 24,26f. und die «Dublette» Mark. 13,21/Mat. 24,23). Die unterschiedlichen Formulierungen bei Lukas und Matthäus betreffen die Aussage selbst nicht, die in Q[1] nicht auf das «Wann» (so Lukas), sondern auf das «Wo» bezogen war: Wie der Blitz überall gleichzeitig aufleuchtet, so wird der Menschensohn überall zugleich erscheinen. Niemand braucht besorgt zu sein, das Kommen des Menschensohns zu übersehen; Vorzeichen bedarf es dazu nicht (vgl. syrBar. 28f.: Weltweit erfolgt die Wende der Äonen; bewahrt werden indessen nur die Bewohner des jüdischen Landes). Keiner darf aber auch meinen, ihn gehe das Kommen des Menschensohns nichts an.

V. 25 ist eine von Lukas nach Analogie von 9,22 (vgl. 9,44) gebildete Leidensansage, die auf das «Zuvor» der Passion Jesu und – darauf liegt im Zusammenhang mit V. 22 und V. 33 der redaktionelle Ton – auf das analoge «Zuvor» der Leidensnachfolge der Jünger hinweist; wegen dieses Bezugs auf das Leiden der verfolgten Ge-

meinde läßt Lukas in V. 25 die in vergleichbaren Ansagen sonst stereotype Erwähnung auch der Auferstehung Jesu weg. Der Gedanke selbst – Jesu Leiden als exemplarisches Martyrium – ist für die lukanische Redaktion bezeichnend (vgl. 9,22ff.; 21,12ff.).
Daß Lukas die auf das unbestimmbare «Wo» gezielte Aussage der Spruchquelle in V. 23f. auf das unberechenbare «Wann» bezieht und in den Rahmen der Verfolgungssituation stellt (V. 22.25), läßt vermuten, daß während der Verfolgungszeit in den Gemeinden apokalyptische, auf den nahen Anbruch der Äonenwende gerichtete Erwartungen laut geworden sind (vgl. 18,1–8; 21,8). Lukas ist bemüht, solche akut aufbrechende Erwartung zu dämpfen, ohne daß er (wie der Evangelist Johannes) die apokalyptische Eschatologie gänzlich eliminiert.

Mit **V. 26f.30** setzt Lukas den Faden der Q-Apokalypse fort (Mat. 24,37–39). Der kommende Menschensohn wird die Masse der Menschen ahnungslos und unvorbereitet finden; sie gehen dem Alltagsleben nach, als stünde der Anbruch der Gottesherrschaft nicht bevor, der diesem Alltag ein Ende setzt. Das Gericht wird sie verschlingen. Hier hört man die kleine Schar wachsamer Frommer der Q^1-Gemeinde sprechen, die sich durch ihre Buße auf die bevorstehende Wende der Äonen eingestellt haben und die schon jetzt den Dingen dieses Äons absagen. Solche Wachsamkeit ist natürlich auch für die Christen zur Zeit des Lukas geboten.
V. 28f. stellt in vollkommener Parallele (wie oft im Judentum; vgl. 2. Petr. 2,5f.) neben die Zeit der Sintflut den Untergang Sodoms. Matthäus bringt dies Stück nicht. Hat er es aus Q gestrichen? Oder hat erst Lukas diese «schriftgelehrte» Parallele geschaffen?
Das Stichwort «Sodom» bzw. «Lot» veranlaßte Lukas jedenfalls, in **V. 31** eine Mahnung aus der Markus-Apokalypse (Mark. 13,15f.) an diese Stelle zu versetzen. Er hatte beobachtet, daß in V. 31 aus der Geschichte von Sodom 1. Mose 19,26 zitiert wird; mit **V. 32** weist Lukas den Leser (redaktionell) ausdrücklich darauf hin. Wollte die Mahnung V. 31 ursprünglich (nämlich in der Mark. 13 zugrundeliegenden jüdischen Apokalypse) auf die Schrecken der Drangsal vor dem Ende hinweisen, so will Lukas sagen, beim Kommen der Herrschaft Gottes habe man alles Irdische zurückzulassen – im Rahmen seiner «Armenfrömmigkeit» eine Mahnung auch schon an seine gegenwärtigen Gemeinden, nicht an dem festzuhalten, was man ohnedies verlieren wird (12,33f.; vgl. Phil. 3,13).
V. 33, ein Logion aus einem anderen Q-Zusammenhang (/Mat. 10,39; eine «Dublette» begegnet Mark. 8,35/Lk. 9,24/Mat. 16,25), soll diesen Gedanken verstärken, und zwar offenbar mit besonderer Hinsicht auf die Verfolgungen zur Zeit des Lukas. Zugrunde liegt ein vielfältig verwendbarer jüdischer Weisheitsspruch – «Und setzet ihr nicht das Leben ein, nie wird euch das Leben gewonnen sein»; vgl. Off. 2,10 –, der offensichtlich schon in der Spruchquelle Q den Ernst der Nachfolge einschärfte (Mat. 10,37–39).
Ein mahnendes «Ich sage euch» führt (redaktionell) in **V. 34f.** einen neuen Doppelspruch aus Q (/Mat. 24,40f.) ein. **V. 36** trägt in späteren Handschriften die Matthäusfassung eines dieser Sprüche nach: «Zwei sind auf dem Feld; einer wird aufgenommen und der andere verstoßen» (vgl. Mat. 24,40). Es geht um die eschatologische Scheidung, die auf keine sozialen Bindungen, seien sie noch so eng, Rücksicht nimmt, sondern die Glaubenden in die Gottesherrschaft aufnimmt, die anderen verwirft (vgl. 14,27; 13,24). Eines also ist nötig: Buße; radikale Abwendung vom alten und Hinwendung zum neuen Äon; leben in Erwartung der Zukunft

Gottes, nicht aber aus dem Vergangenen und Verfügbaren. Und dabei kann niemand auf den anderen warten. Kompromisse sind ausgeschlossen; ein Hinken auf beiden Seiten ist nicht möglich. Das ist die radikale apokalyptische Botschaft angesichts der nahen Herrschaft Gottes, die Lukas in seiner Zeit, wo vor allem die Verfolgungen entsprechende Scheidungen aktuell provozieren (14,26f.), unmittelbar übernehmen kann.

V.37b, vermutlich erst von Lukas mit der Frage **V.37a** eingeleitet, steht bei Matthäus (24,28) in unmittelbarem Anschluß an V.24. Das dürfte der Platz des harten Bildwortes auch in Q gewesen sein. Jedenfalls geht es, wie auch die lukanische Einleitung zeigt, in Q wieder deutlich um das «Wo» der Ankunft des Menschensohns. Die Antwort, die diese Frage wiederum abweist, erfolgt etwas anders als in V.23f.: nicht erscheint der Menschensohn überall gleichzeitig, aber wo er erscheint, finden sich (die Frommen?) zu gegebener Zeit ebenso sicher ein wie die Geier beim Aas. Lukas, der V.23f. *zeitlich* interpretiert hat, isolierte anscheinend mit Bedacht V.37, um auch die «Wo»-Frage gesondert beantworten zu können.

18,1–8 Die bittende Witwe

**1 Er sagte ihnen mit einem Gleichnis, daß sie allezeit und ohne müde zu werden beten sollen: 2 In irgendeiner Stadt lebte ein Richter, der Gott nicht fürchtete und vor keinem Menschen Respekt hatte. 3 Eine Witwe lebte in derselben Stadt, die zu ihm kam und sagte: Sorge dafür, daß ich gegen meinen Prozeßgegner zu meinem Recht komme. 4 Zunächst wollte er nicht. Später aber dachte er bei sich: Zwar fürchte ich Gott nicht, und ich habe auch vor keinem Menschen Respekt. 5 Aber weil mir diese Witwe keine Ruhe läßt, will ich ihr zu ihrem Recht verhelfen. Sonst kommt sie noch und schlägt mir ins Gesicht.
6 Dazu erklärte der Herr: Bedenkt, wie der ungerechte Richter urteilt! 7 Sollte Gott dann seinen Auserwählten etwa kein Recht verschaffen, wenn sie Tag und Nacht zu ihm rufen? Sollte er seine Hilfe hinauszögern? 8 Ich sage euch, daß er ihnen bald Recht verschaffen wird!
Indessen: Wird der Menschensohn, wenn er kommt, den Glauben auf Erden finden?**

Das vorliegende Gleichnis (V.2–5) mit Einführung (V.1) und Deutung (V.6–8a) – Sondergut des Lukas nach Sir.35,16ff.– bildet den redaktionellen Abschluß der vorangehenden eschatologischen Rede (vgl. V.8b). Angeredet sind weiterhin die Jünger, das heißt die Christen zur Zeit des Lukas in ihrer in 17,22 beschriebenen bedrängten Situation.
Das Gleichnis selbst bildet eine Dublette zu 11,5–8 (und 11,9–13) und erweist Lukas erneut als Evangelisten des Gebets; Stellung (im Zusammenhang mit 17,22) und Deutung (V.6–8) bestätigen, daß die spezifisch lukanische Gebetsermahnung generell vor allem aus der Verfolgungssituation erklärt werden muß.
Das unermüdliche Gebet **(V.1)** zielt also auf die Befreiung der verfolgten Gemeinde von ihren Bedrängern, das heißt auf das Kommen des Menschensohns (V.8b) und den Anbruch der Herrschaft Gottes, nicht etwa, wie manche Ausleger allegorisieren, auf Rache an den Verfolgern. Dem treuen und dringlichen Gebet wird baldige Erhörung verheißen **(V.6–8a)**. Lukas schiebt, wenn er auch alle Berechnungen ablehnt (17,23f.), den Anbruch der Gottesherrschaft doch nicht in weite Ferne;

geht es doch um den Trost der bedrängten Christen. V. 7b kann dabei auch (nach Sir. 35,22; Bar. 4,25) heißen: Gott wird mit seinem Gericht über die Bedränger nicht verziehen; der Grundsinn von V. 1–8 änderte sich bei solchem Verständnis nicht.
V. 8b setzt allzu eifrigen bzw. einlinigen und unreflektierten eschatologischen Erwartungen einen Dämpfer auf (vgl. 17,20f.). Liegt in einer Verzögerung des definitiven Endes des alten Weltlaufs nicht auch Sinn? Ist die Gemeinde auf das Kommen des Menschensohns gerüstet? Hat sie Glauben gehalten?
Vermutlich bildet die Erfahrung des Abfalls in den Verfolgungen den konkreten Hintergrund der selbstkritischen Frage **V. 8b**, die zeigt, daß Lukas in V. 6–8a nicht eine apokalyptische Hochstimmung provozieren, sondern die Bedrängten trösten und auf die Hilfe im Gebet verweisen will, das Gott anheim gibt, wie er hilft (vgl. 22,39–46). Wahrscheinlich war nämlich unter dem Druck der Verfolgungen in bestimmten Kreisen der Gemeinde eine schwärmerische Naherwartung des Endes aufgebrochen; Lukas will diese Erwartung nicht brechen, wohl aber in einen nüchternen, theologisch verantwortbaren Rahmen setzen (vgl. 17,25; 19,11ff.; 21,8).

18,9–14   Pharisäer und Zöllner

9 Zu einigen, die sich selbst für gerecht hielten und die anderen verachteten, sprach er folgendes Gleichnis: 10 Zwei Männer gingen zum Tempel hinauf, um zu beten; der eine war ein Pharisäer, der andere ein Zöllner. 11 Der Pharisäer blieb stehen und sprach sein Gebet vor sich hin: Mein Gott, ich danke dir dafür, daß ich nicht so bin wie die anderen Menschen, die Räuber, die Betrüger, die Ehebrecher, oder auch wie dieser Zöllner. 12 Ich faste zweimal in der Woche; ich gebe den Zehnten von allem, was ich erwerbe. 13 Der Zöllner dagegen blieb weit weg stehen und wollte nicht einmal seine Augen zum Himmel erheben. Er schlug vielmehr an seine Brust und sagte: Mein Gott, sei mir Sünder gnädig. 14 Ich sage euch: Dieser ging anstatt jenes gerechtfertigt nach Hause. Denn wer sich selbst erhöht, wird erniedrigt werden, und wer sich selbst erniedrigt, wird erhöht werden.

Die meisterliche Erzählung vom Pharisäer und Zöllner ist Sondergut des Lukas und steht am Ende der «großen Einschaltung» seit 9,51.
Die Erzählung selbst **(V. 10–13)** stellt zwei «Typen» gegenüber. Der Pharisäer ist kein Heuchler, der seine Frömmigkeit öffentlich demonstriert (wie Mat. 6,5f.). Er ist auch nicht eigentlich hochmütig; denn er dankt Gott für seine unbestreitbare, die Forderungen des Gesetzes (zu V. 11 vgl. 2. Mose 20,14–16) übersteigende und offenbar echte Frömmigkeit; entsprechende Gebetsformulare kennt die rabbinische Literatur. Er ist selbstgerecht, und als aus sich selbst Gerechter schaut er auf den Zöllner – den Gegentyp des Sünders – herab. Dieser schlägt sich zum Zeichen der Trauer an die Brust und erbittet Gottes Vergebung; er ist demütig (vgl. äth. Hen. 13,5; Dan. 9,19).
Jesus spricht **(V. 14a)** solcher Demut die «Rechtfertigung», das heißt die angemessene Einstellung gegenüber Gott zu, nicht der Selbstgerechtigkeit. Dieser fundamentale theologische Gedanke ist auch alttestamentlich (Ps. 118,21; 130; Jer. 9,22f.; Jes. 57,15; Micha 6,8) und jüdisch (Jak. 4,10; 1. Petr. 5,5; Luk. 1,48.51f.); er liegt auch der ausgeführten Rechtfertigungslehre des Paulus zugrunde (2. Kor. 12,9f.). Das Leistungsprinzip zerstört das Gottesverhältnis und damit das eigent-

liche Lebensverhältnis des Menschen. Der Zöllner ist kein Leistungsverweigerer, und daß er kein guter Mensch war, kann man zwar aus seinem Beruf erschließen, wird aber nicht ausdrücklich betont; bezeichnend für ihn ist, daß er angesichts alles Tun und Lassens aus der unverfügbaren Gnade Gottes lebt, ein Gedanke, der in V. 15–17 einen neuen Ausdruck empfängt.

Begegnet der Tempel als Haus des Gebets (V.10), so begegnen wir einer aus der Optik der hellenistischen Synagoge geschilderten Szene (wie 19,46); Lukas dürfte die vorliegende Beispielgeschichte (wie die anderen 10,30 ff.; 12,16ff.; 15,11ff.; 16,19ff.) aus dem Lehrgut der Synagoge übernommen haben.

Lukas gibt der Beispielgeschichte einen Eingangsrahmen (**V. 9**), der die Absicht der Geschichte vorwegnimmt, und auf Lukas dürfte auch der angehängte freie Spruch aus Q (**V.14b**; vgl. 14,11; Mat. 18,4; 23,12) zurückgehen, der bemerkenswerterweise das eschatologische Futur aus 17,22 – 18,8 enthält. Die Situation ist noch die von 17,11, so daß auch deshalb ein redaktioneller Bezug zum Vorausgehenden wahrscheinlich ist. Zugleich wird die Mahnung zur Demut in V. 15–17 fortgeführt, und zwar in deutlicher Anrede speziell an die Jünger. Solche Anrede ist auch in V. 9–14 vorausgesetzt; keineswegs werden die anwesenden Pharisäer (17,20) angesprochen. Damit aber folgt bei Lukas wie in Kap. 15 auf 14,25–35 und in 17,1–10 auf Kap. 16 mit der vorliegenden Beispielgeschichte auf 17,22–18,8 die konkrete Mahnung, sich vor den bußwilligen ehemaligen Gliedern der Gemeinde nicht selbstgerecht zu verschließen, sondern sie wieder aufzunehmen, wenn sie nach ihrem Versagen während der in 17,22–18,8 vorausgesetzten Verfolgung um Gottes (und der Gemeinde) Vergebung bitten: Mein Gott, sei mir Sünder gnädig. In dieser speziellen lukanischen Hinsicht entspricht der Pharisäer also ganz dem älteren Sohn aus Kap. 15, der Zöllner aber dem «verlorenen Sohn», der zurückkehrt. Lukas mahnt die strengen Gemeindeglieder: Der bußfertige Sünder (Verleugner) steht Gott näher als der selbstgerechte Bekenner.

18,15–17   Wie die Kinder

15 Die Leute brachten sogar die Säuglinge zu ihm, damit er sie segnend anrühre. Als das die Jünger sahen, schimpften sie mit ihnen. 16 Jesus aber rief sie zu sich: Laßt die Kinder zu mir kommen und hindert sie nicht; denn ihnen gehört die Gottesherrschaft. 17 Wahrlich, ich sage euch, wer die Gottesherrschaft nicht wie ein Kind empfängt, wird überhaupt nicht in sie gelangen.

Mit der «Kindersegnung» nimmt Lukas nach dem Ende der «großen Einschaltung» (9,51–18,14) den Markus-Faden wieder auf. Die Reisesituation seit 9,51 wird indessen bruchlos fortgesetzt; die Szenerie scheint sich seit 17,11 nicht geändert zu haben.

Das bei Markus (10,2–12) vorangehende Gespräch über die Ehescheidung läßt Lukas aus. Die darin enthaltene antipharisäische Gesetzeskritik dürfte ihm nicht behagt haben, und zugleich demonstriert er durch diese Auslassung den sachlich engen Anschluß von V. 15–17 an V. 9–14. In der Generation nach Lukas folgerte der römische Theologe Ptolemäus in seinem Brief an die Flora aus Mark. 10,2ff., das Gesetz des Mose sei minderwertig und nicht das Gesetz Gottes. Vielleicht kannte Lukas ähnliche Auslegungen, die von seinen Kontrahenten vorgetragen wurden, um die Verwerfung des Alten Testaments zu begründen.

Bei Markus stellt die vorliegende, in ihrer Prägnanz sehr gehaltvolle Erzählung die Kinder als *Beispiel* der wahren menschlichen Existenz hin: wahrhaft leben heißt, als Empfangender leben. Zugleich wird deshalb den Kindern selbst volle Anteilhabe am Heil zugesprochen, so daß die Erzählung eine (indirekte) Tendenz zur Kindertaufe und zum Kinderabendmahl enthält. Daraus folgt bei Markus schließlich: Kinder sind gleichursprüngliche Menschen mit den Erwachsenen und den Alten. Nicht Leistung, sondern Gnade bestimmt den Wert des Menschen.

Lukas konzentriert den Gedanken. Er streicht zunächst die Bemerkung, daß Jesus über die Jünger «unwillig» war (Mark. 10,14); Tadel an den Jüngern, den authentischen Zeugen Jesu (1,1–4; 24,45ff.; Apg. 1,8.21f.), vermeidet er nach Möglichkeit, um den hyperpaulinischen Irrlehrern nicht entgegen zu kommen. Lukas läßt aber auch die abschließende Schilderung der Kindersegnung (Mark. 10,16), welche die Annahme der Kinder selbst beschreibt, weg (vgl. 1,17). Damit rückt bei Lukas der Ton gänzlich auf **V.17**, den Spitzensatz schon der markinischen Vorlage, und auf die entsprechende Anrede an die Erwachsenen. Diese Konzentration hat redaktionelle Gründe; denn Lukas versteht V.17 nicht nur (wie Markus) aus sich selbst, sondern zugleich im Zusammenhang mit V. 9–14: Alle Christen leben von der Gnade Gottes. Die Selbstgerechtigkeit der Bewährten und Verdienten, wie sie im Verhalten der Jünger sichtbar wird, ist in *der* Weise mit kindlicher Demut zu vertauschen wie die Einstellung des Pharisäers mit der des Zöllners. Die fromme Leistung, auch die großartige «Leistung» des in Bedrängnissen bewährten Bekenntnisses, zählt nicht, wenn sie zur selbstgewissen Abwehr der Schwachen, sei es auch der in den Verfolgungen schwach gewordenen, mißbraucht wird.

18,18–30   Vom Reichtum

**18 Irgendein Mann in führender Stellung fragte ihn: Guter Meister, was muß ich tun, um das ewige Leben zu erwerben? 19 Jesus sagte ihm: Wieso nennst du mich gut? Nur einer ist gut, nämlich Gott. 20 Du kennst die Gebote: Du sollst nicht ehebrechen; du sollst nicht töten; du sollst nicht stehlen; du sollst kein falsches Zeugnis ablegen; du sollst deinen Vater und deine Mutter ehren. 21 Da sprach er: Das alles habe ich von Jugend auf gehalten. 22 Als Jesus das hörte, sagte er zu ihm: Eins fehlt dir noch; verkaufe alles, was du hast, und verteile den Erlös unter die Armen. Dann wirst du einen Schatz in den Himmeln haben. Danach komm und folge mir nach. 23 Er aber wurde durch diese Worte sehr betrübt; denn er war sehr reich. 24 Als Jesus ihn so sah, sprach er: Wie schwer haben es die Reichen, in die Herrschaft Gottes zu gelangen. 25 Denn es ist für ein Kamel leichter, durch ein Nadelöhr zu gehen, als für einen Reichen, in die Herrschaft Gottes zu gehen. 26 Da sagten die Zuhörer: Wer kann dann gerettet werden? 27 Er sprach: Was für Menschen unmöglich ist, ist für Gott möglich.
28 Da sagte Petrus: Siehe, wir haben unser Eigentum verlassen, um dir nachzufolgen. 29 Er sprach zu ihnen: Wahrlich, ich sage euch! Wer auch immer Haus oder Frau oder Geschwister oder Eltern oder Kinder wegen der Herrschaft Gottes verläßt, 30 der wird ein Vielfaches in dieser Zeit, und im kommenden Äon ewiges Leben empfangen.**

Bei Markus begegnet in 10,2–30 eine «Haustafel»: Ehe – Kinder – Besitz. Lukas hat das erste Stück dieser Trias gestrichen, das zweite ganz unter das metaphorische

Stichwort «Demut der Erwachsenen» gestellt; das vorliegende dritte Stück (Mark. 10,17–31) behält seine ursprüngliche Thematik «Besitz», freilich in der redaktionellen Optik des Evangelisten Lukas.

Markus bot mit 10,17–23 zunächst ein Stück seiner Grundschrift, das Lukas in **V. 18–24** mit nur geringfügiger Bearbeitung übernimmt. Der Reiche – Lukas denkt vermutlich an einen Synagogenvorsteher und zeichnet ihn nicht so betont sympathisch wie Markus – hat die sittlichen Gebote erfüllt (vgl. 18,11); die Reihenfolge der Gebote in V. 20 entspricht 2.Mose 20,13ff. in der griechischen Übersetzung (Septuaginta). Die Tatsache der Erfüllung bestreitet Jesus nicht; den Vorwurf der Selbstgerechtigkeit erhebt er nicht. Mit dem ersten Gebot – Gott allein zu lieben und zu ehren – hat der Reiche freilich seine Schwierigkeiten, wie V. 19, von dem alle christologischen Erwägungen fernzuhalten sind (die Gleichung «Sohn Gottes = Gott» begegnet im Neuen Testament eindeutig nur Joh. 20,28), und V. 22f. zeigen. Dabei geht es dem Erzähler nicht um den Besitzverzicht als solchen, sondern um die «Herzensprobe». Würde das Herz des Reichen an Gott hängen, könnte er auch auf seinen Reichtum verzichten; nun zeigt er, daß sein Herz – auch – am Geld hängt. Dieser Gedanke entspricht 16,13: Man kann nicht Gott und dem Geld dienen, auch wenn man schwerlich ohne Geld leben kann.

Für Lukas dürfte der Ton darauf liegen, daß, wer Gott recht dient, auch mit seinem Geld «dienlich» umgehen kann und muß. Im Rahmen seiner «Armenfrömmigkeit» bedeutet der richtige Umgang mit dem Besitz für Lukas, sein Geld im Sinn von V. 22 mit den um ihres Bekenntnisses willen verfolgten Christen zu teilen (vgl. 12,33f.; 14,14; 16,9ff. u. ö.). Wer dies nicht kann, wird nicht in die Herrschaft Gottes gelangen.

Wie der Reiche sich schließlich entschieden hat, läßt Lukas im Unterschied zu Markus mit Bedacht offen; denn die eigentliche Entscheidung liegt beim Leser.

Mark. 10,24–27 ist ein erster Anhang an die ursprüngliche Erzählung, dem Lukas in **V. 24–27** (mit einigen Kürzungen) folgt. Im Mittelpunkt dieses Anhangs steht das Logion **V. 25**, ein vermutlich von Markus aus Q[1] aufgenommenes, bewußt übertreibendes Sprichwort. Im Rahmen seiner «Armenfrömmigkeit» besagt dieser Abschnitt für Lukas, daß die liebevolle, hilfreiche und selbstlose Verwendung des Besitzes für den Menschen im allgemeinen schwer bzw. aus eigener Kraft unmöglich ist, daß aber Gott dem Christen die dazu erforderliche Kraft geben kann bzw. geben will. Vermutlich steht dabei auch die Überlegung oder Erfahrung im Hintergrund, daß der drohende Verlust ihres Besitzes gerade den Reichen das Bekenntnis vor den heidnischen Richtern besonders schwer macht und zur Verleugnung verleitet.

Den zweiten Anhang hat Markus (10,28–31) gleichfalls um ein Logion aus Q[1] gebildet, zu dem die «Dublette» aus Q erhalten blieb (14,26/Mat. 10,37; vgl. Luk. 12,53). Dieser Anhang hatte schon bei Markus ausdrücklich die Verfolgungssituation im Auge. Lukas folgt Markus wiederum mit sachlich unerheblichen Kürzungen (**V. 28–30**; Mark. 10,31 brachte Lukas schon in 13,30 nach Q) und deckt dabei deutlich den konkreten redaktionellen Hintergrund der ganzen Thematik in V. 18–30 auf: Wer um des Bekenntnisses zur Herrschaft Gottes willen das Irdische verliert – Lukas dürfte hinsichtlich des Besitzes an Konfiskation, hinsichtlich der Verwandten an Verbannung denken (vgl. auch 14,26; 21,16) – erhält nicht nur das ewige Leben (12,33f.; 16,9), sondern schon jetzt das Verlorene vielfach wieder, nämlich durch die Fürsorge der übrigen Gemeindeglieder, die der Mahnung von

V. 22 und dem in V. 28 gegebenen Vorbild folgen und in der Kraft Gottes (V. 27) ihr Eigentum so verwenden, daß keiner unter den Gemeindegliedern Mangel leiden muß (Apg. 4,34f.).

18,31–34 Dritte Leidensansage

31 Er nahm die Zwölf zu sich und sagte zu ihnen: Wir sind auf dem Wege hinauf nach Jerusalem, und es wird sich alles erfüllen, was durch die Propheten über den Menschensohn geschrieben wurde. 32 Denn er wird den Heiden ausgeliefert werden; sie werden ihren Mutwillen an ihm auslassen, ihn mißhandeln und ins Gesicht spucken; 33 sie werden ihn auspeitschen und töten, und am dritten Tag wird er auferstehen. 34 Aber sie verstanden nichts davon, der Sinn dieser Worte blieb ihnen verborgen, und sie begriffen nicht, was er meinte.

Lukas hält sich weiter an den Markus-Faden (Mark. 10,32–34) und bringt die dritte der ausführlichen markinischen Leidensansagen, sie seinem redaktionellen Interesse dienstbar machend. Die Einführung Mark. 10,32, die den von Lukas ausgelassenen Abschnitt Mark. 10,35–45 vorbereitet, läßt Lukas konsequenterweise aus.
Die Zielangabe «Jerusalem», bei Markus (in 10,32f.) zum erstenmal eingeführt, ordnet sich bei Lukas zwanglos in die Reisesituation seit 9,51 ein. Die Feststellung, daß Jesus von den jüdischen Führern zum Tode verurteilt werden wird (Mark. 10,33b), ersetzt Lukas in V. 31b durch den Verweis auf die sich erfüllende Schrift. Damit vermeidet er an unserer Stelle den Hinweis auf den Konflikt mit dem (offiziellen) Judentum, der den Irrlehrern, gegen die Lukas sich wendet, als Beleg für die totale Distanz von Jesus und Israel diente, und betont statt dessen, wie oft (22,37; 24,6f.44ff.), gerade die heilsgeschichtliche Kontinuität von Kirche und alttestamentlichem Gottesvolk. Mit allem, was in Jerusalem geschehen wird, kommt das alttestamentlich Angesagte zu seinem Ziel, wird «Israel» aber keineswegs christlich überwunden oder widerlegt, sondern in der christlichen Gemeinde «aufgehoben». Vgl. auch zu Apg. 21,11.
V. 34 ist ein Zusatz des Lukas, der (wie 9,45) das kurze «Unverständnismotiv» von Mark. 9,32 breiter ausführt. Unverständlich ist den Zwölf Aposteln, wieso sich dem Alten Testament zufolge das angesagte Leidensgeschick an Jesus vollziehen soll. Damit sollen offensichtlich die drei für Lukas wichtigen, den vorösterlichen Ansagen entsprechenden österlichen Belehrungen über das heilsgeschichtlich motivierte «Muß» des Leidens Jesu in 24,6ff. 25ff. 44ff. vorbereitet bzw. motiviert werden; hätten die Jünger Jesu jetzt schon verstanden, was Jesus meinte, wäre jene dreifache Wiederholung nicht begründet.

18,35–43 Heilung des blinden Bettlers

35 Als er sich Jericho näherte, saß ein blinder Bettler am Wegesrand. 36 Der hörte, daß viele Leute vorbeizogen, und erkundigte sich, was los sei. 37 Man sagte ihm: Jesus von Nazareth zieht vorüber. 38 Da schrie er: Jesus, Sohn Davids, erbarme dich über mich. 39 Die Leute an der Spitze des Zuges befahlen ihm zu schweigen; er aber schrie nur um so lauter: Sohn Davids, erbarme dich über mich. 40 Da blieb Jesus stehen und ließ ihn zu sich führen. Als er kam, fragte er ihn: 41 Was soll ich

dir tun? Er antwortete: Herr, ich möchte wieder sehen. **42 Jesus sagte zu ihm: Du sollst wieder sehen; dein Glaube hat dich gerettet. 43 Und sofort konnte er wieder sehen; er folgte ihm nach und pries Gott. Auch alle Leute, die das miterlebt hatten, lobten Gott.**

Mark. 10,35–45, den Rangstreit der Jünger, läßt Lukas an dieser Stelle ganz aus und versetzt ihn verkürzt und abgeschwächt in das Tischgespräch nach dem Abendmahl (22,24–27). Daran zeigt sich zum wiederholten Male, daß Lukas nach Möglichkeit jeden Schatten von den Zwölf Aposteln als den authentischen Zeugen Jesu fernhalten will, weil jede solche Kritik Wasser auf die Mühlen der Irrlehrer leitet, die wegen der angeblichen Unzuverlässigkeit der Zwölf allein den Apostel Paulus als gültigen Zeugen Jesu anerkennen.

Mit V. 35–43 nimmt Lukas den Markus-Faden bei Mark. 10,46–52 wieder auf, verlegt aber wegen der bei ihm folgenden Erzählung vom Zöllner Zachäus (S^{Lk}) die Heilung des Blinden vor den Einzug in Jericho.

Viele besondere Feinheiten der markinischen Heilungsgeschichte, die in der Auslegung des Markusevangeliums herausgestellt werden, hat Lukas nicht übernommen. Er bringt eine gegenüber Markus formal geglättete Wundergeschichte. **V. 36** ist eine novellistische Veranschaulichung von der Hand des Lukas. Das Schweigegebot der Leute **(V. 39)**, bei Markus Zeichen dessen, daß die Jünger ihren Auftrag versäumen, sich als Nachfolger zu bewähren, dient bei Lukas anscheinend nur noch als Widerlager, um den Glauben des Blinden, zu dem das «Wort von Jesus» bereits gedrungen sein muß, herauszustellen. (Oder versteht Lukas das Schweigegebot der Nachfolger Jesu im Rahmen seiner «politischen Apologetik» als Verbot dieses unangemessenen Titels? vgl. 19,38; 20,41–44). Das Wort, mit dem Jesus bei Markus (10,49) die Jünger zurück in ihre Pflicht ruft, und die entsprechende «Demonstration» des Blinden (Mark. 10,50) fehlen bei Lukas. Die Jünger werden nur beauftragt, den Blinden zu Jesus zu führen **(V. 40)**. So schließt sich nun die Heilung **(V. 41–43a)** glatt an die Darstellung der Not (V. 35–39) an. Der Chorschluß stammt im wesentlichen erst von Lukas **(V. 43b)** und vollendet stilvoll die Wundergeschichte.

Ob Lukas sich über die tiefsinnige symbolische Bedeutung dieser Wundergeschichte («Ich bin das Licht der Welt» Joh. 8,12) im Klaren war, gibt er nicht zu erkennen. Johannes (vgl. Joh. 9,39–41) hat die ursprüngliche Intention jedenfalls richtig erfaßt: Der Mensch als Sünder ist für die Wahrheit seines Daseins blind. Das Licht, das mit Jesus in die Welt gekommen ist, gibt in einem Gotteserkenntnis *und* Selbsterkenntnis. Er vertreibt die Nacht und stellt auf den Weg des Lebens (V. 43a). Daß der Blinde wieder sieht, zeigt, daß Jesus den Menschen zu seinem ursprünglichen, schöpfungsmäßigen Dasein zurückführt.

19,1–10   Zachäus

1 Jesus kam nach Jericho und zog hindurch. 2 Dort lebte ein Mann mit Namen Zachäus, ein reicher Oberzöllner. 3 Der wollte gerne Jesus sehen und erfahren, wer er wohl sei; aber wegen des Menschengedränges konnte er es nicht, denn er war klein von Gestalt. 4 Darum lief er voraus und kletterte auf einen Feigenbaum, um ihn zu sehen; denn dort mußte er vorbeikommen. 5 Als er an diese Stelle kam, schaute Jesus zu ihm hinauf und sagte: Zachäus, steige schnell herunter, denn ich muß heute

in deinem Hause einkehren. 6 Da stieg er schnell hinunter und nahm ihn mit Freuden auf. 7 Alle, die das sahen, murrten: Bei einem Sünder kehrt er ein, um zu rasten! 8 Zachäus aber stellte sich vor den Herrn hin und sagte: Die Hälfte meines Besitzes, Herr, gebe ich den Armen, und wo ich jemand erpreßt habe, gebe ich es vierfach zurück. 9 Jesus sagte zu ihm: Heute ist diesem Hause Rettung widerfahren, weil auch er Abrahams Sohn ist. 10 Denn der Menschensohn ist gekommen, das Verlorene zu suchen und zu retten.

Die Grundschrift des Markus brachte (im Anschluß an Mark. 10,46a) aus Jericho vermutlich die Gastmahl-Erzählung Luk. 7,36–47 (siehe dort), die Markus zugunsten von 14,3–9 strich. Lukas, der diese Gastmahl-Erzählung aus der Grundschrift des Markus kannte, versetzte sie aus den zu 7,36–47 genannten Gründen in den ersten Teil seines Evangeliums und schafft an unserer Stelle mit der Geschichte vom Zöllner Zachäus Ersatz.

19,1–10 (S^{Lk}) zeigt stilistisch und inhaltlich durchgehend lukanisches Gepräge und ist im wesentlichen eine Dublette zu 5,27–32, durch die originelle Zeichnung des kleinen Zöllners, der, dem Zug entgegenlaufend, auf den Baum klettert und sich dort dem Auge Jesu darbietet, der Reisesituation angeglichen.

Seine Berufung erfolgt ebenso souverän wie die des Zöllners Levi (5,27); von einer geistlichen Prädisposition des Zachäus verlautet nichts. Er hatte von Jesus gehört und war neugierig, nicht bußfertig. Erst Jesu Heilsangebot deckt ihm seine Sünde auf.

Mahlszene und Murren (**V. 7f.**) entsprechen 5,29f., eine Motivverbindung, die Lukas schon in 15,1f. redaktionell aufgenommen hatte.

V. 8 ist typischer Ausdruck der lukanischen «Armenfrömmigkeit»; ein entsprechendes Motiv hatte Lukas auch in die Gastmahlsszene im Hause des Zöllners Levi eingefügt (5,28f.). Was dem reichen Mann zu schwer fiel (18,18–24) und bei Menschen unmöglich ist (18,27), macht Jesu Sünderliebe möglich. Die vierfache Erstattung von Geraubtem entspricht römischer Rechtsordung; vgl. auch 2. Mose 21,37. Die freudige Aufnahme durch den Zöllner und dessen offenkundige Buße führen zu Jesu (eigentlich nicht Zachäus, sondern dem Leser gesagten) Feststellung, diesem Haus sei Heil widerfahren (vgl. 1,77; 10,5), nämlich Rettung im Blick auf das zukünftige Gericht.

Mit der beigefügten Begründung, auch Zachäus sei «Abrahams Sohn» (vgl. 16,23f.; Mat. 3,9; Röm. 4,1), betont Lukas die Verwurzelung dieses christlichen Heils in der («geistlichen», Röm. 9,6ff., nicht völkischen) Abrahamskindschaft, auf solche Weise die Kontinuität der Heilsgeschichte Israel – Kirche gegenüber den Irrlehrern seiner Zeit, die das Christliche schroff vom Alten Testament absetzen, genau wie in 13,16 bewußt herausstellend.

Ein Bekenntnisspruch (vgl. 1. Tim. 1,15) nach dem Vorbild von 5,32, modifiziert durch Elemente aus 15,4ff.8 und Mark. 10,45 (vgl. auch Luk. 6,9; 7,50; 18,8b), schließt die Erzählung, der Form nach ein Apophthegma bzw. ein Paradigma, passend ab.

19,11–27   Gleichnis von den anvertrauten Geldern

11 Denen, die diesen Worten zuhörten, erzählte er noch ein Gleichnis; denn er war nahe bei Jerusalem, und sie meinten, die Herrschaft Gottes werde ohne Verzug in Erscheinung treten. 12 Und zwar sagte er:

Irgendein Mann aus adeligem Geschlecht reiste in ein fernes Land, um sich die Königsherrschaft übertragen zu lassen und dann zurückzukehren. 13 Er rief zehn seiner Sklaven, gab ihnen zehn Minen und sagte zu ihnen: Treibt fleißig Geschäfte, bis ich wiederkomme. 14 Aber seine Mitbürger haßten ihn. Sie schickten eine Gesandtschaft hinter ihm her und ließen erklären: Wir wollen nicht, daß dieser unser König wird. 15 Als er nach Übertragung der Königsherrschaft zurückkehrte, ließ er die Sklaven, denen er das Geld gegeben hatte, zu sich kommen, um zu erfahren, was jeder erwirtschaftet hatte. 16 Der erste kam und sagte: Herr, deine Mine hat zehn Minen hinzuerworben. 17 Da sprach er zu ihm: Vortrefflich, tüchtiger Knecht; weil du über Geringes treu warst, sollst du Macht über zehn Städte bekommen. 18 Dann kam der zweite und sagte: Deine Mine, Herr, hat fünf Minen erbracht. 19 Auch zu dem sprach er: Du sollst über fünf Städte gesetzt werden. 20 Der nächste der kam, sagte: Herr, hier ist deine Mine, die ich im Schweißtuch eingeknotet hatte; 21 denn ich fürchtete dich, weil du ein strenger Mann bist. Du nimmst fort, was du nicht hingelegt hast, und du erntest, was du nicht gesät hast. 22 Zu dem sprach er: Aufgrund deiner eigenen Worte will ich dich verurteilen, du schlechter Sklave. Du wußtest, daß ich ein strenger Mann bin, der fortnimmt, was er nicht hingelegt hat, und erntet, was er nicht gesät hat? 23 Warum hast du dann mein Geld nicht auf die Bank gebracht? Dann wäre ich gekommen und hätte es mit Zinsen wieder abgehoben. 24 Darauf sagte er zu den Umstehenden: Nehmt ihm die Mine weg und gebt sie dem, der die zehn Minen hat. 25 Da sagten sie zu ihm: Herr, er hat doch zehn Minen. 26 Ich sage euch: Jedem, der hat, dem wird gegeben, aber von dem, der nicht hat, wird auch noch genommen werden, was er hat. 27 Übrigens: Bringt meine Feinde hierher, die nicht wollten, daß ich ihr König würde, und macht sie vor meinen Augen nieder.

Diese Parabel entnimmt Lukas der Spruchquelle Q, wie die Parallele Mat. 25,14–30 zeigt. Die Parabel verwendet wie in 12,41–48 das Motiv vom abwesenden und zurückkehrenden Hausherrn bzw. König, das auch jüdischen Gleichnissen sehr vertraut ist. Die Fassungen des Gleichnisses bei Lukas und bei Matthäus weichen allerdings spürbar voneinander ab. In den kleineren Differenzen der Erzählung dürfte Lukas im allgemeinen das Ursprünglichere bewahrt haben: Er spricht von zehn Sklaven; alle erhalten dieselbe Summe, nämlich eine Mine, und erzielen unterschiedlichen Gewinn; der «faule» Sklave bindet seine Mine in das Schweißtuch ein. Matthäus modifiziert sekundär diese Motive der Erzählung, steht insgesamt aber der Q-Fassung näher als Lukas (siehe gleich).

In Q bildete die vorliegende Parabel das eindrückliche Schlußstück. Sie erinnert formal vor allem an 14,15–24 und dürfte derselben Traditionsschicht wie die Parabel vom großen Mahl angehören, nämlich der christologischen Redaktion der Spruchquelle.

Wir haben es (in Q) einerseits mit einer eschatologischen Parabel zu tun: Die unfreien Diener des Herrn («Sklaven») – gemeint sind die Christen – gehen dem (wann auch immer eintretenden) Gericht Gottes entgegen. In diesem eschatologischen Rahmen wird der harte abschließende «Predigtspruch» (V. 26) – eine «Dublette», wie Mark. 4,25/Luk. 8,18 zeigt – unmittelbar verständlich: Letzten Endes geht es im Menschenleben nicht um ein Mehr oder Weniger, sondern um ein Alles oder Nichts, ein Entweder-Oder, nämlich um Heil oder Unheil, Leben oder Tod, Glaube oder Unglaube. Die eschatologische Heilsgabe ist nicht quantifizierbar; man bekommt sie oder man verfällt dem Gericht.

Zugleich und vor allem liegt (in Q) eine christologisch-ekklesiologische Parabel vor. Der erhöhte Herr hat seiner Gemeinde sein «Vermögen» anvertraut, nämlich die Gaben seines Geistes (Charismen), mit denen die Glieder der Gemeinde im Blick auf die kommende Gottesherrschaft fruchtbar wirken sollen (Röm. 12,6–8; 1.Kor. 12,8–30; Gal. 5,22f.). Der Ertrag mag bei den einzelnen verschieden sein – Matthäus spricht in 25,15 wie auch Paulus in 1.Kor. 12,4ff. von verschieden großen *Gaben* –: Ganzer Einsatz für die Sache der Herrschaft Gottes mit allen Gaben ist von jedem gefordert. Wer diesen Einsatz verweigert, verfällt auch als Christ dem Gericht, wie am Beispiel des «faulen» Sklaven deutlich gemacht wird. Schmarotzer des Geistes kann es nicht geben, und der Geist kann nicht untätig sein. Andererseits braucht niemand Angst zu haben; die Geistesgaben kann man nicht verlieren, man kann sie nur «vergraben», also ungenutzt lassen. Für den Redaktor der Spruchquelle sind nicht zuletzt die Worte, die er in seinem Buch zusammenstellt und die er mit unserm Gleichnis abschließt, selbst wesentlicher Teil der Gnadengaben Gottes; mit ihnen hat die Gemeinde zu «wuchern» (vgl. 8,4ff.).

Lukas konnte die Parabel in ihrem ursprünglichen Sinn ohne weiteres übernehmen. Er arbeitet im Fortgang seines Doppelwerkes das Thema des abwesenden Herrn, welcher der Gemeinde den Geist als «Ersatz» bis zu seiner Wiederkunft gibt, aus redaktionellen Gründen und im Zusammenhang mit seinem Paulusbild (vgl. Apg. 9,1ff.) intensiv aus (vgl. 24,49; Apg. 1,4–11; 2,1ff.) und erweist sich damit als «Evangelist des Geistes». In diesem Rahmen hat die Parabel für Lukas, wie 16,9ff. zeigt, zugleich direkt beispielgebenden Charakter, nämlich für den Umgang mit dem Geld als einem anvertrauten Gut; insofern ist die Parabel auch in die lukanische «Armenfrömmigkeit» integriert.

Auffälligerweise verbindet Lukas darüberhinaus mit der überlieferten Parabel, stark allegorisierend, ein zweites Gleichnismotiv: Der Herr des Gleichnisses verreist, um sich die Königsherrschaft über sein Heimatland übertragen zu lassen. Obschon seine Landsleute dies zu verhindern suchen, erhält er das erstrebte Amt. Darum kann er seine treuen Diener mit der Herrschaft über Städte seines Landes belohnen, die Feinde aber hinrichten lassen.

Dies Motiv entstammt der jüdischen Geschichte. Im Jahre 4 v.Chr. reiste Archelaus, ein Sohn des jüdischen Königs Herodes des Großen, nach dem Tode seines Vaters nach Rom, um sich vom Kaiser Augustus das väterliche Herrschaftsgebiet übertragen zu lassen. Eine Gesandtschaft der jüdischen Aristokratie versuchte ohne Erfolg, diese Absicht zu vereiteln. Davon berichtet der zeitgenössische jüdische Geschichtsschreiber Josephus in seinen «Altertümern» 17,11; vgl. auch Mat. 2,22. Die dies Motiv enthaltenden Aussagen in V. 12.14f.17.19.27 hat erst Lukas, erzählerisch wenig geschickt, mit dem Gleichnis aus Q verbunden; Matthäus kennt sie nicht. Lukas denkt bei dem König zweifellos an Jesus, bei seiner Abreise an die Himmelfahrt, bei seiner Rückkehr an die Wiederkunft, bei dem erworbenen Reich an die kommende Gottesherrschaft, bei seinen Mitbürgern an die Juden, die Jesus ablehnen und dafür dem Gericht entgegensehen. Um diesen letzten Gedanken geht es Lukas, unter anderem im Zusammenhang mit V. 41–44. Da er mit besonderer Betonung die heilsgeschichtliche Kontinuität von Judentum und Christentum herausstellt, die von den Irrlehrern in seinen Gemeinden geleugnet wird, wird ihm der tatsächliche Unglaube der Juden zum Problem. Er löst es hier wie oft in seinem Doppelwerk (vgl. schon 4,16–30) mit Hinweis darauf, daß nicht Gott die Juden verworfen habe, sondern daß die Juden sich gegen ihn bzw. gegen Jesus wandten und darum dem Gericht verfallen werden. Israel verleugnet mutwillig seine eigene Heilsgeschichte.

Auch die nicht leicht deutbare Einführung der Parabel stammt von Lukas. Sie weist zunächst darauf hin, daß das Gleichnis nicht öffentlich, sondern im Haus des Zachäus gesprochen wird, also offensichtlich vor den Nachfolgern; das entspricht der christologisch-ekklesiologischen Spitze des Gleichnisses.

V.11b nimmt sodann auf die Situation der Reise nach Jerusalem Bezug, und spätestens seit 13,33ff. weiß der Leser, daß damit Jesu Tod in den Blick rückt und daß dieser Tod das verheerende Geschick Israels besiegeln wird (vgl. 17,11; 18,31; 19,41ff.). Was besagt aber der Hinweis auf die irrige Meinung der Hörer, die Herrschaft Gottes werde unverzüglich anbrechen? Hat Lukas Glieder seiner Gemeinde im Blick, die in eschatologischer Hochspannung leben oder die wegen des Ausbleibens der Wiederkunft angefochten sind (vgl. 18,1–8; 21,8)? Das ist möglich. Indessen spielt für Lukas selbst das Problem der «Parusieverzögerung» keine Rolle mehr; die Frage nach dem Zeitpunkt des Anbruchs der Gottesherrschafft ist für ihn keine brennende, sondern eine diskutable Frage (vgl. 17,20f.; Apg. 1,6). Jedenfalls will Lukas dem Leser sagen: Geboten ist treues Auskaufen der bis auf weiteres gegebenen Zeit.

19,28–40   Einzug in Jerusalem

**28 Nach dieser Rede wanderte er voran, nach Jerusalem hinauf. 29 Und als er an den sogenannten Ölberg kam und sich Bethphage und Bethanien näherte, sandte er zwei Jünger voraus 30 und sagte zu ihnen: Geht in den nächsten Ort. Wenn ihr ihn betretet, werdet ihr ein angebundenes Füllen finden, auf dem noch nie ein Mensch gesessen hat. Bindet es los und führt es hierher. 31 Und wenn jemand euch fragt: Warum bindet ihr es los?, dann antwortet: Der Herr benötigt es.
32 Da machten sich die Boten auf den Weg und fanden es so, wie er ihnen gesagt hatte. 33 Als sie das Füllen losbanden, sagte dessen Besitzer zu ihnen: Wieso bindet ihr das Füllen los? 34 Da sprachen sie: Der Herr benötigt es. 35 Sie führten es zu Jesus, legten ihre Kleider auf das Füllen und ließen Jesus aufsitzen. 36 Als er anritt, breiteten sie ihre Obergewänder auf dem Weg aus, 37 und sobald er sich dem Abstieg vom Ölberg näherte, begann die ganze Menge der Jünger Gott wegen aller mächtigen Taten, die sie gesehen hatten, mit lauter Stimme fröhlich zu loben. 38 Sie riefen: Gepriesen sei, der hier einzieht, der König, im Namen des Herrn. Im Himmel sei Friede und herrlicher Glanz in Himmelshöhen.
39 Da sprachen einige Pharisäer, die in der Volksmenge standen, zu ihm: Meister, verbiete das deinen Jüngern. 40 Er antwortete: Ich sage euch, wenn diese schweigen, werden die Steine schreien.**

Die Geschichte vom Einzug in Jerusalem gehörte ursprünglich (in der Grundschrift des Markus-Evangeliums) mit der Erzählung von der Tempelreinigung unlösbar zusammen und erhielt in dieser Verbindung ihr Licht von Mal. 3,1ff.: Jesus nimmt den Tempel, den Ort des Gottesdienstes, in Besitz; er ist also der Herr des wahren, nämlich des christlichen Gottesdienstes. Dabei begleiten ihn seine Nachfolger, das ist die christliche Gemeinde, die ihn, wo immer sie sich zum Gottesdienst versammelt, als den (erhöhten) Herrn bei sich einziehen sieht (Introitus) und mit dem «Hosianna in der Höhe» empfängt.

Schon Markus hatte Einzug und Tempelreinigung voneinander getrennt; Lukas behält diese Trennung bei. Er greift in den Gang der großartigen Einzugserzählung nur wenig ein, setzt aber charakteristische redaktionelle Akzente.

In **V. 28** nennt Lukas (zum letztenmal) Jerusalem ausdrücklich als Reiseziel Jesu wie oft seit 9,51. Jerusalem, die Heilige Stadt Israels, ist als Stadt des Todes und der Himmelfahrt Jesu (13,31ff.; 18,31) ebenso wie als Ausgangspunkt der Kirche (24,47f. 52f.; Apg.1,8) die geographische Mitte der Heilsgeschichte und Heilige Stadt auch der Kirche (Lukas nennt Jerusalem 90mal, das ganze übrige Neue Testament etwa 50mal!). Man kann also Israel und die Kirche nicht voneinander trennen, wie es die Irrlehrer zur Zeit des Lukas tun.

In dem Lobpreis **(V. 38)** tilgt Lukas den politisch verfänglichen Titel «Sohn Davids» bzw. ‹Reich unseres Vaters David› (vgl. Mark. 11,10/Mat. 21,9 sowie Luk. 20,45–47) und ersetzt ihn durch die theologisch gemeinte (vgl. 23,3ff. 37f.) Bezeichnung «König» (vgl. auch Apg. 4,25). Diese bezeichnende Tendenz politischer Apologetik, die sich im Fortgang der Passionsgeschichte verstärkt zeigen wird, führt auch zur Umgestaltung des ursprünglichen Hosiannarufs (Mark. 11,10b) in V. 38b. In formaler Anlehnung an 2,14 wird der einziehende König des himmlischen Friedens und der himmlischen Herrlichkeit gepriesen.

Ganz redaktionell ist das Gespräch **V. 39f.** Die Metapher von den Steinen, die schreien, entstammt Hab. 2,11; vgl. 3,8. Lukas hat ähnlich wie Matthäus (21,10f. 14–16) empfunden, daß der von dem Tempelreinigungsbericht abgetrennten Einzugsgeschichte ein «Chorschluß» mit der Reaktion der Öffentlichkeit auf das Geschehen fehlt. Diese Reaktion gestaltet Lukas in V. 39f. im Zusammenhang mit der schon in **V. 36f.** vorliegenden redaktionellen Änderung: Nur die Jünger empfangen den einziehenden Kyrios, als er im Angesicht der Stadt vom Ölberg hinabreitet. Damit bereitet Lukas die Darstellung der Passion vor, die für ihn mit dem Problem belastet ist, wie Jesus, dem das jüdische Volk freundlich gesonnen war, dennoch in Jerusalem sterben konnte. Lukas schafft eine deutliche Exposition, die in der weiteren Passionsgeschichte festgehalten wird: Auf der einen Seite steht Jesus mit den Seinen; ihre Gegner sind die Führer des jüdischen Volks; das Volk selbst schaut ohnmächtig zu (V. 39). Lukas will damit der Behauptung der Irrlehrer widersprechen (vgl. 13,33ff.), ein Messias, der in Jerusalem verworfen wurde, sei nicht der Messias einer jüdisch-christlichen Heilsgeschichte, sondern Exponent der Verwerfung Israels. Das Volk hing Jesus an (vgl. V. 48)!

19,41–44 Jesus weint über Jerusalem

41 Als er näher kam und die Stadt sah, beklagte er sie: 42 Wenn doch auch du an diesem Tage wüßtest, was zum Frieden dient; aber es ist jetzt vor deinen Augen verborgen. 43 Denn es werden Tage für dich kommen, da werden deine Feinde gegen dich einen Palisadenwall errichten und dich einschließen und dich von allen Seiten bedrängen 44 und dich samt deinen Bewohnern zu Boden strecken und keinen Stein von dir auf dem anderen lassen, weil du den Tag deiner Heimsuchung nicht erkannt hast.

Die Zerstörung Jerusalems am Ende des großen jüdischen Aufstandes (66–70), zumal der Untergang des Tempels und das Ende des Opferkultes in Jerusalem, dürfte den «prämarcionitischen» Irrlehrern zur Zeit des Lukas (siehe oben S. 14f.) als

besonderer Beweis dessen gedient haben, daß Israel nicht bzw. nicht mehr Gottes Volk ist und daß die christliche Gemeinde sich ohne Kontinuität mit der jüdischen Heilsgeschichte zu verstehen habe. Dem widerspricht Lukas mit der vorliegenden redaktionellen Bildung (vgl. auch 13,34ff.; 21,20ff.; 23,28ff.), die den Platz der von ihm aus Mark. 11,12–14 gestrichenen Verfluchung des Feigenbaums einnimmt.
Das Schicksal Jerusalems ist Jesus nicht gleichgültig. Er wurde als Bote des göttlichen Friedens (vgl. 1,79; 2,14; 10,5f.; 19,38) zu Israel gesandt. Aber während die Jünger Jesus angemessen in der Stadt empfangen und damit zeigen, was zu ihrem Frieden dient, wird Jerusalem ihn nicht aufnehmen, sondern ihn – und damit die eigene Heilsgeschichte – durch seine Führer verwerfen. So kommt es zum Aufstand und zur Zerstörung der Stadt, ein für Lukas offenbar im wesentlichen profaner Vorgang in einem hartherzigen und unbußfertigen Volk; in der Nachfolge des messianischen Propheten Jesus wäre ein solcher Aufstand nicht möglich gewesen. Die Verwerfung der alttestamentlichen Heilsgeschichte ist aus der Zerstörung Jerusalems also keineswegs zu erschließen, sondern nur die Verstockung der Führer des jüdischen Volkes.
Lukas kannte und benutzte vermutlich den Bericht des Josephus über die Zerstörung der Stadt (Bell V 6ff.; vgl. zu V. 11–27). Details seiner Schilderung beruhen auf Jes. 29,2f.; Ps. 137,9; Mark. 13,2/Luk. 21,6; auch in 13,34 wird Jerusalem als Mutter ihrer Bewohner («Kinder») angeredet. Der Gedanke heilvoller Heimsuchung der Menschen durch Gott begegnet auch 1,68.78; 7,16.

19,45–48   Tempelreinigung

45 Als er in den Tempel hineinkam, trieb er die Verkäufer hinaus 46 und sprach zu ihnen: Es steht geschrieben, «Mein Haus soll ein Haus des Gebets sein» (Jer. 7,11). **Ihr aber habt es zu einer Räuberhöhle gemacht** (Jes. 56,7; 60,7).
47 Er lehrte täglich im Tempel. Die Oberpriester und die Schriftgelehrten zusammen mit den Vornehmsten des Volkes versuchten, ihn umzubringen; 48 aber sie wußten nicht, wie sie es anstellen sollten. Denn das ganze Volk hörte ihm zu und hing ihm an.

Die Tempelreinigung mit der anschließenden Predigt im Tempel ist in der ursprünglichen Darstellung (in der Grundschrift des Markus-Evangeliums) direktes Ziel des Einzugs in Jerusalem (Mark. 11,15–17). Der Tempel gilt dabei als Ort der Gottesbegegnung nicht nur im räumlichen, sondern auch im existentiellen Sinn. Die Reinigung und Inbesitznahme des Tempels durch Jesus (nach Mal. 3,1ff.) symbolisiert die Ersetzung des jüdischen durch den christlichen, des menschlich-geschäftigen durch den göttlich schenkenden (Gebet), des partikularen durch den universalen Gottesdienst «für alle Völker». Dazu werden die Verkäufer der Opfertiere und die Wechsler, welche die für die Pilger vorgeschriebene Münze zur Entrichtung der Tempelsteuer bereithielten, verjagt.
Diese Darstellung tilgt *Lukas* weitgehend, denn sie könnte, zumal im Blick auf die inzwischen erfolgte Zerstörung des Tempels, dahingehend ausgelegt werden, daß Jesus der heilsgeschichtlichen Kontinuität mit Israel demonstrativ absagt. Lukas berichtet darum aus seiner Vorlage nur noch, Jesus habe die «Verkäufer» aus dem Tempel getrieben. Dadurch entsteht bei Lukas das Bild eines profanierten Tempelkultes, den Jesus vorfindet und den er seiner jüdischen Ordnung wieder zuführt.

Diese Ordnung wird dabei aus der Optik der hellenistischen Synagoge gesehen: Der Tempel ist Gebetsstätte (**V. 46**; vgl. 18,10; Apg. 3,1) und Ort der Predigt (**V. 47**). Diese jüdische Tendenz wird verstärkt, wenn Lukas außerdem das «für alle Völker» (Mark. 11,17) streicht, das einer historischen Sicht des Tempelkultes ja auch widerspricht. Die Heiden kommen nicht nach Jerusalem, sondern die christlichen Boten ziehen von der jüdischen Metropole aus in alle Welt (Apg. 2,46; 3,1). Über Markus hinausgehend (vgl. aber Mark. 14,49/Luk. 22,53) berichtet Lukas in V. 47a, Jesus habe täglich im Tempel gepredigt. Das ist im Sinne des Lukas ein Bekenntnis Jesu zum jüdischen Tempel als dem verbindlichen Ort der Gottesbegegnung und des Gottesdienstes (vgl. Apg. 2,46; 3,1), also ein fundamentales christliches Bekenntnis zur Heilsgeschichte Israels.

In **V. 47b–48** tritt (nach V. 39f.) mit besonderer Deutlichkeit der Gegensatz von jüdischem Volk und jüdischen Führern zutage (vgl. 20,1; 21,37f.). Das Volk, das eigentliche Israel, steht auf Seiten Jesu, des wahren Lehrers; seine Führer, die das Gottesvolk in die Irre führen, wenden sich gegen Jesus, weil er ihrem Tun und Treiben entgegentritt. Daß die Führer sich durchsetzen werden, weiß der Leser definitiv seit 13,31ff. Er weiß aber zugleich, daß nicht sie Israel repräsentieren, sondern Jesus und das ihm anhängende Volk Gottes.

Interessant ist, daß zu den Gegnern Jesu hier wie in der ganzen Passionsgeschichte des Lukas nicht (mehr) die Pharisäer gehören, also die Lehrer Israels zur Zeit des Lukas. Lukas will damit andeuten, daß Christentum und Judentum in (den) entscheidenden Lehrfragen nach wie vor übereinstimmen (siehe zu 17,20f. und vgl. Apg. 23,1–9; 24,14ff.; 26,4ff.).

20,1–8 Die Frage nach Jesu Vollmacht

1 Eines Tages, als er das Volk im Tempel lehrte und zu ihm predigte, traten die Oberpriester und die Schriftgelehrten gemeinsam mit den Ältesten heran 2 und sagten zu ihm: Sage uns, unter welcher Vollmacht du dies tust. Wer hat dir diese Vollmacht gegeben? 3 Da antwortete er ihnen: Auch ich will euch eine Frage stellen, die ihr mir beantworten sollt: 4 War die Taufe des Johannes vom Himmel oder von Menschen? 5 Sie überlegten miteinander: Wenn wir erklären «vom Himmel», so wird er sagen: Warum habt ihr ihm dann nicht geglaubt? 6 Wenn wir aber erklären «von Menschen», wird uns das ganze Volk steinigen; denn es hält Johannes für einen Propheten. 7 Darum antworteten sie: Wir wissen nicht, woher. 8 Da erwiderte Jesus ihnen: So sage ich euch auch nicht, in welcher Vollmacht ich dies tue.

Die Vollmachtsfrage stellen ursprünglich (in der Grundschrift des Markus-Evangeliums; vgl. Mark. 11,27–33) die Oberpriester, und zwar im Blick auf die «Reinigung» des ihrer Aufsicht unterstehenden Tempels und auf die damit verbundene Begründung des christlichen Gottesdienstes. In diesem Rahmen zeigt Jesu «dialektische» Antwort, daß sich die Wahrheit des christlichen Glaubens bzw. des christlichen Gottesdienstes überhaupt nicht der distanzierten Frage erschließt, sondern nur im existentiellen Einsatz erfahren werden kann. Da die Oberpriester einen solchen Einsatz nicht wagen, bleiben sie ohne Antwort. Lukas verbindet die Vollmachtsfrage szenisch zwar unmittelbar mit der Tempelreinigung, weil er den «Unfruchtbaren Feigenbaum» (Mark. 11,20–26) ausläßt, aber er bildet mit **V. 1** einen neuen Eingang der Erzählung, den er durch 19,48 bereits vorbereitete: Jesus predigt täglich im Tempel, und die jüdischen Führer fragen ihn nach dem Recht zu solcher Predigt, da er doch kein ordinierter Theologe ist. Der Tempel ist dabei wiederum nach Analogie der Synagoge als Predigtort gedacht, und zwar als der zentrale jüdische Predigtort, und Jesus hält einen jüdischen Gottesdienst. Ging es in seiner Vorlage um die Ablösung des jüdischen durch den christlichen Gottesdienst, spricht Lukas selbst von dem Recht Jesu, authentisch den jüdischen Gottesdienst zu halten (vgl. 13,34ff.). Er stellt also Jesus erneut nachdrücklich in die ungebrochene heilsgeschichtliche Kontinuität mit Israel, die Einheit des Gottesvolkes betonend.

Markus berichtet in 11,27–13,37 von Jesu Predigt im Tempel am Dienstag der Karwoche, zwei Tage nach dem Einzug und drei Tage vor der Kreuzigung. Lukas gibt demgegenüber die Karwoche als solche preis und läßt Jesus offensichtlich über längere Zeit hinweg täglich im Tempel lehren. Damit wird Jerusalem erneut ausgezeichnet. In der jüdischen Metropole kommt nach der langen Reise die christliche Lehrtätigkeit Jesu zu ihrem Höhepunkt; Jesus ist als der Christus der wahre Lehrer Israels.

In die überlieferte Erzählung greift Lukas, vom Rahmen abgesehen, nur unwesentlich ein; sie kommt in der ihm vorliegenden Fassung seinen Tendenzen hinreichend entgegen. Vermutlich legt er freilich auf die Dialektik der Antwort Jesu weniger Wert als auf die in dieser Antwort hergestellte Parallelität von Jesus und Johannes dem Täufer, mit der erneut und analog zu Kap. 1 und 3,1–22 die heilsgeschichtliche Kontinuität von Israel (Johannes) und Kirche (Jesus) betont wird: Dieselbe Frage hätten die jüdischen Führer bereits an Johannes stellen können, aber auch ihm haben sie nicht geglaubt. So bestätigt sich also an Johannes dem Täufer wie an Jesus in gleicher Weise, daß die wahren Propheten, die Gott zu Israel sendet, in Jerusalem stets auf Widerstand stoßen (vgl. 13,31ff.), womit paradoxerweise gerade dieser Widerstand die prophetische Vollmacht Jesu und des Täufers – in Einheit des Jüdischen und des Christlichen – belegt.

V.6 verstärkt Lukas gegenüber Mark. 11,32, wo von der Befürchtung, das Volk könnte seine Führer steinigen, noch nicht die Rede war. Diese Verstärkung unterstreicht die in der Erzählung von Anfang an angelegte Differenz von jüdischem Volk, das auf Jesu und des Täufers Seite steht und das wahre Israel repräsentiert, und jüdischen Führern, die Gottes Boten verwerfen. Auch unter diesem von Lukas immerfort (z.B. 19,39.47; 20,19; 21,37f.) herausgestellten Aspekt bestätigt Jesu Verwerfung bloß durch die jüdischen Führer, daß er der von Gott zu seinem Volk gesandte Prophet und damit der Christus der jüdischen Heilsgeschichte ist, auch wenn es diesen Führern schließlich gelang, das Volk von der Gemeinde seines Christus fernzuhalten, wie zur Zeit des Lukas offenkundig ist.

20,9–19   Die ungetreuen Weingärtner

9 Daraufhin wandte er sich an das Volk und erzählte ihnen folgendes Gleichnis: Ein Mann bepflanzte einen Weingarten, vertraute ihn Weingärtnern an und verreiste für längere Zeit. 10 Zu gegebener Stunde sandte er einen Knecht zu den Weingärtnern, damit sie ihm seinen Anteil am Ertrag des Weingartens ablieferten. Doch die Weingärtner schlugen ihn und schickten ihn mit leeren Händen fort. 11 Darauf sandte er einen anderen Knecht. Aber auch den schlugen und beschimpften sie und schickten ihn mit leeren Händen fort. 12 Er sandte noch einen dritten, den sie gleichfalls blutig schlugen und hinauswarfen. 13 Da dachte der Besitzer des Wein-

gartens: Was soll ich tun? Ich will meinen geliebten Sohn senden; vielleicht werden sie vor ihm Achtung haben. **14** Aber die Weingärtner sagten zueinander, als sie ihn sahen: Das ist der Erbe; wir wollen ihn umbringen, dann gehört das Erbe uns. **15** Sie warfen ihn aus dem Weingarten hinaus und brachten ihn um. Was wird nun wohl der Besitzer des Weingartens mit ihnen machen? **16** Er wird kommen und diese Weingärtner vernichten und den Weingarten anderen geben.
Als sie das hörten, sagten sie: Das darf nicht sein! **17** Er aber schaute sie an und sagte: Was bedeutet wohl dies Schriftwort «Ein Stein, den die Bauleute verworfen haben, wurde zum Schlußstein» (Ps. 118,22)? **18** Wer auch immer auf diesen Stein stürzt, wird zerschmettert, und wenn er auf jemand fällt, wird er ihn zerdrücken. **19** In diesem Augenblick hätten ihn die Schriftgelehrten und Oberpriester am liebsten verhaftet; aber sie hatten Angst vor dem Volk. Sie hatten nämlich gemerkt, daß dies Gleichnis auf sie gezielt war.

Diese mit starken allegorischen Zügen versehene Parabel von den bösen Weingärtnern entnimmt Lukas aus Mark. 12,1–12, und zwar ohne grundlegende Eingriffe. Wir haben einen Abriß der Heilsgeschichte vor uns, die sich für das erwählte Volk Israel inzwischen zur Unheilsgeschichte gewendet hat: Gott schickt Israel seine Boten, die Propheten, die aber von den verantwortlichen Führern des Volkes verworfen werden (V. 10ff.; vgl. 11,49ff.; 13,31ff.; 1.Thess. 2,14ff.). Lukas spricht exemplarisch von drei (= allen) Boten, die zunehmend leiden müssen. Im Vorgriff auf die Passionsgeschichte heißt es dann, schließlich habe Gott seinen einzigen Sohn gesandt, in der Hoffnung, auf ihn würden sie hören **(V. 13)**. Ihn aber töten die bösen Weingärtner sogar **(V. 14f.)**. Daraufhin ist Gottes Geduld erschöpft; der Weinberg wird anderen – der christlichen Gemeinde – gegeben **(V. 16)**.
Diese Darstellung seiner Vorlage entspricht durchaus der Situation auch zur Zeit des Lukas. Die christliche Gemeinde verwaltet den «Weingarten» – Wort, Verheißung und Offenbarung Gottes; die Ansage der Buße angesichts der kommenden Herrschaft Gottes –, von dem Israel sich fernhält.
Daß Jesus dem lukanischen Bericht zufolge die Parabel ausdrücklich an das Volk **(V. 9)** richtet, wenn auch vor den Ohren seiner Führer **(V. 19)**, soll nicht nur die enge Verbindung von Jesus und jüdischem Volk demonstrieren, sondern das Volk auch darauf hinweisen, daß es mit seinen Führern steht und fällt. Dem lukanischen Zusatz **V. 16b** zufolge ist dieser Sachverhalt dem Volk auch bewußt; es erschrickt nämlich vor den Konsequenzen, die es doch nicht abwenden kann bzw. wird. Obschon Lukas daran festhält, daß die Parabel selbst direkt die Führer des Volks im Blick hat **(V. 19b)**, die mit den Weingärtnern gemeint sind, rückt er also über seine Vorlage hinaus die Folgen der Verwerfung Jesu für ganz Israel in den Blick des Lesers.
Im Zusammenhang damit steht eine weitere redaktionelle Änderung. Das Zitat aus dem «Osterpsalm» 118 in **V. 17** rückte in der ursprünglichen Überlieferung Gottes Heilshandeln durch den gekreuzigten und auferweckten Jesus, das Jesus zum Schlußstein der universalen (Mark. 11,17) Heilsgeschichte bzw. des wahren Gottesvolkes machte, in den Blick des Lesers. Lukas kürzt das Zitat um Mark. 12,11 (= Ps. 118,23) und fügt dem so verkürzten Zitat mit **V. 18** eine Deutung bei, die früh auch bei Matthäus Eingang gefunden hat (Mat. 21,44). Dadurch verschiebt sich der Sinn von V. 17: Der Schlußstein – gedacht ist an den obersten Stein des Torbogens – weist nun nicht mehr auf die entgegen dem menschlichen Handeln von Gott bewirkte wunderbare Vollendung der Heilsgeschichte hin, sondern vor allem auf das

davon umschlossene Gericht über Israel, das, wie **V.16b** zeigt, sein Geschick schon kommen sieht. Der heilvolle Schlußstein wird so für seine Verächter zum Stein des Anstoßes (Jes. 8,14; Dan. 2,34; 1. Petr. 2,4ff.) bzw. zu einem Stein, der aus seiner Höhe herabfällt und zertrümmert. Die fortdauernde **(V.18)** Verwerfung Jesu durch Israel bedeutet die Selbstverwerfung Israels. Damit führt Lukas wie sonst (vgl. schon 4,16–30) den faktischen Ausschluß der Juden aus der eigenen Heilsgeschichte auf jüdische Schuld zurück. Das Faktum der im wesentlichen rein heidenchristlichen Gemeinden, welche zur Zeit des Lukas die Kirche darstellen, wäre also mißverstanden, wollte man daraus, wie die Irrlehrer in den Gemeinden des Lukas tun, eine grundsätzliche Diskontinuität der Heilsgeschichte erschließen und einen alten und einen neuen Bund gegeneinander setzen. Die Christen bebauen den einen Weingarten Gottes, der auch Israels Weingarten ist bzw. war.

20,20–26   Die beiden Regimente

20 Sie ließen ihn durch Spitzel beobachten, die Rechtschaffenheit heuchelten, um ihn bei einem Wort zu ertappen, wegen dem sie ihn der Amtsgewalt und Vollmacht des Statthalters ausliefern konnten. 21 Diese fragten ihn: Wir wissen, daß du das Rechte sagst und lehrst und ohne Ansehen der Person wahrhaft Gottes Weg lehrst. 22 Soll man dem Kaiser Steuern zahlen oder nicht? 23 Er merkte aber ihre Hinterlist und sagte zu ihnen: 24 Zeigt mir einen Denar! Wessen Bild und Aufschrift trägt er? Sie erwiderten: Des Kaisers. 25 Da sagte er zu ihnen: Dann gebt dem Kaiser, was dem Kaiser gebührt, und Gott, was Gott gebührt! 26 Also konnten sie ihn nicht vor dem Volk bei einem Wort ertappen, sondern sie wunderten sich über seine Antwort und schwiegen.

Wiederum folgt Lukas relativ eng seiner Vorlage (Mark. 12,13–17). Diese Vorlage ist ein formvollendetes Apophthegma, dessen Ertrag in dem abschließenden Jesuswort formuliert wird. Dieser Spruch erhebt das Streitgespräch zu einem Stück grundlegender Belehrung über politische Ethik: Herrschaft Gottes und irdische Herrschaft sind nicht miteinander zu vermischen. Beide haben ihr eigenes Recht und ihre eigene Notwendigkeit, wobei natürlich Gottes Herrschaft die Grenzen der kaiserlichen Herrschaft bestimmt. Weder kann man also den Gehorsam gegenüber Gott gegen staatliche Gewalt als solche ausspielen, noch darf sich der Staat religiös überhöhen und als Weltanschauungsstaat verstehen. Auch läßt sich weder der Staat zur Herrschaft Gottes hin entwickeln noch die Herrschaft Gottes mit politischen Mitteln herbeiführen.
Lukas hat die Zielrichtung dieser Erzählung gerne übernommen, kommt sie doch seiner politischen Apologetik sehr entgegen. Die Christen sind keine politischen Aufrührer, sondern zwar nicht staatsfromm, wohl aber staatstreu; sie erkennen das Recht des Kaisers an.
Schon in der Grundschrift des Markus war diese Belehrung in den Rahmen der Passionsgeschichte integriert: Erst der Versuch, ihn bei einem unvorsichtigen Wort gegen die (römische) Obrigkeit zu ertappen, gibt Jesus Gelegenheit zu seiner Belehrung, die jenen Versuch scheitern läßt.
Lukas hat diesen Zusammenhang erweitert; V. 20 und V. 26 wurden vom Evangelisten spürbar bearbeitet. Dadurch verstärkt er die politische Apologetik, die in seiner Passionsgeschichte zunehmend hervortritt. Die jüdischen Führer suchen mit al-

len Mitteln einen politischen Anklagepunkt gegen Jesus. *Sie* sind also die treibenden Kräfte bei Jesu Verurteilung, nicht etwa der römische Statthalter Pilatus. Jesus liefert ihnen den gewünschten Anklagepunkt aber nicht; er erkennt die Macht des Kaisers, die nicht im prinzipiellen Gegensatz zur Herrschaft Gottes steht, an. Das müssen selbst die Spitzel – verwundert – zur Kenntnis nehmen, wie V. 26 ausdrücklich hervorhebt. Die bald erfolgende Anklage der jüdischen Führer, Jesus habe verboten, dem Kaiser Steuern zu geben, ist also eine eindeutig *falsche* Anklage (23,2 und 20,20b sind unmittelbar aufeinander bezogen). Die (spätere) Verfolgung der Christen kann der römische Staat also nicht mit einer gefährlichen politischen Einstellung Jesu und seiner Nachfolger begründen; vielmehr wurden die Christen von den Juden politisch verleumdet (23,2).

In **V. 26** führt Lukas erneut, wenn auch mehr beiläufig, die Differenz von jüdischen Führern und jüdischem Volk ein (vgl. z. B. 19,47f.; 20,1.6.19): Nur die Führer verwerfen Jesus; das Volk erkennt ihn als den Gesandten Gottes an und dokumentiert damit die Einheit von Israel und Jesus bzw. christlicher Gemeinde, die Einheit des einen Gottesvolkes und der einen Heilsgeschichte.

20,27–40   Ewiges Leben

27 Einige Sadduzäer, nach deren Meinung es keine Auferstehung gibt, traten herzu und fragten ihn: 28 Meister, Mose hat für uns angeordnet (5. Mose 25,5f.; 1. Mose 38,8)**: Wenn jemand stirbt, der verheiratet war, aber kein Kind hatte, so soll, wenn er einen Bruder hat, sein Bruder die Witwe heiraten und für seinen Bruder Nachkommenschaft zeugen. 29 Nun lebten einmal sieben Brüder. Der erste nahm eine Frau und starb kinderlos. 30 Auch der zweite 31 und der dritte heirateten sie und ebenso alle sieben, und sie starben, ohne Kinder zu hinterlassen. 32 Zuletzt starb auch die Frau. 33 Wessen Gattin wird die Frau denn nun bei der Auferstehung werden? Alle sieben waren ja mit ihr verheiratet gewesen! Da sagte Jesus zu ihnen: Die Kinder dieses Äons heiraten und werden verheiratet. 35 Wer aber an jenem Äon und an der Auferstehung von den Toten teilhaben darf, wird weder heiraten noch verheiratet werden. 36 Denn er kann auch nicht mehr sterben, sondern wird den Engeln gleich sein; die Auferstandenen werden zu Gottessöhnen. 37 Daß aber die Toten auferstehen, hat auch Mose – in dem Abschnitt vom Dornbusch – erklärt, wo er von dem «Herrn, dem Gott Abrahams und Gott Isaaks und Gott Jakobs» sprach** (2. Mose 3,6.15)**. 38 Gott aber ist nicht ein Gott von Toten, sondern von Lebendigen; denn bei ihm leben alle.**
39 Da sagten einige der Schriftgelehrten: Meister, du hast recht geredet. 40 Denn man wagte nicht mehr, ihn irgendetwas zu fragen.

Schon in der Grundschrift des Markus-Evangeliums behandelte Jesus während seiner Tempelrede verschiedene theologische Themen, so die Frage nach der Ausweisbarkeit christlicher Verkündigung («Vollmachtsfrage» V. 1–8), das Problem des Staates («Die beiden Regimente» V. 20–26) und im vorliegenden Abschnitt (Mark. 12,18–27) die «Eschatologie».

Anlaß zur Behandlung dieser Thematik gibt eine Frage der «konservativen» Sadduzäer, die den spätjüdischen und christlichen Glauben an die Auferstehung der Toten und ein ewiges Leben bestreiten. Ihrem «innerweltlichen» Argument mit der «Leviratsehe» (Schwagerehe; V. 27–33) begegnet Jesus mit dem Hinweis auf das

Ganz Andere des ewigen Lebens (V. 34–36; vgl. 1. Kor. 2,9) und einem zusätzlichen Schriftbeweis für die Auferstehung, den er (**V. 37f.**) aus der Geschichte vom brennenden Dornbusch nimmt, also aus jenem Teil des Alten Testaments (Pentateuch), dessen Autorität auch die Sadduzäer anerkennen. Die in beiden Argumentationsgängen vorgetragene Eschatologie ist die der hellenistischen Synagoge bzw. des hellenistischen Christentums. Über die Auferstehung zum Gericht wird nicht gesprochen. Schon vor ihrer Auferstehung leben die verstorbenen Frommen, die jenes Äons gewürdigt werden (**V. 35**), bei Gott (**V. 38**; vgl. Apg. 17,28; Röm. 14,8; Makk. 16,25); denn wenn Mose Gott den «Gott Abrahams und Isaaks und Jakobs» nennt, so müssen – das ist die Logik der Argumentation – die verstorbenen Erzväter bei Gott leben, der nicht ein Gott von Toten ist (V. 38; vgl. Ps. 6,6).

Lukas kann diesen Abschnitt ohne wesentliche Eingriffe übernehmen, da er die Eschatologie des vorliegenden Streit- und Lehrgesprächs voll teilt. Die Argumentation in **V. 34–36** hat Lukas gegenüber seiner Vorlage (Mark. 12,24f.) ausgeweitet, wobei er sich in besonders auffälliger Weise der hebraisierenden Sprache des griechischen Alten Testaments bedient, ein nicht nur stilistisches, sondern (wie besonders in Kap. 1) auch theologisches Phänomen: Noch die hebraisierende Sprache der lukanischen Redaktion weist den Leser an das Alte Testament als die Wurzel des christlichen Evangeliums.

Lukas spricht von der Unsterblichkeit derer, die als «Kinder Gottes» in jenem Äon leben – ein hellenistischer Zug, der freilich nicht dem Menschen überhaupt, sondern nur den Erlösten den Sieg über den Tod zuspricht. «Unsterbliche» aber brauchen und werden keine Kinder zeugen; damit entfällt das Problem der Ehe in jenem Äon überhaupt, von dem aus die Sadduzäer argumentierten.

Zugleich hält Lukas betont an der Vorstellung von der *Auferstehung der Toten* fest, den jüdischen Charakter der Eschatologie Jesu unterstreichend.

Natürlich kam es dem heilsgeschichtlichen Grundsatz der lukanischen Redaktion auch entgegen, daß Jesus sich in **V. 37f.** auf *Mose* beruft, und er dient vermutlich der Verstärkung dieses Motivs, wenn Lukas das Zitat V. 37b nicht Gott selbst (wie Mark. 12,26b), sondern Mose sprechen läßt.

Vor allem begrüßte Lukas diese Vorlage, weil er damit die «Rechtgläubigkeit» Jesu auch im jüdischen Sinn – nämlich nach dem Maßstab der pharisäisch bestimmten Synagoge zur Zeit des Lukas – herausstellen konnte. Der Streit zwischen Pharisäern und Sadduzäern um die jüdische Eschatologie ist für Lukas zugleich ein Streit um die christliche Rechtgläubigkeit, wie auch Apg. 4,1ff.; 23,6f.; 26,22f. zeigt, und die christliche Entscheidung für die «mosaische» Eschatologie der Pharisäer wird so zu einem entscheidenden Nachweis für die heilsgeschichtliche Kontinuität von Mose und Jesus Christus. Daß es Lukas gegenüber den «prämarcionitischen» Irrlehrern in seinen Gemeinden (siehe oben S. 14f.) nicht zuletzt um diese Kontinuität geht, zeigt er mit seinem (aufgrund von Mark. 12,28.32.34a gebildeten) Zusatz **V. 39**: Ein Teil der Schriftgelehrten – es müssen die pharisäischen Theologen sein – stimmt Jesus ausdrücklich zu und bestätigt hinsichtlich der Eschatologie, daß Jesus korrekte «jüdische» Lehre vorträgt.

In Mark. 12,28–34a folgt auf unsere Perikope eine Belehrung zum Thema «Ethik» («Das höchste Gebot»), die Lukas schon in 10,25–28 verwendet hatte. Den abschließenden Vers der ganzen öffentlichen Predigt Jesu im Tempel (Mark. 12,34b) behält Lukas indessen in V. 40 bei. **V. 40** zeigt: Jesus behält als Prediger im Tempel gegenüber allen Kritikern recht. Sein Wort, die christliche Botschaft im Verständnis des Lukas, ist also die Wahrheit aus und für Israel.

20,41–44 Ist der Messias der «Sohn Davids»?

41 Er aber sagte zu ihnen: Wieso behauptet man, der Messias sei Davids Sohn? 42 Er selbst, David, sagt nämlich im Buch der Psalmen: «Der Herr sprach zu meinem Herrn: Setze dich zu meiner Rechten, 43 und ich werde dir deine Feinde als Fußschemel hinlegen» (Ps. 110,1). 44 David also nennt ihn «Herr»; wieso kann er dann sein Sohn sein?

Diesen im Sinn der Formgeschichte formlosen Abschnitt, der auf christliche Schriftgelehrsamkeit zurückgeht, hatte erst Markus (12,35–37a) seiner Grundschrift hinzugefügt.
Der christologische Hoheitstitel «Sohn Davids» für Jesus war im Urchristentum nicht unproblematisch und nicht unumstritten, weil er eine sehr starke politische, national-jüdische Komponente enthielt. Die vorliegende Argumentation weist mit Hilfe von Ps. 110,1 nach, daß der Titel «Sohn Davids» für den Messias überhaupt unangemessen sei. Die Beweisführung ist deutlich und geht von der urchristlichen Voraussetzung aus, Ps. 110 sei ein messianischer Psalm, der von dem erhöhten Christus spreche. David kündigt demzufolge als Sprecher von Ps. 110 in V. 1 an, daß Gott der Herr zu seinem (Davids) Herrn Christus sagen wird, er solle sich (nach seiner Himmelfahrt) bis zur Vollendung des alten Äons zur Rechten Gottes niedersetzen. Wenn aber David den Messias «meinen Herrn» nennt, so kann dieser nicht der «Sohn Davids» sein.
Lukas übernimmt diesen Abschnitt ohne große Änderungen von Markus. Da ihn niemand mehr zu fragen wagt (V. 40), ergreift Jesus selbst das Wort, um eine Lehrfrage zu entscheiden. Lukas begrüßt es zweifellos, daß Jesus mit dem Alten Testament argumentiert und dies damit ausdrücklich als christliche Autorität anerkennt. Die Ablehnung des politisch gefärbten Titels «Davidssohn» kam seiner politischen Apologetik entgegen (vgl. 20,20–26), welche die ganze Passionsgeschichte stark bestimmt. Im Interesse dieser Apologetik hatte Lukas bereits 18,38f. übernommen, wo dem blinden Bettler die Anrede Jesu mit «Sohn Davids» von Jesu Begleitern untersagt wird, und beim Einzug in Jerusalem (19,38) ersetzt Lukas aus demselben Interesse den «politischen» Titel «Sohn Davids» (Mark. 11,10/Mat. 21,9) durch den «theologischen» Titel «König».
Damit bestreitet Lukas so wenig wie seine Vorlage, daß der Messias ein Nachkomme Davids sei. Dieser Gedanke, im Alten Testament häufig bezeugt (vgl. 2. Sam. 7,12ff.), ist Lukas vielmehr wegen der heilsgeschichtlichen Kontinuität wichtig; vgl. 1,32f.; 2,4.; 3,23ff.; Apg. 2,25ff.; 13,23 u. ö. Aber dieser Nachkomme Davids ist als der Messias nicht «Sohn Davids», sondern Davids Herr, kein irdischer Herrscher, sondern der himmlische Kyrios.

20,45–47 Worte gegen die Schriftgelehrten

45 Dann sagte er in Gegenwart des ganzen Volkes zu seinen Jüngern: 46 Nehmt euch in acht vor den Schriftgelehrten, die gerne in Talaren herumgehen, auf den Märkten gegrüßt werden wollen und den Vorsitz in den Synagogen und den Ehrenplatz bei den Gastmahlen begehren. 47 Sie, welche die Häuser der Witwen an sich reißen und lange Gebete heucheln, werden dafür nur um so mehr gestraft werden.

Markus bringt in 12,37b–40 einen kurzen Auszug aus einer Scheltrede gegen die Pharisäer und Gesetzeslehrer, die er in der Spruchüberlieferung Q¹ las.
Lukas bringt diese Rede vollständig aufgrund der Spruchquelle Q in 11,37–54. Er läßt aber die vorliegende kurze «Dublette» stehen und folgt dabei fast wörtlich der von Markus gebotenen Vorlage.
Durch seine Kritik erweist Jesus sich für Lukas als der rechte Schriftgelehrte, der wahre Lehrer Israels, der als solcher (im Tempel!) freilich seine Jünger – die christliche Gemeinde – anredet. Im Unterschied zu Markus statuiert Lukas nämlich in **V.45** einen doppelten Hörerkreis; wir hören also eine christliche Predigt des jüdischen Messias, der sich gegen die Entartung der (einen!) Schriftgelehrsamkeit wendet. Der heilsgeschichtliche Zusammenhang von Israel und Kirche ist unlösbar.
Zur Sache ist im einzelnen zu vergleichen zu V.46: 11,43; 14,7–10; zu V.47a: 11,39f.; zu V.47b: Mat.6,5–7; Mark.11,24.
V.47 bildet einen kontrastierenden Übergang zu 21,1–4 und enthält damit die Mahnung, den Ernst der lukanischen Armenfrömmigkeit nicht zu übersehen.

21,1–4 Die Gabe der armen Witwe

1 Als er umherschaute, sah er, wie die Reichen ihre Opfergaben in den Opferkasten warfen. 2 Er sah aber auch eine arme Witwe, die zwei Lepton dort hineinwarf. 3 Da sprach er: Ich sage euch, diese arme Witwe hat wahrhaftig mehr als alle eingeworfen. 4 Denn sie alle gaben ihre Opfergaben von ihrem Überfluß; sie aber gab bei ihrer Armut alles, was sie für den Lebensunterhalt besaß.

Mit der vorliegenden Erzählung endet im Markus-Evangelium (Mark.12,41–44) Jesu öffentlicher «Gottesdienst im Tempel», ein Hinweis darauf, daß auch zum christlichen Gottesdienst die Sammlung «am Ausgang» gehörte.
Der Gedanke unserer Erzählung, die im Judentum und andernorts ihre Analogien hat, leuchtet ein. An einem extremen Beispiel – ein Lepton ist die kleinste griechische Kupfermünze – wird verdeutlicht, daß das Opfer nicht nach seiner absoluten Höhe, sondern nach seiner Relation zu dem Vermögen des Gebers zu bewerten sei (vgl.2.Kor.8,12). Auch was materiell wenig ausmacht, kann vor Gott als Ausdruck des in der Liebe tätigen Glaubens viel wiegen. Andererseits braucht, was objektiv viel ist, nicht auch Zeichen eines starken Glaubens zu sein.
Lukas ändert einiges an der Erzählung seiner Vorlage, weil diese bei Markus den Eindruck machen könnte, als habe Jesus mit Penetranz die Geber und ihre Gaben beobachtet; bei Lukas wirkt die Beobachtung eher zufällig. Die Absicht des Apophthegmas wird dabei nicht verschoben. Es ordnet sich zwanglos der lukanischen Armenfrömmigkeit ein, zumal wenn man den Ton auf die Ermahnung der Reichen legt: Gebt wie die arme Witwe. Gebt notfalls alles, wenn Gemeindeglieder darben, und hofft wie die Witwe auf den, der auch die Raben speist und die Lilien bekleidet (12,6f.22ff.). Das ist im Blick auf die Situation der Verfolgung eine praktikable, keine ideale Ermahnung, wie auch andere Stellen zeigen; vgl. z.B.- Apg.2,44ff.; 4,32ff.; 5,1ff. Die Gewißheit, daß die christliche Gemeinschaft als ganze bereit war, das letzte zum Lebensunterhalt ihrer einzelnen Glieder zu geben, erleichterte diesen das Bekennen und den damit oft verbundenen Verlust des eigenen Besitzes (vgl.18,28–30).

21,5–36   Der jüngste Tag

5 Als einige darüber sprachen, daß der Tempel mit kostbaren Steinen und Weihgeschenken ausgeschmückt war, sagte er: 6 Es werden Tage kommen, an denen von dem, was ihr betrachtet, kein Stein auf dem anderen bleiben, sondern alles ganz und gar verschwunden sein wird. 7 Da fragte man ihn: Meister, wann wird das denn passieren? Und welches Vorzeichen wird dies Ereignis anzeigen? 8 Er antwortete: Paßt auf, daß ihr euch nicht täuschen laßt! Denn viele werden in meinem Namen kommen und sagen «Ich bin es» und «Der Zeitpunkt ist nahe». Lauft nicht hinter ihnen her. 9 Und wenn ihr von Kriegen und Aufständen hört, so erschreckt nicht. Denn dies muß zunächst geschehen, ohne daß sofort das Ende kommt.
10 Dann sagte er zu ihnen: Es wird sich Volk gegen Volk und Königreich gegen Königreich erheben; 11 auch werden große Erdbeben geschehen und in verschiedenen Gebieten Hungersnöte und Seuchen auftreten, und schreckliche Dinge und große Zeichen am Himmel werden sich ereignen. 12 Bevor dies alles aber geschieht, wird man Hand an euch legen und euch verfolgen, euch ausliefern in die Synagogen und Gefängnisse, auch wegen meines Namens vor Könige und Statthalter schleppen. 13 Dadurch werdet ihr Gelegenheit erhalten, Zeugnis abzulegen. 14 Entschließt euch in solcher Lage dazu, eure Verteidigungsrede nicht vorzubereiten! 15 Ich nämlich werde euch Worte und Weisheit geben, denen alle eure Widersacher nicht widerstehen noch widersprechen können. 16 Sogar Eltern und Brüder und Verwandte und Freunde werden euch ausliefern; man wird manche von euch töten; 17 und ihr werdet von allen um meines Namens willen gehaßt werden. 18 Aber kein Haar von eurem Haupt soll umkommen; 19 durch eure Standhaftigkeit werdet ihr euch das Leben erwerben.
20 Wenn ihr seht, wie Jerusalem von Truppen umringt wird, dann müßt ihr wissen, daß seine Verwüstung bevorsteht. 21 Dann soll die Bevölkerung Judäas in die Berge fliehen, und die Bewohner der Stadt sollen ausziehen, und die Landleute sollen nicht in die Stadt gehen; 22 denn dies sind die Tage des Gerichts, in denen sich alles erfüllt, was geschrieben steht. 23 Wehe den Schwangeren und den Stillenden in jenen Tagen; denn große Not wird über das Land kommen, und ein Strafgericht wird dieses Volk treffen, 24 so daß sie durch das Schwert sterben müssen und als Gefangene zu allen Völkern gebracht werden, und Jerusalem wird von Völkern zertreten werden, bis sich die Zeiten der Völker vollenden.
25 Danach werden Zeichen an Sonne, Mond und Sternen sichtbar, und auf der Erde werden die Völker sich ängstigen in Ratlosigkeit über das Getöse und Gewoge des Meeres. 26 Menschen werden aus Schrecken sterben in Erwartung der Dinge, die über den Erdkreis kommen; denn die himmlischen Kräfte geraten ins Wanken. 27 Und dann wird man den Menschensohn in einer Wolke kommen sehen mit großer Macht und Herrlichkeit. 28 Wenn dies zu geschehen anfängt, so richtet euch auf und erhebt eure Häupter, weil sich eure Erlösung naht.
29 Und er erzählte ihnen ein Gleichnis: Seht euch den Feigenbaum und alle Bäume an. 30 Sobald ihr seht, daß sie ausschlagen, erkennt ihr von selbst, daß der Sommer schon nahe ist. 31 Ebenso gilt für euch: Wenn ihr seht, daß dies geschieht, so erkennt, daß die Herrschaft Gottes nahe ist. 32 Wahrlich ich sage euch, daß dies Geschlecht nicht vergeht, bis alles geschieht. 33 Himmel und Erde werden vergehen, meine Worte aber werden nicht vergehen.

34 Seid aber auf der Hut, damit eure Herzen nicht träge werden durch Taumel und Trunkenheit und Alltagssorgen, so daß jener Tag plötzlich über euch fällt 35 wie ein Fallstrick. Er wird nämlich über alle Bewohner der ganzen Erde hereinbrechen. 36 Wachet vielmehr zu jeder Zeit, und bittet, daß ihr diesem allen, was geschehen wird, entrinnen möchtet und vor den Menschensohn hintreten könnt.

Nachdem Lukas im Rahmen der «großen Einschaltung» in 17,20–37 die apokalyptische Rede der Spruchquelle gebracht hatte, bietet er in 21,5–36, dem Aufriß des Markus-Evangeliums folgend, eine zweite Endzeitrede nach Mark. 13. Dieses 13. Kapitel setzt sich aus Traditionen verschiedener Herkunft zusammen, die Markus – manchmal mühsam – unter den Gesichtspunkten seiner Redaktion zusammenstellte und erläuterte. Diese Vorlage bearbeitet Lukas seinerseits spürbar, und zwar in durchgehend erkennbarer Rücksicht auf seine redaktionellen Interessen, so daß eine andere Vorlage als Mark. 13 nicht angenommen werden darf.
Lukas ist nicht vor allem an dem ursprünglichen Thema der Rede – die apokalyptisch vorgestellte Wende der Äonen – als solchem interessiert. Die Frage nach dem Daß, dem Wann und dem Wie des «jüngsten Tages» und der Ankunft des Menschensohns hat für Lukas, dessen Eschatologie stärker hellenistisch als apokalyptisch geprägt ist (vgl. 20,27–40; 23,43), keine drängende Bedeutung. Das Problem der «Parusieverzögerung» ist nicht mehr brennend aktuell; weder forciert Lukas eine Naherwartung noch verschiebt er das Ende in weite Ferne. Sein Interesse richtet sich auf die Vorzeichen des Endes, freilich nicht, um das Ende selbst berechnen zu können, sondern weil es sich bei diesen Vorzeichen um historische Ereignisse handelt, deren gegenwärtige Bedeutung und aktuellen Sinn für die Gemeinde seiner Zeit Lukas reflektiert. Das führt gegenüber der Vorlage zu einer Vereinfachung und Konzentration der Rede.

In **V. 5–7** (= Mark. 13,1–4) fällt zunächst auf, daß Jesus seine Rede nicht außerhalb des Tempels vor dem Kreis seiner vertrauten Jünger (so Markus), sondern offensichtlich noch im Tempel hält. Entspricht jene Szene (Mark. 13,3) der esoterischen Jüngerbelehrung der markinischen Redaktion, so diese den Bedürfnissen der lukanischen Redaktion: Jesus spricht nicht über (und gegen) den Tempel, sondern als der wahre Lehrer Israels *im* Tempel (vgl. V. 37f.; 19,47; 20,1; 22,53; 2,49) zu dem jüdischen Volk. Auch die Frage V. 7 kommt aus dem Volk. Die Lehre des Christus bzw. der Christen ist keine «neue» Lehre, sondern die Wahrheit Israels; Jesus ist nicht der Überwinder, sondern der messianische Repräsentant bzw. der Vollender der alttestamentlichen Heilsgeschichte.
V. 6 (= Mark. 13,2) ist ursprünglich eine Ansage der Tempelzerstörung; der Tempel war mit Marmor ausgestattet, und zu den Weihgeschenken gehörte ein großer goldener Weinstock, den Herodes der Große am Heiligen hatte anbringen lassen (V. 5). Im Zusammenhang mit der Tempelzerstörung im Jahre 70 müßte V. 7 (= Mark. 13,4) nach der Zeit und den Vorzeichen dieser geschichtlichen Katastrophe fragen. Die Antwort Jesu (V. 8ff.) geht aber auf das Ende des alten Äons überhaupt. Schon bei Markus ist diese Abfolge der Gedanken nicht leicht durchschaubar. Man wird bei *Lukas* davon ausgehen müssen, daß er die totale Zerstörung des Tempels (V. 6) nicht auf die Einnahme und Verwüstung Jerusalems durch die Römer im Jahre 70, sondern auf das Ende aller Dinge bezogen wissen will, oder daß zumindest die Zuhörer die Worte Jesu – naheliegenderweise – in diesem eschatologischen Sinn verstehen sollen: «Die Herrlichkeit der Erden muß Rauch und Asche

werden». Jedenfalls geht ihre anschließende Frage in V.7 auf das Ende des alten Äons, nicht auf das innergeschichtliche Ereignis einer Tempelzerstörung.
Jesu erste Antwort nennt als Vorzeichen des «jüngsten Tages» religiöse Verführer (**V.8** = Mark. 13,5, falsche Hoffnung) sowie Krieg und Aufstand (**V.9** = Mark. 13,7, falsche Furcht). Das sind bekannte apokalyptische Vorstellungen, die das Negative der Gegenwart als Hinweis auf die totale Negation des alten Äons verstehen. Daß dies oder jenes zunächst geschehen *muß*, entspricht der apokalyptischen Überzeugung, daß die Geschichte nach Gottes Plan abläuft und ihr Ende findet (vgl. Dan. 2,28).
Im Blick auf die Verführer fügt Lukas in **V.8** (nach Mark. 13,21; vgl. Luk. 17,23) ausdrücklich hinzu, man dürfe ihnen nicht folgen. Außerdem spricht er nicht nur von denen, die sich für Heilande und Erlöser ausgeben, sondern, über Markus hinausgehend, auch von apokalyptischen Schwärmern, die das Ende für nahe bevorstehend halten und denen er wie in 17,21.23; 19,11ff. widerspricht. Ursache solcher Naherwartung des Endes möchten die bedrängenden Erfahrungen der zurückliegenden Verfolgungszeit gewesen sein (vgl. 18,1–8).

Nach einem neuen (redaktionellen) Einsatz (**V.10a**) folgt Lukas zunächst weiter Markus (V. 10b–11a = Mark. 13,8), fügt aber in **V.11b** mit den Seuchen, den schrecklichen Dingen (die apokalyptische Literatur nennt z.B. Blutregen, Mißgeburten usw.) und den Zeichen am Himmel (z.B. schreckerregende Kometen, Finsternisse; vgl. V.26b; Off.6,12ff.; 2.Makk. 5,3) andere stereotype Vorzeichen hinzu.
Wenn Lukas **V.12–15** mit der Angabe «Bevor dies alles aber geschieht» einleitet, so zeigt er einerseits, daß er das Vorangehende vor allem auf kommendes Geschehen bezogen wissen will, und andererseits, daß er mit V. 12–19 auf die Gegenwart bzw. die jüngste Vergangenheit blickt. Diese Gegenwart einer verfolgten und bedrängten Gemeinde findet das besondere Interesse des Evangelisten, ganz unabhängig vom Thema «Eschatologie». V. 12–19 hat Lukas darum besonders intensiv bearbeitet.
Die Vorlage des Lukas, Mark. 13,9–13, geht teilweise auf die Spruchüberlieferung Q[1] zurück. Das entsprechende Spruchgut fand Lukas demzufolge auch in der Spruchquelle Q vor, und diesen für ihn wichtigen Text hat Lukas als «Dublette» in 12,11f. stehen gelassen. Das auf die Weltmission bezogene Logion Mark. 13,10 (vgl. 16,15), ein Zusatz des Mark. zu Q[1], hat Lukas dagegen zugunsten von 24,47 wieder ausgelassen.
Einleitend (**V.12a**) gibt Lukas ausdrücklich das Thema «Verfolgung» an (vgl. 17,25). Neben den Synagogen, die der rechtlich relativ autonomen jüdischen Bevölkerung im römischen Reich auch als Ort der Gerichtsverhandlung und des Strafvollzugs dienten (Apg. 22,19), nennt er die (heidnischen) Gefängnisse, die für die heidenchristlichen Gemeinden aktuelle Bedeutung hatten. Vor Königen und Statthaltern (**V.12b**) erhält der verfolgte Christ Gelegenheit zum Zeugnis, nämlich zum Bekenntnis des Namens (= der Sache) Jesu Christi (vgl. Apg. 24–26). «Zeugnis» heißt im griechischen Text «Martyrium», und weil das bekennende Zeugnis des Glaubens oft zum Blutzeugnis führte, erhielt der Begriff «Martyrium» in der christlichen Sprache des 2. Jahrhunderts die uns vertraute Bedeutung «Blutzeugnis».
V.14f. (= Mark. 13,11) enthält die bereits aus der «Dublette» 12,11f. bekannte Anweisung, ohne kluge Vorbereitung der Verteidigung sich dem Verhör und der Verhandlung im Vertrauen darauf zu stellen, daß der erhöhte Herr durch seinen

Geist ein Bekenntnis ermöglicht, das die Ankläger überwindet und überführt (vgl. Apg. 4,8.13f.). Nicht Verteidigung, sondern Zeugnis ist geboten. V. 15 geht in der vorliegenden Fassung (vgl. Apg. 6,10) auf Lukas zurück und spiegelt offenbar Erfahrungen aus der letzten Verfolgungszeit wieder; vgl. auch 23,13ff.47. Daß Ankläger und Henker durch den Bekenntnismut des Märtyrers selbst für den christlichen Glauben gewonnen werden, ist ein bekanntes Motiv der christlichen Märtyrerberichte (vgl. 23,47).

Die Darstellung in **V. 16f.** schilderte ursprünglich in apokalyptischer Manier die Auflösung aller Familienbande in der Endzeit dieses Äons. Schon bei Markus und verstärkt bei Lukas steht dagegen die durch das Bekenntnis zum christlichen Glauben hervorgerufene Spaltung in den Häusern im Vordergrund (wie 14,26; vgl. 9,57ff.). Nennt Lukas auch «Freunde», die zu Feinden des Bekenners werden, denkt er unter anderem an Judas, der Jesus mit einem Freundeskuß verrät (22,47f.); Jesu Todesweg gilt Lukas nämlich als beispielhaftes Martyrium.

Den tröstlichen **V. 18** fügt Lukas (aufgrund von 12,7; vgl. Apg. 27,34; 1. Sam. 14,45) ein. Natürlich denken V. 18 und V. 19 nicht primär an irdische Bewahrung – V. 16 kündigte ja ausdrücklich das Martyrium als extreme Möglichkeit des Bekenntnisses an –, sondern an das ewige Leben, das für die Märtyrer unmittelbar bereit liegt (vgl. 9,23f.; 17,33; Apg. 7,54ff.). Ein Vergleich von **V. 19** mit Mark. 13,13b zeigt die «Historisierung» der eschatologischen Rede durch Lukas an: Spricht Markus vom geduldigen Ausharren bis zum Ende dieses Äons, so Lukas von der Standfestigkeit im Verhör bis hin zum Martyrium.

Solche Historisierung begegnet besonders deutlich auch in dem folgenden Abschnitt **V. 20–24,** der auf Mark. 13,14–20 beruht. Vermutlich hatte schon Markus diese von ihm übernommene Darstellung, die ursprünglich die letzten geschichtlichen Ereignisse vor dem Kommen des Menschensohns schilderte, auf die jüngst erfolgte Zerstörung Jerusalems und Judäas während des jüdischen Krieges (66–70) bezogen. Lukas arbeitet diesen Bezug deutlich und offenbar mit historischen Kenntnissen, wie sie aus dem entsprechenden Kriegsbericht des jüdischen Schriftstellers Josephus zu entnehmen waren (vgl. zu 19,41–44), aus, so daß niemand entgehen kann, daß er von der bereits erfolgten Verwüstung Jerusalems spricht (nicht von der apokalyptischen Vertilgung wie in V. 6). Zugleich deutet er diese Verwüstung als Gottes Gericht über Israel (V. 22.23b), das, so muß man Lukas im Zusammenhang mit 13,34f.; 19,41ff.; 23,27ff. verstehen, das Volk trifft, weil es durch seine Führer Jesus schuldhaft verworfen hat.

Außerdem stellt Lukas in **V. 22** ausdrücklich fest, solches Gericht geschehe in Erfüllung des im Alten Testament Geschriebenen. Dabei mag er z. B. an 1. Kön. 9,6ff.; Micha 3,12; Ez. 9,1; Sach. 12,3 und andere Stellen denken. Das Gericht über die Heilige Stadt bedeutet also nicht Diskontinuität der Geschichte Israels, wie die Irrlehrer offensichtlich erklären, das ganz Neue des Christlichen behauptend, sondern es ist Teil der kontinuierlichen Geschichte Gottes, die auf das Heil für alle Völker zielt.

Nur am Ende des Abschnitts tritt die apokalyptisch-eschatologische Absicht der ganzen Rede wieder in den Blick: Jerusalem wird von den Heiden «zertreten» werden (vgl. Sach. 12,3), bis auch deren Zeit abgelaufen ist und Gott seine Herrschaft aufrichtet (V. 24b).

Lukas läßt nun die erneute Warnung vor religiösen Verführern (Mark. 13,21–23) aus, da er sie schon in V. 8 und in 17,21.23 aufgenommen hatte, und bringt sogleich mit **V. 25–28** (= Mark. 13,24–27) den Höhepunkt der überlieferten Apokalypse (nach Dan. 7,13f.; vgl. auch Jes. 34,4). Dabei streicht Lukas einen Teil der bei Markus überlieferten kosmischen Zeichen und fügt statt dessen Beobachtungen über die Menschen bei. So geht die doppelte Erwähnung der schrecklichen Angst in V. 25b.26a, die alle Erdenbewohner angesichts der Schrecken der Zukunft befällt, erst auf Lukas zurück: Die Zukunft ist undurchschaubar und unberechenbar und darum bedrohlich. Die schrecklichen Ereignisse der letzten Zeit sind offenbar unvergleichlich schlimmer als die Schrecken der Verfolgungszeit, unter denen die Gemeinde zur Zeit des Lukas zu leiden hat und die noch nicht das Zeichen des Endes sind (vgl. V. 12ff.).

Jene letzte große Angst aber betrifft die Glaubenden nicht. Im Gegenteil: Sie dürfen endlich ihre Häupter erheben; die Zukunft bringt ihnen Erlösung (V. 28; vgl. 17,22). Der von Lukas verwendete griechische Begriff für «Erlösung» ist hellenistischer Herkunft und Prägung (vgl. Röm. 8,23) und ersetzt die rein apokalyptische Vorstellung von der Aussendung der Engel, welche die Auserwählten sammeln (so Mark. 13,27), durch eine mehr vergeistigte Eschatologie. Darum kann auch jeder Versuch fehlen, das «Wann» des beschriebenen Endes zu bestimmen.

Das Gleichnis von der Wachsamkeit (**V. 29–31** = Mark. 13,28f.) bildet einen ersten Abschluß der eschatologischen Rede. Lukas übernimmt es im wesentlichen unverändert von Markus, nur nennt er abschließend ausdrücklich das bei Markus in apokalyptischer Unbestimmtheit gelassene «es»: die Herrschaft Gottes. Das Gleichnis lädt nicht zur Berechnung des Endes ein, sondern hat tröstlichen Klang: Der Wachsame wird von selbst merken, was bevorsteht.

V. 32f. (vgl. 9,27; 16,17) bereitet dem Verständnis schon bei Markus (13,30f.) Schwierigkeiten. Offenbar denkt aber Lukas in V. 32 mit «diesem Geschlecht» an die Menschheit überhaupt (vgl. V. 26.35). Dann wird in V. 32 kein Termin für den Eintritt der Äonenwende genannt, sondern ebenso wie in V. 33 die Gewißheit ausgedrückt, daß sich auch durch die apokalyptische Katastrophe hindurch «alles», nämlich der ganze göttliche Plan, an der Welt und an der Menschheit verwirklichen wird. Gott bewahrt seiner Schöpfung auch durch das Gericht hindurch seine Treue.

Den weiteren Abschluß der Rede (**V. 34–36**) gestaltet Lukas relativ unabhängig von seiner Vorlage Mark. 13,32–37. Die Aussage, auch der Sohn kenne die Stunde des Endes nicht (Mark. 13,32), läßt er aus naheliegenden christologischen Gründen ebenso aus (vgl. aber Apg. 1,7) wie die gleichnishafte Rede von der Wachsamkeit (Mark. 13,34), die er ausführlicher bereits in 12,35ff.; 19,12ff. gebracht hatte.

Die Mahnung zur Wachsamkeit bestimmt aber auch noch den Abschluß bei Lukas. V. 34 nimmt dabei die Grundgedanken der Endzeitrede aus der Spruchquelle Q (17,22f.) in selbständiger Verarbeitung auf; vgl. auch 12,22ff.37f.39f.42ff. sowie 8,14: Das Ende kommt weltweit (V. 35) und unberechenbar, und jeder Mensch muß, bereitet oder nicht zu gehen, vor seinem Richter stehen. Man vgl. auch 1. Thess. 5,2ff.; Röm. 13,11ff.; 1. Tim. 6,9. Der Menschensohn und Weltenrichter ist natürlich – wie in Apg. 10,42; 17,31 – Jesus selbst.

V. 36 weist Lukas einmal mehr als Evangelisten des Gebets aus; vgl. bes. 18,1.8 und 22,40.46. Denkt Lukas dabei in V. 36 an die Bitte, vor den schrecklichen Endereignissen sterben und vor den himmlischen Menschensohn treten zu können? Kaum!

Er denkt doch wohl an das Entrinnen aus der Endkatastrophe. Allerdings hält Lukas zwar die Lehre von der zukünftigen Totenauferstehung und von den apokalyptischen Endereignissen um der Kontinuität der jüdisch-christlichen Heilsgeschichte willen fest, zeigt sich im übrigen aber gegenüber der apokalyptischen Vorstellungswelt sehr reserviert und rechnet mit dem Tod und dem danach kommenden himmlischen Gericht bzw. der darauf folgenden himmlischen Herrlichkeit als dem normalen Geschick des Christen.

Die Mahnung zur Wachsamkeit gilt jedenfalls angesichts des Todes ebenso wie angesichts der Wiederkunft des Herrn. Jede Stunde kann die letzte sein, und darum ist jede Stunde in gleicher Weise entscheidende, nicht zu versäumende Stunde. In jedem Augenblick reift eine ewige Ernte.

21,37–38   Jesu Wirken in Jerusalem

37 Er lehrte tagsüber im Tempel, die Nacht aber verbrachte er außerhalb der Stadt auf dem sogenannten Ölberg. 38 Und das ganze Volk machte sich frühmorgens zu ihm in den Tempel auf, um ihn zu hören.

V. 37f. (S^{Lk}; vgl. 22,39) bildet das Pendant zu 19,47f. (vgl. 20,1; 22,53). Dieser zweifellos von Lukas gebildete Schlußrahmen der Tempelreden Jesu enthält zwei redaktionelle Motive, die z.B. in Apg. 2,46f.; 3,11ff.; 5,12f.20f.25 wieder begegnen.

Einmal: Jesus lehrt allezeit im Tempel, dem jüdischen Heiligtum und dem zentralen Lehrhaus Israels, wie Lukas aus der Optik der hellenistischen Synagoge feststellt. Der Tempel ist sein Eigentum. Er ist also der jüdische Lehrer, der als solcher das Christliche als das wahre Jüdische zu erkennen gibt.

Zum anderen: Das jüdische Volk nimmt ihn als seinen Lehrer an. Die Kontinuität der mit Jesus «christlich» werdenden Heilsgeschichte ist also von beiden Seiten gewährleistet, vom Volk Israel und von Christus Jesus aus. Nur die jüdischen Führer widerstehen Jesus; sie aber haben den Propheten Gottes stets widersprochen (6,23; 11,47ff.; 13,34f.; 20,19 u.ö.), so daß ihr Widerspruch Jesus und seine Gemeinde gerade in die Kontinuität der Geschichte Israels stellt.

22,1–6   Todesanschlag und Verrat

1 Inzwischen war das Fest der ungesäuerten Brote, das sogenannte Passafest, nahe herbeigekommen, 2 und die Oberpriester und die Schriftgelehrten suchten nach einem geeigneten Weg, ihn umzubringen; denn sie fürchteten das Volk. 3 Satan aber fuhr in Judas, der Ischarioth genannt wurde und zu der Schar der Zwölf gehörte. 4 Der ging hin und besprach mit den Oberpriestern und Hauptleuten, wie er ihn an sie ausliefern könne. 5 Da freuten sie sich und beschlossen, ihm Geld zu geben. 6 Er stimmte zu und suchte eine günstige Gelegenheit, ihn ohne Volksauflauf an sie auszuliefern.

Lukas folgt Mark. 14,1–2.10–11. Die in Mark. 14,3–9 stehende Geschichte von der Salbung in Bethanien läßt er als Dublette zu 7,36–50 aus. Er ändert seine Vorlage nur wenig, gestaltet aber die Darstellung flüssiger und psychologisch durchschaubarer.

Die ungenaue Festangabe des Markus behält er in **V.1** (wie in 22,7) bei; genau genommen wurde das Passalamm am Vorabend des Festes der ungesäuerten Brote geschlachtet und gegessen, doch findet sich die Vereinigung beider Feste zu einem Fest auch sonst. Die Zählung der Tage in der Passionswoche, die Markus vornimmt, tilgt Lukas; er erweckt beim Leser mit Bedacht den Eindruck, Jesus habe längere Zeit in Jerusalem, der heiligen jüdischen Stadt, gewirkt (vgl. 21,37f.).

Die Präzisierung des Markus, die jüdischen Führer wollten Jesus nicht inmitten der Festversammlung verhaften lassen, streicht Lukas in **V.2**; vermutlich wollte er das Mißverständnis dieser Angabe als Zeitangabe («nicht während des Festes») vermeiden. Statt dessen unterstreicht er die Mitteilung, die Führer hätten das Volk gefürchtet (V.2), in V.6 durch die redaktionelle Notiz, Judas gedachte, Jesus ohne Volksauflauf auszuliefern. Wie sonst hebt der Evangelist also den Gegensatz zwischen dem Jesus freundlich gesonnenen Volk und den ihm feindlich gegenübertretenden Führern stark hervor, Jesus auf diese Weise trotz seiner Verurteilung in Jerusalem ganz in die jüdische Volks- und Heilsgeschichte integrierend. Zugleich wird auf diese Weise die Notwendigkeit eines «Verrats» dokumentiert.

Die Hauptleute, die Lukas in **V.4** neben den Oberpriestern einführt, sind die Offiziere der Tempelpolizei (vgl. Apg. 4,1; 5,24).

Auf die erschreckende Tatsache, daß einer aus dem Kreis der Zwölf Apostel Jesus verrät, hatte Lukas den Leser bereits in 6,16 (vgl. 21,16) vorbereitet: auf diesem Wege vollzieht sich Gottes im Alten Testament angesagter (18,31; 24,25ff. u.ö.) Wille, demzufolge Jesus leiden muß (9,22; 22,22; 24,26), nämlich als Märtyrer (13,33f.).

Der Satan, der in Judas fährt, ist also Gottes Werkzeug. Er begegnete im Evangelium zuletzt 4,13, als er Jesus nach der Versuchung «für eine gewisse Zeit» verließ. Der Evangelist will anscheinend zum Ausdruck bringen, daß die Jesuszeit zwar eine satansfreie Zeit war, jetzt aber, mit Jesus Passion, der Versucher wieder auf den Plan tritt. Die Gemeinde soll also wissen, daß sie allezeit auf die «listigen Anläufe» des Versuchers gefaßt sein muß, zumal in den Zeiten der Verfolgung.

Das Motiv vom Wirken des Satans gehört in die Darstellung Jesu als des exemplarischen Märtyrers hinein. Insoweit haben wir es bei dem Verrat des Judas mit einer «Denunziation» durch einen der Freunde und engsten Begleiter des Bekenners zu tun (vgl. 21,16). Wer hat Interesse an der Denunziation der Auserwählten Gottes? Wer hat die Macht, einen der Jünger dazu zu bewegen? Der Satan! – vgl. Hiob 1–2. Vor solcher Versuchung durch den Satan ist niemand in der Gemeinde gefeit. Wachsamkeit tut not!

22,7–14   Zurüstung zum Passamahl

7 Als der Tag der ungesäuerten Brote gekommen war, an dem man das Passalamm schlachtete, 8 sandte er Petrus und Johannes und sagte: Geht, richtet für uns das Passalamm zu, damit wir essen können. 9 Sie sagten zu ihm: Wo sollen wir es zurichten? 10 Er sprach zu ihnen: Paßt auf! Wenn ihr in die Stadt kommt, wird euch ein Mann begegnen, der einen Wasserkrug trägt. Folgt ihm in das Haus, in das er hineingeht. 11 Dann sprecht zu dem Herrn des Hauses: Der Meister läßt dir sagen: Wo ist der Raum, in dem ich das Passalamm mit meinen Jüngern essen kann? 12 Darauf wird er euch ein großes, mit Speisepolstern versehenes Obergemach zeigen. Dort richtet zu. 13 Da gingen sie fort und fanden es so, wie er ihnen gesagt hatte,

und richteten das Passalamm zu. 14 Und als es an der Zeit war, legte er sich zu Tisch und die Apostel mit ihm.

Dieser Abschnitt entspricht Mark. 14,12–17. Er rückte in seiner ursprünglichen Intention Passafeier und Abendmahl, Erlösung Israels aus der Knechtschaft in Ägypten und Erlösung der Welt aus der Macht der Sünde, das nationale jüdische und das universale christliche Heil zusammen. War dabei in der Grundschrift des Markus an die (kontinuierliche) Ablösung des ersteren durch das letztere gedacht, so dürfte Lukas stärker die Kontinuität als solche bzw. die «Aufhebung» der jüdischen in die christliche Erlösungshoffnung vor Augen haben.

Die ungenaue Festangabe des Markus übernimmt Lukas in **V. 7** (vgl. V. 1). Das Fest der ungesäuerten Brote, auch Mazzenfest genannt, wurde sieben Tage lang nach der Vorschrift 2. Mose 12,15–20 gefeiert. Das Passalamm schlachtete man bis zur Zerstörung Jerusalems nachmittags am Tag vor dem Mazzenfest, zu dem alles «Gesäuerte» aus dem Haus entfernt werden mußte, nach der Ordnung von 2. Mose 12,1–14 im Tempel; für das Passamahl war die Zeit nach Sonnenuntergang vorgeschrieben (V. 14; vgl. Mark. 14,17). Das festliche Mahl wurde im Haus eingenommen, indem man auf Speisepolstern lag, die um einen niedrigen Tisch herumgelegt waren.

Die Erzählung erinnert stark an die Geschichte vom Einzug in Jerusalem; die Auffindung des Saales hat ihre Parallele in der Auffindung des Reittieres. Jesus handelt als der mit prophetischem Wissen begabte Gottesmann. Er handelt. Nicht kommen die Ereignisse auf ihn zu; er führt sie herbei und bestimmt selbst, was geschehen soll. Gottes Heilswerk geschieht.

Lukas verstärkt dies von Anfang an wesentliche Moment der Erzählung noch, indem er nicht (wie Mark. 14,12) die Jünger, sondern Jesus selbst die Initiative zur Vorbereitung des Passamahles ergreifen läßt **(V.7ff.)**. Für Lukas ist diese Initiative auch deshalb wichtig, weil das Passafest das jüdische Hauptfest ist, Jesus sich also mit seiner Festbeobachtung als «treuer Israelit» erweist; damit wird erneut die unlösbare Verwurzelung des Christlichen im Jüdischen herausgestellt.

Im übrigen greift Lukas in diese seiner redaktionellen Tendenz so deutlich entgegenkommende Erzählung kaum ein. Die beiden Jünger identifiziert (erst) er mit Petrus und Johannes, den beiden auch in der Apostelgeschichte hervorgehobenen Aposteln (V.4), die damit im Unterschied zu Mark. 10,35ff.41 positiv ausgezeichnet werden. Die tragende Rolle der Zwölf Apostel (Apg. 1,21f.) drängt Lukas dazu, jeden Schatten von ihnen fernzuhalten.

22,15–20 Einsetzung des Abendmahls

**15 Er sprach zu ihnen: Ich habe sehnliches Verlangen, dieses Passalamm mit euch zu essen, bevor ich leide. 16 Denn ich sage euch, daß ich es nicht mehr essen werde, bis es erfüllt wird in der Herrschaft Gottes. 17 Und er nahm den Kelch, sprach das Dankgebet und sagte: Nehmt ihn und teilt ihn unter euch aus. 18 Denn ich sage euch, ich werde von jetzt an von dem Gewächs des Weinstocks nicht mehr trinken, bis die Herrschaft Gottes kommt.
19 Danach nahm er Brot, sprach das Dankgebet, brach es und gab es ihnen und sprach: Dies ist mein Leib, der für euch gegeben wird. Dies tut zu meinem Gedächtnis. 20 Und ebenso den Kelch nach dem Mahl und sprach: Dieser Kelch ist der neue Bund in meinem Blut, das für euch vergossen wird.**

Die Ausgrenzung und selbständige Behandlung der «Einsetzungsworte» V. 15–20 ist gerechtfertigt, auch wenn man eine größere erzählerische Einheit in V. 14–23 oder gar V. 14–38 beobachten kann.
Der Abendmahlsbericht des Lukasevangeliums wirft viele Probleme auf. Der Evangelist hatte in jedem Fall Mark. 14,22–25 (vgl. Mat. 26,26–29) vorliegen, doch weicht seine Darstellung von der des Markus stark ab.
Die bekannten «Einsetzungsworte» stehen in V. 19–20. Sie folgen zwar teilweise genau der Fassung von Mark. 14,22–24, besonders am Anfang von V. 19 und am Ende von V. 20, aber wo sie von dem Text des Markus abweichen, entsprechen sie fast völlig der von Paulus 1. Kor. 11,23–25 überlieferten Fassung. Zur Erklärung dieses eigenartigen Tatbestandes darf man nicht annehmen, daß Lukas den Ersten Korintherbrief gekannt hat. Vielmehr waren in seiner Gemeinde die Einsetzungsworte in etwa derselben Form in liturgischem Gebrauch, wie auch Paulus sie kannte und lehrte. Lukas übernimmt also verständlicherweise die «Einsetzungsworte» im wesentlichen aus der Liturgie seiner Gemeinde; redaktionelle Eingriffe sind bei einem so «statischen» Text nicht zu erwarten und auch nicht zu erkennen.
Die «Einsetzungsworte» lassen mehr oder weniger deutlich eine Geschichte ihrer Überlieferung erkennen. Sie bilden vermutlich kein ursprüngliches Paar, wie die unterschiedlichen Rituale und Interpretamente bei Brot und Wein zeigen; auch müßte sonst in der gewöhnlichen Begrifflichkeit von «Fleisch und Blut» die Rede sein (vgl. 1. Kor. 15,50; Joh. 6,55).
Das Brot wird unter Danksagung gebrochen und so auf den «Leib Christi» bezogen. Dabei dürfte ursprünglich nicht an den gekreuzigten Leib gedacht gewesen sein – «brechen» ist kein Symbol für «töten» – sondern an den «Leib», den die eine Gemeinde aus vielen Gliedern bildet (1. Kor. 10,16bf.; Did. 9,3f.; vgl. 1. Kor. 12,12f.; Eph. 4,4.15f.); die Vielen, die von dem einen Brot essen, fügt das Mahl zu der Gemeinschaft des Leibes Christi zusammen. Das «für euch gegeben», das bei Mark. (und Mat.) noch fehlt, ist dann eine sekundäre, vielleicht aus dem Kelchwort übertragene Interpretation der Brothandlung, die das Brot im Lichte von Jes. 53 auf den für uns in den Tod gegebenen Leib Jesu bezieht (stellvertretender Sühnetod?). Dabei steht nicht die Substanz des Leibes im Blick, wie die mittelalterlichen Abendmahlslehren meinten, sondern das Geschehen des Kreuzestodes, das uns zugut erfolgte. Eine noch spätere Deutung des Brotmahls stellt eine Parallele zu hellenistischen Totengedächtnismahlen her: «Dies tut zu meinem Gedächtnis». Diese Deutung bezieht sich natürlich auf das ganze Mahl aus Brot und Wein, weshalb Paulus es beim Kelchwort auch wiederholt (1. Kor. 11,25). Während der Abendmahlsfeier soll die Gemeinde des Todes Jesu gedenken, freilich nicht im Sinne des Gedenkens an einen Verstorbenen, sondern durch die Proklamation dieses Todes des auferstandenen Herrn, wie Paulus ausdrücklich erläutert: «Immer, wenn ihr dies Brot eßt und diesen Kelch trinkt, verkündigt ihr den Tod des Herrn, bis er kommt» (1. Kor. 11,26).
Nach dem Essen wird der Gemeinde ebenso der Kelch gereicht. Das «nach dem Essen» setzt für die Situation der Einsetzung das Passamahl voraus, das für die Praxis der allsonntäglichen Abendmahlsfeiern nicht mehr in Frage kommt, so daß diese überkommene Angabe jetzt nur die Trennung von Essen des Brots und Trinken des Kelchs dokumentiert.
Im Anschluß an 2. Mose 24,1–8 wird Jesu Tod in der ersten Deutung des Kelchs als Bundesopfer verstanden, nämlich als das den eschatologischen Bund der vollkommenen Gottesgemeinschaft, den Gott in Christus mit der Welt schließt, besiegelnde

Opfer (vgl. 2. Kor. 3,6; Gal. 4,24ff.). Wiederum ist nicht an die Substanz des Blutes, sondern an das Geschehen auf Golgata gedacht. Die zweite Deutung bringt auch den Kelch in Verbindung mit der fundamentalen, in Jes. 53 begründeten Deutung des Kreuzestodes Jesu «für uns», nämlich «für unsere Sünden», ohne dies «für uns» des Todes Jesu näher zu erläutern.

Lukas, der die «Neuheit» des Christlichen sonst gegenüber den Irrlehrern, die das Alte Testament verwerfen, zu eliminieren bestrebt ist (4,36; 5,39), dürfte «neuer Bund» nicht im Gegensatz zu «alter Bund», sondern im Sinn von «erneuerter Bund» (vgl. Mark. 14,25) verstanden haben; in diesem Verständnis verbindet die alttestamentliche Kategorie des Bundesopfers das christliche Kreuzesgeschehen sogar ganz im Sinn des Lukas unmittelbar mit Israel. In solchem heilsgeschichtlichen Sinn soll Lukas zufolge dann vielleicht auch das «für euch» gegeben bzw. vergossen interpretiert werden, das in seiner ursprünglichen, soteriologisch auf den Kreuzestod bezogenen Sinngebung der lukanischen Theologie nicht entspricht (siehe zu V. 27), in den liturgisch gebräuchlichen Einsetzungsworten aber schlecht gestrichen werden konnte. Doch könnte das «für euch» zusammen mit dem «zu meinem Gedächtnis» auch vorbildhaft gemeint sein; es wäre dann im Sinne des Lukas auf Jesu Passion als beispielgebendes Martyrium zu beziehen. Darauf weist auch die folgende Überlegung hin.

Die Lukas nicht genehme, traditionelle soteriologische Deutung der Einsetzungsworte V. 19–20 blieb in dem überlieferten Text in jedem Fall so gewichtig, daß Lukas dieses liturgische Stück in den «Schatten» von V. 15–18 stellt, eines von ihm selbst in Analogie zu den Einsetzungsworten, jedoch ohne Bezug auf die Erlösung der Menschen durch den Kreuzestod Jesu hergestellten Doppelwortes. Den Stoff zu V. 15–18 entnimmt Lukas aus der Passamahlsituation (V. 7–14), aus den Einsetzungsworten (V. 19–20) und aus dem von Lukas im übrigen gestrichenen «eschatologischen Ausblick» Mark. 14,25 (vgl. 1. Kor. 11,26), der seinerseits das bekannte Bild vom eschatologischen Freudenmahl in der Herrschaft Gottes aufgreift (13,28f.; 14,15; 22,30). Das Passamahl ist V. 15–18 zufolge Jesu Abschiedsmahl, das er als solches mit seinen Jüngern feiert, die in seinen Versuchungen bei ihm ausharren (22,28), und mit dem sein eigentlicher Leidensweg – Jesus weiß um die Tat des Judas (V. 18) – beginnt. Im lukanischen Sinn haben wir es also mit dem (beispielgebenden) Abschiedsmahl des Märtyrers Jesus zu tun. Wie er wird jeder Märtyrer durch sein Martyrium dem Lauf dieser Welt entnommen; ihm öffnet sich unmittelbar, wie 23,43 zeigt, das Tor der Gottesherrschaft – ein in der jüdischen und frühchristlichen Martyriumstheologie geläufiger Gedanke. Jedes Abendmahl der Gemeinde ist insofern ein vorweggenommenes Abschiedsmahl.

Der genaue Sinn der Feststellung, das Passa werde in der Herrschaft Gottes «erfüllt», ist umstritten; aus 1. Kor. 5,7 läßt sich der lukanische Gedanke schwerlich erhellen. Das Judentum kennt wohl die Vorstellung des endzeitlichen Mahls, nicht aber den Gedanken des vollendeten Passamahls. Vermutlich handelt es sich um eine von Lukas spontan in Parallele zu V. 18 (= Mark. 14,25) gebildete und mit V. 18 gleichsinnige Formulierung, die in jedem Fall die für Lukas wichtige unbedingte und unmittelbare Kontinuität von alttestamentlich-jüdischem und christlichem Erlösungsgedanken (bzw. von Passafeier und Herrschaft Gottes) ausdrückt: Die Herrschaft Gottes bedeutet nicht Diskontinuität zur Geschichte des alttestamentlichen Gottesvolkes, sondern ihre Erfüllung.

Eine Anzahl späterer Abschreiber hat daran Anstoß genommen, daß Jesus nach dem lukanischen Bericht zweimal vom Essen spricht und zweimal den Kelch herumreicht. Auf verschiedene Weise haben sie durch Umstellungen oder Streichungen versucht, den Lukastext der Abendmahlsüberlieferung bei Markus und Matthäus anzugleichen. Am bekanntesten wurde der Kurztext der Handschrift D (05), der statt V.15–20 nur V.15–19a (bis: «Dies ist mein Leib») umfaßt, also inmitten der Einsetzungsworte abrupt abbricht. Zu Unrecht halten manche Forscher diesen Kurztext für ursprünglich.

22,21–38   Gespräch bei Tisch

**21 Doch seht, die Hand dessen, der mich ausliefert, liegt mit meiner Hand auf dem Tisch; 22 denn der Menschensohn geht dahin, wie es bestimmt ist. Wehe aber dem Menschen, durch den er ausgeliefert wird! 23 Da begannen sie untereinander zu streiten, wer von ihnen es wohl wäre, der dies tun werde.
24 Auch kam es zu einem Streit zwischen ihnen, wer von ihnen als der Größte zu gelten habe. 25 Da sprach er zu ihnen: Die Könige herrschen über die Völker, und deren Machthaber nennt man «Allergnädigster Herr». 26 Ihr aber sollt euch nicht so verhalten, sondern der Größte unter euch mache sich zum Geringsten und der Angesehene zum Dienenden. 27 Denn wer ist größer: Der zu Tische liegt oder der Tischdiener? Etwa nicht der, welcher zu Tische liegt? Ich aber bin unter euch als der Tischdiener.
28 Und ihr seid diejenigen, welche mit mir in meinen Prüfungen ausgeharrt haben. 29 Darum vermache ich euch, wie mir mein Vater das Reich vermacht hat, 30 daß ihr essen und trinken sollt an meinem Tisch in meinem Reich, und ihr werdet auf Thronen sitzen, die zwölf Stämme Israels zu richten.
31 Simon, Simon, der Satan hat verlangt, euch zu sieben wie den Weizen. 32 Ich aber habe für dich gebetet, daß dein Glaube nicht aufhöre. Und du, wenn du umgekehrt bist, stärke deine Brüder. 33 Er sprach zu ihm: Herr, mit dir bin ich bereit, auch in das Gefängnis und in den Tod zu gehen. 34 Da sprach er: Ich sage dir, Petrus, der Hahn wird heute nicht krähen, bevor du dreimal geleugnet hast, mich zu kennen.
35 Weiter sagte er zu ihnen: Als ich euch ohne Geldbeutel und Rucksack und Sandalen aussandte, habt ihr da an irgendetwas Mangel gehabt? Sie sprachen: An nichts! 36 Da sagte er zu ihnen: Aber jetzt, wer einen Geldbeutel hat, nehme ihn, ebenso den Rucksack, und wer keinen hat, verkaufe sein Gewand und kaufe sich ein Schwert. 37 Denn ich sage euch, daß dies Schriftwort sich an mir erfüllen muß: «Und er wurde zu den Übeltätern gezählt»** (Jes. 53,12). **Mein Weg hat sein Ziel erreicht. 38 Sie sprachen: Herr, siehe, hier sind zwei Schwerter. Da sagte er ihnen: Es ist genug.**

Aus Material unterschiedlicher Herkunft bildet Lukas ein Tischgespräch, das auf das Passamahl und die Einsetzung zum Abendmahl folgt. Dies Gespräch enthält ein Vermächtnis Jesu an seine Jünger bzw. an die Gemeinde. Im Hintergrund der lukanischen Redaktion steht wiederum vornehmlich die Martyriumssituation: der «Leiter» der Gemeinde nimmt Abschied vor seinem schweren Gang.

V.21–23, die Ansage des Verrats, stammt aus Mark. 14,18–21. Markus bringt diese Szene vor der Einsetzung des Abendmahls; ihre Umstellung in das Nachtischgespräch durch Lukas ist sinnvoll. Lukas glättet die etwas umständliche Darstellung

des Markus, ohne sie sachlich wesentlich zu verändern, und setzt sie in Beziehung zu dem unmittelbar Vorangehenden und Folgenden.
Das anschauliche Bild, die Hand des Verräters liege mit Jesu Hand auf dem Tisch (V. 21), besagt, der Verräter gehöre zum Kreis der engsten Vertrauten; seine Identifizierung erfolgt nicht, so daß dem Verrat nicht vorgebeugt werden kann. Judas bleibt wie beim Mahl so beim Tischgespräch zugegen. Über die Teilnahme von «Unwürdigen» beim Abendmahl soll damit keine Aussage gemacht werden.
Judas ist Gottes Werkzeug, dazu bestimmt, in Gang zu bringen, was Gott über Jesus beschlossen hat (V. 22b). Jesus kennt und folgt Gottes Willen; er sagt das Geschehen voraus. Er bleibt in seiner Passion der Handelnde.
Zu dem Gedanken, daß das Böse sein muß, dem Bösen aber das Wehe gilt, siehe 17,1f. Die Gefahr, daß schwache Christen (Teilnehmer am Abendmahl) ihre Brüder, vor allem die von der Verfolgung besonders getroffenen Gemeindeleiter, an die staatlichen Behörden auslieferten, bestand unter dem Druck der Verfolgungen stets. Unsere Szene ist eine beredte Warnung davor; die Jünger fragen sich: wer von uns würde dies tun? (V. 23).

Den Rangstreit unter den Jüngern (Mark. 10,35–45) hatte Lukas übergangen; er hätte kein gutes Licht auf die Apostel geworfen, und Lukas versucht, nach Möglichkeit allen Schatten von den Jüngern fernzuhalten, um nicht den falschen Lehrern in seinen Gemeinden Anlaß zu geben, die Zwölf Apostel zu diffamieren und an ihrer Stelle einen zurechtgestutzten Paulus zum einzigen Garanten des Evangeliums zu machen.
Die Belehrung Jesu über das angemessene Verhalten der Christen untereinander in Mark. 10,41–45 trägt Lukas nun mit einer kurzen, in der Situation des vorangegangenen Mahles zwar wenig passenden, doch an V. 23 angeschlossenen Einführung (V. 24) in **V. 24–27** nach.
Das Kernstück V. 25–26 bringt gegenüber Markus trotz anderer Akzentuierung keine wesentliche sachliche Änderung. Es geht nicht darum, die Ordnung des Staates als solche zu kritisieren; anarchistische Tendenzen liegen Lukas fern, und wo bei Markus allenfalls noch ein Unterton gegen staatliches Herrschaftsgebaren vernehmbar war, findet sich bei Lukas, seiner apologetischen Tendenz entsprechend, eine sachliche Schilderung (V. 25); zur Sache vergleiche man 20,20–26. Mit «Allergnädigster Herr» wurde der vor allem in Ägypten und Syrien häufig belegte Titel «Euergetēs» wiedergegeben.
Das Verhalten der Christen untereinander – Markus dachte speziell an die Gemeindeordnung – hat sich indessen nicht am Vorbild der «bürgerlichen» Ordnung, an Herrschaft und Autorität, zu orientieren. Vielmehr begründet nur der Dienst Ansehen in der Gemeinde. Darum hat sich der im öffentlichen Leben Größere und Angesehenere – auf ihn vor allem hebt Lukas ab – in der Gemeinde besonderer Demut zu befleißigen (V. 26): die Gemeinde lebt nicht aus dem in der Welt «Verfügbaren». Wer mit geringen Gaben dient, zählt mehr als der, welcher mit viel Vermögen Ansprüche erhebt (vgl. 21,1–4).
Wer so handelt, folgt damit dem Vorbild Jesu, wie Lukas in V. 27, die vorausgehende Mahlsituation aufgreifend, darlegt; daß Jesus Brot und Wein austeilte, versteht Lukas offensichtlich als «Tischdienst». Einen entsprechenden Hinweis auf Jesu Vorbild bot auch Markus in 10,45, allerdings mit Verweis auf den Tod Jesu, dessen «Dienst» darin besteht, «sein Leben als Lösegeld für viele zu geben». Es ist sehr bezeichnend, daß Lukas dieses Motiv der «Kreuzestheologie» streicht. Zweifellos

hat er nicht Anstoß an der Vorstellung eines Sühneleidens genommen, die antikem Denken durchaus geläufig war und geeignet ist, die Realität und Gültigkeit von göttlicher Vergebung auszusagen. Vielmehr muß man annehmen, daß die Irrlehrer, gegen die Lukas sich wendet, die überkommene Sühnopfertheologie in einer die Einheit der Gemeinde zerstörenden Weise benutzten, und zwar vermutlich unter exklusiver Berufung auf Paulus und unter Verwerfung der «Apostolischen Überlieferung» im Sinne des Lukas. Man überlege nur, welche Verlegenheit z. B. Gal. 3,13 («Christus hat uns vom Fluch des Gesetzes losgekauft») Lukas bereiten mußte, wenn seine Kontrahenten den Tod Jesu im Lichte dieses paulinischen Satzes als Befreiung von Israel und der vorchristlichen Heilsgeschichte bzw. als Beleg für eine bloße Unheilsgeschichte vor Christus interpretierten, wie Marcion es später nachweislich getan hat. Offensichtlich bemüht sich Lukas, derartige Interpretationen des Kreuzesgeschehens von vornherein unmöglich zu machen, indem er, einen fundamentalen Bereich urchristlicher Kreuzestheologie radikal ignorierend, das Kreuz Jesu («nur») als das im Alten Testament schon angesagte exemplarische Martyrium des Gottessohnes darstellt.

V. 28–30 stammen aus der Spruchquelle Q, wie Mat. 19,28 zeigt. Matthäus dürfte die Fassung von Q im wesentlichen bewahrt haben. Folgende Urform des Spruchs läßt sich erschließen;
«Wenn der Menschensohn auf seinem strahlenden Thron sitzt, werdet auch ihr auf Thronen sitzen und die zwölf Stämme Israels richten.»
Dies ist eine prophetische Zusage an die kleine Schar der Frommen, die auf den bevorstehenden Umbruch der Äonen und auf das Weltgericht wartet.
Im Rahmen der christologischen Redaktion von Q wurde dieser apokalyptische Spruch etwas erweitert und in der Weise auf die Nachfolger Jesu bezogen, daß nun das Ich Jesu und der Menschensohn als identisch gedacht sind (vgl. Mat. 19,28). Der Spruch stand – als Vermächtnis Jesu – anscheinend gegen Ende der Spruchquelle. Ob bereits in Q von den *zwölf* Thronen die Rede war, ist zweifelhaft; Lukas spricht nur von Thronen, und die Spruchquelle Q kennt den Kreis der zwölf Jünger nicht.
Lukas setzt den Spruch in die Situation des Abschiedsmahls. Jesus spricht ausdrücklich von einem Vermächtnis (V. 29a). Das Bild des richtenden Menschensohnes wird, über die christologische Redaktion von Q noch hinausgehend, um das Bild des herrschenden Gottessohnes erweitert, dem der Vater das Reich übergibt, so daß er selbst den Seinen Anteil an den im Gleichnis des Mahles vorgestellten Gaben des Gottesreichs geben kann (und wird), wie Lukas in V. 30a in Fortführung von V. 15–18 zu seiner Vorlage hinzufügt (Vgl. 13,28f.; äth. Hen. 62,14).
Die Aussage über das Gericht an Israel bringt er unverändert; denn sie spiegelt auch die Situation zur Zeit des Lukas wieder: Israel hat sich der Botschaft Jesu verschlossen, und zwar durch eigene Schuld, wie Lukas unermüdlich betont, nicht etwa durch göttliche Verwerfung.
Besonders bemerkenswert ist, daß Lukas von den in V. 28 angeredeten Aposteln als von denen spricht, die mit Jesus in seinen Versuchungen angesichts des unvermeidlichen Martyriums ausharren (vgl. V. 40.46): ein lobendes Wort vor der letzten großen Krise, bei deren Darstellung Lukas weiterhin bemüht bleiben wird, Schatten von den Aposteln fernzuhalten, damit ihnen, den Garanten der christlichen Tradition (Apg. 1,21ff.), nicht Unzuverlässigkeit vorgeworfen werden kann, wie die Kontrahenten des Lukas getan haben müssen, um Paulus als den einzigen echten Zeugen Jesu zu propagieren.

V. 31–34, die Ansage von der Verleugnung des Petrus, geht in V. 33–34 auf Mark. 14,26–31 zurück, wo die Szene allerdings auf dem Weg nach Gethsemane spielt (Mark. 14,26). In der ursprünglichen Erzählung (in der Grundschrift des Markus) ist Petrus Exempel des Jüngers, der scheitern muß, weil er sich auf seinen Glauben statt auf seinen Herrn verläßt. Ebenso wie die Ansage des Verrats macht die Erzählung dem Leser zugleich deutlich, daß auch solche dunklen Geschehnisse wie die Verleugnung durch Petrus von Gott vorausgesehen und in seinen heilsamen Plan eingebaut wurden. Die (von Markus redaktionell eingefügte) Ankündigung, der Auferstandene werde den Jüngern nach Galiläa vorausgehen (Mark. 14,28), streicht Lukas, der alle Erscheinungen des Auferstandenen in Jerusalem lokalisiert (24,1ff.; Apg. 1,1ff.).

Auch sonst zeigt die Lukas-Fassung des Berichts gegenüber der Markus-Vorlage bemerkenswerte Eigenheiten. Die Ansage, daß alle Jünger ihren Herrn verlassen (Mark. 14,27) und die falsche Sicherheit des Petrus teilen, tilgt Lukas ganz; er hebt nur auf den einen Jünger ab. Das Bekenntniswort des Petrus V. 33 (/Mark. 14,29) formuliert der Evangelist zugleich so, daß jeder Leser die von Petrus später auch in die Tat umgesetzte Martyriumsbereitschaft des Apostels heraushört; Jesus widerspricht deshalb dem Bekenntniswort des Petrus auch nicht. Die Ansage der «Verleugnung» V. 34 bezieht sich dementsprechend nur auf eine vorübergehende Schwäche des Petrus: Er gibt nicht etwa seinen Glauben an Jesus als den Messias preis, sondern leugnet nur, ihn zu kennen, wie es ohne Frage viele schwache Christen in den Verfolgungen zur Zeit des Lukas auch getan haben. Aus den zu V. 28 genannten Gründen versucht Lukas also, den Säulenapostel Petrus so weit wie möglich makellos hinzustellen.

Seine bei dem allen nicht zu bestreitende «schwache Stunde» wird vorweg durch V. 31–32 aufgefangen. Dies Logion gehört zum Sondergut des Lukas. Es spricht nicht von der Verleugnung des Simon (!), sondern im Gegenteil vornehmlich von seiner beispielhaften Glaubensstärke. Lukas las es vermutlich in den Ostererzählungen der ihm bekannten Grundschrift des Markusevangeliums, die Markus nicht übernommen hat. Der Auferstandene sagt eine Krise in der jungen Gemeinde voraus. Der Satan (vgl. Hiob 1,6–12; 2,1–7) will die Gemeinde erschüttern und Glaubende auf seine Seite ziehen, so wie der Bauer dem auf der Tenne ausgedroschenen Getreide mit einem Schüttelsieb den Unrat entzieht (vgl. 3,17). In dieser Krise hat Simon sich als «Fels» (= Petrus) bewährt und die Gemeinde – den Weizen – neu gesammelt. Durch einen erst von ihm eingefügten, auf die Überwindung der «Leugnung» bezogenen Zusatz («wenn du umgekehrt bist») richtet Lukas den überlieferten Spruch für den jetzigen Zusammenhang (V. 33f.) her, ohne doch die lobende Hervorhebung des Petrus zu verwischen. Diese lobende Hervorhebung rückt, lukanischer Tendenz entsprechend, den rasch überwundenen Schwächeanfall der «Leugnung» in den Rahmen des positiven lukanischen Petrusbildes, so daß Petrus schon zu diesem Zeitpunkt aus dem Schatten der Verleugnung in das Licht des bewahrten und bewährten Jüngers tritt.

Das dunkle, viel umrätselte und mißdeutete Wort von den zwei Schwertern **(V. 35–38)**, mit dem das Tischgespräch schließt, findet sich nur bei Lukas (S^{Lk}). Vieles in diesem Gespräch läßt sich sachlich und stilistisch als lukanisch identifizieren; der Nachweis von Tradition will nicht gelingen, auch wenn er immer wieder versucht wird, um das unverständliche Wort in das Dunkel einer frühen Überlieferung stellen zu können. Der Grundgedanke ist offenbar, auf die mit dem nun begin-

nenden Martyrium Jesu – die Verhaftung steht bevor – auch für die Gemeinde anbrechende Kampfes- und Leidenszeit hinzuweisen. Daß Jesus die Jünger ohne Geldbeutel, Rucksack und Sandalen aussandte (9,3; 10,4; vgl. 12,33), war ein Zeichen des Friedens; die Jünger wurden von der jüdischen Volksgemeinschaft angenommen und bedurften des Eigenen nicht.
Dies wird jetzt (V. 36) anders. Dies «jetzt» blickt, wie V. 37 zeigt, zunächst auf Jesu beispielhaftes Martyrium, das als Leiden eines Unschuldigen um der Erfüllung der Schrift willen geschehen muß (Jes. 53,12; vgl. Mark. 14,49b) – ein für Lukas typischer Gedanke (9,22; 17,25; 24,7.26.44.46); damit kommt Jesu Sache (24,19.27) zum Ziel. Dies «jetzt» ist zugleich das «jetzt» der Verfolgungen zur Zeit des Lukas, wie die Beobachtung zeigt, daß Lukas in V. 35 vor allem auf die Aussendung der Siebzig (Heiden!-)Missionare zurückgreift (10,4). Jetzt ist die Gemeinde aus der Gemeinschaft der Menschen ausgestoßen; niemand hilft ihr. Die Christen sind auf das angewiesen, was in ihren eigenen Geldbeuteln und Rucksäcken ist (V. 36a), eine Aussage, die auch in den Rahmen der lukanischen Armenfrömmigkeit gehört: die verfolgten und enteigneten Christen sind aufeinander angewiesen.
Rätselhaft ist allerdings die zusätzliche Bemerkung V. 36b, daß der Mittellose sein Obergewand verkaufen solle, um sich ein Schwert kaufen zu können. Völlig undenkbar ist, daß Lukas die Verfolgten zum bewaffneten Widerstand aufruft. Jesu «Es ist genug» oder «Genug davon» am Ende von V. 38, mit dem er das Gespräch abbricht, besagt offensichtlich: «So war es nicht gemeint», als die Jünger auf zwei in ihrem Besitz befindliche Schwerter verweisen – in Vorbereitung von V. 49ff., wo der Waffengebrauch den Jüngern deutlich verwehrt wird. Von einer alten Tradition, welche von einer Vorbereitung bewaffneten Widerstandes im Jüngerkreis vor Jesu Verhaftung berichtete, ist ebensowenig etwas zu erkennen wie von einem alten Jesuswort, das die Jünger angesichts des zu erwartenden apokalyptischen Endkampfes oder zum Zwecke ihrer Verteidigung in den bevorstehenden Nachstellungen «zu den Waffen» rief.
Das «Schwert» kann man deshalb nur als Symbol für die Kampfeszeit in den Gemeinden des Lukas deuten. Wem nichts mehr geblieben ist: der Streit um den Glauben bleibt ihm. Das Obergewand, das auch als Schlafdecke diente und nicht gepfändet werden durfte, war der letzte, unverzichtbare Besitz eines Menschen, dem nichts sonst mehr gehörte. Selbst diesen Besitz läßt man den Christen nicht. Er findet keine Ruhe und keinen Frieden mehr. Seit dem Märtyrertod Jesu steht der Weg seines Nachfolgers unvermeidlich im Zeichen des Martyriums, des «Schwertes». Die Menschen sind gegen ihn; er muß sich wehren.
Rätselhaft bleibt freilich, warum Lukas diese Aussage so dunkel und vieldeutig macht. Liegt eine sprichwörtliche Rede zugrunde? Vom Schwert als Zeichen des Unfriedens ist in Mat. 10,34 (vgl. Luk. 12,51; Off. 6,4) die Rede. Oder ist ein Verweis auf Jes. 49,2 angebracht: der Mund wird zu einem scharfen Schwert, ein Bild, das in Eph. 6,17; Hebr. 4,12; Off. 2,16 aufgenommen wird (vgl. auch 2,35)? In der Situation des Martyriums bleibt den Bekennern in der Tat nur das «Schwert des Wortes», das der Heilige Geist ihnen schärft und dem alle Widersacher nicht widerstehen und widersprechen können (12,12; 21,15).
Warum aber müssen die Jünger diese Ankündigung mißverstehen? Offenbar zur Vorbereitung von V. 49–51, wo solches Mißverständnis dann definitiv ausgeschlossen wird.

22,39–46 Gebetskampf vor der Verhaftung

39 Dann brach er auf und begab sich nach seiner Gewohnheit zum Ölberg; die Jünger folgten ihm. 40 Als er am Ziel angekommen war, sagte er ihnen: Betet darum, daß ihr nicht in Versuchung geratet. 41 Und er selbst entfernte sich von ihnen etwa einen Steinwurf weit, beugte seine Knie und betete: 42 Vater, wenn du willst, so nimm diesen Kelch von mir; doch nicht mein Wille geschehe, sondern deiner. 43 Ihm erschien ein Engel vom Himmel und stärkte ihn. 44 Und als er in Todesangst geriet, betete er um so beharrlicher. Da wurde sein Schweiß wie Blutstropfen, die auf die Erde fielen. 45 Als er von dem Gebet aufstand und zu den Jüngern kam, fand er sie vor Trauer eingeschlafen 46 und sprach zu ihnen: Wie könnt ihr schlafen? Steht auf und betet, damit ihr nicht in Versuchung geratet.

Auch in der vorliegenden Erzählung folgt Lukas dem Evangelium nach Markus (Mark. 14,26–42). Das vorausgehende Gespräch auf dem Weg zum Ölberg (Mark. 14,27–31) hatte er bereits in dem Tischgespräch untergebracht (V. 31–34). Jesus begibt sich «nach seiner Gewohnheit» (vgl. 21,37) zum Ölberg (die Ortsangabe Gethsemane läßt Lukas aus); der Ort ist Judas also bekannt, und Jesus stellt sich selbst der Verhaftung. Die lukanische Erzählung weicht stark von der markinischen Fassung ab, doch sind die Abweichungen so bezeichnend für die besonderen Anliegen des Evangelisten Lukas, daß man keine Sonderüberlieferung annehmen darf. Die Erzählung bei Markus bzw. in seiner Grundschrift lebt vom Gegensatz zwischen dem vertrauensvollen Gehorsam Jesu und dem Versagen der selbstsicheren Jünger. Nicht der seines Glaubens sichere Mensch, sondern nur der Beter, der Gottes Kraft sucht, besteht die Stunde der Anfechtung und Versuchung. Die selbstsichere Gläubigkeit der Jünger führt unmittelbar in ihr Versagen; in Kürze haben sie ihren Herrn verlassen und verleugnet.
Lukas setzt zum Teil andere Akzente. Die (erst redaktionell markinische) Unterscheidung zwischen den Zwölfen und den drei Vertrauten (Mark. 14,33) hebt Lukas (wieder) auf. Ausdrücklich erwähnt er, daß die Jünger, die ja über das bevorstehende Geschick Jesu informiert sind, ihm auch auf dem Leidensweg nachfolgen (**V. 39b**; vgl. V. 28). Jesus findet die Zwölf Apostel nicht dreimal, sondern nur einmal schlafend, und Lukas erklärt und entschuldigt ihr Einschlafen mit ihrer Traurigkeit (vgl. 24,41). Wiederum also bemüht Lukas sich, möglichst wenig Schatten auf die Zwölf, die einzigen unmittelbaren und die zugleich zuverlässigen Garanten der christlichen Botschaft (1,2.4; Apg. 1,21ff.), fallen zu lassen (**V. 45**).
Insgesamt gesehen beschreibt Lukas den Gebetskampf Jesu als das exemplarische Verhalten des Märtyrers vor Verhaftung und Verhör. Jesus selbst als der Betende, welcher sieghaft die Versuchung überwindet, steht im Mittelpunkt der lukanischen Erzählung, und das Exemplarische seines Gebets macht Lukas deutlich, indem er Jesu Beten durch die doppelte Ermahnung der Jünger einrahmt, auch selbst darum zu beten, vor der Versuchung in Abfall und Verleugnung bewahrt zu bleiben (**V. 40.46**; vgl. 21,36).
Jesus beugt seine Knie zum Gebet und ist von vornherein bereit, sich in Gottes Willen zu ergeben. Züge menschlicher Schwäche Jesu, die man in der Erzählung des Markus vielleicht finden könnte, fehlen in der Darstellung des Lukas weitge-

hend. Die Worte der Ergebung in **V. 42b** erinnern eigenartigerweise an die dritte Bitte des Vater-Unsers in der Fassung des Mathäus (Matt. 6,10b; vgl. Apg. 21,14). Ganz neu gegenüber Markus sind **V. 43–44**, die schon in sehr früher Zeit aus dogmatischer Bedenklichkeit von vielen Handschriften ausgelassen wurden. Vermutlich nahmen Abschreiber Anstoß daran, daß der Gottessohn in Todesangst geriet und von einem Engel gestärkt werden mußte. Aber Lukas legt gerade auf diese Schilderung Wert. Sie zeigt nämlich, daß Jesus in derselben Situation lebte, litt und bestand, in die viele seiner Nachfolger in den Zeiten der Verfolgung gerieten: in der Situation des Märtyrers vor dem letzten Bekenntnisgang. In eben dieser Situation der Versuchung soll der Märtyrer in der Nachfolge Jesu Zuflucht beim inständigen Gebet suchen. Gott wird – wie hier durch seinen Engel (vgl. Dan. 10,18f.) – dem beharrlichen Beter Kraft geben, im Gebet alle Versuchung zu überwinden und sich auch angesichts eines drohenden Martyriums in Gottes Hände zu legen. Der treue Beter ist durch Gottes Stärke den Versuchungen und Ängsten, auch der Todesangst, überlegen.

22,47–54   Verhaftung

47 Noch während er sprach, kam eine Schar, und Judas, einer der Zwölf, ging ihr voraus und näherte sich Jesus, ihn zu küssen. 48 Jesus sprach zu ihm: Judas, mit einem Kuß lieferst du den Menschensohn aus?
49 Aber die um ihn standen und sahen, was geschehen werde, sagten: Herr, sollen wir mit dem Schwert dreinschlagen? 50 Und einer von ihnen schlug auf den Knecht des Oberpriesters ein und hieb sein rechtes Ohr ab. 51 Jesus aber antwortete und sprach: Laß ab; nicht weiter. Und er berührte das Ohr und heilte es.
52 Darauf sagte Jesus zu den Oberpriestern und Tempelhauptleuten und Ältesten, die zu ihm gekommen waren: Wie zu einem Verbrecher seid ihr herausgegangen mit Schwertern und Knüppeln. 53 Als ich täglich mit euch im Tempel war, habt ihr keine Hand an mich gelegt. Aber dies ist eure Stunde und die Macht der Finsternis. 54 Da nahmen sie ihn gefangen und führten ihn weg und brachten ihn in das Haus des Oberpriesters.

Lukas folgt weiterhin der Erzählung des Markus (14,43–52), die ihrerseits nicht leicht zu analysieren ist, im Kern aber die Verhaftung Jesu als den zentralen Akt der Auslieferung des Gottessohnes durch Gott in die Hand der Menschen beschreibt, womit sich «die Schriften erfüllen» (Mark. 14,49b); der ursprüngliche Erzähler denkt dabei vor allem an Jes. 53,12 (vgl. Luk. 22,37). Gott handelt!
Im selben Sinn gestaltet Lukas die Erzählung neu. Dreifach erscheint Jesus als der souverän Handelnde, bei dem alle Initiative bleibt.
Zuerst bei der Begegnung mit Judas **(V. 47f.)**. Jesus erwartet den Verräter, der ihn küssen will, wehrt ihn ab und beschämt ihn mit seiner Anrede V. 48, die wir bei Markus noch nicht lesen: Mit einem Kuß lieferst du den Menschensohn aus! (vgl. V. 22 und die von Lukas im übrigen übergangene Passage Mark. 14,41f.). Einer aus dem vertrauten Kreis seiner Freunde wird zum Verräter (vgl. 21,16), ein Vorgang, der sich in der Verfolgungszeit später oft wiederholen wird. So handelt der Satan (V. 3); das Schamlose kennt keine Grenzen. Anders als bei Markus (14,46) ist der Kuß nicht das Zeichen zur Verhaftung; dies Zeichen wird Jesus selbst geben!

Sodann muß Jesus angesichts der auf dies Zeichen wartenden Schar noch mit seinen Jüngern ein Problem klären **(V. 49–51)**. Die Jünger wollen Jesus mit Gewalt schützen. Sie beweisen damit, wenn auch in falscher Weise, ihre treue Nachfolge (V. 28.39); daß sie fliehen (Mark. 14,50), berichtet Lukas dagegen nicht mehr! Er hält von den Zwölf Aposteln so weit wie möglich jeden Schatten fern; die maßgeblichen Zeugen (1,1–4; Apg. 1,21ff.) haben Jesus keineswegs verlassen, sondern harren in Jerusalem aus. Lukas weiß, daß einer der Jünger das rechte Ohr des Knechtes abhieb. Jesus verneint die Frage, ob man die Verhaftung des «Bekenners» mit dem Schwert verhindern dürfe, und verweist den Jüngern jede Gewalt; er heilt das Ohr wieder an, solchen Verweis zu bekräftigen und zugleich die Liebe gegenüber den Verfolgern zu dokumentieren (vgl. 6,27; 23,34). Lukas hatte diese Szene in V. 35–38 bereits vorbereitet; beide Abschnitte interpretieren sich gegenseitig. Mit Gewalt darf kein Christ das Martyrium verhindern.

Schließlich erlaubt Jesus, nachdem dies geklärt ist, seine Festnahme **(V. 52–54)**. Neben den Oberpriestern und Ältesten, den Vertretern des Synedriums (V. 66), begegnen bei Lukas nicht mehr die in dieser Situation wenig passenden Schriftgelehrten, (Mark. 14,43b), sondern die Hauptleute der Tempelwache (vgl. V. 4; Apg. 4,1). Im Tempel, das heißt in Gegenwart des Jesus freundlich gesonnenen Volkes (vgl. V. 2.6), haben sie die Hand nicht an ihn gelegt. Die Nacht ist ihre Zeit; sie repräsentieren nicht das Gottesvolk, sondern die Macht des Satans (V. 53b; vgl. V. 3), wie Lukas die Situation, über Matthäus hinausgehend, interpretiert. Damit unterstreicht Lukas noch angesichts der Verhaftung durch die Juden die Bindung Jesu an das wahre Gottesvolk in Israel.

Die Aussage, daß sich auch in dieser Stunde die Schriften erfüllen (Mark. 14,49b), streicht Lukas, weil er sie bereits in V. 37a verselbständigt und damit herausgestellt hatte. Daß Jesus unter die Verbrecher gerechnet wird, besagt bei Markus: Kein Mensch kann so tief fallen, daß nicht Gott in Christus auf ihn wartet. Bei Lukas dominiert der Gedanke: Kein Märtyrer darf die Schmach scheuen, in der Nachfolge Jesu als Verbrecher hingestellt zu werden.

22,54–62 Verleugnung des Petrus

54 Petrus aber folgte von ferne; 55 und als man mitten im Hof ein Feuer anzündete und sich zusammensetzte, setzte sich Petrus mitten unter sie. 56 Eine der Mägde sah ihn am Feuer sitzen, betrachtete ihn genau und sagte: Auch dieser war mit ihm. 57 Doch er leugnete und sprach: Ich kenne ihn nicht, Frau. 58 Kurz darauf erblickte ihn ein anderer und sagte: Auch du gehörst zu denen. Petrus aber sprach: Mensch, das ist nicht wahr. 59 Und nach etwa einer Stunde behauptete irgendein anderer steif und fest: Zweifellos, dieser war auch mit ihm; er ist ja auch ein Galiläer. 60 Petrus aber sprach: Mensch, ich weiß nicht, wovon du redest. Und im selben Augenblick, noch während er sprach, krähte ein Hahn. 61 Da wandte sich der Herr um und blickte Petrus an, und Petrus erinnerte sich an das Wort des Herrn, der zu ihm sagte: Bevor heute ein Hahn kräht, wirst du mich dreimal verleugnen. 62 Und er ging hinaus und weinte bitterlich.

Auch die Geschichte von der Verleugnung des Petrus beruht bei Lukas nur auf der entsprechenden Darstellung des Markus (14,53–54 + 66–72). Lukas stellt das Ereignis im Unterschied zu Markus vor das Verhör Jesu durch die Ratsversammlung,

weil er dieses Verhör, das bei Markus mitten in der Nacht stattfindet, sinnvollerweise erst auf den Morgen datiert.
In der Vorlage des Lukas bzw. in der Grundschrift des Markusevangeliums erreichte die Geschichte des exemplarischen Jüngers Petrus mit unserer Erzählung ihren Tiefpunkt. Petrus erfährt, daß der Glaubende der Macht der Sünde nicht entnommen, sondern ihr in einer spezifischen Weise gerade ausgeliefert ist: Wer sich auf seinen Glauben – auf sein Gläubig-sein – verläßt statt auf den, an den sich der Glaube hält (Mark. 14,26–31), ist der Versuchung wehrlos ausgeliefert. Nichts liegt dem totalen Versagen so nahe wie die totale Sicherheit (Mark. 14,32–42).
Lukas liest die Erzählung unter dem Aspekt, daß der «Märtyrer» Jesus der Verleugnung zuschaut. Soll die Schwäche seines engsten Vertrauten auch ihn zum Abfall verführen? Kaum. Eher ist daran gedacht, daß Jesu Augen stets auf dem Versuchten ruhen und diesem Jesu Vorbild vor Augen steht.
Wiederum ist bezeichnend, daß Lukas das Verhalten des Petrus, soweit es seine Vorlage zuläßt, in möglichst gutem Licht erscheinen läßt. Petrus folgt tapfer seinem Herrn; er setzt sich mitten unter die Anwesenden und verläßt auch, nachdem er erkannt wurde, die Nähe Jesu nicht. Er schwört nicht, mit Jesus nichts zu tun zu haben, wie Markus (14,71) von ihm berichtet. Vielleicht will Lukas gar sagen: Petrus leugnet nur deshalb, Jesus zu kennen, weil er in seiner Nähe ausharren möchte. Auch hat man im Unterschied zur Darstellung bei Markus nicht den Eindruck, daß die Umstehenden von den drei Gesprächsgängen überhaupt Notiz nehmen; die Verleugnung ist insoweit kaum öffentlich.
Daß der Blick Jesu Trauer und Schmerz ausdrückt, wird nicht angedeutet. Er stellt vor allem Jesu Vorbild vor die Augen des Petrus und möchte außerdem die Aufgabe haben, dem Jünger in Erinnerung zu rufen, daß Jesus auch dies Geschehen vorausgesagt hat, so daß er sich erneut als derjenige zeigt, der während seiner ganzen Passion selbst der Handelnde ist.
V. 62 fehlt in einigen Handschriften; Markus hat ihn nicht, wohl Matthäus. Er könnte deshalb aus Mat. 26,75b erst sekundär bei Lukas eingedrungen sein. Ist er ursprünglich, will Lukas nicht sagen, daß Petrus schließlich doch seinen Herrn verlassen habe, sondern daß er sogleich «in sich» gegangen sei und seine Schwäche bereute. Damit wird der Leser zur «zweiten Buße» eingeladen (vgl. Kap. 15), die auch Petrus erbat und empfing.

22,63–65   Verspottung

63 Die Männer, die ihn gefangen hielten, trieben ihren Mutwillen mit ihm und prügelten ihn. 64 Sie verhüllten sein Angesicht und fragten: Prophezeie, wer ist es, der dich schlug? 65 Und viele andere Schmähworte riefen sie ihm zu.

Der Bericht von der Verspottung Jesu *folgt* bei Markus auf Jesu Verurteilung durch das Synedrium (Mark. 14,65). Lukas, der das Verhör durch die jüdische Ratsversammlung sachgemäß auf den Morgen verlegt, benutzt die Verspottungsszene nicht nur, um mit ihr (wie mit der Verleugnungserzählung) den nächtlichen Zeitraum bis zum Zusammentritt des Synedriums auszufüllen. Er gibt ihr durch die Umstellung auch einen anderen Sinn. Markus berichtet in 14,65 (vgl. die von Lukas übergangene Parallele in Mark. 15,15b–20) von der Verspottung und Geißelung des zum Tode Verurteilten, wie sie üblich waren. Lukas dagegen erzählt von der Folterung und

Verspottung des Gefangenen, der dadurch für das Verhör mürbe gemacht werden soll; wie in den verwandten jüdischen und christlichen Martyriumsberichten dient solche Tortur dazu, den Delinquenten zum Widerruf des Glaubens zu veranlassen. Lukas folgt dabei der Vorlage, die Markus ihm bot, ohne grundsätzliche Änderungen, doch erzählt er den Vorgang flüssiger und etwas ausführlicher. Jesus läßt sich nicht einschüchtern – den verfolgten Christen in den Gemeinden des Lukas zum Vorbild. Er duldet schweigend, ohne Böses mit Bösem zu vergelten, und handelt damit entsprechend seiner eigenen Verkündigung (vgl. 6,27–38); er ist nicht nur Wegweiser, sondern der, welcher auf dem Weg vorangeht.

22,66–23,1 Verhör vor dem Synedrium

66 Als es Tag geworden war, versammelte sich das Ältestenkollegium des Volkes, die Oberpriester und die Schriftgelehrten, und führten ihn vor ihre Ratsversammlung. 67 Sie sprachen: Wenn du der Messias bist, so sage es uns. Er aber sagte ihnen: Wenn ich es euch sage, werdet ihr es nicht glauben; 68 wenn ich aber frage, werdet ihr nicht antworten. 69 Doch von nun an wird der Menschensohn zur Rechten der Kraft Gottes sitzen. 70 Da sagten alle: Bist du also der Sohn Gottes? Er sprach zu ihnen: Ihr sagt es; ich bin es. 71 Sie aber erklärten: Haben wir etwa noch ein Zeugnis nötig? Wir haben es selbst aus seinem Munde gehört! 1 Und sie erhoben sich allesamt und führten ihn zu Pilatus.

Die Verhandlung vor der Ratsversammlung der jüdischen Führer, dem Synedrium, die nach Mark. 14,55–64 zur Nachtzeit im Haus des vorsitzenden Oberpriesters stattfand, verlegt Lukas auf den frühen Tag und in den Sitzungsraum **(V. 66)**. Das ist gegenüber der in rechtlicher Hinsicht unwahrscheinlichen Darstellung des Markus eine einleuchtende Änderung, die freilich weniger historisierend als vielmehr aktualisierend gemeint ist: Lukas steht das ordentliche Verhör des Christen vor Augen, der als Bekenner das zum Martyrium führende Wahrheitszeugnis ablegt. Darum streicht er auch das Zeugenverhör Mark. 14,55–61a; denn in den Christenprozessen geht es nur um persönliches Bekenntnis oder persönliche Verleugnung; weiteres Zeugnis ist unnötig **(V. 71a)**. Wer abschwört, bedarf keiner Überführung mehr; wer bekennt, ist damit überführt. Dabei kommt von selbst auch Jesu Wort gegen den Tempel in Fortfall (Mark. 14,58), das (falsche) Zeugen vorbringen und das die Irrlehrer, gegen die Lukas sich wendet, zum willkommenen Nachweis benutzen konnten, Jesus habe das Judentum verworfen (vgl. aber Apg. 6,14).
Das Verhör Jesu wird dagegen von Lukas auf zwei parallele Fragegänge erweitert. Die (erste) Frage der jüdischen Führer, ob er der Christus sei **(V. 67a)**, beantwortet Jesus nicht direkt. Er stellt fest, daß die Führer des Volkes – im Unterschied zum Volk selbst – seinen messianischen Anspruch auf keinen Fall anerkennen würden **(V. 67b)** und daß sie auch nicht bereit sind, mit ihm darüber zu diskutieren, um ihre politischen Mißdeutungen des Titels «Messias» auszuschließen **(V. 68**; vgl. 23,2). Sie haben Jesu Tod unter allen Umständen bereits beschlossen. Ihren falschen politischen Verdächtigungen gegenüber bezieht **V. 69** mit Bedacht Begriff und Titel des Messias (V. 67) auf die (bevorstehende und zur Zeit des Lukas gegenwärtige) himmlische Hoheit des «Menschensohns» Jesus (vgl. Dan. 7,13; Ps. 110,1). Bei alledem reflektiert Lukas offensichtlich die Verhörsituation seiner Zeit: Mit den Anklägern über die politische Harmlosigkeit des Bekenntnisses zu dem Christus zu

diskutieren, war sinnlos; der Christ kann vor ihnen nur konstatieren, daß er zwar nicht die irdische Obrigkeit stürzen will, wohl aber einen über dem Kaiser stehenden himmlischen Herrn hat und ihm jetzt entgegengeht (Apg. 7,55f.). Daß Lukas den Hinweis auf die Parusie des Menschensohns (vgl. Mark. 14,62) wegläßt, gehört vermutlich in diesen redaktionellen Zusammenhang: es soll auch kein eschatologischer politischer Umsturz in den Blick treten (vgl. aber auch zu Apg. 1,9–11; 3,21; 7,55; 9,1–9).

Die (zweite) aus V. 69 sich ergebende Frage, ob er also der Sohn Gottes zu sein beanspruche, beantwortet Jesus mit einem deutlichen «Ja» (**V. 70;** vgl. 3,22). Ebenso deutlich hat auch der Christ zu antworten, wenn er nach seinem Bekenntnis zu Christus gefragt wird: Ich bin ein Christ. Auf Jesu «Ich bin es» liegt also in der Darstellung des Lukas alles Gewicht, und ein entsprechendes Selbstzeugnis reicht auch als Zeugnis gegen die angeklagten Christen zu einem Urteil aus.

Anders als in Mark. 14,64 fällt das Synedrium freilich kein Todesurteil, sondern begnügt sich mit einer Feststellung der Schuld, um Jesus danach dem Hochgericht des römischen Statthalters Pilatus (3,1) zu überstellen. Das ist eine einsichtige Änderung gegenüber Markus: Wenn das Synedrium kein Todesurteil vollstrecken durfte, konnte es auch schwerlich eines aussprechen.

In der Grundschrift des Markus lag auf dieser «Auslieferung» (vgl. Röm. 4,25) das Gewicht des ganzen Verhörs: Gott handelt – die Menschen sind sein Werkzeug – und liefert seinen Sohn in den Tod aus, damit keine menschliche Finsternis von Gott unbesucht bleibt.

23,2–7 Verhör vor Pilatus

2 Sie fingen an, ihn anzuklagen, und erklärten: Wir haben ermittelt, daß dieser unser Volk aufwiegelt; er will es daran hindern, dem Kaiser Steuern zu geben; auch sagt er von sich selbst, er sei Christus, ein König. 3 Pilatus fragte ihn: Du bist der König der Juden? Da antwortete er ihm: Du sagst es. 4 Aber Pilatus sagte zu den Oberpriestern und zu dem Volk: Ich entdecke an diesem Menschen keine Schuld. 5 Da gingen sie noch weiter mit ihren Behauptungen: Er wiegelt im ganzen jüdischen Land das Volk mit seiner Lehre auf, und zwar von Galiläa an bis hierher. 6 Als Pilatus das hörte, fragte er: Ist dieser Mensch ein Galiläer? 7 Und als er erfuhr, daß er aus dem Herrschaftsbereich des Herodes stamme, sandte er ihn zu Herodes, der in diesen Tagen gleichfalls in Jerusalem weilte.

Das bei Markus (15,2–5) relativ kurz und – durch die Überlagerung der Grundschrift des Markus durch die markinische Redaktion – undeutlich erzählte Verhör Jesu vor Pilatus wird von Lukas relativ breit ausgestaltet. Während der Grundgedanke der alten Erzählung besagte, daß Jesus vor Pilatus schwieg und damit, Jes. 53,7 erfüllend, sich selbst (für unsere Sünden; Jes. 53,4.12) auslieferte, verfolgt Lukas in V. 2–25 vornehmlich und durchgehend seine apologetische Tendenz: Pilatus, der Statthalter Roms, bestätigt wiederholt die politische Unschuld Jesu.

Die Tatsache, daß Jesus durch den römischen Statthalter Pilatus zum Tode verurteilt und hingerichtet worden war, mußte in Verfolgungszeiten dem Verdacht politischer Unzuverlässigkeit der Christen viel Nahrung geben. Lukas erzählt die Geschichte von Jesu Verhör vor Pilatus, vor Herodes und wieder vor Pilatus deshalb ganz aus der Absicht heraus, diesen Verdacht zu entkräften, indem er nachweist, daß der römische Statthalter von der Unschuld Jesu überzeugt war (V. 4.14.20.22) und die Kreuzigung Jesu nur zuließ, weil er gegen den massiven Willen der jüdischen Führer nicht ankam. Alle bedeutenden Änderungen, die Lukas gegenüber Markus vornimmt, beruhen auf dieser Aktualisierung des überlieferten Textes, die in späterer Zeit noch weiter geführt wurde, so daß Pilatus in der äthiopischen Kirche sogar als Heiliger verehrt wird.

Die in **V. 2** genannten Vorwürfe sind verleumderisch, wie die Ankläger aufgrund von 20,20–25 und 22,67–69 wissen; das Volk steht auf Jesu Seite nicht, weil er es zum Aufstand anhält, sondern weil er ihnen das Wort Gottes verkündigt.

Anders als bei Markus verweigert Jesus der römischen Obrigkeit keine Antwort. Er bekennt auch, «König der Juden» zu sein, aber Pilatus versteht diese Bezeichnung von vornherein in Jesu Sinn «unpolitisch» und weist die Anklage deshalb kurzerhand als in der Sache unbegründet zurück **(V. 4)**. Schon die Frage des Pilatus in **V. 3** scheint angesichts der Gestalt des verhöhnten und gefolterten, wehrlosen und geduldigen Jesus mitleidig und spöttisch gemeint zu sein. Der von Jesus in Anspruch genommene Titel «König der Juden» (vgl. 19,38f.; aus dieser Szene schöpfen die jüdischen Führer ihr entsprechendes Wissen) verbindet – ein redaktioneller Nebenzweck – Jesus auf das engste mit dem jüdischen Volk, dem wahren Israel.

Die verstärkte Wiederholung eines Anklagepunktes in **V. 5** soll mit dem Hinweis auf den geographischen Umfang der Wirksamkeit Jesu vor allem den Begriff «Galiläa» einführen. Pilatus erhält auf diese Weise Gelegenheit, Jesus an Jesu Landesherr zu überstellen, der auch zum Passafest nach Jerusalem gekommen war.

23,8–12 Verhör vor Herodes

8 Herodes freute sich sehr, als er Jesus sah. Denn es war schon seit geraumer Zeit sein Wunsch gewesen, ihn zu sehen, weil er von ihm gehört hatte; und er hoffte, irgendein Zeichen zu sehen, das er tun würde. 9 Er fragte ihn vielerlei; Jesus antwortete ihm aber nichts. 10 Die Oberpriester und Schriftgelehrten standen dabei und klagten ihn heftig an. 11 Herodes mit seinen Soldaten behandelte ihn aber mit Verachtung und trieb seinen Mutwillen mit ihm; er ließ ihm ein glänzendes Gewand anlegen und schickte ihn zu Pilatus zurück. 12 An diesem Tage wurden Herodes und Pilatus Freunde; vorher hatten sie nämlich miteinander in Feindschaft gelebt.

Nur Lukas berichtet von dem Verhör Jesu vor Herodes Antipas, Sohn Herodes des Großen und Landesherr Jesu (3,1). Allerdings sprechen schon manche alten Glaubensformeln ohne Kenntnis des Lukasevangeliums davon, daß Jesus «unter Pontius Pilatus und dem Tetrarchen Herodes» gekreuzigt wurde (so Ignatius von Antiochien in seinem um 110 verfaßten Brief an die Gemeinde zu Smyrna 1,2). Diese Doppelung des Verhörs hängt, wie Apg. 4,26 und der Kirchenvater Justin (Apologie I 40,6) zeigen, mit dem Weissagungsbeweis nach Ps. 2,1 zusammen: «Die Könige der Erde erheben sich und die Machthaber rotten sich zusammen gegen den Herrn und gegen seinen Gesalbten.» Lukas folgt einer entsprechenden Tradition. Er legt auf diese Erzählung Wert, weil sie, wie V. 15 ausdrücklich sagt, einen neuen offiziellen Beweis für Jesu Unschuld gegenüber politischen Anklagen beibringt; denn Herodes Antipas war König von Roms Gnaden. In gleicher Weise bestätigen auch in Apg. 25,23–26,32 sowohl der Statthalter Festus wie der jüdische König

Agrippa die Unschuld des Paulus. Mindestens zwei Zeugen sind der jüdischen Regel 5. Mose 19,15 zufolge für ein gültiges Zeugnis erforderlich.

Die Herkunft der einzelnen Motive der vorliegenden Erzählung, die durchgehend lukanischen Stil verrät und die kaum jemals für sich umgelaufen sein kann, läßt sich auch sonst feststellen.

Die Freude des Herodes über die Begegnung mit Jesus (V. 8) erklärt sich im Rückblick auf 9,7–9. War dort die Neugier des Herodes noch mit Furcht vor einem neuen Johannes gemischt (vgl. 13,31), so räumt die persönliche Begegnung mit Jesus solche Bedenken aus. In V. 9 findet sich das bekannte, auf Jes. 53,7 beruhende Schweigemotiv, das Lukas in V. 3 (/Mark. 15,4f.) übergangen hatte. Indessen schweigt Jesus nicht etwa auf politische Anklagen, sondern auf die Neugier des Herodes hin; er ist sich als Schaustück für die Mächtigen zu schade. Er braucht sich nicht zu verteidigen, kämpft auch nicht um sein Leben und bittet nicht um Freilassung, sondern bleibt auf dem von Gott vorgezeichneten Weg der Passion bzw. des Bekennertodes. V. 10 zufolge wiederholen die Oberpriester und Schriftgelehrten ihre (nicht mehr genannten) Anklagen von V. 2.5, die Herodes aber so wenig wie Pilatus akzeptiert, wie V. 11 zeigt; auch er nimmt Jesus als «König der Juden» nicht ernst.

Von der Verspottung des zum Tode Verurteilten Jesus durch die Soldaten des Pilatus (Mark. 15,16–20a) wird Lukas nicht berichten, weil ein solcher Bericht seiner apologetischen Absicht widerspräche, das starke Wohlwollen des Statthalters für Jesus herauszustellen. Statt dessen schildert er eine kurze Verhöhnungsszene vor Herodes, die zum Ausdruck bringt, daß auch der jüdische König die politischen Anklagen der Oberpriester und Schriftgelehrten nicht ernst nimmt, sondern sich über Jesu Anspruch nur lustig macht. Das glänzende, entweder weiße oder purpurne Gewand, eine königliche Standeskleidung, soll Jesus als Judenkönig verspotten. V. 12 sagt abschließend: Die einmütige Überzeugung von Jesu Unschuld bringt es sogar fertig, daß Herodes und Pilatus ihre alte Feindschaft begraben – ein deutliches Signal der Unschuld Jesu. Solche Feindschaft bzw. Rivalität ist historisch wahrscheinlich; die Einmütigkeit entspricht dagegen wiederum der Schrift (Ps. 2,1). Lukas will also nicht sagen, daß Bosheit verbindet, sondern daß Gerechtigkeitssinn oder politische Urteilsfähigkeit zusammenführt, in diesem Fall die gemeinsame Überzeugung von Jesu politischer Ungefährlichkeit.

23,13–25 Die Entscheidung des Pilatus

13 Daraufhin rief Pilatus die Oberpriester und die Ratsherren in Gegenwart des Volkes zu sich 14 und erklärte ihnen: Ihr habt mir diesen Menschen vorgeführt, der das Volk zum Aufstand verleitet haben soll. Ich habe ihn in eurer Gegenwart verhört, ohne diesen Menschen eines der Verbrechen schuldig zu finden, wegen derer ihr ihn angeklagt habt. 15 Aber auch Herodes nicht; denn er hat ihn zu uns zurückgeschickt. Ihr seht also: es gibt nichts Todeswürdiges, das er verübt hätte. 16 Ich werde ihn deshalb geißeln lassen und freigeben. 18 Da schrieen sie miteinander auf und forderten: Fort mit diesem, und gib uns den Barabbas frei – 19 der wegen eines Aufruhrs in der Stadt und wegen Mordes im Gefängnis lag. 20 Pilatus aber rief ihnen noch einmal zu, er wolle Jesus frei geben. 21 Sie jedoch schrieen lauter: Kreuzige, kreuzige ihn. 22 Da sagte er zum dritten Mal zu ihnen: Was hat er denn Böses getan? Ich habe an ihm nichts Todeswürdiges gefunden. Ich werde ihn deshalb geis-

seln lassen und freigeben. 23 Sie aber fuhren fort, mit lauter Stimme zu fordern, daß er gekreuzigt werde, und gegen ihr Geschrei kam niemand an. 24 Da beschloß Pilatus, daß ihrem Verlangen stattgegeben werde. 25 Er gab den frei, der wegen Aufruhrs und Mordes im Gefängnis saß und den sie gefordert hatten. Jesus aber überließ er ihrem Willen.

Dem vorliegenden Abschnitt liegt Mark. 15,6–15 zugrunde. Lukas behandelt seine Vorlage recht frei und stellt sie wiederum deutlich und durchgehend unter seine «apologetische» Tendenz.
Dreimal konstatiert Pilatus, der Vertreter des römischen Staates, ausdrücklich die Unschuld Jesu. Zuerst in **V. 13–16**, wo er die Anklage der jüdischen Führer zunächst wiederholt (V. 14a) und sich für sein Urteil, Jesus sei unschuldig, auf sein eigenes Verhör und auf das Urteil des Herodes beruft (V. 15). Er beabsichtigt, Jesus geißeln zu lassen – eine Konzession an die jüdischen Führer und eine Warnung an Jesus – und ihn dann freizulassen. Diese Absicht wiederholt er in **V. 20** und – nach erneuter Beteuerung der Unschuld – in **V. 22**.
Als er diese Absicht gegen den Druck der jüdischen Führer **(V. 21.23)** nicht durchsetzen kann, überläßt er ihnen schließlich Jesus, damit sie nach ihrem Willen und nach ihrer Willkür mit ihm verfahren **(V. 24)**.
Die Darstellung ist psychologisch interessant. Die starke Masse der jüdischen Führer setzt ihr unrechtes Begehren, lautstark vorgebracht, gegen den diplomatisch vorsichtigen Pilatus durch, der, nachdem er einmal die Konzession gemacht hat, Jesus geißeln zu lassen, Schritt um Schritt vor den frecher werdenden Forderungen der Vertreter des Synedriums zurückweicht.
Pilatus fällt keinen Schuldspruch und kein Urteil! Er gibt Jesus deshalb auch nicht (wie in Mark. 15,16–20a) dem Mutwillen der Soldaten preis. Er hält bis zuletzt daran fest, daß Jesus unschuldig ist. Nach dem Urteil der maßgebenden römischen Instanz war Jesus also kein politischer Aufrührer – genausowenig wie die ersten Christen (Apg. 24,10ff.; 26,2ff.). Dies herauszustellen, ist Lukas wegen der Gemeinden seiner Zeit überaus wichtig. Niemand soll den verfolgten Christen zu ihrem Schaden vorwerfen können, schon ihr Christus sei wegen politischer Umtriebe hingerichtet worden.
Schuldig am Tod Jesu sind allein die jüdischen Führer, und nur sie sind auch politisch gefährlich, wie ihre erfolgreiche Erpressung des Pilatus zeigt. Im folgenden hält Lukas allerdings den Gedanken, daß die Juden selbst Jesus hinrichten, nicht deutlich fest, wie V. 36.47 andeuten und Apg. 2,23 neben 2,36; 4,10 zeigt.
Die Barabbas-Episode **(V. 18f.25)** geht auf den Schriftbeweis Jes. 53,12 zurück: Jesus wird zu den Verbrechern gerechnet (vgl. 22,37). Die gnädige Herablassung Gottes in Jesus zu den Menschen kennt keine Grenzen. Er trägt die Sünden aller Menschen. Daß die Menschen sich lieber für das Idol des politischen Widerstandes als für den Prediger des Willens Gottes – für eigenes Handeln statt für Gottes Handeln – entscheiden, ist dabei ein eindrücklicher Nebengedanke.
Schon Markus hat diesen Nebengedanken seiner Grundschrift apologetischen Zwecken dienstbar gemacht: Die üble Wahl der Juden belastet diese und entlastet den Pilatus (Mark. 15,11–15). Diese Tendenz verstärkt Lukas noch. Er berichtet nicht mehr wie Markus von einem Festbrauch, einen der Verbrecher freizugeben; denn **V. 17** («Er mußte ihnen aus Anlaß des Festes einen freigeben») fehlt in guten alten Handschriften und dürfte erst in späterer Zeit aus Markus und Matthäus in den Lukastext eingedrungen sein. Lukas will nämlich gerade nicht sagen, daß Pila-

tus Jesus dem Volk zur Freilassung anbietet und damit wie einen der politischen Verbrecher behandelt, die er am Passafest freizugeben pflegte; denn er hält Jesus ja für unschuldig. Vielmehr sind es die jüdischen Führer selbst, die auf die Ungeheuerlichkeit verfallen, statt Jesu Lossprechung die Freilassung des Aufrührers Barabbas zu fordern. Sie setzen mit solcher willkürlichen Forderung Pilatus unter Druck, dem er sich schließlich beugt. Wenn man beachtet, daß Lukas zweimal feststellt, Barabbas sei ein wegen Aufruhrs und Mordes ergriffener «Terrorist» gewesen (V. 19.25), wird die Absicht seiner Darstellung völlig deutlich: In Wahrheit – Lukas schaut auf den jüdischen Aufstand 66–70 zurück – sind die jüdischen Führer Sympathisanten des politischen Aufruhrs, nicht aber ist Jesus ein Aufrührer. Den «Sohn Gottes» wollen sie beseitigen, den Aufrührer wollen sie befreit sehen. Brachten sie Jesus mit massiver politischer Anklage zu Pilatus, so sind am Ende sie selbst als die Feinde des römischen Friedens entlarvt. Wer dürfte angesichts dessen den Christen zur Zeit des Lukas vorhalten, sie seien die Nachfolger eines politischen Revolutionärs!

Schließlich ist zu beachten: Bei Markus steht auch das Volk, von den jüdischen Führern angestiftet, gegen Pilatus (Mark. 15,8.11ff.). Bei Lukas ist das Volk zwar gegenwärtig **(V.13)**, damit es erfährt, daß auch Pilatus Jesus für unschuldig hält; der Disput aber findet offensichtlich zwischen Pilatus und den jüdischen Führern statt **(V.14)**. Die Vielen, die von Pilatus die Freilassung des Barabbas fordern **(V.18)**, sind die in V.1.4 (vgl. 22,47) genannte Menge der Synedriumsmitglieder. Lukas behält also die Unterscheidung zwischen dem jüdischen Volk, das auf Jesu Seite steht – Jesus repräsentiert mit ihnen und seinen Jüngern das wahre Israel – und den jüdischen Führern, den Feinden Jesu, Gottes und der eigenen Heilsgeschichte, hier wie im folgenden bei (vgl. Apg. 4,21; 5,26).

Auch die zuletzt genannte Darstellung ist psychologisch aufschlußreich: Eine aktive Minderheit («Kader») setzt den eigenen Willen gegen die (schweigende!) Mehrheit des Volkes und gegen die eingeschüchterte Obrigkeit durch.

23,26–32 Gang zur Richtstätte

26 Als sie ihn abführten, ergriffen sie einen gewissen Simon, einen Mann aus der Kyrenaika, der vom Feld kam, und legten ihm das Kreuz auf, damit er es Jesus nachtrage.
27 Es folgte ihm eine große Volksmenge, darunter Frauen, die ihn betrauerten und beweinten. 28 Doch Jesus wandte sich zu ihnen um und sagte: Töchter Jerusalems, weint nicht über mich. Weint vielmehr über euch selbst und über eure Kinder. 29 Denn seht, es kommen Tage, an denen man sagen wird: Glücklich sind die Unfruchtbaren und die Mutterleiber, die nicht geboren haben, und die Mutterbrüste, die nicht genährt haben. 30 In jener Zeit wird man zu den Bergen sagen: Fallet auf uns! und zu den Hügeln: Bedeckt uns! 31 Denn wenn man dies mit feuchtem Holz tut, was wird dann erst mit dürrem geschehen!
32 Sie führten aber noch zwei andere ab, zwei Verbrecher, um sie mit ihm hinzurichten.

Den Weg zur Richtstätte beschreibt Lukas – vergleicht man seine Vorlage Mark. 15,20b–21 – relativ ausführlich.
Mit **V.26** folgt er eng Mark. 15,20b–21. Simon aus der Kyrenaika ist eine Schlüssel-

gestalt der überlieferten Passionsgeschichte, nämlich der exemplarische Christ, der Jesu Kreuz als das eigene übernimmt. Dies ist ursprünglich umfassend im Sinne der (auch) paulinischen Kreuzestheologie zu verstehen: Wer sich mit Christus kreuzigen läßt, erkennt Gottes Gericht über alles menschliche Wesen an und hofft, sich selbst preisgebend, ganz auf die freie Gnade Gottes, die den Demütigen aus dem Tode in das Leben führt (Gal. 6,14.17; Röm. 6,1ff.). Indem (erst) Lukas ausdrücklich davon spricht, daß Simon das Kreuz Jesus nachträgt, dürfte er speziell den christlichen Märtyrer vor Augen haben, der zu seiner Zeit den Glauben an den gekreuzigten Messias bis in den eigenen Zeugentod in der Nachfolge Jesu zu bewähren hat (vgl. 9,23).

In **V. 27–31** haben wir es (S^{Lk}) mit einer Erweiterung durch Lukas zu tun.
Zuerst betont Lukas, daß eine große Volksmenge Jesus mitleidig begleitet (V. 27a); er wird auf seinem Todesweg nicht vom jüdischen Volk verstoßen. Auch in dieser Situation der Ausstoßung Jesu durch die jüdischen Führer zeigt sich also die Übereinstimmung Jesu mit dem wahren Israel.
Sodann richtet Lukas den Blick des Lesers insonderheit auf die weinenden Frauen **(V. 27)**. Es war im Judentum üblich, daß der zur Hinrichtung geführte Delinquent von bestellten Klageweibern begleitet wurde. Indessen denkt der Evangelist in unserem Fall auch an die echte Trauer der Frauen über Jesu unschuldiges Leiden, zumal unsere Erzählung mit der in Joh. 19,37 und Off. 1,7 auf Jesu Leiden gedeuteten Schriftstelle in Zusammenhang stehen dürfte: sie «werden klagen um ihn, wie man klagt um ein einziges Kind, und werden sich um ihn betrüben, wie man sich betrübt um ein erstes Kind». In dieser Weise repräsentieren die Frauen das jüdische Gottesvolk zur Zeit Jesu, vielleicht aber auch das Volk, soweit dies zur Zeit des Lukas die christlichen Bekenner, Nachbarn und Freunde bemitleidet. Jedenfalls erscheinen nicht von ungefähr die Frauen als die treusten Glieder des Gottesvolkes; Lukas erweist sich erneut als «Evangelist der Frauen».
In einer längeren Ansprache wendet sich Jesus an sie. Nicht er, sie selbst sind zu beweinen **(V. 28)**. Vergegenwärtigt man sich die Situation des Martyriums, von dem die Gemeinde des Lukas bedroht ist, so versteht man leicht das Tröstliche der Worte Jesu: Wie Jesus jetzt scheinbar unterliegt, aber doch der Sieger ist, so werden auch seine Nachfolger auf dem Weg des Martyriums über ihre Peiniger, Verfolger und Mörder triumphieren (vgl. 6,20–26).
Bei der Ansage kommenden Unheils, das die angeredeten Frauen trifft, steht wie in 19,41–44 die Zerstörung Jerusalems vor den Augen des Evangelisten und des Lesers. Diese Katastrophe bestätigt nachträglich Jesu friedlichen Weg zur Herrschaft Gottes gegenüber den Gewaltmaßnahmen der jüdischen Führer und gilt Lukas zugleich als Gericht Gottes über Jesu eigenes Volk, das von ihm besucht wurde und ihn schließlich, seinen Führern folgend, auch verstieß, wie die rein heidenchristlichen Gemeinden zur Zeit des Lukas zeigen.
Der paradoxe Makarismus (Seligpreisung; vgl. 1,45; 6,20bf.) in **V. 29** besagt: Die Mütter, die sich in jenen furchtbaren Tagen des Gerichts über die Stadt um ihre Kinder sorgen müssen, sind besonders zu bedauern. Ähnliche Aussagen begegnen öfter in der jüdischen Literatur, vor allem im Blick auf die apokalyptischen Schrecken der Endzeit; man vgl. z. B. syr. Bar 10,5b–16; Jes. 54,1; Luk. 21,23. **V. 30** ist ein Zitat aus Hos. 10,8: Die Verzweifelten wünschen sich einen schnellen Tod. **V. 31** bringt ein Sprichwort (vgl. Spr. 11,31), das ähnlich auch in den rabbinischen Schriften begegnet; z. B. «Wenn Feuer die Frischen erfaßt, was sollen die Trockenen ma-

chen?». Unsere Stelle meint: Wenn schon der unschuldige Jesus so leiden muß, was wird dann erst den Schuldigen widerfahren! – nämlich den jüdischen Führern und dem von ihnen in den Untergang geführten Volk.

Mit **V. 32** bereitet Lukas, über Markus hinausgehend, V. 33b und V. 39–43 vor. Im Passionsbericht in der Grundschrift des Markusevangeliums unterstützten die beiden Verbrecher, zwischen denen Jesus gekreuzigt wurde, den zentralen theologischen Gedanken, daß Gott seinen Sohn in den tiefsten Abgrund menschlicher Schuld preisgegeben hat, um jeden Winkel der Welt mit dem Licht seiner Gnade zu erhellen (Mark. 15,27f.). Lukas wird in V. 39–43 diesen Gedanken dahingehend vertiefen, daß es zur Buße nie zu spät ist.

23,33–43   Kreuzigung

**33 Als sie zu einem Ort mit Namen «Schädel» kamen, kreuzigten sie ihn dort mitsamt den beiden Verbrechern, den einen zur Rechten und den andern zur Linken. 34 Jesus sagte: Vater, vergib ihnen; sie wissen nicht, was sie tun. Als sie seine Kleider verteilten, warfen sie das Los.
35 Das Volk stand dabei und schaute zu. Die Oberpriester aber hatten ihren Spott: Andere hat er gerettet! Er soll sich selber retten, wenn er der Messias Gottes, der Auserwählte, ist! 36 Auch die Soldaten verspotteten ihn; sie traten hinzu, boten ihm Essig an 37 und sagten: Wenn du der König der Juden bist, so rette dich selbst! 38 Er trug auch eine Schrift: «Dieser ist der König der Juden».
39 Einer der gekreuzigten Übeltäter schmähte ihn: Bist du nicht der Messias? Rette dich und uns! 40 Da antwortete der andere und tadelte ihn: Auch du fürchtest Gott nicht? Dabei stehst du unter demselben Urteil! 41 Uns trifft es zu Recht; wir haben die Strafe verdient, die wir empfangen. Dieser aber hat nichts Unrechtes getan. 42 Dann sagte er: Jesus, gedenke an mich, wenn du in dein Reich kommst. 43 Da antwortete er ihm: Wahrlich, ich sage dir, heute wirst du mit mir im Paradies sein.**

Der Bericht von Jesu Kreuzigung in Mark. 15,22–32, die (einzige) Vorlage des Lukas, läßt deutlich die redaktionelle Bearbeitung erkennen, die Markus an seiner Grundschrift vornahm. Lukas versucht, dem dadurch in seiner Einheit gestörten markinischen Bericht eine bessere erzählerische Gestaltung zu geben. Zugleich bearbeitet er die Vorlage unter den Gesichtspunkten seiner redaktionellen Interessen. Die Bezeichnung Golgatha (Mark. 15,22) läßt Lukas in **V. 33** fort; ähnlich verfährt er auch sonst mit den hebräisch-aramäischen Ortsangaben. Auch den für seine Darstellung reichlich frühen Zeitpunkt der Kreuzigung – nach Mark. 15,25 gegen 9 Uhr – nennt Lukas nicht.

Mit der Kreuzigung zwischen zwei Verbrechern erfüllt sich Jes. 53,12 (vgl. Luk.-22,37), und die Verteilung der Kleidung Jesu, die den Henkern zustand, durch das Los berichtet Lukas in **V. 34b** wie Mark. 15,24 mit Worten aus Ps. 22,19; diese Begründung des Passionsgeschehens im Alten Testament dient ihm zur Abwehr aller Versuche christlicher Kreise seiner Zeit, das Alte Testament zu verwerfen.

V. 34a ist lukanisches Sondergut (Redaktionsgut) und steht im Dienst der martyriumstheologischen Deutung des Passionsgeschehens: Der Märtyrer bittet für seine Henker, die nur unwissende Werkzeuge in den Händen der Mächtigen sind. Wie schon Stephanus tut (Apg. 7,60), soll sich auch weiterhin jeder christliche Märtyrer das Beispiel Jesu zum Vorbild nehmen (vgl. 6,27ff.). ‹Ich will daraus studieren, / wie ich mein Herz soll zieren / mit stillem, sanftem Mut, / und wie ich die soll lieben, / die mich doch sehr betrüben / mit Werken, so die Bosheit tut.› (Paul Gerhard). Zum (ursprünglich juristischen) für Lukas kennzeichnenden Motiv des mildernden Umstandes der Unwissenheit vgl. auch 12,47f.; Apg. 3,17; 13,27; 17,23.30. Viele Abschreiber haben V. 34a ausgelassen. Ging ihnen solche Feindesliebe zu weit? Die jüdischen Märtyrer pflegten ihre Henker zu verfluchen.

Während Markus (15,29f.) von einer Verspottung des Gekreuzigten auch durch das Volk berichtet, sagt Lukas in **V. 35a**, das Volk habe zugeschaut, und zwar, wie V. 48 zeigt, erschüttert und betroffen (vgl. V. 27–31). Diese Änderung entspricht seiner durchgehenden Tendenz, das jüdische Volk im Unterschied zu seinen Führern ganz auf die Seite Jesu zu stellen und damit Jesus zum Repräsentanten des Gottesvolkes Israel zu machen. Darum übernimmt Lukas in V. 38 auch gerne aus Mark. 15,26 die Notiz, der Anspruch Jesu, «König der Juden» zu sein, habe zu seiner Verurteilung geführt (vgl. 19,38). Mit dem Spott des Volkes entfällt bei Lukas wie in 22,66–71 das (angebliche) Wort Jesu gegen den Tempel (vgl. Mark. 15,29; 14,58), welches die Irrlehrer zur Zeit des Lukas zum Erweis dessen hätten benutzen können, daß Jesus die Traditionen Israels verachtet und verworfen habe.
Während Jesus Gottes Weg geht und eröffnet, schauen die Menschen (V. 34b) auf das Ihre. Die Führer des Volkes verspotten Jesus **(V. 35b)** ganz wie bei Markus (15,31f.), doch läßt Lukas ihr Angebot, an Jesus glauben zu wollen, wenn er sich vom Kreuz rettet, aus; die Feindschaft der Führer, die den Christus Gottes in alttestamentlicher Sprache (Jes. 42,1) den «Auserwählten» nennen, ist total, und sie muß es sein, wenn die Schriften in Erfüllung gehen sollen (vgl. 24,46). Auch die Kreuzesinschrift **(V. 38)** ist anders als bei Markus (15,26) eine reine Spottinschrift, die anscheinend Jesus umgehängt wird, keineswegs Konstatierung eines vom römischen Statthalter ausgesprochenen Schuldurteils. Daß auch die Soldaten Jesus mit ähnlichen Worten wie ihre Führer **(V. 37**; Lukas denkt an jüdische Soldaten) verspotten, dem Gekreuzigten zum Hohn Essig als Getränk anbietend **(V. 36b)**, nimmt Lukas aus Mark. 15,36 (vgl. Mark. 15,23).

Ganz neu gestaltet Lukas in **V. 39–43** die kurze Bemerkung Mark. 15,32b, auch die beiden Verbrecher hätten Jesus gelästert. Nur der eine von beiden spottet, und zwar mit den Worten der jüdischen Führer und der Soldaten (V. 39), wie Lukas wenig variantenreich erzählt. Der andere widerspricht ihm und bestätigt wie vorher Pilatus die Unschuld Jesu – eine Modifikation des apologetischen Motivs der lukanischen Redaktion; Richter wie Mitangeklagte wissen und sagen, daß Jesus kein (politischer) Verbrecher ist.
Das Gewicht der Szene liegt indessen auf **V. 42f.**, wo sich offenbar zwei verwandte Motive verbinden. Einmal will Lukas sagen: Wer als Bekenner Jesu mit bzw. wie Jesus das Martyrium erleidet, wird sofort – jeweils «heute» – in die himmlische Herrlichkeit aufgenommen, ein Gedanke, der aus dem zeitgenössischen Judentum stammt, das in der Makkabäerzeit eine Martyriumstheologie entwickelte, und der auch sonst im frühen Christentum begegnet. Dabei zeigt vermutlich schon die Frage des «Bekenners» (V. 42; manche Handschriften lesen allerdings: «wenn du mit deinem Reich kommst»), jedenfalls aber die Antwort Jesu, wie stark die «vertikale» hellenistische Komponente der lukanischen Eschatologie ist (vgl. 20,27–40; 22,16); «Paradies» ist ein aus dem Persischen stammender Ausdruck für den überirdischen

Ort der Seligkeit. Ob «Paradies» und «dein Reich» identisch sind, bleibt in der Schwebe; der Ausdruck «dein Reich» setzt indessen in jedem Fall die Himmelfahrt Jesu voraus – das «Reich» ist eine jenseitige Größe (vgl. Apg. 1,3.6).
Zum anderen weist Lukas auf die heilvolle Reue in letzter Stunde hin. Auch mit diesem Gedanken bewegen wir uns vermutlich speziell in der Martyriumssituation, sei es, daß das Martyrium die Schmach einer vorhergehenden Verleugnung löscht, sei es, daß das Martyrium Ungetauften – bekennenden Katechumenen – direkt den Weg in die Herrlichkeit Gottes öffnet, wie in der frühen Kirche gelehrt wurde; das Martyrium tilgt alle Sünden. In jedem Fall wird der Grundzug lukanischer Heilsbotschaft ausgesprochen. Jesus lädt zur Buße ein und sagt den Bußfertigen die Vergebung ihrer Sünden zu; zur Buße ist es nie zu spät.

23,44–49   Jesu Tod

44 Inzwischen war schon die Mittagsstunde herangekommen, und eine Finsternis legte sich auf das ganze Land bis zur neunten Stunde, 45 weil die Sonne verblaßte; der Vorhang des Tempels riß mitten durch, 46 und Jesus rief mit lauter Stimme: Vater, ich lege mich in deine Hände. Mit diesen Worten verstarb er. 47 Der Hauptmann, der das Geschehen beobachtete, pries Gott: Wahrhaftig! Dieser Mensch war ein Gerechter. 48 Und alle Leute, die zu diesem Schauspiel mitgegangen waren, schlugen an ihre Brust, als sie gesehen hatten, was geschah, und gingen nach Hause. 49 Von ferne aber standen alle seine Bekannten, darunter die Frauen, die ihm aus Galiläa gefolgt waren, und schauten zu.

Lukas folgt Mark. 15,33–39, die Vorlage erzählerisch glättend und redaktionell spürbar redigierend.
Vor allem entfällt Mark. 15,34–36. Die hier berichtete Verspottung durch die Soldaten hatte Lukas nach V. 36f. vorgezogen. Jesu Gebet «Mein Gott, mein Gott, warum hast du mich verlassen» (Ps. 22,2), an dessen aramäischer Fassung («Eloi, Eloi, lema sabachtani») sich ihr Spott entzündete, streicht Lukas aber ganz. Dies Gebet, in der Grundschrift des Markus ein Schlüssel zum theologischen Verständnis der Passionsgeschichte – Jesus übernimmt das Gericht Gottes über alles menschliche Wesen und wendet sich zugleich *so* ganz Gott zu: der Weg des Heils für alle und zu aller Zeit – muß Lukas zumindest mißverständlich («Verzweiflungsschrei») erschienen sein. Er ersetzt dies letzte Wort Jesu in **V. 46** durch eine vertrauensvolle Bitte des Sterbenden, der sich (wörtlich: «meinen Geist») in Gottes Hände legt (vgl. Ps. 31,6). So betend soll und darf jeder Christ, vorab der Märtyrer, sterben. Auch Stephanus bittet dementsprechend in der Nachfolge Jesu: «Herr Jesus, nimm meinen Geist auf» (Apg. 7,59), und daß Jesus sich zum Empfang seines Blutzeugen Stephanus erhoben hat (Apg. 7,55), verbindet Jesu Gebet mit V. 43.
Im übrigen stellt Lukas die beiden wunderbaren Zeichen, die das Sterben des Gottessohnes begleiten – die Verfinsterung der Sonne von Mittag (6. Stunde) an bis zur Todesstunde um 15 Uhr (Mark. 15,33) und den Riß des Tempelvorhangs (Mark. 15,38) – zusammen an den Anfang des Sterbeberichts.
Der Hauptmann erkennt wie bei Markus aus diesen göttlichen Zeichen, daß hier ein «Gerechter» (vgl. 1,6.17; 2,25; Apg. 3,14; 7,52) stirbt (**V. 47**; vgl. V. 50). Markus sagte in 15,39: ein Gottessohn, aber Lukas geht davon aus, daß wir es mit einem jüdischen Hauptmann zu tun haben, der in biblischen Kategorien denkt und

spricht und, wie Lukas hinzufügt, seinen «Gott preist»: «Ein Same ist das Blut der Christen» (Tertullian, um 200).
V. 48 stammt ganz von Lukas. Was der Hauptmann angesichts des Sterbens Jesu erkennt, wußte das Volk seit jeher. Es hatte Jesus angehangen (19,48), auf seinem letzten Weg begleitet (V. 26–32) und bei dem Gekreuzigten ausgeharrt (V. 35). Auch in einem jüdischen Märtyrerbericht heißt es: «Das ganze Volk der Stadt strömte zu dem traurigen Schauspiel zusammen» (3. Makk. 5,24). Die Absicht seiner Führer, Jesus zu beseitigen, konnte und durfte das Volk nicht verhindern, damit die Schriften sich erfüllten (9,22.44; 18,31; 24,26.46). Nun sieht es sein Urteil über Jesus durch die Vorgänge bei seinem Sterben bestätigt. Die Menschen schlagen sich an die Brust (vgl. 18,13), ein Zeichen von Reue, Trauer und Klage (vgl. Sach. 12,10), und gehen bedrückt nach Hause. Einige Handschriften ergänzen: «Sie sprachen: Wehe uns! Was ist heute durch unsere Schuld geschehen! Denn die Zerstörung Jerusalems steht vor der Tür.» Sie treffen damit gut den Sinn von V. 48 (vgl. V. 28ff.), mit dem Lukas zum letztenmal in seinem Evangelium in solcher Weise gegenüber den christlichen Irrlehrern seiner Zeit die enge Verbindung zwischen Jesus und dem Gottesvolk Israel konstatiert.
Während Markus in 15,40f. nur berichtet, einige Frauen aus Jesu Begleitung hätten das Geschehen von ferne beobachtet, erzählt Lukas, der wesentliche Aussagen von Mark. 15,40f. als «Evangelist der Frauen» bereits in 8,1–3 zu einer selbständigen Erzählung erhoben hatte (vgl. auch V. 55), alle engen Begleiter Jesu hätten in der Ferne gestanden, darunter auch die Frauen (V. 49; vgl. Ps. 38,12; 88,9; Jes. 27,11). Sie warten auf die Abnahme des Leichnams vom Kreuz und auf das Begräbnis Jesu. Mit «allen seinen Bekannten» sind natürlich vornehmlich die Zwölf Apostel gemeint, die Mark. 14,50 zufolge geflohen waren. Lukas läßt sie in besserem Licht erscheinen; sie, die einzigen authentischen Garanten der Botschaft Jesu (1,1–4; Apg. 1,21ff.), harren bei Jesus aus – auch dies eine Abwehr jener Irrlehrer, die den Zwölfen ihr Versagen vorhalten und nur Paulus, den Heidenapostel, als Apostel Jesu Christi anerkennen.

23,50–56   Begräbnis

50 Ein Mann mit Namen Joseph, ein Mitglied des Synedriums und ein guter und gerechter Mensch – 51 er war mit ihrem Beschluß und ihrer Tat nicht einverstanden gewesen –, der aus Arimathäa, einer jüdischen Stadt, stammte und der die Herrschaft Gottes erwartete, 52 ging zu Pilatus und erbat den Leichnam Jesu; 53 er nahm ihn ab, wickelte ihn in ein Leinentuch und legte ihn in ein Felsengrab, in dem noch niemals jemand bestattet worden war.
54 Dies geschah am Rüsttag kurz vor Anbruch des Sabbats. 55 Die Frauen, die mit ihm aus Galiläa gekommen waren, hatten sich mit auf den Weg gemacht; sie sahen das Grab und beobachteten, wie sein Leichnam hineingelegt wurde. 56 Nach Hause zurückgekehrt, bereiteten sie aromatische Salben und Öle und ruhten dann am Sabbat, wie es vom Gesetz geboten war.

Die Erzählung von Jesu Begräbnis hatte Markus in 15,42–47 ohne nennenswerte Bearbeitung aus seiner Grundschrift übernommen. Das «begraben» unterstreicht (vgl. 1. Kor. 15,3f.) das «gestorben». Jesus ist wirklich unseren Tod gestorben; wer mit Jesus stirbt, ist also auch im Grab nicht von ihm verlassen, sondern bleibt in seiner Gemeinschaft.

Lukas folgt Markus im wesentlichen, setzt der Erzählung aber einige redaktionelle Lichter auf.
Er streicht den Bericht, demzufolge sich Pilatus zuerst bei dem (für Lukas jüdischen!) Hauptmann vergewissert habe, daß Jesus wirklich gestorben sei, und berichtet auch von keiner ausdrücklichen Freigabe des Leichnams Jesu durch Pilatus (Mark. 15,44f.). Dadurch tritt die Gestalt des Pilatus ganz in den Hintergrund, wie es der apologetischen Tendenz des Lukas entspricht, der möglichst alle Verantwortung für Jesu Tod von Pilatus wegzunehmen und auf die jüdischen Führer zu legen trachtet. Natürlich gibt Pilatus das Opfer der oberpriesterlichen Intrige sofort frei.
Da auch Joseph von Arimathäa zu diesen jüdischen Führern gehörte, bemerkt Lukas ausdrücklich, er sei mit deren Vorgehen nicht einverstanden gewesen **(V. 51a)**.
Daß selbst ein so angesehener Jude – erst Lukas nennt Arimathäa ausdrücklich eine «jüdische Stadt» **(V. 51b)** –, den Lukas wie den frommen Simeon (2,25) charakterisiert, auf Seiten Jesu steht, unterstreicht natürlich die unlösbare Bindung von Jesus (= christliche Gemeinde) und Israel (vgl. Apg. 5,34ff.; 13,29).
Jesus wird in ein bisher noch nicht genutztes Grab gelegt **(V. 53b;** auch Matthäus berichtet auffälligerweise in 27,59f. von einer «reinen Leinwand» und einem «neuen Grab»); das gebührt seiner Hoheit und entspricht dem noch ungerittenen Füllen beim Einzug in Jerusalem (19,30). Vgl. Jes. 53,9: «man gab ihm bei Reichen sein Grab».
In **V. 54–56** gestaltet Lukas aus Mark. 15,40f.42.47 und 16,1 einen relativ selbständigen Abschnitt, der das Wirken der Frauen besonders herausstellt. Man wird nicht fehlgehen, wenn man darin eine indirekte Aufforderung an die christlichen Frauen zur Zeit des Lukas erkennt, sie, die von den Verfolgungen relativ verschont blieben, möchten sich um die Bestattung der hingerichteten Märtyrer bemühen und verdient machen. Daß Lukas zum «Evangelisten der Frauen» wird, weil er die hervorragende Rolle der Frauen in den verfolgten Gemeinden bedenkt, war schon Gegenstand der Beobachtung (vgl. 8,1–3).
Der aus Mark. 15,42 nach V. 54 gesetzten und deutlicher gestalteten Zeitangabe korrespondiert die redaktionelle Bemerkung, die Frauen hätten während des Sabbats, dem jüdischen Gesetz gehorsam, geruht. Diese Notiz bereitet nicht nur die Erzählung von den Ereignissen am Ostermorgen vor, sondern ist auch ein starker Hinweis auf die Gesetzestreue der Nachfolger Jesu, welche zugleich Jesus selbst noch einmal als treues Glied Israels ausweist und dem Programm der Irrlehrer, der Trennung des Christlichen vom Jüdischen, schroff widerspricht.

24,1–53   Jesu Auferstehung

Die Auferstehung Jesu ist das fundamentale Datum des christlichen Kerygmas. Erst im Lichte des Osterglaubens wurde Jesus als der Christus bekannt und wurden seine Menschwerdung, sein Kreuz und sein Wirken als eschatologische Heilsereignisse verkündigt.
Ohne das Osterbekenntnis wäre vermutlich keine Kunde von Jesus auf uns gekommen. Umgekehrt wäre aber auch die Kunde von der Auferstehung Jesu ein verwehender schwärmerischer Anflug geblieben, hätte man nicht die Kunde von der Auferstehung Jesu – als des Gekreuzigten! – verkündigt.
Der Osterglaube und die Osterbotschaft (Osterkerygma) sind älter als die Ostererzählungen unserer Evangelien. Die Erzählungen begründen also das Bekenntnis

nicht, sondern entfalten es und legen es aus. Die Wahrheit des Osterbekenntnisses hängt deshalb nicht an den einzelnen Fakten der Ostererzählungen, die nicht die pure Faktizität eines historischen Ursprungs des Bekenntnisses festhalten wollen, sondern die das Bekenntnis als solches erzählend verkündigen.

Mehr: Die Wahrheit der Auferstehung Jesu und des entsprechenden Messiasbekenntnisses läßt sich überhaupt nicht durch historische Rückfrage und historische Rückversicherung feststellen, sondern kann nur im existentiellen Akt des Glaubens bzw. in der gegenwärtigen Begegnung mit dem Auferstandenen erfahren werden.

Da «Auferstehung» das Historische wesenhaft transzendiert, ist historisch-objektiv nur der Osterglaube der Jünger feststellbar, und daß es das Osterzeugnis nur von Glaubenden gibt, ist der bezeugten Sache zutiefst angemessen.

Die alten Bekenntnisse verbinden miteinander, was erzählend auseinandergelegt wird: Auferweckung, Erhöhung, Erscheinung. Dabei werden die Erscheinungen vor Petrus und danach vor den Zwölfen als die frühesten besonders hervorgehoben (1. Kor. 15,3ff.; Luk. 24,34). Im historischen Ablauf dürfte das Bekenntnis zu der Auferstehung und Erhöhung Jesu auf den Erscheinungen des Erhöhten beruhen, denen gegenüber der Bericht von der Auffindung des leeren Grabes, von dem die Bekenntnisse schweigen, als sekundär gelten muß; zwar setzen «begraben» und «auferstanden» für jüdisches Denken ein leeres Grab als solches voraus, aber nicht einen Bericht über die Auffindung des leeren Grabes.

Lukas folgt in seinem Bericht vom leeren Grab Mark. 16,1-8, jedoch mit bezeichnenden Veränderungen, aus denen man ersehen kann, wie frei die Evangelisten selbst mit den Ostererzählungen umgingen. Auch die Ostergeschichten gehören also zu dem jeweils aktualisierbaren Wort der Verkündigung, stellen aber nicht dessen zeitlosen und in seiner historischen Faktizität «rein» zu bewahrenden Grund dar.

24,1-12   Das leere Grab

1 Am Tag nach dem Sabbat gingen sie in aller Frühe mit den Salben, die sie zubereitet hatten, zu dem Grab. 2 Sie entdeckten, daß der Stein vom Grab abgewälzt war, 3 und als sie hineingingen, fanden sie den Leichnam des Herrn Jesus nicht. 4 Als sie, darüber ratlos, dastanden, traten zwei Männer in strahlenden Gewändern zu ihnen. 5 Sie erschraken und beugten sich bis zur Erde. Da sagten sie zu ihnen: Wieso sucht ihr den Lebendigen bei den Toten? 6 Er ist nicht hier, sondern er wurde auferweckt. Erinnert euch, daß er schon in Galiläa zu euch sagte: 7 Der Menschensohn muß in die Hände der sündigen Menschen ausgeliefert und gekreuzigt werden und am dritten Tage auferstehen. 8 Da erinnerten sie sich an seine Worte, 9 und als sie von dem Grab zurückkamen, berichteten sie dies alles den Elfen und allen anderen, 10 nämlich Maria Magdalena und Johanna und Maria, der Frau des Jakobus, und den anderen Frauen, die bei ihnen waren. Als sie dies den Aposteln erzählten, 11 erschienen ihnen diese Berichte wie ein Geschwätz, und sie glaubten ihnen nicht. 12 Petrus aber machte sich auf und lief zu dem Grab, und als er hineinschaute, sah er nur die Leinentücher liegen. Da kehrte er um, voller Verwunderung über das, was geschehen war.

Das Markusevangelium schließt in 16,1-8 mit der Erzählung vom leeren Grab. Die Grundschrift des Markus hatte indessen bereits von Erscheinungen des Auferstandenen und von seiner Himmelfahrt berichtet. Die (redaktionellen) Ursachen des

von den anderen Evangelisten mit Recht als zu abrupt empfundenen Markus-Schlusses können hier nicht erörtert werden.
Die Erzählung vom leeren Grab hat in ihrer ursprünglichen, von Markus im wesentlichen festgehaltenen Fassung ihren Höhepunkt im Wort des (bei Markus einen) Jünglings im Grab. Der himmlische Bote verkündigt die Auferstehung Jesu mit den allen Christen geläufigen Worten des Glaubens- bzw. Taufbekenntnisses. Den Lesern, die mit den Frauen erfahren, daß Jesus nicht im leeren Grab zu suchen und zu finden ist, wird also zugleich gesagt, wo er begegnet: Überall, wo das christliche Bekenntnis gesprochen, wo der Glaube der Christenheit bezeugt, wo im Sinne dieses Bekenntnisses der Auferstandene verkündigt wird.
Schon diesen Kern der ursprünglichen Erzählung gestaltet Lukas neu. Nur das «Er ist nicht hier, sondern er wurde auferweckt» hält er (V. 6a) fest. Im übrigen aber weisen die beiden himmlischen Boten im Grab die Frauen (V. 6b–7) auf die Ansagen des Leidens, Sterbens und Auferstehens Jesu hin, welche die Jünger von Jesus vielfach empfangen hatten (z. B. 9,22.44; 18,31), und die Frauen erinnern sich (V. 8). Da Jesus selbst diesen Hinweis in V. 25–27 und V. 44–46 ausführlich wiederholt, begegnet uns bei Lukas eine Dreiheit solcher österlicher Erinnerungen, deren Notwendigkeit durch das Unverständnis der Jünger zu Lebzeiten Jesu (9,45; 18,34) bereits vorbereitet worden war.
Damit ist die Wichtigkeit dieser Ansagen für die lukanische Redaktion hinreichend belegt. Ihr Sinn erschließt sich, wenn man bedenkt, daß es die Sätze des christlichen Fundamentalbekenntnisses von Jesu Leiden, Sterben und Auferstehen sind (vgl. 1. Kor. 15,3ff.), die in allen diesen Ansagen variiert werden, und außerdem beachtet, daß die Notwendigkeit dieses Geschicks des Messias, das «Muß», mehrfach mit der Erfüllung der Schrift begründet wird (9,22; 17,25; 18,31–33; 24,25–27.44–46). Lukas verankert also das fundamentale christliche Bekenntnis unlösbar im Alten Testament. Man kann nicht, wie die hyperpaulinischen Irrlehrer in seinen Gemeinden tun, Jesus als den Gekreuzigten und Auferstandenen bekennen und zugleich das Alte Testament verwerfen. In seiner Abwehr dieser Irrlehre geht Lukas so weit, das «Muß» des Leidens Jesu nur mit dieser Ankündigung im Alten Testament zu begründen, das traditionelle «für unsere Sünden» (siehe zu 22,27; vgl. 1. Kor. 15,3–5) aber zu ignorieren, das für seine Gegner alleiniger und ausreichender Grund für das tradierte Bekenntnis gewesen sein dürfte.
Die anderen Änderungen, die Lukas an seiner Vorlage vornimmt, sind weniger gewichtig und zum Teil nur erzählerischer Art. So berichtet er nicht wie Markus (16,3) von der Sorge der Frauen, wer ihnen wohl den Rollstein vom Grab wälzen möchte, eine Sorge, die unterwegs ja auch reichlich spät kommt. Er vermerkt aber ausdrücklich, daß die Frauen den Leichnam Jesu nicht vorfanden (V. 3). Erst als sie ratlos darüber herumstehen, treten die beiden (wie Apg. 1,10) Boten im himmlischen Glanz zu ihnen (V. 4), vor denen sie sich tief verneigen (V. 5a). Das schöne Wort «Wieso sucht ihr den Lebendigen bei den Toten» (V. 5b), das an eine volkstümliche Redewendung anknüpft, bringt diese von Lukas neu gestaltete Szene zu einem ersten Abschluß. Das leere Grab ist nicht Grund und Ursprung des Osterglaubens.
Die Aufforderung Mark. 16,7, nach Galiläa zu gehen und dort auf den Auferstandenen zu warten, wie 14,28 ein Zusatz des Markus zu seiner Grundschrift, streicht Lukas wieder, weil er die Osterereignisse in Jerusalem lokalisiert. Er will auf diese Weise die jüdische Metropole, die Heilige Stadt Israels, als Höhepunkt des Wirkens Jesu und als Ausgangspunkt der christlichen Kirche (vgl. V. 47b.49.52f.; Apg. 1,8)

nachdrücklich hervorheben, um im Widerstand gegen die Irrlehrer seiner Zeit jede Loslösung des Christentums vom alttestamentlichen Judentum unmöglich zu machen. Zugleich will er in derselben Frontstellung die Berufung des Paulus nicht in Jerusalem, sondern vor Damaskus, aus dem Zusammenhang mit den leiblichen Erscheinungen des Auferstandenen vor den Aposteln, die als solche in V. 10b ausdrücklich genannt werden, herauslösen; Paulus hat Lukas zufolge anders als die Apostel den Auferstandenen nicht gesehen (vgl. Apg. 9,1ff.; 23,3ff.; 26,9ff.), ist also kein ursprünglicher Zeuge.

Zu den Seltsamkeiten des abrupten Markus-Schlusses gehört, daß die Frauen von ihrem Erleben am Grab schweigen (Mark. 16,8). Statt dessen berichtet Lukas in **V. 9f.**, sie hätten alles, was ihnen widerfahren war, den (nach dem Ausscheiden des Judas) elf Aposteln und den übrigen aus ihrer Schar erzählt. Dabei nennt Lukas nunmehr die zu Mark. 16,1 übergangenen Namen von drei Frauen (V. 10a; vgl. 8,3 und Mark. 15,40), nicht ohne hinzuzufügen, daß außer ihnen weitere, namentlich ungenannte Frauen zugegen waren.

Ganz redaktionell sind **V. 11** und **V. 12**. Die Nachricht, die Apostel hätten den Frauen nicht geglaubt, soll natürlich nicht die Frauen disqualifizieren, sondern bringt noch einmal das Motiv des Unverständnisses ein und dient speziell der Vorbereitung von V. 19ff. und V. 36ff.

Läuft Petrus zum Grab, wo er alles so vorfindet, wie die Frauen erzählt hatten (V. 12; die Leinentücher weisen darauf hin, daß der Leichnam Jesu nicht umgebettet worden war), so erfährt der Leser, daß der führende Apostel seine schwache Stunde (22,54–62) bereits überwunden hat. Schon mit seiner Reue (22,62) war er wieder in die Nachfolge getreten, die er jetzt erneut bewährt, ohne noch zu verstehen, was geschehen ist.

24,13–35 Jesus erscheint zwei Jüngern auf dem Weg nach Emmaus

13 Am selben Tag gingen zwei aus ihrem Kreis nach Emmaus, einem Dorf, das 60 Stadien von Jerusalem entfernt liegt. 14 Sie unterhielten sich über alle diese Ereignisse. 15 Während sie sich unterhielten und miteinander disputierten, näherte sich Jesus selbst und ging mit ihnen. 16 Ihre Augen aber waren gehalten, so daß sie ihn nicht erkannten.

17 Er sagte zu ihnen: Worüber redet ihr miteinander auf eurem Weg? Da blieben sie traurig stehen. 18 Der eine, Kleopas mit Namen, sagte zu ihm: Bist du der einzige Fremde in Jerusalem, der nicht weiß, was in diesen Tagen dort geschehen ist? 19 Da sagte er: Was denn? Sie antworteten ihm: Die Sache mit Jesus von Nazareth, der als ein Prophet auftrat, mächtig in Tat und Wort vor Gott und vor dem ganzen Volk; 20 und wie ihn unsere Oberpriester und Fürsten zum Tode verurteilen ließen und kreuzigten! 21 Wir aber hofften, er sei es, der Israel erlösen werde. Zu dem allen ist heute schon der dritte Tag, seitdem dies geschah. 22 Und einige Frauen aus unserem Kreis haben uns erschreckt; sie sind in der Frühe zum Grab gegangen 23 und fanden seinen Leichnam nicht, sondern sie kamen zurück und behaupteten, Engel seien ihnen erschienen und hätten erklärt, er lebe. 24 Daraufhin sind einige von uns zu dem Grab gegangen und fanden bestätigt, was die Frauen erzählten; ihn aber haben sie nicht gesehen.

25 Da sagte er zu ihnen: Wie unverständig seid ihr doch, und wie träge ist euer Herz, so daß ihr dem allen, was die Propheten gesagt haben, nicht glaubt. 26 Mußte

der Christus dies nicht erleiden und in seine Herrlichkeit eingehen? **27 Und er fing bei Mose an und bei allen Propheten und erklärte ihnen, was in allen Schriften über ihn gesagt war.**
28 Dabei näherten sie sich dem Dorf, wohin sie unterwegs waren, und er tat so, als ob er weiterwandern wollte. 29 Da drängten sie ihn: Bleibe bei uns; es geht auf den Abend zu, der Tag neigt sich schon. Da trat er ein, bei ihnen zu bleiben. 30 Und als er mit ihnen zu Tisch lag, nahm er das Brot, sprach das Tischgebet, brach es und gab es ihnen. 31 Da wurden ihre Augen geöffnet und sie erkannten ihn. Und er verschwand vor ihnen.
32 Sie sagten zueinander: Brannte nicht unser Herz, als er unterwegs zu uns sprach und uns die Schriften öffnete? 33 Noch zur selben Stunde brachen sie auf und kehrten nach Jerusalem zurück, wo sie die Elf und ihre Begleiter versammelt fanden, 34 die zu ihnen sagten: Der Herr ist wirklich auferweckt worden und Simon erschienen! 35 Darauf berichteten sie, was auf dem Weg geschehen war und wie sie ihn beim Brotbrechen erkannten.

Die Erzählung von der Erscheinung Jesu auf dem Weg nach Emmaus gehört zum Sondergut des Lukas. Ihr liegt eine alte Tradition zugrunde, die sich als solche zeigt, wenn man die umfangreiche lukanische Bearbeitung abhebt.
Von Lukas stammt zunächst der Jerusalemer Rahmen der Erzählung in **V. 13–14.33–35**. Aus den zu V. 1–12 genannten Gründen lokalisiert Lukas das Ostergeschehen gänzlich in der Heiligen Stadt Israels, die damit zum Ausgangspunkt der christlichen Gemeinde wird; die Gemeinde wächst demzufolge bruchlos aus Israel heraus. Die Koppelung der Überlieferung an Jerusalem führt dazu, daß man, nachdem in V. 10–12 von den elf Aposteln die Rede war, die beiden wandernden Jünger zunächst zu deren Kreis rechnet, um erst in V. 18 (vgl. V. 33) zu erfahren, daß es sich um Glieder des weiteren Jüngerkreises handelt. Es gab ein Emmaus, das ca. 30 Stadien, ein anderes, das ca. 175 Stadien (= 33 km) von Jerusalem entfernt lag; die unpassende Angabe «60 Stadien» (= ca. zwei Wegstunden) geht auf den mit den lokalen Verhältnissen nicht vertrauten Evangelisten zurück, der die Entfernung zu Jerusalem zu bestimmen versucht. Die Reise der beiden Jünger als solche hat Lukas nicht motiviert.
Auf Lukas geht sodann der ganze Schluß der Erzählung **V. 33–35** zurück. Es gehört zum Grundbestand des frühchristlichen Bekenntnisses, daß der Auferstandene zuerst dem Petrus erschienen sei; vgl. 22,32; 1. Kor. 15,5. Diese Aussage konnte Lukas nicht übergehen, und angesichts der Bedeutung, die Petrus als Exponent der Zwölf Apostel bei ihm besitzt, wollte er diese Auszeichnung des Petrus auch nicht ungenannt lassen; jedoch stand ihm angesichts des unvollständigen Markus-Schlusses kein erzählender Bericht über die Erscheinung vor Petrus zur Verfügung. Darum fügt er in **V. 34** (vgl. Mark. 16,7) nicht ungeschickt an Hand der vertrauten Bekenntnisformulierung eine Nachricht an die beiden Emmausjünger ein, die natürlich für den Leser bestimmt ist, der auf diesem Wege erfährt, daß Jesus zuerst dem Petrus erschien und danach den beiden Wanderern begegnete.
Ganz der lukanischen Redaktion gehört auch das Gespräch auf dem Wege **V. 17–27** an. Auf eine durch **V. 14** bereits vorbereitete Einleitung in **V. 17f.** folgen in **V. 19–24** und in **V. 25–27** zwei thematisch in sich geschlossene Argumentationsgänge.
Im ersten dieser Gesprächsgänge führen die beiden Jünger das Wort; Jesus läßt sie, seelsorgerlich handelnd, ihr volles Herz ausschütten. Sie bieten dem unbekannten

Wanderer ein «Summarium» seines eigenen Weges und Geschicks dar. Dabei bezeichnen sie ihre (christliche!) Hoffnung als Hoffnung auf die «Erlösung Israels», ein für die lukanische Redaktion bezeichnender Gedanke (vgl. 1,68; Apg. 1,6; 7,37). In **V. 20** erfahren wir, daß die jüdischen Führer selbst Jesus gekreuzigt haben (vgl. 23,25) – das bekannte apologetische Motiv. In **V. 21a** begegnet die zum Osterbekenntnis gehörende formelhafte Wendung «am dritten Tag» (vgl. V. 46; 9,22; 1. Kor. 15,4), die in der Formel V. 34 fehlen muß, und zwar singulär als Hinweis auf den definitiven Tod Jesu. In **V. 24** erfahren wir, daß Petrus nicht alleine zum Grab gegangen war; Lukas hatte ihn in V. 12 also nur als Repräsentant der Apostel überhaupt genannt, die insgesamt Jesus nicht verlassen haben, sondern ihm auf der Spur bleiben – ein wesentliches Moment des lukanischen Apostelbildes.

Die beiden Jünger sind über die «Sache» mit Jesus von Nazareth **(V. 19)** vollständig informiert. Darin begegnet lukanische Tendenz. Die authentischen Zeugen des Evangeliums sind für Lukas nämlich die Augenzeugen (1,1–4) des Wirkens Jesu «in Tat und Wort» (V. 19), nicht etwa (wie für die «prämarcionitischen» Irrlehrer) der sekundäre Zeuge Paulus. Damit bereitet Lukas zugleich Apg. 1,21 ff. vor: Nach dem Ausscheiden des Judas stehen Jünger außerhalb des Kreises der Zwölf Apostel bereit, die in nicht geringerem Maß Augenzeugen sind und aus deren Mitte der Kreis der Apostel ergänzt werden kann (vgl. V. 9.33).

Die Rede der beiden Jünger mündet in **V. 21–24** in den Ausdruck des Unverständnisses (wie 9,45; 18,34; 24,11f.) angesichts der jüngsten Ereignisse in Jerusalem, das heißt angesichts von Kreuz und Auferstehung, den zentralen Aussagen des christologischen Bekenntnisses. Auf diese Weise leitet Lukas zum zweiten Gesprächsgang, der Belehrung über das «Muß» des Leidens und Auferstehens Jesu, über.

In diesem zweiten Gesprächsgang **V. 25–27**, zu dem **V. 32** als Reaktion der Jünger gehört, nimmt Jesus das Wort und informiert seine beiden Begleiter – und die Leser – erneut (vgl. z. B. 9,22.44; 18,31) über das «Muß» seines Leidens und Auferstehens. Dies «Muß» bezieht sich nicht auf eine soteriologische («heilsame») Sinngebung des Kreuzesgeschehens (so z. B. Röm. 4,25; 1. Kor. 15,3–5), sondern darauf, daß Gott den Weg seines Messias durch Leiden zur Herrlichkeit (V. 26) in allen Schriften des Alten Testaments bereits angesagt hatte. Die gesamte lukanische Passionsgeschichte machte dabei deutlich, daß Jesu Weg der exemplarische Weg des Märtyrers ist; auch der christliche Blutzeuge muß in solcher Weise «leiden und in seine Herrlichkeit eingehen» (vgl. 23,43; Apg. 7,54–59). Darauf liegt in V. 25–27 freilich nicht das Gewicht. Vielmehr erweist Jesus den wesentlichen Inhalt des christlichen Bekenntnisses zu seinem Kreuz und zu seiner Auferstehung als wesentlichen Inhalt auch der messianischen Verheißungen des Alten Testaments, das heißt als integrierenden Bestandteil der in Israel wurzelnden Heilsgeschichte. Die Betonung dieses Bekenntnisses bei gleichzeitiger Verwerfung des Alten Testaments – die falsche Lehre der hyperpaulinischen Irrlehrer – stellt also einen Widerspruch in sich dar.

Nach Ausschaltung aller dieser deutlich als redaktionell erkennbaren lukanischen Gedanken bleibt eine (literarisch nicht rekonstruierbare) Tradition zurück, die berichtete, daß der Auferstandene irgendwann nach Ostern zwei Jüngern, von denen einer den griechischen Namen Kleopas (= Kleopatros) trug, auf dem Weg nach Haus, nämlich nach (welchem?) Emmaus, erscheint, ohne daß sie ihn erkennen. Nachdem sie ihm ihre Gastfreundschaft erwiesen haben, gibt er selbst sich ihnen bei

dem das Mahl eröffnenden Ritus des Brotbrechens (vgl. 9,16; 22,19) zu erkennen und verschwindet vor ihren Augen. Ein spezifischer Bezug zum Abendmahl (von Wein ist keine Rede) oder zum eschatologischen Mahl (vgl. 13,28f.; Off. 3,20) dürfte dabei (auch bei Lukas) nicht intendiert sein (vgl. V. 35). Auch spielt das «Gemeinschaftserlebnis» als solches keine Rolle.
Vermutlich haben wir es ursprünglich mit dem Bericht von einer Apostelberufung zu tun (vgl. 1. Kor. 15,7). Dafür spricht die Zweizahl (vgl. 10,1; Röm. 16,7), der (zu vermutende) jüdisch-hellenistische Doppelname Klopas/Kleopas (vgl. Joh. 19,25; wie Saulus/Paulus; Silas/Silvanus), die Situation des Weges (vgl. Apg. 9,1ff.), der visionäre Charakter des Geschehens (vgl. Gal. 1,16; 1. Kor. 15,1ff.), die Örtlichkeit Emmaus (frühes Missionsgebiet; vgl. Apg. 9,4) sowie die Tatsache, daß die beiden Jünger nicht zum Kreis der Zwölf gehören.
Die Darstellung selbst ist legendarisch gefärbt. Sie benutzt das verbreitete Motiv vom unerkannt unter den Menschen weilenden Gott (1. Mose 16,7ff.; 18,1ff.; Mark. 6,45ff.), der sich nach seinem freien Willen zu erkennen gibt, und zwar insonderheit denen, die ihn unerkannt aufnehmen (1. Mose 18,1ff.; Hebr. 13,2). Dies Motiv ist dabei nicht (wie z. B. in Mat. 25,40) ethisch gewendet, sondern theologisch genutzt: Der Auferstandene ist der Erhöhte, der die Seinen als solcher überall begleitet, auch wenn er sich verbirgt. Er ist nirgendwo und zu keiner Zeit «objektiv» gegenwärtig, sondern wird nur in «geheimer Epiphanie» dem Auge des Glaubens sichtbar und erfahrbar.

24,36–53   Erscheinung vor den Zwölfen und Himmelfahrt

36 Während sie noch darüber sprachen, trat er selbst in ihre Mitte und sagte zu ihnen: Friede sei mit euch!
37 Sie fuhren zusammen und erschraken, weil sie glaubten, ein Gespenst zu sehen.
38 Da sagte er zu ihnen: Wieso seid ihr so verwirrt, und warum steigen Zweifel in eurem Herzen auf? 39 Seht euch meine Hände und meine Füße an. Ich bin es selbst. Betastet mich und überzeugt euch; denn kein Gespenst hat Fleisch und Knochen, wie ihr an mir erkennt. 40 Mit diesen Worten zeigte er ihnen Hände und Füße. 41 Als sie vor lauter Freude noch nicht glaubten und staunend dastanden, fragte er sie: Habt ihr etwas zu essen hier? 42 Da reichten sei ihm ein Stück gerösteten Fisch, 43 den er nahm und vor ihren Augen aß.
44 Er sprach zu ihnen: Als ich noch bei euch war, habe ich euch folgendes gesagt: Alles, was im Gesetz des Mose und in den Psalmen über mich geschrieben steht, muß erfüllt werden. 45 Dann öffnete er ihnen den Verstand, die Schriften zu begreifen, 46 und sagte zu ihnen: So steht geschrieben: Der Christus muß leiden und am dritten Tag von den Toten auferstehen.
47 In seinem Namen muß allen Völkern Buße zur Vergebung der Sünden gepredigt werden, und zwar von Jerusalem aus. 48 Ihr seid die Zeugen dafür. 49 Seht, ich sende die von meinem Vater verheißene Gabe über euch; ihr aber müßt in der Stadt bleiben, bis ihr mit Kraft aus der Höhe angetan werdet.
50 Er führte sie aus der Stadt hinaus nach Bethanien, hob seine Hände auf und segnete sie. 51 Und während er sie segnete, wurde er von ihnen weggenommen und in den Himmel aufgehoben. 52 Sie huldigten ihm, kehrten dann mit großer Freude nach Jerusalem zurück 53 und hielten sich allezeit im Tempel auf, Gott lobend.

Die Erscheinung des Auferstandenen vor den Zwölfen ist ein ebenso fester Teil der frühen, bekenntnismäßigen Osterüberlieferung wie die Erscheinung vor Petrus (vgl. 1. Kor. 15,5). Der Bericht von jener Erscheinung im größeren Kreis war schon in der Grundschrift des Markusevangeliums mit dem Missionsbefehl und dem Himmelfahrtsbericht verbunden. Diesem festen Erzähltypus (vgl. Mat. 28,16–20; Mark. 16,15–20; 1. Tim. 3,16; 1. Petr. 3,21) folgt Lukas in 24,36–53, vielleicht in Kenntnis der Grundschrift des Markusevangeliums.

In **V. 37–43** benutzt Lukas dabei eine Tradition mit antidoketischer Spitze: Der Auferstandene demonstriert seine *leibliche* Auferstehung, während die Doketen lehrten, Jesus habe nach seiner Auferstehung nur einen Scheinleib gehabt. Im Hintergrund dieses Doketismus steht die Verachtung des Leiblichen zugunsten des Geistlichen, die Mißachtung des Geschaffenen und des Schöpfers zugunsten eines göttlichen Prinzips im Menschen.

Auf den traditionellen Charakter von V. 37–43 weisen verschiedene Beobachtungen hin: Antidoketismus gehört nicht zu den redaktionellen Tendenzen des Lukas; in V. 39f. wird offenbar Jesu Annagelung ans Kreuz vorausgesetzt, von der Lukas im übrigen nicht berichtet; gerösteter Frischfisch (V. 42) dürfte in Jerusalem, wo Lukas alle Ostererzählungen lokalisiert, kaum vorhanden gewesen sein (vgl. Joh. 21,9ff.); die paradoxe Bemerkung, daß die Jünger «vor lauter Freude» noch nicht glaubten, ist eine (sachlich seltsame) Ergänzung des Lukas (vgl. 22,45; Apg. 12,14) zu seiner Vorlage, die einen Ausgleich zu V. 34f. herstellen soll. Vor allem besitzen wir eine von Lukas unabhängige Parallele zu seiner Vorlage. Bischof Ignatius von Antiochien bekämpft die Doketen in seinem Schreiben an die Gemeinde in Smyrna (um 120) mit folgenden Worten: «Weiß ich doch und glaube fest daran, daß er auch nach der Auferstehung im Fleische ist. Und als er zu Petrus und seinen Gefährten kam, sagte er zu ihnen: Greift zu, betastet mich und sehet, daß ich kein körperloser Dämon bin! Und alsbald faßten sie ihn an und wurden gläubig, mit seinem Fleisch ebenso eng wie mit seinem Geist verbunden. Deshalb achteten sie auch den Tod für nichts, zeigten sich vielmehr über den Tod erhaben. Nach der Auferstehung aber aß und trank er mit ihnen als ein Fleischlicher, obwohl er geistlich mit dem Vater vereinigt war» (Kap. 3). In diesem theologischen Zusammenhang wurzelt das Bekenntnis zur «Auferstehung des Fleisches».

Ob bzw. wie weit die Einleitung der ganzen Szene **(V. 36)** von Lukas stammt, läßt sich nicht sagen. Von V. 44 an spricht aber zweifellos Lukas selbst.

V. 44–46 bringt (nach V. 6–8 und V. 25–27) die dritte österliche Belehrung über das «Muß» des Leidens und Auferstehens Jesu: Alle drei Teile des Alten Testaments weisen auf Jesu Geschick hin, das sich also der Schrift entsprechend erfüllen mußte. Die Irrlehrer, die zwar eine (hyperpaulinische) Kreuzestheologie vertreten, aber zugleich das Alte Testament verwerfen, werden damit noch einmal ins Unrecht gesetzt. Die Formulierung in V. 46 schließt sich (wie V. 34) deutlich an die frühchristlichen Bekenntnisse an (vgl. V. 21b; 1. Kor. 15,3–5).

V. 47a bringt eine Modifikation des Missionsbefehls (vgl. Mark. 16,15; Mat. 28,19; Apg. 1,8b), offenbar im Anschluß an die von Lukas ausgelassene Feststellung Mark. 13,10.

Predigt der «Buße zur Vergebung der Sünden» angesichts des göttlichen Gerichts (vgl. Apg. 10,42f.) ist der wesentliche Inhalt der (schon vorredaktionellen) Verkündigung in den lukanischen Gemeinden (siehe zu 1,77; 3,3; 4,18f. und die Einleitung). Diese Botschaft unterscheidet sich für Lukas inhaltlich nicht von der Botschaft der Synagoge bzw. von dem «Evangelium» des Alten Testaments, zumal ja bereits Johannes der Täufer die Buße zur Vergebung der Sünden predigte (3,3). «Christlich» ist an der Bußpredigt, daß sie im Namen Jesu (und) allen Völkern verkündigt wird (vgl. S. 35).

In dem «in seinem Namen» (oder «aufgrund seines Namens» oder «unter Berufung auf ihn») und dem «allen Völkern» liegt das spezifisch Christliche der im übrigen synagogalen Buß- und Vergebungspredigt. Auffälligerweise fehlt mit dem Missionsbefehl auch der Taufbefehl, obschon das «in seinem Namen» auf ihn anspielt (vgl. Apg. 2,38) und Lukas Mark. 16,16, den Taufbefehl der Grundschrift des Markusevangeliums, gekannt haben dürfte. Indessen setzt für Lukas die christliche Taufe als Bußtaufe zur Vergebung der Sünden einfach die Taufe des Johannes fort (vgl. Luk. 3,3 mit Apg. 2,38; 19,5) – ein deutliches Zeichen des bruchlosen Übergangs von «Israel» zur «Kirche»; ein besonderer Taufbefehl war deshalb überflüssig, auch wenn mit der Taufe auf den Namen Jesu der spezifische Geistbesitz der christlichen Gemeinde in einer gewissen Verbindung steht.

V. 47b betont (wie Apg. 1,8), daß Jerusalem, die Heilige Stadt Israels, Ausgangspunkt der christlichen Botschaft sei. Auch diese für die lukanische Redaktion bezeichnende Hervorhebung Jerusalems dient der Abwehr der Irrlehrer, weil sie die heilsgeschichtliche Kontinuität von Israel und Kirche dokumentiert.

V. 48 stellt noch einmal die Zwölf Apostel als die authentischen Garanten für die Wahrheit der von Lukas dargebotenen christlichen Lehre vor (vgl. 1,1–4; Apg.-1,8.21f.; 3,15 u.ö.); Paulus ist dagegen, wie die Apostelgeschichte gegenüber den Irrlehrern ausführlich dartun wird, nur ein von den Zwölf Aposteln abhängiger Zeuge zweiter Hand.

V. 49 dient (wie Apg. 1,4f.8) der Vorbereitung der Pfingstgeschichte Apg. 2; denn die «verheißene Gabe» ist der Heilige Geist, der für Lukas, den «Evangelisten des Geistes», als besonderes Kennzeichen der christlichen Gemeinde (auch gegenüber der Synagoge) eine wichtige Rolle spielt (vgl. 3,16). Da der Heilige Geist im Alten Testament verheißen wurde und in Jerusalem ausgegossen werden wird, manifestiert auch er, wie Apg. 2,14ff. ausführlich dartun wird, die Einheit von christlicher Gemeinde und wahrem Israel, und mit der Angabe, daß die Zwölf Apostel die ersten Empfänger des Geistes sind (vgl. Apg. 2,1–13), während Paulus den Geist erst auf dem Weg über sie empfängt (Apg. 9,17), weist Lukas erneut auf die exklusive und fundamentale Rolle der Zwölf Apostel hin.

V. 50f. bringt einen ersten Himmelfahrtsbericht, eine Dublette zu Apg. 1,9–11. Bethanien, nach der Überzeugung des Lukas am bzw. auf dem Ölberg gelegen (vgl. Apg. 1,12), ist Ort der Himmelfahrt. Der Segensritus, der in Apg. 1,9–11 keine Parallele hat, entspricht dem Priestersegen Sir. 50,20–26 (vgl. Luk. 1,21f.). Die Bedeutung der Himmelfahrt für Lukas erschließt sich erst im Rahmen der Darstellung Apg. 1,9–11.

«Himmelfahrt» bedeutet für Lukas nicht, wie Apg. 1,1–14 deutlicher zeigen wird, Jesu Erhöhung in eine himmlische Herrscherstellung, sondern definitiven Abschied Jesu von den Seinen (V. 44a) bis zu seiner Wiederkunft (Apg. 1,11). Der «Heilige Geist» ist «Ersatz» für seine Gegenwart. Auch diese ungewöhnliche Vorstellung soll der These der Irrlehrer wehren, Jesus habe wegen des Versagens der Zwölf Paulus als seinen wahren Apostel berufen; vielmehr zeigt sich nach seiner Himmelfahrt der Erhöhte nicht mehr auf Erden, und Paulus hat nur seine Stimme aus dem Himmel gehört (Apg. 9,4ff.).

Daß die Jünger dem Auffahrenden, vor ihm niederfallend, huldigen **(V. 52a)** – eine «Proskynese» (vgl. 3. Mose 9,24) –, berichtet Lukas in Apg. 1,9–11 nicht noch einmal. Die zurückgelassenen Apostel kehren, dem Befehl Jesu V. 49 gehorchend, nach Jerusalem zurück (vgl. Apg. 1,12) und bringen nach dem Vorbild Jesu (19,47; 21,37; 22,53) ihre Tage in dem von Jesus für den rechten Gottesdienst gereinigten Tempel (19,45–48) zu (vgl. Apg. 2,46; 3,1; 5,42), eine das Evangelium abschließende massive Demonstration der Einheit von jüdischer und christlicher Heilsgeschichte.

Der Schlußabschnitt **V. 47–53** enthält im wesentlichen eine Dublette bzw. eine Vorwegnahme von Apg. 1,1–14. Beide Berichte sind zwar erzählerisch selbständig gestaltet, so daß Lukas in Apg. 10,40–43 auf Luk. 24,36–53, in Apg. 13,31 auf Apg. 1,1–14 blicken kann. In ihrer redaktionellen Intention stimmen sie dagegen völlig überein. Gewisse Unterschiede in der Darstellung weisen deshalb nicht einmal auf verschiedene Quellen des Evangelisten hin, geschweige denn auf sekundäre Einschübe, sondern zeigen, wie wenig Lukas im modernen Sinn «Historiker» sein will, wenn er dem Leser die Zuverlässigkeit der Lehre, in welcher er unterwiesen wurde (1,4), gegen die aufkommende Irrlehre demonstriert.
Besonders auffällig ist in diesem Zusammenhang, daß Lukas in Apg. 1,3 ausdrücklich von 40 Tagen spricht, in denen der Auferstandene bei den Seinen aus- und einging, während die vorliegende Darstellung, ohne freilich den Zeitraum von 40 Tagen direkt auszuschließen, den Eindruck macht, die Himmelfahrt sei noch am Auferstehungstage erfolgt.
Für Lukas bildet jeder Bericht eine in sich abgeschlossene Einheit, und er gestaltet beide Berichte so, daß sie an ihrem jeweiligen Ort besonders aussagekräftig werden: in Luk. 24,36–49 eine eindrückliche Abschiedsszene am Ostersonntag mit einem doxologischen Schluß; in Apg. 1,1–14 eine bewußte Begründung der beginnenden Kirchengeschichte auf der Wirksamkeit des die Jünger 40 Tage lang belehrenden auferstandenen Herrn. In beiden Fällen – darum geht es Lukas – handelt es sich um dieselbe, mit der Himmelfahrt unwiderrufliche und unwiederholbare Begegnung der «ersten Zeugen», der Apostel, mit dem leiblich Auferstandenen. Paulus kann deshalb keine selbständige Autorität in der Kirche sein, so bedeutsam sein Werk in der Nachfolge der Zwölf Apostel auch ist.
Zu den übereinstimmenden Zügen gehört demgemäß die betonte Leiblichkeit, mit welcher der Auferstandene nach den Berichten sowohl des Evangeliums wie der Apostelgeschichte unter den Nachfolgern weilt und zum Himmel auffährt. Knüpft dieser österliche «Realismus» auch in V. 37–43 an einen antidoketischen Text an, so verfolgt Lukas selbst doch kein antidoketisches Interesse; der Doketismus scheint nicht zu den Irrlehren gehört zu haben, mit denen er sich in seinen Gemeinden auseinandersetzen muß. Vielmehr bedeutet der leibliche Umgang des Auferstandenen mit den Zwölf Aposteln im Zusammenhang mit seiner leiblichen Himmelfahrt und der Ansage, er werde (erst) bei seiner Parusie – leiblich – wiederkommen (Apg. 1,11), eine einzigartige und unwiederholbare Auszeichnung der Zwölf Apostel, und Lukas wird in allen drei (Apg. 9,1ff.; 22,3f.; 26,9ff.) Erzählungen von der Berufung des Paulus gebührend und mit Nachdruck herausstellen, daß dieser Missionar «zweiter Wahl» keiner vergleichbaren Erscheinung des Auferstandenen gewürdigt wurde. Damit will Lukas nicht den von ihm hochgeschätzten Paulus herabsetzen, sondern den hyperpaulinischen Irrlehrern widersprechen, die allein Paulus als berufenen Apostel anerkennen (vgl. Apg. 10,40f.).

Register zu Tradition und Redaktion

I Die Spruchquelle
       9. 80f. 97

  1 Apokalyptische Spruchüberlieferung (Q¹)
       51. 53. 80f. 83. 86. 95. 97. 108. 115. 121–125. 130f. 133f. 136. 140. 142. 147. 149f. 153f. 156. 158. 161f. 164. 167. 169. 172f. 176f. 211

  2 Weisheitliche Spruchüberlieferung (Q¹)
       84f. 87. 145. 167

  3 Christologische und universalistische Redaktion (Q)
       53f. 58. 81. 91. 93–98. 119f. 124. 126. 134. 142. 154. 156. 160. 186f. 211

II Die (vor)lukanische Gemeindetheologie
       10f. 19f. 26. 35f. 50. 53. 62. 65. 100. 123. 151. 227. 237

III Die lukanische Redaktion

  1 Die Irrlehrer (Hyperpaulinismus/Prämarcionitismus)
       11. 14f. 19. 26. 35–37. 63. 65. 74f. 77. 88f. 108. 110. 118. 148. 152. 238f.

  2 Die Kontinuität mit Israel
     Die Kontinuität mit dem Alten Testament
       11. 21. 23. 28–37. 40. 44. 47f. 62f. 65. 96. 111. 114. 183. 192f. 195–197. 200. 204f. 208. 213. 215f. 220. 225
     Das Christentum als wahres Judentum
       11. 46. 51. 61. 65. 71. 92. 110f. 127. 140f. 152. 156f. 171. 176. 191f. 196. 206. 229. 234
     Johannes der Täufer als jüdischer Prophet und christlicher Prediger
       11. 23f. 49–52. 95. 131. 169f. 192. 237
     Jesus als jüdischer Messias und Lehrer Israels
       24. 27f. 34. 56. 93. 117f. 192. 198. 220
     Jesu Passion als Erfüllung der Schrift; keine ‹theologia crucis›
       12. 62. 111. 176f. 183. 208. 210f. 231. 234. 236
     Die Bedeutung Jerusalems
       12. 117. 156f. 189. 193. 212. 231f. 233. 237f.
     Die Bedeutung des Tempels
       12. 23. 190–192. 200. 204. 218. 226. 238
     Das Verhältnis zum jüdischen Volk und zu den jüdischen Führern
       12. 55. 61. 64. 76. 78. 97f. 116. 140f. 152. 183. 189. 191–195. 204f. 213. 216. 223f. 228f.
     Lukas – Evangelist des Heiligen Geistes
       24. 44. 55. 62. 126. 132. 143. 237
     Die Heidenmission
       12. 34. 45. 62f. 78. 92. 118f. 122. 128. 174f.
     Das schuldhafte Fernbleiben der Juden
       12. 36. 45. 51. 62f. 123. 140. 155. 160. 175. 187f. 190. 194. 211

  3 Die Zwölf Apostel als authentische Zeugen
       12. 17. 19. 76f. 102f. 107f. 112–114. 116. 181. 184. 206. 210–212. 214. 216f. 228. 232. 234. 237f.

  4 Die Situation der Verfolgung
       12. 142f. 172. 176–178. 201f. 205. 210. 213. 215. 218f. 228
     Jesu Passion als vorbildliches Martyrium
       12. 83. 149. 176f. 202. 208–211. 213–219. 224–227

　　　　　Ernst der Nachfolge
　　　　　　　90. 102. 112f. 119f. 135. 162. 177. 202
　　　　　Trost und Mahnung in der Verfolgung
　　　　　　　12. 81–84. 103–105. 131. 142f. 224
　　　　　Wiederaufnahme Abgefallener
　　　　　　　72f. 162–166. 173. 180f.
　　　　　Lukas – Evangelist der Armen
　　　　　　　13. 31. 52. 59. 66. 72. 80. 85f. 101f. 108. 112. 123. 139. 143f. 146. 158f. 162. 167f.
　　　　　　　171. 177. 182f. 185. 187. 198. 213
　　　　　Lukas – Evangelist der Frauen
　　　　　　　13. 28. 30f. 39. 46. 48. 100f. 135. 224. 228f. 232
　　　　　Lukas – Evangelist des Gebets
　　　　　　　13. 23. 55. 70. 73. 76. 111. 114. 130. 178. 203. 214f.
　　　　　Aufleben apokalyptischer Erwartung
　　　　　　　12. 132. 177. 179. 188. 201

　　5　Die politische Apologetik
　　　　　　　12f. 17. 52. 76. 91. 184. 189. 194f. 197. 219–223. 229. 234

IV　Vorredaktionelles Sondergut

　　1　Christlich
　　　　　　　37–48. 66–69. 98–100. 166f. 212. 232–235. 236

　　2　Synagogal
　　　　　　　126–128. 170f. 179f.